Maarit Vallinharju-Stenman

Seurustelua alitajunnan kanssa

© Maarit Vallinharju-Stenmanin perikunta

Kuvat: Maarit Vallinharju-Stenman, Pentti Stenman, Wikimedia Commons

Toimittaja: Pentti Stenman

Kustantaja: BoD – Books on Demand, Helsinki

Valmistaja: BoD – Books on Demand, Norderstedt, Saksa

ISBN 978-952-80-1993-0

Seurustelua
alitajunnan kanssa

Sisällys

Lukijalle

Suuri vesi erottaa minut äidistäni. Itkemme runsaita kyyneliä. Ne eivät mahdu veneeseen, joka kuvaa mieltäni. Melkein jaloissani matelee käärmeitä, ja talon vieressä on synkkä, siivillä varustettu risti. Ristin sakaroille on asetettu puhekuplaa muistuttava ilmoitus, jossa lukee: "Maarit ei kelpaa Jeesukselle. Ei siipiä hänelle." Taivaalle on naulattu siipipari.

Järkytyin kun näin, millaisen kuvan käteni oli, ilman tietoista ohjaustani, piirtänyt lapsuuteni siitä vaiheesta, jonka elin viime sodan aikana ns. sotalapsena Ruotsissa. Isot, inhottavat käärmeet luikertelevat maassa, mutta pahempaa on, etten ole siipien arvoinen.

Värikynämaalaus syntyi syksyllä 1984. Olin unohtanut, että minulla oli Ruotsissa ikävä äitiä ja varmaan myös isää ja että minulla taisi muutenkin olla vaikeaa, sillä en ensi alkuun osannut ruotsia. Kädessäni on Nalle, joka oikeastaan oli elävä olento eikä mikään lelu ja ehkä side Suomen-kotiin. Mutta siitä, että minun olisi Andersonien perheessä ollut paha olla, minulla ole minkäänlaista muistikuvaa. Monet kohtalotoverini sen sijaan muistavat paremmin ja ovat saaneet turvamatkastaan elämänmittaisen trauman. Olin luullut, että olin viihtynyt Ruotsin-perheessäni oikein hyvin. Kuva on toista mieltä – tai se valehtelee. Mitä aikuisuus sitten merkinneekään. Alitajuntani oli suojellut minua antamalla minun unohtaa.

Silloin kun kuva ilmaantui paperille, olin psyykkisesti sangen herkässä tilassa. Olin tehnyt tietosanakirja- ja oppikirjatoimittajan töitä, ja sen ohessa vapaa-aikoinani yli kymmenen vuoden ajan olin teatterintutkija. Jos opiskelut lasketaan mukaan, olin vuosikymmeniä käyttänyt yksinomaan älyäni. Myöhemmin olen ymmärtänyt, että nukketeatterikiinnostukseni riisti lapseltani äidin.

Vuonna 1984 tuli äkkipysähdys. Jouduin kriisiin. En enää jaksanut entiseen tapaan. Sukelsin alitajuntaani, ja se vei minut uudenlaiseen maailmaan, joka aluksi tuntui kummalliselta ja salaperäiseltä mutta myös sangen kiehtovalta. Minulle valkeni, että pääni sisällä on toinen maailma, joka silti on osa minua ja jonka voin halutessani kutsua näkyviin.

Arkistoin tekeillä olevan, eurooppalaisen nukketeatterin historiaa selvittävän käsikirjoitukseni, jota oli jo satakunta jokseenkin valmista sivua. Huomasin myös, että suunnitelma oli monesta syystä melko mahdoton toteuttaa, eikä se enää edes kiinnostanut minua. Vapauduin! Minun ei ollut vaikea luopua älyllisestä puurtamisestani.

Inspiraation vallassa, aina kun ehdin, annoin käteni nyt kirjoittaa, piirtää ja tehdä värillisiä kuvia, joita tietoinen minäni se katseli hämmästyneenä ja mietteliäänä. Kyky oli uusi, ja sen vietäväksi heittäytyminen tuntui hyvin radikaalilta teolta. Psykiatrini sanoi kauniisti: "Vaihdoitte tieteen taiteeseen", mikä kuulosti rohkaisevalta, sillä luulin tekeväni oikeaa taidetta.

1990-luvun alussa alitajuntani – nimitän sitä sisäoliokseni – ällistytti minut vieläkin perusteellisemmin: Matka myyttiseen minuuteen -nimisellä kurssilla opin meditoimaan ja tekemään mielikuvamatkoja, näkemään "näkyjä", mikä oli mielestäni hyvin outoa. En ollut koskaan käsittänyt, mitä on näkyjen näkeminen. Ja nyt: Minäkö "näen" sisäisillä silmilläni? Elämäni muuttui rikkaammaksi.

Sisäolioni on melkein aina ollut lempeä piirrättäessään minulla kuvia ja näyttäessään minulle yllättäviä asioita ja outoja maita, sellaisia, jotka eivät ole tästä maailmasta mutta joissa seikkailen. Se karttaa kauhistuttavia asioita, paitsi joskus. Olenko yhä lapsi, joka tarvitsee suojelusta? En tosin ole oikein ymmärtänyt, miksi alitajuntani aina silloin tällöin keksii panna lähelleni kiemurtelevia käärmeitä. Mitä suojelusta sellainen on!

Mikä siinä kiemurtelussa puistattaa? Kun järkevästi ajattelee, ymmärtää että koska käärmeillä ei ole jalkoja, on vartalon taivuttelu puolelta toiselle niiden ainoa keino päästä paikasta toiseen. Onko sen pitkä, solakka ruumis jollain tavoin epämiellyttävä, vai sen liikkuminenko? Moni ihminen pelästyy nähdessään käärmeen, ja hänestä on kuin hänen sydämensä hyppäisi kurkkuun. Tunne johtuu paljolti mielikuvasta. Mielikuva saa alkunsa havainnosta ja kokemuksesta, mutta myös jostakin ilmaantuvasta pelosta.

Käärmeen pelkääminen varmaan johtuu itsesuojeluntunteesta. Se on vaistomaista, joten voi olla, ettei käärmefobiasta voi kokonaan parantua. Kauhun voi ehkä kuitenkin saada heikkenemään siedettäväksi. On myös sellaisia ihmisiä, jotka suhtautuvat näihin eläimiin rauhallisesti ja jotka suorastaan pitävät niitä lemmikkeinä. Olemme monenlaisia.

Näkyjen ja piirrosten nouseminen otollisena hetkenä alitajunnasta tietoisuuteen ei ole mikään kummallinen asia, joskaan ei aivan tavallinen. Itse asiassa se kuuluu unennäkemisen tavoin ihmisluontoon. Totta kai ensi alkuun – jos ei edes tiedä, että sellainen psyykkinen ilmiö on olemassa – kokemus häkellyttää ja ehkä pelottaa. Jotkut uskovat olevansa näkymättömän henkimaailman työkalu ja viestintuoja.

Muuntunut tietoisuuden tila, johon voi päästä esimerkiksi meditaatiossa, on osa ihmiskunnan vanhaa henkistä perinnettä. Samaani vaipuu transsiin etsiessään tuonpuoleisesta ratkaisua johonkin ongelmaan. Viisaus valkenee mystikolle hänen vaipuessaan mietiskelyyn. Rukoileminen ja meditaatio avaavat ovia arkielämää korkeammalle tai syvemmälle henkiselle oivallusten tasolle. Riittää kun hiljentyy ja keskittyy.

Alitajuisen osuuden työssään ymmärtävät tieteentekijät ja taiteilijat, silloin kun he yhtäkkisesti keksivät vastauksen pulmaan, joka on kauan askarruttanut heidän mieltään ja estänyt heitä pääsemästä eteenpäin. Jonkinasteinen meditatiivinen tila on luovuuden paras kumppani.

Usein käärme on šamaanin apueläin. Joihinkin uskontoihin kuuluu käärmeen palvominen ja sillä voi olla keskeinen tehtävä rituaalissa. Tällaisesta on paljon esimerkkejä, eikä 2010-lukukaan ole vielä niin "moderni", että käytänteet olisivat lakanneet olemasta. Jo antiikin kulttuureissa suhtauduttiin suurella kunnioituksella käärmeeseen, sillä myrkkynsä takia se määräsi ihmisen elämän pituuden. Se oli joidenkin jumalien kumppani ja ehkä jopa jumalallinen.

Kirjoitan käärmeistä, mutta en oikeista vaan fantasiakäärmeistä. Muistakin kuin lapsuus-aiheisen kuvan käärmeistä, sillä sisäolioni on kovasti mieltynyt niihin. Sen jälkeen, kun opin meditoimaan ja tekemään mielikuvamatkoja ja "näkemään", se on entistä määrätietoisemmin pannut minut ajoittain tekemisiin käärmeiden kanssa, mikä ei ole ollut hauskaa. Miksi niin paljon käärmeitä? Miksi? Ehkä saan sen selville. – Minua häiritsee se, etten selviä kirjoitustehtävästäni ilman että tuon esille henkilökohtaisia tunteitani, mutta jos kerran tämän opuksen kirjoitan, minulla ei ole muuta mahdollisuutta.

Se, mitä kerron, ehkä pelottaa sinua, hyvä lukija. Minuakin pelotti, kun jouduin lähikosketukseen näkykäärmeiden kanssa. Mutta ne ovat kuitenkin pelkkiä mielikuvia, ja lisäksi tyyliteltyjä ja usein kauniita, sillä alitajuntani rakastaa värejä ja niiden vivahteita, maalauksellisuutta ja epärealistista tapaa esittää asiansa.

Haluan kuvailla kokemukseni niin hyvin kuin osaan, jotta saat käsityksen visuaalisesta kauneudesta, joka minulle on lahjoitettu – eli siis jonka mieleni on luonut, eli minä itse. Aineisto on sekä sanallista että kuvallista. Ehkä epätodellinen tyyli laimentaa matelijoiden sinussa herättämää vastenmielisyyttä. Sinun kannattaa muistaa, että kaikki on fantasiaa.

Minun on ollut vaikea ymmärtää, miksi alitajuntani on mieltynyt matelijoihin. Lopulta aloin uskoa, että minun pitää voittaa pelkoni. Käärmeet ovat jonkin psyykkeeni kätketyn salaisuuden vertauskuva. Käärmeitä, etenkin kyitä, kannattaa varoa. Ikävää jos ne herättävät pelkoa. En totisesti ole ainoa käärmefobiaa kokenut ihminen maan päällä. Pelkääminen ei ole hauskaa.

Ymmärsin, että minun pitää uskaltaa kohdata omat mielikuvieni käärmeet – ja että olemalla rohkea, voin vapautua kauhustani, jonka kohteena ovat myös oikeat, elävät käärmeet. Uskalsin ryhtyä tähän, sillä tiesin, että "katsellessaan" meditaation aikana voi aina sulkea silmät, jos ei pidä näkemästään. Halusin myös oppia tuntemaan myötätuntoa käärmettä kohtaan.

Voisiko mielikuvilla vapautua käärmefobiasta? Kiinnostava kysymys. Päätin selvittää asian käyttämällä itseäni koehenkilönä. Aloin tutkiskella itseäni, miten reagoin nähdessäni elävän käärmeen, tai käärmeen kuvassa tai television kuvaruudulla, tai kohdatessani "näkykäärmeen". Mietin: jos minä vapaudun pelostani itsekasvatuksella, muutkin voisivat vapautua käärmepelostaan, tai se lievenisi siedettäväksi.

Mikään oikea tieteellinen tutkimus tämä kirja ei tietenkään ole, sillä se kertoo vain yhdestä ihmisestä. Kokemukseni voinevat kuitenkin antaa osviittaa.

Jos sinua, hyvä lukija, pelottaa, hyppää pahojen kohtien yli äläkä katso kuvia. Jo se, että olet ottanut tämän kirjan käteesi, osoittaa että olet rohkea.

***

Lisää ajatuksia tämän kirjan aihepiiristä on netissä julkaistussa kirjoituksessani *Tietoisen ja tiedostamattoman psykologiaa* (www.penan.net/psykologiaa).

Elämä elettäväksi

Vallinharjun perhe

Äitini Edit Ikäheimonen (1906–98) oli lähtenyt Viitasaarelta maailmalle leipäänsä tienaamaan ja isäni Karl Vallin (1904–91) samasta syystä Nurmijärveltä. Tuo maailma oli Helsinki. Siellä he tutustuivat, rakastuivat ja solmivat avioliiton 1930. Viisi vuotta myöhemmin sukunimi muutettiin Vallinharjuksi.

Äitini oli vakaumuksellinen ja aktiivinen työväenaatteen kannattaja. Hän puhui usein opintopiiristä, jolla näyttää olleen hänelle suuri merkitys. En vain tullut tarkemmin kysyneeksi, mitä siellä opiskeltiin, varmaan maailmankatsomusta. Hän lienee "kasvattanut" isäni, jolla heidän tutustuessaan ei ollut minkäänlaista aatteellista ideologiaa.

Edit oli takkiompelija. Isäni oli opiskellut maalariksi, erityisesti koristemaalariksi, mutta funktionalismin myötä suosioon tulivat koristeettomat seinät. Vanhempani elivät 1930-luvun taloudellisen laman ja köyhyyden vuodet ja tekivät töitä, joita sattuivat saamaan.

Vanhempieni hääkuva

Minä Maarit Kyllikki synnyin 23. lokakuuta 1936; kirkonkirjoihin etunimeni tuli vahingossa muotoon Marit, kunnes pitkän ajan kuluttua lisäytin viralliseenkin muotoon toisen a-kirjaimen. Ennen minua oli syntynyt sisareni Marjatta Armi Onerva, joka kuoli puolivuotiaana keuhkokuumeeseen. Sisarellani oli kaunis nimi. Näkymättömänä hän vaikutti minun olemassaolooni, sillä vähitellen ymmärsin korvanneeni hänet. Ja – jos meditaatiossa saatuun ilmoitukseen voi luottaa – minun piti pysyä elossa.

Kotipaikkani oli Helsingin maalaiskunta, nykyinen Vantaa. Asuimme Korsossa. Äitini oli lupaava työläiskirjailija, jonka näytelmää *Leikkivaimo* esitettiin teattereissa menestyksellä. Sen ensi-ilta oli Helsingin Kansanteatterissa 1938 Eino Salmelaisen ohjauksessa. *Leikkivaimon* palkkioilla oli mahdollista rakentaa uusi kotimme lähes asuttavaan kuntoon ennen 1939 alkaneita sotia.

Perheelleni on kulttuuri, eritoten teatteri, ollut tärkeä. Meillä oltiin näytteleviä ja kirjoittavia harrastelijoita. Tämä tuntuu tehneen Vallinharjut naapurustossa

13

erilaisiksi ja herättäneen kielteisiä tunteita, kateuttakin. Emme olleet ihan tavallinen työläisperhe.

Aikani Ruotsissa

Toisin kuin naapuruston muut lapset, minut lähetettiin sotien ajaksi Ruotsiin. Olin kolmivuotias talvisodan alkaessa marraskuussa 1939. Ryhmä suomalaisia lapsia äiteineen kutsuttiin Ruotsiin. Äitini ja minä kuuluimme näihin. Isäntäväkemme oli kohtalaisen varakas göteborgilainen pariskunta, jonka lapset olivat aikuisia. Carl Rosénilla oli menestyvä vaatturinliike.

Tästä alkoivat yhteyteni Ruotsiin. Jatkosodan alettua 1941 ollessani suunnilleen viisivuotias olin pidemmän aikaa Göteborgin-perheessä. Olostani siellä en muista mitään. Tiedän, että siellä unohdin suomen kielen ja tultuani Talvisodan jälkeen Suomeen omien vanhempieni luo opettelin suomen ja unohdin ruotsin.

Maarit farbror Kallen kanssa Götegorgin-kodin luona

Asemasodan muututtua aktiivisemmiksi taisteluiksi ja pommituksiksi keväällä 1944 oli edessä uusi oleskelu Ruotsissa. Nyt asuin Göteborgin Augusta-mamman Edla-sisaren ja tämän puolison Axel Anderssonin perheessä Keski-Ruotsin Skinnskattebergissa. Heillä oli neljä aikuista tytärtä ja yksi poika. Perheeni vaihtui, koska Rosénit eivät halunneet uudestaan kokea minusta luopumisen tuskaa. Tiesin olevani Andersoneilla vain tilapäisesti.

Berit, tant Ebba ja Maarit Skinnskattebergissä

Unohdin taas suomen kielen, vaikka olin jo koulun I luokalla vaihtaessani asuin-maata. Koska en keksinyt miten ruotsia luetaan, kävin I luokan uudelleen, mikä lienee ollut minulle muutenkin hyväksi. Ennen kuin lokakuussa 1945 tulin takaisin Suomeen, ehdin aloittaa II luokan ja saada lukukirjan, josta Elsa Beskowin kauniiden kuvien ansiosta tuli aarteeni. Vaikka minulla varmaan oli tai oli ollut kuvakirjoja, mikään ei voittanut ruotsalaista lukukirjaa. Siirryttyäni Hiekkaharjussa olevaan ruotsinkieliseen kansakouluun minulle annettiin lukukirja, jossa ei ollut ainuttakaan värikuvaa. Se oli pettymys.

En muista juuri mitään Ruotsin-ajoista. Sen kyllä muistan, että olin rakastavien ihmisten luona. Olen usein miettinyt, miksi muistan niin vähän. Liittyykö se kieleen? Vai suojeleeko unohtaminen minua ja yleensäkin ihmisiä? Meidät lähetettiin naapurimaahan sodalta turvaan – ja syömään – eri vaiheissa, sen mukaan miten rauhallista taistelujaksojen välillä kotimaassa oli. Aselepo solmittiin syyskuussa 1944, mutta sopimukseen sisältyi ehto, että Suomen oli ajettava Lapista pois saksalaiset, entisen asevelimaan sotilaat. Tämä sota jatkui seuraavan vuoden huhtikuun lopulle. Enimmät lapset palasivat Suomeen loppukesällä ja syksyllä 1946. Minä olin tullut jo edellisenä vuonna.

Suomeen palannut Maarit oli ummikkoruotsinkielinen. Kielen ennätin Ruotsin-vuosina unohtaa ja uuden opetella neljä kertaa, mikä lienee ollut vaikeaa. Myöhemmin olen oppinut tietämään, että kommunikointi ilman yhteistä kieltä voi

Maarit ystävineen Korson-kodin portailla

olla hyvin stressaavaa. Myös eroaminen rakkaiksi tulleista ihmisistä lienee ollut raskasta, kuin petos, vaikka viimeisellä kerralla ymmärsin, että olin palaava oikeaan kotiini ja ettei minun pidä liiaksi kiintyä kehenkään. Piilotajuntani ilmeisesti säästi minut antamalla minun unohtaa ikävöimisen tunteita.

Kotiinpaluun synnyttämiä tuntemuksia en juuri muista. Ajan kuluessa huomasin, että perheessäni sallittua oli sellainenkin, mikä Ruotsissa oli ollut syntiä, kuten tanssiminen ja teatterissa käyminen. Tämä tuntui ristiriitaiselta, koska olin siihen aikaan uskovainen. Ruotsin-perheessä oltiin vakavamielisiä Lähetyskirkon (Missionskyrkan) jäseniä.

Rauhan jälkeen vietin kesiä Ruotsissa, mutta yhteys perheisiin loppui vähitellen, kun en osannut hoitaa kirjeenvaihtoa eivätkä vanhempanikaan kyenneet auttamaan, koska eivät osanneet ruotsia.

Ns. sotalapsia lähetettiin Ruotsiin yhden näkemäni arvion mukaan 72 000, toisen mukaan 80 000, joten meitä oli melkoisen monta. Sotalapsista on julkaistu tutkimuksia ja muisteluita. En ole niitä lukenut; olen ilmeisesti halunnut säästää itseni ikäviltä mieleenmuistumilta.

Lapsuus-aiheinen kuva

Syksyllä 1984, kun olin oppinut seurustelemaan piilotajuntani kanssa, mielestäni totuus Ruotsin-ajasta selkeni minulle. Panin piilotajunnan tekemään Lapsuus-nimisen kuvan. Siinä on sota, iso vesi erottaa minut ja äitini toisistamme. Siinä on paljon kyyneliä. Ruotsin-kotiani varjostaa musta risti, maassa kiemurtelee mustia käärmeitä, ja lisäksi piirtävä käteni laittoi kuvaan ilmoituksen, jonka mukaan en kelpaa Jeesukselle enkä voi saada siipiä. Tämä oli järkyttävää, vaikka kuvassa olinkin antanut uhmakkaasti itselleni siivet. Se mitä on veneessä, on sitä mitä ihminen kantaa mielessään. Vuosikausia uskoin, että kuva kertoi ennen muuta käärmepelosta, mutta sillä on ilman muuta syvällisempi synnin tunteen merkitys. Tai sitten piilotajuntani muistaa väärin.

Lapsuus (1984)

Minulla ei ole käsitystä mistä käärmeet kuvaan tulivat. Olinko Ruotsissa kuullut jonkun saarnaajan verranneen syntiä käärmeeseen? Se tuntuisi luontevalta. Käärmeitä kyllä varottiin, joten kun Skinnskattebergissä mentiin metsäretkelle, oli jalassa kumisaappaat. Se ei ollut symbolista varovaisuutta. Kun joskus näin käärmeen, tietenkin hätkähdin. Olisivatko siitä syntyneet kauhistuttavat kuvitelmakäärmeet, joita kiemurteli joukoittain sänkyni luona, kun minun piti nukahtaa mutta en halunnut, koska en uskaltanut sulkea silmiäni? Onneksi ne uhkasivat minua vain harvoin eivätkä ne muistamani mukaan tulleet uniini.

Käärme synnin vertauskuvana ja siivet osoittamassa halua olla Jeesuksen veroinen ihminen, ovat Ruotsin-kodin moraaliopetusta. Koti-Suomessa ei puhuttu synnistä ja käärmeenkin näin ani harvoin, joten se tuskin oli edes puheenaihe.

Käärme synnin vertauskuvana on aina ollut moraalinen vastustajani, josta tulin tietoiseksi tehtyäni Lapsuus-värikynämaalauksen. Sille on ajan oloon ilmaantunut muitakin merkityksiä. Kesti vielä aika kauan, ennen kuin ryhdyin kesyttämään sitä. Halusin päästä siitä eroon, koska on mieletöntä tavata piirustuksissa tuon tuosta käärmeitä ja joutua sisäisillä aisteilla kohtaamaan niitä meditaationäyissä.

Lapsuus-kuva herätti minussa hyvin voimakkaita tunteita. Oliko aikani sotalapsena Ruotsissa noin traumaattinen kokemus? Tiedän, että piilotajunta voi muistaa tai ymmärtää väärin. Olin aina ajatellut, ettei minulla vieraalla maalla erossa vanhemmistani ollut henkisiä vaikeuksia, vaan että aurinko paistoi ja minua rakastettiin, mikä aivan varmasti oli totta. Ja välillä käytiin Lähetysseuran tilaisuuksissa, rukoiltiin ja veisattiin Jumalalle kunniaa. Se oli ihanaa. Opin tietämään, että ihmistä uhkaa synti ja että se pitää torjua. Olin hyvin uskovainen lapsi, joka halusi isona ruveta lähetyssaarnaajaksi Afrikkaan.

Elämästäni ei kuitenkaan tullut tällaista seikkailua. Jos olisin jäänyt Ruotsiin, minusta olisi ehkä tullut lähetyssaarnaaja, predikare, tai todennäköisemmin jonkun puhujan rouva. Jos olisin asunut Afrikassa puhumassa mustille lapsille valkoisesta Jeesuksesta, kunhan ensin olisin oppinut heidän kielensä, elämäni olisi varmasti ollut liiankin jännittävää.

Kotona Suomessa ja kouluaika

Sulautumista lähellä asuvien lasten joukkoon ei edistänyt se, että vanhempani laittoivat minut kotiin palattuani ruotsinkieliseen kouluun, mikä tietysti oli järkevää. Kansakoulu oli Hiekkaharjussa ja oppikoulu, johon myöhemmin siirryin, Oulunkylässä. Näin olivat alkaneet jokapäiväiset junamatkani ja jatkuivat oppikoulun

2. luokalta lähtien suomenkielisessä oppikoulussa Helsingissä, myöhemmin myös Helsingin yliopistossa opiskellessani.

Kun siirryin suomenkieliseen kouluun, äidinkielen taitoni ei ollutkaan niin hyvä kuin kotonani uskottiin. Koulunvaihto ilman muuta kyllä nopeutti äidinkielen oppimista. Aluksi tarvitsin kuitenkin lisäopetusta. En ollut vielä kokonaan lopettanut ajattelemasta ruotsiksi. Lukusanat vaihtuivat viimeiseksi keskikoulun lopulla. Ruotsin kieltä en koskaan kokonaan unohtanut. Läksyihin meni hyvin paljon aikaa, enkä koskaan oppinut lukemaan nopeasti. Tai sitten olen hidas ja huono oppimaan. Jotkut ovat sitä mieltä, että minut olisi pitänyt heti laittaa suomenkieliseen kouluun, vaikken kieltä osannutkaan.

Minulla ei juuri ollut korsolaisia kavereita. Koulumatka oli pitkä ja läksyt veivät aikansa. Entisten leikkitovereitten ja minun tieni erosivat. Taisimme kuulua eri yhteiskuntaluokkaan. Naapurustossa käytiin kansakoulu ja sitten mentiin ammattikouluun tai mentiin töihin ja pian aloitettiin oma aikuisen elämä. Kesti vuosia ennen kuin minä olin yhtä pitkällä.

Kaverini olivat koulutovereita. Heitä läheisimmäksi tuli Heidi Pohjakallio jo ensimmäisenä vuonna suomenkielisessä oppikoulussa. – Minun ei olisi pitänyt hylätä häntä, vaikka hän kuului kovin selvästi korkeampaan yhteiskuntaluokkaan kuin minä, emmekä oikein lukiossa enää ymmärtäneet toistemme näkemyksiä. En ole varma, olisivatko Heidi ja minä – pappi ja skeptikko – myöhemmin enää löytäneet lapsuuden toveruutta.

Eeva, Lauri, Maarit ja Heidi

Olin ahkera ja kiltti koulutyttö, ja myös hyvin rehellinen, niin etten monien luokkatoverieni tavoin luntannut. Lunttaaminen ei mielestäni ollut oikein, ja minua vartioi synnin käärme. Kerran yritin, mutta en osannut tutkiskella lappuani salaa, vaan jäin kiinni. (Olin ajatellut, etten halua huonompaa numeroa historiasta kuin lunttaajat.) Opettaja huomasi, riisti lapun kädestäni ja kysyi, saako hän repiä sen. Annoin luvan, hän repi lapun. En saanut rangaistusta. En muista mitä historian arvosanalle tapahtui.

En ollut mikään kympin oppilas, mutta en vallan huonokaan. Monet luokkatoverit jäivät luokalle, minä en. Joka vuosi pulpeteissa istui uusia oppilaita. Nykyään puhutaan paljon koulukiusaamisesta. Minua kiusasi Klara, englannin kielen opettaja. Miksi minä valikoiduin hänen kiukkunsa kohteeksi, en tiedä. Hän ivasi minua ja keksi aina lisää moittimisen aiheita. Menin lukkoon, kerta kaikkiaan mykäksi, ja sehän häntä ärsytti entistä enemmän. Saattoi hän muitakin sättiä, esimerkiksi koko luokkaa, jolloin minä sain soolo-osuuden. Sillä oli ikävät seuraukset. En ole koskaan uskaltanut sanoa mitään englanniksi enkä ymmärrä puhetta. Helposta oman alani tekstistä saan kutakuinkin selvää. On Klaran syytä, etten ole oppinut nykyään tärkeätä englantia. Hyvin surullista.

Ahkera tyttö pääsi ylioppilaaksi keväällä 1955 kohtalaisilla arvosanoilla. Se harmitti, etten ruotsista saanut laudaturia. Luokaltani reputti aika moni, osittain koska koko kouluaika oli luntattu. Eräs poika onnistui ylioppilaskirjoituksissa saamaan kolme hylättyä arvosanaa ja yhden hyväksytyn. – Halu olla kunnollinen taitaa olla minulla syvässä, koska  edellä kerroin luokallamme sangen yleisestä lunttaamisesta ja omasta nuhteettomuudestani noin paljon, vaikken ollut suunnitellut tekeväni niin. Synnin käärmeen varomisen vaikutusta!

Yliopistoaika

Mikään käytännön ala ei tullut mieleenikään, vaan halusin yliopistoon. Olin tosin haaveillut arkkitehtuurinopinnoista, ja vaikka insinööriserkkuni sanoi, että matematiikkaa alalla tarvitaan vain tilipussin tarkistamiseen, en rohjennut pyrkiä Polille. Ei minua olisi kelpuutettu.

Ympärilläni oli eri puolilta Suomea Helsinkiin muuttaneita innostuneita nuoria. Sain paljon ystäviä, jotka olivat vapaita kodin holhouksesta toisin kuin minä. Olin yhä melko lapsellinen ja asuin mielelläni kotonani. Monet asuivat alivuokralaisbokseissa ja osallistuivat aktiivisesti ns. ylioppilaselämään. Minulla ei oikeastaan vaihtunut muu kuin koulu ja olin yhtä naiivi kuin aikaisemmin. Kävin teatterissa ja konserteissa kuuntelemassa klassista musiikkia ja myös tanssimassa tanssin itsensä vuoksi ja katsomassa, löytyisikö minulle kavaljeeria. Löytyi, muuan Juhani, joka tanssi ihanasti, kuin taivaan enkeli.

Helsinki oli ollut kaupunkini jo vuosia. Olin matkustanut sinne ja sieltä kotiin junalla kaikkina arkipäivinä, ensin höyryveturin vetämissä vaunuissa. Höyryjunien tilalle tulivat naftalle haisevat "lättähatut" ja vasta myöhemmin sähköjunat. Aikataulut eivät olleet kovin tiheät. Kun koulu alkoi kello 8.00, piti kotoa lähteä kävelemään n. 6.15 jotta ennätti junaan. Ennen kuin pääsi palaamaan kotiin, täytyi toisinaan odotella vaikka Helsingin rautatieaseman II luokan ravintolassa, jonka tiloissa on nykyisin lippumyymälä. Siellä sai ostaa suuria hyviä lihapiirakoita.

Mahtoivatko jo koulu- ja opiskeluajan matkoilla ajatukset virrata vapaana kävellessäni kodin ja aseman väliä? Työmatkoilla näin tapahtui: jalat veivät minut automaattisesti perille, samalla kun olin jossain aivan muualla. Tarvitsin näitä virittäytymisen hetkiä erityisesti aamulla.

Näiden vuosien paras ystäväni, sydänystäväni, oli helsinkiläinen Raini Mikkola (myöhemmin Hallama), joka opiskeli vaatesuunnittelua Taideteollisessa oppilaitoksessa (nykyisin Aalto-yliopiston Taiteiden ja suunnittelun korkeakoulu). Kävimme pitkiä keskusteluja, paransimme maailmaa ja kevensimme rakkaussurujen raskauttamaa sydäntämme. Myöhemmin Rainista tuli taitava taidemaalari, joka on kunnostautunut etenkin muotokuvien tekijänä. Tyttäreni kastettiin hänen kaimakseen.

Aloin opiskella Helsingin yliopistossa suomen kieltä ja kotimaista kirjallisuutta, kansanrunoutta, siis aineita jotka sopivat sen seuraksi ajatellen opettajan ammattia. Niin rohkea olin, vaikka en ollut mikään loistava äidinkielen taitaja. Pidin lukion aikaisesta opettajastani. Ehkä siihen vaikutti myös kiinnostukseni kansallisromantiikan aikaiseen taiteeseen ja kansanrunouteen ja se, että soitin kannelta. Pääaineeni oli kuitenkin kotimainen kirjallisuus. Olisin varmaan valinnut teatteritieteen, mutta se ei silloin vielä ollut valittavissa. Suomalaista ja vertailevaa kansanrunouden tutkimusta (eli nykyisin folklorea) olisin halunnut opiskella approbaturia enemmän, mutta pelästyin, kun professori Matti Kuusi sanoi proseminaarissa, että kaikkien oli lausuttava mielipiteensä tarkastelun kohteena olevasta tekstistä. Folklore jäi siihen. Suomen kielen proseminaari oli ollut jo riittävän kauhea kokemus, pelkäsin ja vapisin. En tiedä miksi olin nuorena noin arka.

Kirjallisuuden opiskelussa oli oma kiinnostavuutensa, mutta eniten elämääni on vaikuttanut suomen kielen opiskelu ja aivan erityisesti professori Ruben E. Nirvi. Hän näet opetti minut kirjoittamaan. Hän otti minut niin ankaraan kielikouluun, että halusin lopettaa opiskelut siihen paikkaan. Ilmeisesti olin Nirvistä kehityskelpoinen, tuskin hän muuten olisi uhrannut ohjaukseeni niin paljon aikaansa. Hän ihmetteli harjoitusainettani ruotiessaan, miten olin voinut käyttää sellaista svetisismiä, joka osoitti hyvin syvää vieraan kielen vaikutusta. Kun kerroin olleeni sota-aikana Ruotsissa, hän muuttui paljon suopeammaksi. Hän myös sanoi, ettei saa kirjoittaa löperösti vaan tiiviisti. Ei pidä kirjoittaa "On mielenkiintoista havaita, että ...". Asia pitää sanoa ilman turhia johdantoja.

Tein suomen kielen laudaturtyöni leikata- ja niittää-sanueista, näistä verbeistä ja niiden johdannaisista, kuten leikkuu ja niitty. Opin samalla tietämään, miten elot leikattiin ja heinät niitettiin, millaisella viikatteella ja minkä mallisella sirpillä.

Nirvin koulu osoittautui hyödylliseksi, kun minusta tuli kustannustoimittaja ja vieläpä tietosanakirjatoimittaja, jonka pitää esittää asia mahdollisimman selkeästi ja myös tiiviisti. Olin siis oppinut kirjoittamaan kyllin hyvää suomea ja kustannustoimittajana olin myös ammattimainen kielenhuoltaja. Minulta jäi kiittämättä oppimestarin opista. Ehkä edesmennyt professorini lukee jossakin olomuodossa kiitokset ja kehumiset tästä.

Osakunta ei ollut minua varten. En edes oikein osannut ajatella, että tunteen tasolla olisin eteläsuomalainen tai uusmaalainen, joten Eteläsuomalainen osakunta ei ollut yhdysside kotiseutuuni. Korso oli minulle vain paikkakunta jolla asuin. Luulin tietäväni, että osakunnat olivat porvarisluokan yhdistyksiä. Kuuluin sentään pari vuotta Eteläsuomalaisen osakunnan laulajiin. Pidin sen klassisesta ohjelmistosta. Myöhemmin olen harmitellut, että lopetin kuoroharrastuksen.

Tunsin olevani lähtöisin työväenluokasta ja minulla oli sen mukainen elämänkatsomus. Paikkani oli vuonna 1925 perustetussa Akateemisessa Sosialistiseurassa, jossa vasemmistolaisesti ajatteleva älymystö oli nuoruusvuosinaan vaikuttanut. Seuran kokouksissa opiskeltiin muun muassa marxismi-leninismin teoriaa. Jäseninä oli sekä aatteen ihmisiä että epäilijöitä. Seura oli SKDL-läinen.

Poliittisen työväenliikkeen piirissä pidettiin ainakin minun opiskeluaikanani tärkeinä omasta joukosta lähtöisin olevia ylioppilaita, sillä akateemisesti kouluttautuneen älymystön uskottiin edistävän työväenaatetta ja sen arvovaltaa. Minä en tainnut täyttää odotuksia. En ollut lainkaan kiinnostunut politiikasta. Tuskin tiesin mitä tarkoitetaan yhteiskuntatieteillä, joiden opiskelua jotkut pitivät tärkeämpänä kuin suomen kielen opiskelua.

Äitini kuului vasemmistolaiseen kirjailija- ja taiteilijaryhmä Kiilaan, mikä antoi tuttavapiirillemme oman kirjallisen ja taiteellisen leimansa.

Elvira Willman-Eloranta

Sylvi-Kyllikki Kilpi, SKDL:n poliitikko, ehdotti Elvira Willman-Elorantaa (1875–1925), kun kysyin, keksisikö hän minulle sopivaa aihetta kotimaisen kirjallisuuden laudaturtutkintoon vaadittavaa pro gradu -työtä varten. Kotimaisen kirjallisuuden professori, inspiroiva Lauri Viljanen hyväksyi aiheen, mutta arveli, että aineiston kerääminen olisi vaikeaa. Melko työlääksi se osoittautuikin. Istuin ahkerasti Yliopiston kirjaston, nykyisen Kansalliskirjaston, lukusalin kauniiden holvien alapuolella lueskelemassa antoisiksi arvelemiani julkaisuja ja tiirailemassa Työmies-lehden sivuja mikrofilmiltä. Lehdessä oli silloin tällöin Willmanin kirjoituksia ja mainintoja hänestä. Aineiston keruu oli hakuammuntaa. Elviralta oli myös julkaistu muutama teos.

Kun ryhdyin tekemään tutkielmaa Minna Canthin jalanjäljissä kulkeneesta Elvira Willman-Elorannasta, syntyi oikea haloo. Jotkut perheeni poliittisesti orientoituneet tuttavat olivat sitä mieltä, että olisi ollut muitakin varhaisia työläiskirjailijoita, jotka olisivat Elviraa enemmän tutkimuksen arvoisia. Elviran yhteiskuntaa koskevat ajatukset eivät olleet oikeaoppisia. Häntä lienee ohjannut sydän enemmän kuin teoria. Hän kirjoitti jossakin, että Jeesuksen opetukset ovat oikeaa sosialismia.

Elvira sai käydä koulua ylioppilaaksi saakka ja jopa matkustaa Pariisiin. Helsinkiin palattuaan hän kokeili näyttelijänä ilmeisesti menestymättä. Hän tiesi, että työväestön elämä oli taloudellisesti ja ehkä muutenkin köyhää. Hänestä tuli tendenssikirjailija, jota huolestutti mm. naisten epätasa-arvoinen asema. Näytelmässä Lyyli (1903) nimihenkilö on työläiskodin tyttö, jonka herraspoika viettelee ja hylkää tämän tultua raskaaksi.

Elvira solmi ns. omantunnon avioliiton työväenaatetta aktiivisesti kannattavan Voitto Elorannan kanssa. Elämään kuului kirjoittamista ja maanviljelyä. Kun vuoden 1918 sota päättyi punakaartin tappioon, Elvira miehineen pakeni Pietariin. Siellä perustettiin Suomen kommunistinen puolue, mutta ideologiset ristiriidat johtivat tragediaan, murhatekoihin. Tämä johti uuteen tragediaan: Elorannat teloitettiin. Lapset, poika ja tyttö, oli ennen näitä tapahtumia onneksi lähetetty

Suomeen sukulaisten luo. Kun tutkin Elviran näytelmiä ja muuta tuotantoa, tietoa hänen teloituksestaan ei vielä ollut saatavana.

Elvira Willman-Eloranta kirjoitti siveysvaatimuksesta, joka oli erilainen miehille ja naisille. Lyyli osoitti, miten naiselle voi käydä, ellei hän torju seksuaalisuuttaan. Tilanne oli paljolti sama vielä 1950- ja 1960-luvullakin ennen e-pilleriä. Kysymys oli naisen maineesta. Oli suuri häpeä tulla raskaaksi olematta naimisissa. Siltä säästyi, jos "pääsi" naimisiin lapsensa tulevan isän kanssa. Tietoa sukupuolielämästä ei kovin helposti ollut saatavana. Äitini taisi olla minusta huolissaan. Turhaan, olin kuitenkin kiltti tyttö. Nuoruuteni aikana myös kunnolliset nuoret miehet olivat siveitä eikä minulle tapahtunut "vahinkoa".

Rouva Marit Suomela

Syksyllä 1962 olin solminut avioliiton kansakoulunopettaja Juhani Suomelan kanssa ja minusta tuli rouva Suomela. Yhdeksän kuukauden jälkeen saimme lapsen, Raini Marian. Avioliitto osoittautui kuitenkin epäonnistuneeksi ja molemmat ahdistuimme. Meistä, ainakin minusta, oli parempi erota ennen kuin kriisi olisi paisunut pahaksi. Lapselle on onnellisempaa elää yhden vanhemman kuin kahden onnettoman vanhemman kanssa. Koko loppuelämäksi aiotun rakennelman sortuminen ei tuntunut vähääkään mukavalta, se oli pitkän aikaa tragedia. Avioeron jälkeen otin tyttönimeni takaisin ja vaihdoin myös lapsen sukunimen samaksi kuin itselläni oli.

Vuonna 1963 tapahtui muutakin kuin että synnytin tyttäreni ja avioliittoni romahti. Olin mielestäni sangen aikaansaapa. Keväällä olin kotimaisen kirjallisuuden lopputentissä, jätin laudaturtyöni tarkastettavaksi ja vihdoin joulukuussa olin suomen kielen laudaturtentissä. Syksy oli stressaavaa kaikilla Vallinharjuilla. Kun minä valmistauduin lopputenttiin, vanhempani hoitivat tytärtäni.

Tapasimme Nirvin kanssa perjantaina 13. päivänä joulukuuta, eikä se ollut onnettomuuden päivä. Muutama päivä ennen joulua sain filosofian kandidaatin paperit enkä ollut enää "melkein maisteri". Jouluna olivat Vallinharjun perheen aikuiset uupuneita, kukaan tuskin jaksoi muuta kuin syödä ja ihailla pientä tyttöä, joka osasi iloita joulukuusesta, paketeista ja paperien rapisuttamisesta.

Sain tutkimuksestani Elvira Willman-Elorannan kirjailijankuva arvosanan magna cum laude approbatur ('suurella kiitoksella hyväksytty'). Tekijäksi merkittiin Marit Suomela, koska olin silloin rouva Suomela.

Äiti ja tytär

Olin eronnut rouva, joka nuoli haavojaan, olin äiti. Vuonna 1963 ei vielä ollut käytössä yksinhuoltaja-sana. Käytettiin sellaisia nimityksiä kuin au-lapsi ja au-äiti, jossa au tarkoittaa "avioliiton ulkopuolella". Me emme sentään olleet au-tapauksia. Verotuksessa sai tehdä ns. lesken vähennyksen.

Lapsuudenkotiani laajennettiin seuraavana vuonna rakennuttamalla siipi minua ja tytärtäni varten. Se oli hyvä ratkaisu lapsen kannalta, sillä lapsenhoito oli sen ansiosta mutkatonta. Vanhempani hoitivat Rainia päivisin ja minä tultuani töistä kotiin.

Kun lapsi varttui, hänen elinpiirinsä laajeni kodin ulkopuolelle, pian myös Helsinkiin, jossa kävimme katsomassa mm. lastennäytelmien esitykset. Kun hän oli kolmevuotias, Vallinharjun naiset matkustivat Leningradiin. Raini oli hyvä matkalainen. Ainoa epäkohta oli hänen mielestään se, että riisi maistui vieraalle. Suuri elämys oli Sergei Prokofjevin *Tuhkimo*-baletti Marinskij-teatterissa. Meillä oli hyvät paikat, Raini nojasi aition kaiteeseen ja näki paikaltaan hyvin eikä häirinnyt kommenteillaan.

Ystäviä DDR:ssä

Jürgen Seifert (keskellä), 23-vuotias, arkkitehtiyliopilas

"Toivon itselleni vaimoa, joka on älykäs ja ottaa osaa harrastuksiini, taiteeseen — erikoisesti rakennustaide ja kirjallisuus ovat minun alojani. Tietysti panen painoa myös sille, että hän on tyylikäs, että hänellä on hyvä maku, ja arvostan myös kodinhoitoon liittyviä kykyjä. Oikeastaan uneksin vielä enemmästäkin, mutta siitä tulisi monta sivua. Olen sitä mieltä, että on asetettava korkeat vaatimukset ja pyyhittävä niistä sitten joitakin pois, kun uskoo löytäneensä sen oikean."

Minulla oli opiskeluaikana vuodesta 1958 tai 1959 kirjeenvaihtoverina DDR:ssä asuva arkkitehtiopiskelija Jürgen Seifert, ja ystäväpiiri laajeni tavattuani Dresdenissä hänen sukulaisiaan ja ystäviään vähän ennen Berliinin muurin rakentamista 1961. Sitä ennen olivat Jürgen ja hänen opiskelutoverinsa Peter Albert olleet vierainani. Kävimme Lapissa, jossa toukokuussa oli vielä melkein talvi. Koska itäsaksalaiset eivät päässeet muurin pystyttämisen jälkeen juurikaan matkustamaan varsinkaan kapitalistisiin maihin, oli matkojen suunta Suomesta sinne: lentoliput lienevät olleet varsin kalliita, joten kulkuneuvoina olivat yleensä laiva, juna, junalautta ja taas juna ennen kuin pääs-tiin Dresdeniin. Ilman byrokratiaa matkustaminen ei onnistunut. Poliisilaitoksella piti perille saapumisen jälkeen aina ilmoittautua, mikä jännitti, vaikka paperit oli-vatkin kunnossa.

Prahan kevään aikaan 1968 olin yhdessä Rainin kanssa muutaman päivän Pra-hassa, josta matkustimme Dresdeniin ystäviemme luo, ja edelleen Bautzeniin ja Erfurtiin, jossa heitä nyt asui. Pistäydyimme myös Weimarissa, joka on viehättävä taiteiden ja kirjallisuuden historiaa pursuava pienehkö kaupunki. Raini sai tutus-tua näihin mieluisiksi tulleisiin ystäviini, joilla nyt oli suunnilleen saman ikäisiä lapsia. Tajusin nyt, että lastenkin oli vaikea kommunikoida keskenään, jos heillä ei ole yhteistä kieltä. Olin luullut, ettei itselläni ollut kielihankaluuksia muutettuani Ruotsiin.

Jürgen oli naimisissa Karinin kanssa ja Peter Reingardin kanssa. Heillä oli myös lapsia. Aina kun tapaan heidät, minut ja heidät ympäröi hyvän ystävyyden lämpö.

Nukketeatteriherätys

Mozart ja hänen synnyinkaupunkinsa Salzburg houkuttelivat minua. Matkustin sinne kesällä 1967 musiikin vuoksi. Olin erossa lapsestani, joka oli juuri täyttänyt neljä vuotta. Lisää eroja oli seuraava siitä, mitä tuossa romanttisessa kaupungissa tapahtui: koin näet nukketeatteriherätyksen Salzburger Marionettentheaterissa. Näin siellä Mozartin Taikahuilu-oopperan ja pian säveltäjän muitakin musiikkite-oksia. Lumouduin. Kävin katsomassa kaikki esitykset. Esitysten kaunis näyttämöl-lepano, hienostuneet puvut, kauniisti liikkuvat nuket eli taitavat nukkenäyttelijät ja tietenkin musiikki lumosivat minut. Ymmärsin, että haluan tehdä jotakin nuk-keteatterin hyväksi! Aloittaisin kirjoittamalla artikkelin Salzburgin Marionettiteat-terista. Uskaltauduin pyytämään valokuvia ja kotona kirjoitin artikkelin. Pääsin ju-tunteon makuun. Rainin kanssa kävin katsomassa helsinkiläisteattereiden lasten-näytelmät ja kirjoitin niistä esittelyt Suomen Sosialidemokraattiin.

Uudet aatteet

En juuri seurannut elämäni ulkopuolista maailmanmenoa: olin äiti, kävin työssä ja lisäksi vapaa-ajallani olin teatterintutkija. Poliittisella kentällä kuohui 1960- ja

1970-luvulla. Haluttiin poistaa yhteiskunnallista epätasa-arvoa Suomessa ja maa-ilmalla. E-pilleri toi mukanaan seksuaalisen vapautumisen. Kansandemokraattisesta ja kommunistisesta liikkeestä erkaantuivat mm. taistolaiset. Olen siinä määrin epäpoliittinen, etten itse asiassa tiedä, miten se oikein tapahtui ja mistä heidän aatteessaan oli pohjimmiltaan kysymys.

Osoitettiin solidaarisuutta kolmannen maailman alistettuja köyhiä kohtaan, varsinkin sen jälkeen, kun sotilasjuntta oli 1973 murhannut Chilen presidentin Salvador Allenden ja kaatanut demokraattisesti valitun hallituksen sekä ruvennut sulkemaan sen kannattajia vankilaan. Kuuntelin innostuneena chileläisen Quilapayún-yhtyeen esityksiä sen vieraillessa Suomessa sekä tietenkin Agit Propin aatteellisia lauluja. Yhdysvaltojen käymä raaka sota Vietnamissa sai valtavat määrät ihmisiä maailmalla, myös Suomessa, osallistumaan rauhanmarsseihin. Otin tietenkin osaa kulkueisiin, sillä sota kauhistutti – ja kauhistuttaa – minua.

Vietnamin sodan aikoihin syntyi Yhdysvalloissa hippiliike. Kukkaiskansa julisti "rauhaa ja rakkautta". Amerikassa suuren suosion saaneella intialaisella sitarinsoittajalla Ravi Shankarilla oli Suomessakin ihailijoita, kuten minä, jotka kuuntelivat hänen äänilevyjään lähes nirvanassa. Sääli, ettei vuosikymmeniin enää ole ollut kaupan ns. intianpuuvillaisia kukikkaita leninkejä.

En osaa sanoa, oliko Yhdysvalloissa tapahtuneella poliittisella heräämisellä yhteyttä siihen, että siellä samoihin aikoihin sai alkunsa ns. *new age* -aate (uushenkisyys), joka korosti ihmisen henkisen kasvun merkitystä. 1970-luvun puolivälissä se alkoi tulla tutuksi Suomessakin. Ensi alkuun olin sen sisällöstä kiinnostunut, mutta verraten pian aate lopahti kaikkea hyvää lupaavaksi huuhaaksi, joka kaiken lisäksi on hyvin kaupallista.

Kustannustoimittajaksi

Sylvi-Kyllikki Kilpi oli näyttänyt 1963 valmistuneen laudaturtyöni Kustannusosakeyhtiö Tammen pääjohtajalle Untamo Utriolle, joka suhtautui minuun suopeasti. Tehtyäni aluksi työtä freelancerina minusta tuli kustannustoimittaja, kuten olin toivonutkin ja olin siinä ammatissa koko työssäoloaikani. Tammesta muutin Tietosanakirja-osakeyhtiöön 1965 ja minusta tuli tietosanakirjatoimittaja 16 vuodeksi. Työssä oli hohtoa, varsinkin kun ajan oloon tiedon alueekseni vakiintuivat taideaiheiset artikkelit: arkkitehtuuri, kuvataiteet, klassinen musiikki, teatteri ja tanssi. Työssä pääsi myös kirjoittamaan, joten se ei ollut pelkästään asiantuntijoiden laatimien tekstien saattamista teoksen tyylin mukaiseen muotoon.

WSOY osti Tietosanakirja Oy:n 1970-luvun alussa. Oli kuin olisi päässyt "oikeaan" kustannustaloon. WSOY:ssä tunnelma oli vapaampaa, lähes kuritonta, ja jotkut kollegat olivat todellisia persoonallisuuksia. Oli kuin sivistyksen hengetär olisi lennellyt talossa siipiään leyhytellen. Niin ajattelin. Vähitellen kävi ilmi, ettei WSOY mikään onnela ollut.

Tietosanakirjoilla oli tuolloin yhteiskunnallista ja varsinkin kaupallista merkitystä, sillä Suomessa arvostettiin kirjatietoa. Teimme ensin Facta-sarjan valmiiksi. Sen jälkeen käynnistettiin Spectrum-tietokeskus. Palkattiin lisää kustannustoimittajia, mm. valtiotieteiden maisteri Pentti Stenman, joka oli perehtynyt tekniikan alan kirjojen tekemiseen. Toimitus halusi tehdä kalliista teossarjasta mahdollisimman hyvän, mikä ei aina ottanut sopiakseen kireisiin aikatauluihin.

Yhteiskuntaa ravistelevat uudet aatteet tulivat myös WSOY:hyn. Kustantamojen työntekijät halusivat järjestäytyä ammattiliittoon. WSOY:ssä se oli hyvin vaikea asia. Siitä kirjoitettiin jopa Helsingin Sanomissa. Oli totuttu ajattelemaan, etteivät maisterit ole ammattiyhdistyksissä, riitti että oli päässyt hienoon taloon töihin. Muutosta ei kuitenkaan voitu estää. Voimaan tulleen uuden toimenkuvan ansiosta pääsin pois syvästä palkkakuopasta. – Jälkikäteen tuntuu siltä kuin työnantajamme ainakin tietosanakirjaosastolla olisi epäoikeudenmukaiselta tuntuvalla palkkapolitiikallaan halunnut hajottaa toimittajien yhtenäisyyden. Ei ollut oikein kiva olla repivässä ilmapiirissä.

***

Näinä vuosina minulla oli lohduttomia sydänsuruja. Opin, että pahinta mitä ihmiselle voi tapahtua on, että rakastuu naimisissa olevaan, mikä ei johda muuhun kuin tunteensa tappamiseen, mihin voi mennä vuosia. Kun viimein olin toipunut, kiinnitin huomioni työtoveriini Penttiin ja vähitellen hän minuun. Aloimme seurustella. Ilmeisesti Amor oli lennellyt WSOY:n talon viidennen kerroksen ikkunoiden takana ja huomannut, että sisällä oli sydämiä joihin voi ampua nuolen. Meidän lisäksemme hänen nuolensa osuivat Liisaan ja Juhaan.

Kun Pentti tuli elämääni, Raini sai osakseen vähemmän äidin huomiota. Myöhemmin olen pahoitellut, ettei mieleeni edes tullut ottaa hänet mukaan matkoille, joita Pentin kanssa teimme. Lohdutin itseäni sillä, että samoihin aikoihin Rainin isä kiinnostui muutamaksi vuodeksi teini-ikäisestä tyttärestään.

Valtion painatuskeskuksessa oli vuoden 1980 alussa kustannustoimittajan paikka vapaana ja Pentti vaihtoi taloa mielellään. Minä hain apurahaa Emil Aaltosen säätiöltä nukketeatteriaiheisen kirjan kirjoittamista varten. Sainkin stipendin, mutta en ollut pelkästään iloinen, sillä oikeastaan en enää halunnut paneutua aiheeseen, vaan tahdoin ensisijaisesti lomaa työpaikastani, jossa oli noussut esille mieleni tasapainoa repiviä asioita. Spectrum oli valmis, ja olimme jälleen aloittaneet uuden tietosanakirjasarjan tekemisen. En halunnut jälleen aloittaa Ida Aalbergista. Halusin päästä tekemään jotakin uutta enkä liioin ollut varma, olenko pätevä päättämään, kuka on artikkelin arvoinen, kuka ei. Esimieheni piti minua pihdeissään ja halusin eroon hänestä. Myöhemmin meistä tuli läheiset ystävät.

***

Kustannustoimintaansa laajentava Valtion painatuskeskus haki jälleen 1982 uutta toimittajaa, ja pääsin nyt samaan työpaikkaan missä Pentti oli, toimittamaan Ammattikasvatus- ja Kouluhallituksen oppimateriaaleja. Ne tuntuivat ikäviltä taideartikkeleiden jälkeen. Tietosanakirjatoimittajana olin saanut myös kirjoittaa, ei pelkästään toimittaa tekstejä. Työ toisaalta monipuolistui, mukaan tuli yhteistyö graafisen suunnittelun, kuvittajien, kirjapainon ja markkinoinnin kanssa.

Varsin pian minulle syntyi vaikeuksia latinan kielen oppikirjan voimakastahtoisen tekijäryhmän kanssa. He halusivat enemmän kuin mitä kustantaja taloudellisista syistä tahtoi. Yritin pitää heidän toiveitaan kurissa, mutta he olivat lujempia kuin minä. Ankaran painostuksen seurauksena menin lukkoon, ahdistuin siinä määrin että kieltäydyin jatkamasta projektissa. Pyysin lomaa käyttääkseni stipendini, ja sain puoleksi vuodeksi kirjoitusvapaata. Pääsinkin hyvään alkuun.

Kun palasin työhön, minulle haluttiin antaa sama kirjaprojekti hoidettavaksi. Kieltäydyin jälleen, etten olisi uudelleen pudonnut samaan depressiokuoppaan. Koska en ottanut vastaan minulle osoitettua työtä, katsoin että palkkani piti alentaa. Nyt tuo pyyntö tuntuu järjettömältä, sillä olisi varmaan löytynyt myönteinen ratkaisu, vaikka toinen toimitettava työ. Päätös vaikutti peruuttamattoman kielteisesti kustannustoimittajan statukseeni eläkkeelle siirtymiseeni asti sekä taloudellisesti että varsinkin psyykkisesti.

Olen taipuvainen masentumaan ja ahdistumaan, enkä viihtynyt tässä tilanteessa. Depressio alkoi kroonistua ja kävin psykoterapiassa. Lisäksi minulla oli suuri huoli tyttärestäni, joka halusi elää omaa elämäänsä ilman äitimäistä huolenpitoani.

Mona Leo

Nukketeatterikiinnostukseni poiki suurellisia suunnitelmia: kirjoittaisin maailman nukketeatterin historian. Muutamana iltana viikossa istuin minulle rakkaaksi tulleessa Yliopiston kirjastossa. Kävin lävitse saatavissa olevaa aineistoa, jota ei juuri ollut muualla kuin erikielisissä kokoomateoksissa. Alan kirjallisuutta ei tuolloin ollut kaupan. Sain silti kokoon aikamoisen liuskanivaskan. Eräs tuttavani ehdotti, että löytämäni tiedot ehkä kävisivät lisensiaatintyöksi.

Menin teatteritieteen professorin Timo Tiusasen vastaanotolle keskustelemaan nukketeatteriaiheisesta lisensiaatintyöstä. Hän ehdotti, että keskittyisin yhteen taiteilijaan tai yhteen teatteriin. Ei ollut vaikea valita. Suomessa oli legendaarisen maineen saanut hienostunut nukketeatteritaiteilija Mona Leo (1903–86). Vuonna 1970 menin ensimmäisen kerran tapaamaan taiteilijaa Tammisaareen, jossa hän asui Dragsvikin kylässä. En koskaan kertonut hänelle, etten ollut nähnyt hänen esiintyvän. Sehän oli noloa. Leo oli lopettanut esiintymisen muutamia vuosia aiemmin. Olin sentään nähnyt elokuvan Näkymätön käsi (1962), jonka hänen tyttärensä Veronica Leo oli ohjannut. Siitä saa hyvän käsityksen Mona Leon tyylistä.

Mona Leo oli hauras pieni nainen. Hän kertoi työstään ja demonstroi miten nukkea tulee liikuttaa, niin että se ilmentää jopa roolihahmonsa tunteet. Hänen tyylinsä oli hyvin herkkää, ei mitään tumpputeatteria, jossa tyydytään heilauttelemaan nukkeja edestakaisin. Keräsin ja jäljensin aineistoa etenkin laajoista teatteripäiväkirjoista. Niissä oli paljon surullisia kohtia, koska vastuksia hänen tiellään oli paljon. Mona Leo sai osakseen arvostusta Suomea enemmän ulkomailla, missä taidelaji on tuttu. Eihän täällä edes ollut nukketeatteriperinnettä mihin verrata.

Mona Leo oli monipuolinen taiteilija. Oli ollut lähes sattuma, että hän loi pienen satuteatterinsa. Hän on julkaissut muutaman kirjan, valmistanut lasikoruja, maalannut pöytälevyihin romanttisia kuvia. Tuttavuutemme aikana hän oli ennen kaikkea taidemaalari. Hänen työnsä ovat romanttisia, unenomaisia. Niissä on tunnetta, jota en osaa sanoin kertoa. Maalaukset voi vain hengittää sisäänsä. Jos sanon, että hän on maalannut henkilöhahmojensa sielun, en sano mitään mikä olisi hänen ajatusmaailmaansa vastaan. Itse en ollut samalla henkisellä tasolla, mutta aloin oppia.

Janne ja Kurre olivat Mona Leon suosittuja nukkehahmoja.

Tapaamistemme aikana keskustelimme, tai pikemminkin Mona Leo kertoi. Hänen kirjastossaan oli viisaita kirjoja monilta tiedonaloilta, kaukaisista kulttuureista, eri uskonnoista ja filosofioista. Hän oli huomannut, että aina oli kysymys samasta asiasta, lähimmäisenrakkaudesta. Omaksuin häneltä paitsi maailmankatsomuksen rakennustarpeita, myös uskon C. G. Jungin ajatukseen ihmiskunnan kollektiivisesta piilotajunnasta, siitä että ihmiset ovat kaikkialla päätyneet samanlaisiin uskomuksiin ja vertauskuviin. – Tämä näkemys ilmenee myös tässä kirjassani. Myöhemmin olen ymmärtänyt, ettei jungilainen tulkinta sovi kaikkiin esimerkkeihin. Tietoni Jungista ovat varsin puutteelliset.

***

Matkustin perjantaisin töiden jälkeen tutkimusaiheeni luo Dragsvikiin ja palasin kotiin sunnuntaina iltapäivällä. Jälkeenpäin olen ajatellut, että tyttärestäni varmaan tuntui siltä kuin olisin hylännyt hänet. Hänellä oli kuitenkin isovanhemmat luonaan. Vuonna 1973 minulle järjestyi stipendi DDR:ään, jossa olin kaksi kuukautta Dresdenin nukketeatterimuseossa kirjallisuutta tutkiskelemassa. Sainkin paljon tietoa nukketeatterin historiasta ja uudesta, pelkistämistä suosivasta tyylistä. – Raini ei ole milloinkaan ollut ihmeemmin mieltynyt nukketeatteriin, ei senkään jälkeen, kun oli saanut omat ihanat lapsensa. Ei liene kummallinen asia.

Tutkimustyöni eteni vitkaan, sillä valmistelin sitä leipätyöni ohella. Lapseltani se vei äidin. Olisin välillä halunnut jättää sen kesken, mutta en voinut, sillä siitä olisi tullut Mona Leolle jälleen yksi toteuttamatta jäänyt hanke.

Lisensiaatintyöni hyväksyttiin 1980 ja minun oli pakko ottaa vastaan filosofian lisensiaatin paperit – tieteellinen kunnianhimoni oli tällä kertaa ajat sitten sammunut. Uusi oppiarvo ei mitenkään vaikuttanut elämääni, vaikka odotinkin että työpaikalla useammat olisivat onnitelleet minua. *Mona Leon nukketeatteri – näkymättömän käden leikki* -tutkimuksen tekijäksi merkittiin Marit Stenman, sillä olin mennyt naimisiin Pentti Stenmanin kanssa vuoden alkupuolella.

Nukketeatterikirjaprojekti

Vapaina hetkinäni jatkoin stipendin velvoittamana kirjoittamista nukketeatterin vaiheista. Olin saanut sen melko hyvään alkuun loppuvuonna 1982. Nyt lähinnä iltaisin työ eteni tuskaisen hitaasti ja halusin vapautua siitä, saada sen valmiiksi niin pian kuin suinkin. Emil Aaltosen säätiön suopeuden vuoksi olin joutunut tähän ikävään tilanteeseen. Vuoden 1983 loppuun mennessä käsikirjoitusta oli sentään jollain lailla valmiina satakunta liuskaa.

Tarvitsin hankettani varten lisää omaa aikaa. Anoin sapattivapaata ja sain koko vuodeksi 1984. Ryhdyin tosissani työhön. Se sujui kuitenkin yllättävän kankeasti. Olin alkanut uumoilla, että aihe "Nukketeatterin vaiheita Euroopassa" oli aivan liian laaja. Lähdeaineistoa ei ollut Suomessa kuin pieninä jyvinä, mutta silti hieman enemmän kuin tutkiessani Mona Leon satuteatteria. Täytyisi matkustella muihin maihin katselemaan ja lukemaan teoksia, jotka tosin on kirjoitettu vaikka puolaksi tai tšekiksi tai ranskaksi, eikä olisi ollut pahitteeksi saada selvää myös venäjän- ja englanninkielisestä tekstistä. Saksaa sentään osasin. Suunnitelmani oli mahdoton eikä se enää edes kiinnostanut minua.

Nukketeatterissa olivat alkaneet puhaltaa uudet tuulet, jotka tarttuivat myös minuun. Esimerkiksi ihmisnäyttelijän (tai "nukettajan") ja nuken välinen vuorovaikutus, kun esitettävä hahmo on näyttämöllä jaettuna näille kummallekin; toinen on hahmon fyysinen ja toinen henkinen puoli. Tämä taisi olla strukturalismia tai jotakin sinne päin. Ainakin puhuttiin "merkeistä". Mona Leon klassinen tyyli, jossa esittäjä on piilossa ja yleisö näkee ainoastaan nuken, oli muuttunut auttamatta vanhanaikaiseksi.

Uudet tuulet puhalsivat Vaasan kesäteatterijuhlilla (1979–90). Tulisieluinen Kristiina Hurmerinta loi suurenmoisen nukketeatterifestivaalin vierailuesityksineen. Vaikutuksen minuun tekivät etenkin modernin teatterityylin luoneet puolalaiset, joiden esitykset puhalsivat suoraan pääni sisälle. Lublinin katolisen yliopiston teatterin johtajan Leszek Mądzikin teoksessa *Herbario* elävät näyttelijät olivat kuin liikkuvia veistoksia – nukkejako? – ja nuket veistoksia, joita "ihmisveistokset" asettelivat näyttämöllä uusiin paikkoihin; esityspaikkana olleen erään koulun voimistelusaliin oli rakennettu valkoisesta kankaasta hyvin syvä tila, jota yleisö katseli salin näyttämöltä. Sanoja ei käytetty, mutta musiikilla oli tärkeä rooli. Ehkä juuri sen vuoksi esitys meni suoraan sydämeeni. Herbario oli kuin imuri, joka veti minua sisäänsä, kauas näyttämön etualan tapahtumista tilan takaosaan, jossa tapahtui paljon.

Mitä tämä oli? Tuskin nukketeatteria. Sitä nimitettiin visuaaliseksi teatteriksi, joka oli etääntynyt kauas totutun laisesta nukketeatterista. Nimitys viittaa sellaiseen, minkä näkee: katsojien koettavaksi luodaan liikkuvia kuvia ilman sanoja. Mądzikin teatterin esitys kiehtoi minua tavalla, jota on vaikeata selittää. Se on yhä unohtumaton elämys, vaikka se tapahtui kauan sitten.

Minua olivat alkaneet kiehtoa rajat, joissa nukketeatteri lakkasi olemasta nukketeatteria. Tärkeältä alkoi tuntua se, miten kuvan ja musiikin avulla etsittiin yhteys katsojan tunteisiin sanoja käyttämättä luottaen katsojan vaistomaiseen, luontaiseen ymmärrykseen. Tämä sivuaa Jungin ajatuksia. Jos näyttämön assosiaatiokenttä on laadittu loogisesti, kuva riittää eikä puhetta tarvita, pohtii Hurmerinta, jonka Pandoran näyttämö esitti vaikuttavaa sanatonta teatteria. Esitys rakentuu musiikista, liikkeestä, väreistä, valoista ja esineistä, jona voi olla myös ihminen näyttämöllä.

Suuri humaus

Psyykkinen kriisi oli tulollaan. Olin menossa kohti outoja sisäisiä maailmoja, mutta sitä en vielä tiennyt Vaasassa alkukesällä 1984, jolloin näin Herbarion. Piilotajuntani halusi vapauttaa minut kurinalaisuudesta, itsekuria vaativasta tutkimuksesta. Mieleni liukui siitä yhä kauemmas. Se herätti jopa fyysistä pahoin-vointia ja kieriskelin luomisen tuskissa olohuoneen lattialla.

Mieleni muutoshalusta oli vaikeaa tietää mitä kaikkea se oli. Tulin tietoiseksi pii-lotajunnastani. Olin nähnyt syvältä kouraisevan teatteriesityksen, jonka hyvin syvä näyttämökuva muistutti C. G. Jungin *Piilotajunnan kieli* -teoksen avainkuvaa.

Eräs ystävättäreni kertoi jokseenkin juhlallisesti saaneensa automaattikirjoittami-sen kyvyn. Näin, miten hänen kynästään tuli tekstiä solkenaan. Rajan takaa. Meitä oli neljä naista istumassa hänen keittiöpöytänsä ääressä valoisana kesäyönä. Ys-tävättäreni otti vastaan viestejä, mikä oli hyvin mystistä ja pelottavaa. Minulla oli epämääräinen käsitys ilmiöstä, mutta en ollut ottanut sitä vakavasti. Tiesin ihmis-ten saavan automaattikirjoituksella yhteyden vainajahenkiin, joista joidenkin us-kottiin olevan salassa säilyneen henkisen viisaustiedon haltijoita ja halukkaita vä-littämään sitä maailmalle. Tähän ilmiöön sain tuntuman.

Kotiin tultuani kokeilin, onnistuuko kirjoittaminen myös minulta. Se onnistui, mutta kokeilu johti pian psyykkiseen kriisiin. Kotona tuntui oudolta. Pian aloin kovasti pelätä, kun eräs vainajahenki ei ollutkaan turvallinen ystävä, vaan otti mi-nut valtaansa. Yliluonnollinen todellisuus pelotti minua. Sen kanssa en halunnut olla tekemisissä. Paluuni ns. normaaliin maailmaan tapahtui onneksi varsin nope-asti, sillä pääsin nopeasti psykiatrin vastaanotolle. Ilman hänen ja puolisoni va-kuutteluja en ollut valmis uskomaan, että kättäni viestien kirjoittamiseen käyttävä olento olin minä itse, oma piilotajuntani. Sain lääkereseptin ja lisäksi psykiatri kielsi minua kirjoittamasta, koska se pelotti minua. Sen kanssa en halunnut olla tekemisissä.

Kauhun poistava lääke oli erittäin tehokas. Kaikki tuntui upealta. Kesälomalla Kuhmossa kamarimusiikkipäivien aikaan näin Kainuun järvet ensimmäisen ihmi-sen silmin ja pyhitin ne (oikeasti vain Lammasjärven) uimalla niissä. Rukoilin Äiti Maata ja piirsin "sielueläimeni" Peuran.

Paluumatkalla kävimme Jyväskylän laajassa taidegrafiikan näyttelyssä (Graphica Creativa -triennaali) ja pääsin katselemaan aikaisemmin lehtikuvassa näkemääni Outi Heiskasen työtä *Kotirouvan pieni teatteri esittää uninäytelmän 'Ohikiitävä neitsyys'* – ajatuksia herättävä näytelmän nimi. Taiteilija oli sommitellut sen aiem-min tekemistään töistä. Keskeisenä on Uni, jossa tumma eläin pitelee edessään uneksivan oloista valkopukuista tyttöä. Olin jo kuvan perusteella ehtinyt samas-tua Kotirouvan teatterin hahmoihin ja mielestäni se kertoi osuvasti elämästäni.

Vuoroin tunsin olevani kuvassa – ja myös sen installaatiotoisinnossa – esiintyvä nukkea pitelevä lempeä eläin, vuoroin ohjailtavana oleva vaaleapukuinen hahmo, vuoroin taas heidän edessään varpaillaan sipsuttava tyttö.

Teos oli valitettavasti uniikkivedos ja se oli jo myyty! Minua hermostutti: joku oli ostanut minut! Se tuntui pahalta.

Myöhemmin, sen jälkeen, kun olin tutustunut taiteilijaan, pääsin onnekseni tämän teoksen koevedoksen omistajaksi.

Piirtämään

Vastoin lääkärin neuvoa olin kesällä tarttunut uudelleen kynään. Automaattikirjoituksella olin heti tultuani hänen vastaanotoltaan tuoreeltaan vapauttanut itseni harhaluulosta, että olisin jonkun kirjuri. Muuten en olisi ollut varma, että itse käytin kättäni ja että olin oma kanavani. Kuhmossa ollessani päätin kokeilla, voiko samalla tekniikalla piirtää. Onnistui! Tästä pitäen paperille ilmestyi "sisäolioni" tekemiä kuvia. Syksymmällä aloin käyttää myös värikyniä. Ensimmäiset luomukseni olivat kömpelöitä ja erittäin naivistisia, sillä piilotajuntani ei vielä ollut kovin taitava piirtäjänä. Aloin piirtää alitajuista elämääni ja todellisuudelle uhrasin vähemmän huomiota. Jos olisin pitäytynyt uskossa, että joku yliluonnollinen olento ohjaa kättäni, olisi elämästäni tullut sangen toisenlainen. Minulle sellaiset kokemukset eivät olleet totta eivätkä turvallisia.

Mieleni leijui korkeissa ulottuvuuksissa (ehkä tehokkaan lääkkeen vaikutuksesta) kun loppukeväällä 1984 matkustin Dresdeniin ystäviäni tapaamaan ja osallistumaan UNIMAn eli Kansainvälisen nukketeatteriliiton festivaaliin. Olin siellä jättämässä jäähyväiset nukketeatterille, ja se tuntui oikein hyvältä, ei ollenkaan haikealta. Asuin rakkaiden ystävieni Peterin ja Reingardin luona ja se oli matkassa parasta.

Ajauduin yhä kauemmas nukketeatterista. Miettiessäni kuumeisesti pitkin kesää teatterimuotojen välisiä rajoja ja liukumisia sisäkkäin, menin niin pitkälle, että edellä kuvailemani Heiskasen taidegrafiikkavedos – pelkkä kuva – oli mielestäni teatteriesitys. Siis esitys! Festivaalilla esiripun nousemista odotellessani näytin valokuvaa eräälle saksalaiselle tutkijalle, joka oli eri mieltä: "Nukketeatteri on aina elävää". Ymmärsin, että hän oli oikeassa. – Tutkiskellessani vuoden 1984 päiväkirjaani huomasin, että eräässä lehtileikkeessä oli kerrottu seminaarista, jossa taidegraafikot olivat keskustelleet taidelajien välisten rajojen ylittämisestä. Outi Heiskanen oli siis noudattanut teemaa, mutta kysymyksessä ei tietenkään ollut teatteriesitys.

Näin Dresdenissä esityksiä, joista pidin ja sellaisia, joista en pitänyt. Näyttelyssä näin kauniita nukkeja ja sellaisia, jotka olivat ikäviä pitkälle viedyssä tyylittelyssään. Pidin eniten kauniin herkistä, Mona Leon henkisistä hahmoista. Minulla oli matkan aikana positiivinen, juhlallinen olo, irtisanoutumisen ilo ja suuri rakkaus ystäviä kohtaan ja lopulta kaihoisa ero.

Mielikuvituksen lentoa

Vuoden 1984 loppukesästä lähtien piirsin elämääni enkä paljon muuta tehnytkään. Kaikkea, mikä paperille syntyi, en ymmärtänyt enkä vieläkään ymmärrä. Syksyn mittaan käteni piirsi paljon kuvia lähinnä kuvapäiväkirjaani mutta tein myös kuvia irtolehdille. Aiheistoni rikastui vauhdilla, mikä hämmästytti minua; en olisi moista itsestäni uskonut. Kuvapäiväkirjaani kirjasin selittelyjä kuviin.

20.4.

Buddha ilmestyi kuviini varsin pian, mikä oli odottamaton, mutta ilman muuta hyvä hahmo istumassa kivellä jalat ristissä lootusten ympäröimänä. Se oli selvästi alitajunnasta noussutta kristinuskon vastustamista.

Buddha oli sopivan neutraali. Tein lisää kuvia hänestä. Ensimmäisessä värikuvassa hän on keltainen, ympärillään vaaleanpunaisia lootuksia erilaisten valolähteiden loisteessa. Hän lienee itsekin valo-olento. Tein myös maalauksen, jossa Buddha on vihreähahmoisena yhdessä Valon Jumalattaren kanssa. He ovat siinä maskuliini ja feminiini, yang ja yin, kaikessa olevaisessa ilmenevä vastakohtien elävä tasapaino. Jotta asia olisi selvä, olen laittanut heidän ympärilleen lukuisia yang- ja yin-merkkejä.

Mona Leolla oli jossakin näytelmässä ollut Buddha-nukke, josta oli jäljellä pelkkä pää. Pidin sen vihreistä kasvoista, niiden tyynestä mietiskelevästä ilmeestä. Silloin kun 1970-luvulla vietin viikonloppuja Leon luona kokoamassa aineistoa tutkimustani varten, hän lienee kylvänyt mieleeni buddhalaisuuden siemenen ilman että olisi opettanut mitään uskontoa.

Kuvieni – myöhemmin myös näkyjeni – henkilögalleriaan ilmaantui muitakin vakiohahmoja, kuten jumalattaria. Näitä ovat Valon jumalatar, joka kantoi kohdussaan Valon lasta – kaiken hyvän, kaiken hyvyyden symbolia – ja Yön Valon jumalatar tähtiviitassaan ja kruunu päässään. Myös Kuolema on vanha tuttavuus.

Tyttäreni seisoo kuvassa rohkeana veneessä, joka vie hänet elämän suurelle merelle. Hänellä on kädessään tosiystävyyden hymy; se on yksi maailman parhaista asioista. Raini on juuri ohittanut kotisaaren, jossa kohoaa talo torneineen. Saari

lienee onnen saari, jonne pääsee siltaa pitkin. Lyhtytyttö, haaremihousuja muistuttavat tuulen pöyhistämät housut jalassaan, seisoo rannalla ylös ojennetuissa käsissään valoa loistavat suuret liljankukat. Hän näyttää Rainille tietä. Tällaisena ikuistan tyttäreni lähdön maailmalle.

Kuvissani vierailevat raskaana oleva Äiti Maa, jonka puin kirkkaanpunaiseen leninkiin, kuten Mona Leokin oli tehnyt; punainen on elämän väri. Hänellä on paljon eläinystäviä ja tietenkin hän huolehtii maan kasvusta. On myös Metsän kylväjä, jolla on kuusenkäpyhattu ja käsissään siemenvakka. Äiti Maan ystäviin kuuluvat myös Jumalatar ja Hyvä ihminen, Lempeä kesätuuli: pitkähiuksinen tyttö, jolla on

22.4.01   Metsän kylväjä

hiuksia myös selässään hieman samaan tapaan kuin hevosella on harja. Tuulen tyttö edistää sadon kypsymistä. Hän haluaa lahjoittaa ystävälleen maljallisen elämän vettä, vaikka tuntuisi itsekin olevan sen tarpeessa.

Yhteen aikaan seison kuvissa Tuonelan joen rannalla kukkia ja hedelmiä kantavan elämänpuun vieressä. Joen toisella puolella seisoo mustaan mekkomaiseen vaatteeseen pukeutunut Kuolema. Hänellä on kädessään tiimalasi: kun ylemmästä lasista hiekka on valunut alempaan lasiin, päättyy vaellukseni joen elämänpuoleisella maalla. On arvoitus, mistä Kuoleman hahmo ilmaantui kuviini ja miksi hän sai vakiintuneen aseman mielikuvitusmaailmassani.

Kuvissa on taiteiluni alkuvuosina paljon yksityiskohtia, kuten majakka ja muita valonlähteitä, kaipauksen sinikello, valolootukset, kädessä pidettävä opastähti, harmonian temppeli, ohjauspyörä elämää ohjaamassa, aurinko, tähdet ja kuu, Peura ja Hyvin herkkä eläin, paljon lintuja, elämän puu ja elämän lähde ja niin edelleen, kuten elämän voimaa lisäävä elämän puuro ja kämmenellä tai hatussa pidettävä "tosi ystävyyden hymy": pää, jossa on hymyilevät kasvot.

Koska toivoin mielelleni rauhaa, mielikuvitukseni antoi minulle hyviä asioita. Kyllä se senkin kertoi, millaisessa depression syöverissä olen. Toisinaan symboliikka on selvä, mutta toisinaan se on vaikeatajuista ainakin vuosien perästä nähtynä, kun piirtämisen hetki on unohtunut. Tunteistani ne tietenkin kertovat, ystävällisesti, sillä piilotajuntani on melkein aina lempeä.

Toistin Lapsuus-kuvan aihetta. Piirsin itseni rusettipäisenä tyttönä rakas Nalle käsivarrellani. Seison mustan ristin juurella ja maassa luikertelee minua kohti yksi tai useampi käärme. Toisinaan minun oli jätettävä piirtäminen kesken, koska käteni oli tekemässä liian pelottavaa kuvaa.

Siivet askarruttivat mieltäni. Kuvassa Valon Jumalatar voiteli lapaluitteni kärkiin ihmeellistä siipivoidetta, jotta siivet alkaisivat kasvaa. Melko pian ryhdyin sepittämään kertomusta Kyllikki Ilmasesta ja hänen perheestään, jossa kaikilla oli siivet. – Tarina oli mahdoton, sillä en keksinyt, miten siivekkäänä voi elää tavallisten siivettömien ihmisten tavoin heidän joukossaan. Näytti myös selvästi siltä, että naiivi huumori ei ollut minun lajini. Paljon myöhemmin huomasin, että minulla oli Kyllikki Ilmasen aikaan aina ollut huivi harteilla kuin siipiä peittämässä. Siipiä ei näet saanut näyttää siivettömille.

Paluu työelämään

Kaikkia edellä kuvailemiani varhaisia aiheita en ollut ikuistanut vuoden vaihtumiseen mennessä. Työhön paluu vuoden 1985 alussa oli vaikeaa. Oli syvennyttävä konkreettisiin asioihin, oikeiden elävien ihmisten käsikirjoituksiin ja oli osattava olla sosiaalinen. Olin hieman vauhko ja viihdyin omissa oloissani niin paljon kuin mahdollista. Kahvitaukojen aikana piirtelin pöytäni ääressä. Oli hyvä, että yhden kuvan tekemiseen ei mennyt paljon aikaa. Käytin pelkästään violetteja vaatteita; syklaaminpunainen eli pinkki sointui siihen hyvin. Violetti kuuluu olevan filosofinen väri, ja se tietenkin miellytti minua. En oikein viihtynyt. Olinko outo? Tunsin itseni hyvin mitättömäksi, koska minut pantiin tuntemaan itseni sellaiseksi.

Kaikki, mitä piirsin, ei liittynyt sopeutumattomuuteeni työpaikalle. Tai voihan kuitenkin olla niin ja että tulkitsen kuviani väärin. Sellaisia ovat käärmekuvat, joita en ollut vähään aikaan lainkaan tehnyt. Vapaavuoden jälkeen piirsin joukon kuvia, joissa käärme ahdistaa minua. Tämä käärme oli mielestäni syyllisyydentunteen vertauskuva. Tunne johtuu siitä, että uskon minulle asetettavan suurempia vaatimuksia kuin mitä pystyn täyttämään tai että työnantaja katsoo, ettei minulle voida uskoa vaativia tehtäviä. Kuvissa on paljon ahdistusta ja pelkoa, mitättömyyden tunnetta.

Käärmeen syyllisyydentunne-merkityksen olin jo ymmärtänyt, mutta olin sen unohtanut. Se ei siis ollut ainoastaan synnin symboli. Syyllisyydentunne eli käärme osoittaa kyvyttömyyttäni olla niin kelvollinen, että saisin siivet. Siipiä näissä kuvissa ei ole.

Elokuussa 1985 tekemäni kuvan viereen kirjoitin tällaisen huokauksen:

> Minua inhottaa piirrellä syyllisyyden tunteeni kuvia. Kuvassa oleva käärme on iljettävä enkä voi kuvaan panna mitään valoisaa, en edes kuuta taivaalle. Inhoan käärmettä, vaikka se onkin ominta itseäni mutta niinhän inhoan myös syyllisyydentunnetta, jonka symboli käärme on. Ei minulle tällaisena aurinko todella paista – tai ehken vain pikemminkään huomaa sen valoa ja lämpöä, enkä jaksa luottaa siihen, että valo loistaisi minulle nahjusmaiselle typerykselle. Vain kaipuun tunnen käärmeen syleilyssäkin. Puistattava tämä kuva.

Teksteistä, joita piilotajuntani toivomuksestani kuviin liitti, sekä itse kuvista, käy ilmi, että auktoriteetit herättivät minussa epämukavan tunteen. Mielessäni velloivat erilaiset, mutta tavallaan samanaiheiset tunteet yhtenä mylläkkänä. Niinpä myös äitini kuului piilotajuntani mielestä auktoriteetteihin, joiden kanssa minun oli vaikea olla. Äitini oli tehnyt niin paljon hyväkseni, etten tuntenut olevani kaiken sen arvoinen. Minulle oli usein tullut huono omatunto.

Jatkuvasti paha mieli

Marraskuussa 1985 piehtaroin ahdistuksessani. Lisäksi alemmuuskompleksi vaivasi minua, kuten kirjoitin päiväkirjaani. Tein aiheeseen liittyviä kuvia. Olen asettautunut surumielisen klovnin Pierrot'n nahkoihin. Hän aikoo sittenkin kirjoittaa nukketeatterikirjansa, sillä sen valmistuminen antaisi minulle ehkä itseluottamusta, "vaikkei se ole varmaa, kun tämä maa ei kai halua hänen kirjaansa. Pierrot ei ole yhtään mitään. Kunpa vapautus tulisi, vaikkapa sairaus tai kuolema."

Kun mielialani oli tällainen, ei ole kumma, etten viihtynyt työpaikallani, sainhan palkkaakin vähemmän kuin toiset toimittajat. Olisin halunnut olla mielikuvituksen maassa, joka oli sama kuin satumaa, ei sisäisyyteni ymmärryksen mukainen murheen alho. Viimeistään näihin aikoihin aloin käsittää, että jatkuvat psyykkiset tuskatilat ovat osa persoonallisuuttani.

Jälkeenpäin olen ymmärtänyt, että minun olisi ehkä pitänyt välillä olla sairauslomalla ja että työnantajani olisi pitänyt ohjata minut hoitoon. Psyykkisiä syitä ei 1980-luvulla ehkä oikein noteerattu, ei ainakaan Painatuskeskuksessa, enkä itsekään tiennyt, että olin sairas. Kuulun siihen ikäpolveen, joka ponnistelee ja pinnistelee, vaikka miten pahalta tuntuu. Pitää vain jaksaa.

Helpottaakseen pahaa mieltäni Pentti keksi viedä minut metsään varhaiskevään iltoina kuuntelemaan mustarastaiden laulua. Se ilahdutti minua. Myös matkat, joita 1980-luvun vaikeina aikoina teimme, kohottivat mielialaani suuresti. Kävimme mm. Samarkandissa, Islannissa ja Elbrusvuoren maisemissa. Lähes joka vuosi olimme Kuhmon kamarimusiikkijuhlilla. Luonto oli siellä meille yhtä tärkeä kuin musiikki.

Ymmärsin 1980-luvun vaikeina vuosinani selvemmin kuin aikaisemmin miten hyvän ihmisen olin saanut puolisokseni. Pentti ei tunteistaan juuri puhu mutta on herkkä ja hienotunteinen ja on pysynyt rinnallani myös vastamäissä. Hän on myös kärsivällinen, mistä on mielestäni oiva esimerkki pyöräilylomamme yhdessäolomme alkuaikoina 1979. Pentti, himopyöräilijä, ei sanallakaan ollut osoittanut harmiaan, kun pelkäsin jyrkkiä alamäkiä ja meidän oli pakko pysähtyä ja pitää tauko. Ei silloinkaan, kun joutui ottamaan pyörälleen enimmän osan tavaroistani.

Huoleni sentään ulottui egosentristä itseäni kauemmas, koko planeettaamme, jota asioista päättävien ja valtaa käyttävien tahojen viha ja vihan nostattama pelko uhkaavat. Rauhan säilyminen maailmassa on uhattuna, aseita on liian paljon ja aina käydään sotaa jossakin. Tämä herätti minussa huolta ja surua. 1980-luvulla syntyneissä kuvissani viha ja pelko ovat suuri musta suu ammollaan lähestyviä, Kuoleman hahmoa muistuttavia olioita. Äiti Maa, eläimet ja hyvät jumaluudet haluavat voittaa ne ojentamalla niitä kohti valoja. Rauhankulkueet keräsivät 1980-luvulla suuria ihmisjoukkoja, mutta ne tuskin vaikuttivat merkittävästi aseidenriisuntaan. Sotaideologialla oli kuitenkin vastavoima.

Kävin 1980-luvun jälkipuoliskolla kolmisen vuotta psykoterapiassa, mutta se ei juuri edistynyt, koska työpaikkaongelmat peittivät mieleni pohjalla olevat ehkä tärkeämmät asiat. En saanut vihjettä, miten voisin päästä kärsimystä aiheuttavista tunteistani. Kuvissani terapeutilla on kädessään iso avain, mutta hän ei pääse sitä käyttämään, sillä sydämessäni ei ole lukkoa jonka voisi avata. En ole varma, oliko tämä terapeuttini minulle oikea lääkäri.

Silkkitiellä

Syksyllä 1985 olimme viikon Uzbekistanissa. Se oli elämyksellinen matka, joka ruokki mielikuvitustani pitkän aikaa. Sisäolioni oli pukenut Pentin ja minut Pierrot'n vaatteisiin, kun matkustimme lentävällä matolla Silkkitien legendaarisiin kaupunkeihin Samarkandiin ja Buharaan. Islamilainen arkkitehtuuri ja paikallisen väestön perinteinen pukeutuminen vakuuttivat meidät siitä, että olimme Tuhannen ja yhden yön satujen ja Silkkitien maassa. Vanhaa arkkitehtuuria oli säilynyt turistien silmille aika paljon.

Siniset kaakelit kilpailivat taivaan sinisyyden kanssa ja koristeornamentit hivelivät kauneudellaan silmiä.

Minua kiehtoi tarina Timur Lenkin puolisosta Bibi Hanumista ja hänen arkkitehdistään. Valtias ei pitänyt heidän tuttavuudestaan ja uhkasi arkkitehtia, joka onneksi sai siivet ja pääsi pakoon. Toin heidät kuvapäiväkirjassani Suomeen. Uzbekistanilaisittain pukeutuneen tähtitieteilijä Ulugh Begin ikuistin yhdessä länsimaalaissyntyisen

Uranian kanssa; muistelin että Uranialla oli jotakin tekemistä tähtien kanssa, ja hän tosiaan on Afrodite taivaallisessa hahmossa. Kotiin palattuani jatkoin uzbekistanilaisia aiheita: uzbekistanilaisittain pukeutuneita ihmisiä, minareetteja ja portteja, lentäviä mattoja, Ulugh-beg, Pierrot – eli minä – ja linnut.

Äidin tunteet

Minulla oli ajoittain iso huoli maailmalle lähteneestä lapsestani. Hän piti etäisyyttä eikä minun auttanut muu kuin luottaa häneen. Piilotajuntani välitti minulle hänestä kuvia ja kuvien selityksiä. Näin syyskuussa 1985: "Raini on sinun hyvä lapsesi, jota sinä kyllä ymmärrät varsin hyvin, kun olet osannut päästää hänet maailmalle. Raini on viisauden suojeluksessa ja seisoo elämän lähteen partaalla. Hänellä on itsenäinen elämä edessään ja hän haluaa kulkea tietään oikein ja mieli avoimena vaikkei elämä aina helppoa olekaan."

Kuvassa osoitan luottavani tyttäreeni. Olen antanut hänelle siivet selkään ja kumpaankin käteen linnun; taivaalla on kuu ja tähdet ja elämän lähteen vierellä kukkia – kaikki hyviä asioita. On lukuisia kuvia, joissa Raini purjehtii pienessä veneessä ilman airoja. Tämä aihe on monesti kuvassa yksityiskohtana. Ymmärsin hiljalleen, että äiti-ihminen on varmaan elämänsä loppuun saakka huolissaan lapsestaan ja lapsenlapsistaan.

42

Työpaikkakiusaaminen

Vuonna 1982 alkaneet palkka- ja työnkuvaongelmani eivät koskaan ratkenneet. Luottamusmiehen kanssa palkkaluokitukseni yritettiin nostaa samaksi kuin muilla toimittajilla oli. Tiesin olevani hyvä toimittaja, joka lisäksi auttoi kirjantekijöitä; kaikki eivät osanneet tehdä oppikirjaa, vaikka osasivat erinomaisesti opettaa omaa ainettaan. Tietosanakirjoja toimittaessani olin oppinut olemaan tarkka. Suhtauduin oppikirjan käsikirjoitukseen kuin olisin oppilas: jos en päässyt selville kerrotusta asiasta, ei opiskelijakaan ymmärtäisi, joten pyysin kirjoittajaa tarkentamaan mitä halusi sanoa. Tähän meni tietysti aikaa. Työnantajan mielestä olin hidas ja huono toimittaja. Jossakin vaiheessa sanottiin jopa, ettei käsikirjoitusta saa lukea!

Nurja suhtautuminen minuun jatkui 1990-luvulle saakka. Se ei ollut omiaan tekemään minua myönteiseksi. Mielestäni työnantajani kiusasi minua. Epäily, että en osaa tehdä työtäni, oli räikeää työpaikkakiusaamista. Palkkaluokituksen korjaamiseen ei kuulemma ollut aihetta. Lopulta minut pantiin koeajalle, jotta nähtäisiin osaanko tehdä työni. Minut mitätöitiin. Vain luottamusmies puolusti minua. Lopulta palkkani nostettiin mutta vaativuusluokitusta ei korjattu.

Minäkään en ollut työpaikalla myönteinen, vaan monesti hankala. Kerran suutuin esimiehelleni Marjalle, en muista miksi ja miten purin kiukkuani. Pierrot-minä kuitenkin pyysi anteeksi. Tekemässäni kuvassa lintu palaa hänen luokseen. "Se pakeni hänen vihaansa, sillä se oli niin hirveän voimakas. – – lintu tietää, että hänen tehtävänsä on suojella Pierrot'a, niin ettei tämä anna pahalle valtaa. Nyt tietää Pierrot itsekin, että hänen pitää hillitä itsensä kohtuuttomuuksilta – –." Rauhan merkiksi piilotajunta piirsi omakuvani käteen palmun oksan. Kiukku on tunne, joka syntyy salamaa nopeammin, eikä siitä eroon hankkiutuminen ole helppoa. Vaikka myöntää virheensä, se voi jäädä häiritsemään mielen rauhaa, erityisesti jos ei saa anteeksi.

Pentin sisar Kaija kuoli lokakuussa 1990 sairastettuaan rintasyöpää ja sen etä-pesäkkeitä 13 vuotta. Ja seuraavan vuoden helmikuussa isäni Kaarlo tuupertui keinutuolista lattialle saappaat jalassa ja kynä kädessä.

Nämä murheelliset menetykset eivät onnistuneet kohoamaan lannistavan työpaikkamielipahani keskellä kovin huomattavaan asemaan. Olin etukäteen kantanut huolta isäni viimeisistä ajoista, joten hänen vaivattomalta näyttänyt poismenonsa oli suuri helpotus. Kaijan sairaus ja kuolema teki minut murheelliseksi ja ajattelin paljon hänen leskeään, sympaattista Anteroa. Kaijasta tein värikynämaalauksia, joissa hän on ilmeisesti paratiisissa. Isäni matkasi kuvissani aurinkoveneessä.

Muutoksia elämään

Elämäämme oli tulossa iso muutos. Ostimme vuonna 1989 tontin Vihdin Otalammelta ja pian alkoi oman kotitalon – ensimmäisemme – rakentaminen. Ennen sinne muuttoa asuimme samassa rakennuksessa vanhempieni kanssa.

Vuoden 1989 poliittisesti merkittävin tapahtuma oli tietenkin Berliinin muurin murtuminen. Olin tyttäreni kanssa Dresdenissä muutama viikko ennen kuin se tapahtui. Siellä järjestettiin kynttilämielenosoituksia. Honecker pantiin viralta ja tilalle tuli joku Krenz. Reingardin ja Peterin kanssa hihkuimme ilosta. Seuraavana päivänä koin raitiovaunussa DDR:läisiin iskostuneen varovaisuuden ja vaiteliaisuuden: ihmiset istuivat kuin mitään tärkeää ei olisi tapahtunut.

Osoittaakseni itselleni ja muille etten ole mitätön, panin pystyyn värikynämaalausteni näyttelyn Nummelan Luontolassa. Hiljainen luontaishoitola ei tietenkään ollut mikään galleria, mutta julkinen paikka kumminkin. Toimittaja kun olen, ymmärsin laatia lehdistötiedotteen, mikä kannatti. Alemmuuskompleksisesta minästäni tuntui oikein hyvältä nähdä näyttelystäni kertova lehtijuttu. Mieltäni lämmitti myös se, että toimituksestamme varsin moni oli saapunut avajaisiin ja jatkoille keskeneräiseen uuteen kotiimme. Melkein pidin itseäni taiteilijana. Luontolan näyttely oli ensimmäiseni.

Eläkkeelle

Vuoden 1992 keväällä minua ryhdyttiin muka liian vanhana järjestämään pois työelämästä ns. eläkeputkeen: ensin ansiosidonnaiselle päivärahalle ja sen jälkeen työttömyyseläkkeelle, jolta siirtyisin vanhuuseläkkeelle. Mikä šokki! Olin vasta 56-vuotias. Psykiatrilääkärini oli kerran todennut minulle, mahdanko jaksaa olla työpaikallani eläkeikään asti. Työnantaja varmaan näki asian niin, että olin hankala ja muka epäpätevä työntekijä, josta voi päästä eroon säädyllisenä pidetyllä tavalla antamalla eläkeputkipotkut. Otaksun, että minua pidettiin myös outona, koska pukeuduin violettiin ja piirtelin automaattisesti liikkuvalla kynälläni kuvia, jotka eivät kuvanneet näkyvää todellisuutta. Olin saanut omituisen ihmisen leiman. Tätä ei kylläkään sanottu ääneen.

Kuvapäiväkirjaani ilmestyi kuvia, joissa on käärmeitä, vartaloni mittaisia verta vuotavia haavoja, suuni on ammollaan, olen hukkumaisillaan syvälle veteen. Eheyteni säihkyvä valopallo ajelehtii aalloilla enkä ulotu siihen. Käteni suojelevat valolootusta käärmeeltä.

Lääkärin kirjoittaman lausunnon perusteella pääsin yksilölliselle varhaiseläkkeelle vuodenvaihteen jälkeen. Se oli toki hauskempaa kuin tulla laitetuksi eläkeputkeen. Kirjapainon puolelta vähennettiin väkeä tällä tavoin.

Ei ollut esimiehelläni Marjallakaan helppoa: jokaiseen uuteen käsikirjoitukseen oli haudattuna katastrofi, ennen kuin hän rauhallisesti syventyi siihen. Hän tapasi miltei juosta käytävällä huolestuneen näköisenä paperi kädessä. Hän siirtyi eläkeputkeen yt-prosessin yhteydessä 2000-luvun alkuvuosina ja muutama vuosi sen jälkeen hän kuoli keuhkosyöpään.

Peltola

Vuonna 1992 muutimme rakentamaamme uuteen kotiin Peltolaan. Keltaiseksi maalattu talo metsän reunassa oli kaunis ulkoa ja sisältä. Sen takana idän suunnalla oli pieni ala kuusivaltaista sekametsää ja etupuolella meille liian iso pelto, jossa kasvoi tiheää heinää, entistä laidunta. Siihen raivasimme kasvimaan kukkapenkit, ja kukkia, eritoten ruusuja meille siunaantui ajan mittaan paljon. Linja-auton pysäkeille oli matkaa 1,5 ja 2 kilometriä, linjurilla pääsi Helsinkiin ja Vihdin kirkonkylään.

Pentti kävi töissä Helsingissä ja minä, sen jälkeen, kun minusta oli tullut eläkeläinen, omistauduin tai koetin omistautua kodin hoitamiselle. Ei minusta tullut erinomainen kotirouva, Hausfrau, kun en ole koskaan ollut edes erityisen hyvä ruuanlaittaja. Sellainen ei ollut minun kutsumukseni, vaikka olisin halunnut omistautua kodilleni. Minulla oli muuta tekemistä. Olin kaikesta innoissani.

Heti rakennustöiden alussa meidät, tai ehkä pikemminkin tekeillä olevan talon, oli adoptoinut jykevä kollikissa, jolle annoimme nimen Otto. Hän oli kuosiltaan "kissa frakissa" ja hänellä oli paksut posket ja lihaksikkaat hartiat. Hän oli viettänyt kuljeksivaa elämää, mutta päätti asettua taloksi. Kun minusta oli tullut kotirouva, ostimme suomenlapinkoiran pennun, jonka nimi oli Peni. Peni oli rakastettava olento. Ilmankos Otto suhtautui häneen hyvin ja heistä tuli kaverit.

Muutaman vuoden kuluttua kävi surkeasti, kun Otto loukkaantui ja suuttui; olin näet kieltäytynyt yöllä antamasta yöpalaa ja käskenyt häntä hakemaan ulkoa murkinat itselleen. Sen koommin kissaamme ei näkynyt. Tämä tapahtui syksyllä 1994, kun Pentti oli Lapissa vaeltamassa veljensä kanssa. Mitä lienee Otolle sattunut tai mihin hän oli mennyt. Sitä ennen hän oli saattanut naapurin alaikäisen kissaneidin pieniin päin. Olimme nähneet mitä pihatiellämme tapahtui ja koska tunsin jonkinlaista osasyyllisyyttä, meiltä sai itselleen kodin yksi pennuista, musta kolli, jota kutsuimme Mirriksi. Meillä oli myös akvaario. Se oli muuttanut kaloineen Korson Päivölästä Otalammen Peltolaan. Joko akvaarion pohjahiekka tai vesi aiheutti ongelmia, joten kalat eivät voineet hyvin ja kasvit mätänivät. Luovuimme akvaariosta, mikä oli sääli, sillä akvaario onnellisine asukkaineen ja sen luoma rauhaisa tunnelma olisi ilahduttanut ihmismieltä.

Tunsin itseni myönteisellä tavalla maalaiseksi osallistuessani kansalaisopiston pellavakurssiin, sen syksyiseen jälkiosaan. Pellava oli kylvetty keväällä ja nyt käytiin lävitse kaikki työvaiheet sadonkorjuusta kuitujen jatkokäsittelyyn. Kurssi ei ollut pelkkää teoriaa, vaan asioita tehtiin oikeasti. Monena vuonna kävin kansalaisopiston keramiikkaryhmässä, mutta Vihdissä kaikenlaisia osallistumisia haittasivat harvaan kulkevat bussit. Jouduin odottelemaan tai tarvitsin noutajan.

Reissut Helsinkiin, joka oli lapsuudesta saakka ollut minun kaupunkini, onnistuivat kun piti huolen aikatauluista.

Kesäisin hoidin puutarhaa. En ollut tiennyt, että minussa asui puutarhuri. Peltolassa se astui esiin ja minusta tuli innostunut. Olisin voinut kuopsuttaa maata myös Korsossa, mutta puutarha oli siellä siinä määrin äitini valtakuntaa, etten alitajuisestikaan halunnut siihen mukaan. Mahdoinko talviaikaan tehdä Peltolassa mitään erityistä? Aioin kasvattaa ruokamme, olemmehan kasvissyöjiä. Maata piti parantaa ja satoakin tuli, mutta melko pian vaihdoin viljelysuuntaa: yksivuotisten vihannesten tilalle tuli monivuotisia kukkia eli perennoja ja ruusupensaita.

Kirjoittelin ahkerasti, en kuitenkaan mitään kaunokirjallista. Jonkin aikaa olin vapaaehtoisena töissä Vihdin kirkonkylässä olevassa Kahden kauppa -kehitysmaakaupassa. Asiakkaita kävi aika vähän, mutta silti stressaannuin. Kun kerran olin unohtanut lukita välioven, lopetin keikkatyöpestin. En ollut luotettava. Joutilasta aikaa minulla ei kuitenkaan juuri ollut, sillä täytin päiväni monenlaisella tekemisellä. Ajattelin paljon puutarhaani ja kasveja, sillä minussa oli herännyt kouluaikainen botanisti. Piirtelin kuvapäiväkirjoihin automaattisen kynän tekniikalla.

Ruusuja

Olin tavattoman kiinnostunut kasveista. Sopivasti kuin minua varten oli 1989 perustettu vanhoja kasvilajeja ja -lajikkeita vaaliva Maatiainen ry. Sen toimintaperiaate sopi täsmälleen ajattelutapaani: pelastetaan perinnekasvit häviämiseltä vanhoista suomalaisista puutarhoista ja lisäksi edesautetaan maatiaisrotuisten kotieläinkantojen säilymistä. Jäsenet keräsivät siemeniä, jotka sitten myytiin halukkaille. Kun sain kuulla, että on olemassa myös "vaaleanpunaisia juhannusruusuja", olin myyty. Kauan sitten istutetuista puutarhoista saattoi löytää näitä papulanruusuja ja suviruusuja, joiden nimetkin olivat alussa monilta hukassa. Muitakin ruusuihanuuksia saattoi löytää. Yhdistyksessä syntyi kauaskantoinen ajatus jalostaa suomalaisissa oloissa kestäviä ruusulajikkeita. Asiaa osaavat ryhtyivät toimeen. Minua tämä innosti kovasti.

Hullaannuin. Sairastuin ruusuhurmio-sairauteen. Halusin muuttaa Peltolan ruusutarhaksi; siirsin sinne lapsuuden kotini puutarhasta neljän ruusulajin juurivesoja ja Pentin entisen kodin pihalta juhannusruusun. Minulle kehittyi periskooppisilmät, joilla auton kyydissä ollessani katselin, näkyisikö jossain pelastettavia kukkaihanuuksia. Lähdin löytöretkille hylättyjen talojen puutarhapöheikköihin. Se oli joskus liiankin jännittävää, sillä vaikka kyseessä oli kasvin pelastaminen hyviin kasvuoloihin, olin kuitenkin varkaissa. Kävin naapurissa asuvan Mairen kanssa kummitustaloksi kutsutun, ränsistymään päässeen Hovin talon umpeenkasvaneessa puutarhassa. Sieltä löytyi kerrannaiskukkainen ruusuihanuus, joka myöhemmin osoittautui kirkonruusu-nimiseksi ja lähes maatiaiseksi. Nyhdin mukaani

ihanan punakukkaisen "Nummelan ruusun" pari juurivesaa keskeiseltä paikalta Nummelasta keskellä päivää. Se oli hyvä teko, sillä parin viikon kuluttua koko kauniisti kukkiva iso kasvusto oli perinpohjaisesti hävitetty ja paikalla oli tasainen hiekkapenkka. Tunnistin ruusun venäjänruusuksi. Ihmettelen yhä, eikö kaikilla ihmisillä todellakaan ole silmää kauneudelle.

Lienee selvä, että ruusuista kiinnostuneet tarvitsivat oman yhdistyksen. Vuonna 1990 perustettiin Suomen Ruususeura ry – Finska Rosensällskapet rf. Myös sen jäsenet olivat mieltyneet vanhan ajan ruusuihin ja halusivat kasvattaa itselleen ihanan tuoksuvan ruusupuutarhan. Ja ruusuja löytyi etsimällä ja niitä oli kaupan, ja uusia sai myös juurivesoista. Mutta kaupoista ei yleensä ollut aitoja suomalaisia ruusuntaimia, ei edes oikeaa juhannusruusua. Tilanteen parantamisessa riitti työtä kummallekin yhdistykselle.

Ryhdyin tekemään kummankin yhdistyksen jäsenlehteen juttuja. *Maatiaiseen* kirjoitin ruusutarhakuulumisia ja muutakin. Vähitellen keskityin kaksikielisen Suomen Ruususeuran *Ruusunlehteen*. Vuosien mittaan tekstejä kertyi yli 20. Viimeinen ilmestyi vuoden 2011 viimeisessä numerossa.

Paneuduin etenkin ruusujen kulttuurihistoriaan, en kasvatukseen ja lajikkeisiin, vaan ruusuissa vuosisatojen ja -tuhansien aikana nähtyyn henkisyyteen ja vertauskuvallisuuteen. Hyvin usein nämä merkitykset ovat kautta ruusun historian kummunneet ihmisten piilotajunnasta samanlaisina. Ruusun symboliikka on häkellyttävän rikas. Ruusunkukan olemusta pohdiskellessani tulin luoneeksi ruusufilosofian: kun ihminen syventyneenä katselee avoimen kukan sisälle, missä heteet loistavat terälehtien keskellä, hänessä herää myönteisiä tunteita. Kukka avaa hänen sydämensä kauneudelle ja se puolestaan hyvyydelle kaikkea olevaista kohtaan.

Näkyjä näkemään

Ei riittänyt, että minusta tuli virallisesti eläkeläinen ja ruusuja rakastava kirjoitteleva kotipuutarhuri ja että olin saanut kaverikseni suomenlapinkoira Penin. Vihdin kansalaisopisto järjesti helmikuussa 1993 Matka myyttiseen mieleen -nimisen kurssin. Nimi kuulosti mielenkiintoiselta ja sen ohjaaja oli Helena Allahwerdi, entinen koulutoverini, jota en ollut nähnyt vuosikymmeniin. Jotakin olin hänen tekemisistään sentään lukenut. Kurssilla minulle aukeni uusi maailma aivan itsestään. Sisäisten silmieni eteen ilmestyi näkyviä mielikuvia. Näin! Se tapahtui visualisoimalla eli hahmoistamalla mitä ohjaaja kehottaa näkemään, mutta myös ilman ohjausta.

Helenan ryhmä

Vihdin kirkonkylällä Pitäjänkeskuksessa olleesta kokoontumisesta sai alkunsa Helenan ryhmä, samanmielisten naisten porukka. Siihen kuului suunnilleen puolet kurssilla olleista ja ajan oloon tuli mukaan jokunen uusi. Meitä oli kymmenkunta, joita yhdistivät lempeä suhtautuminen toisiimme ja halu kehittyä henkisesti. Meillä oli hyvin hauskaa. Usein kokoonnuimme Helenan kesäpaikassa Pernajan Isnäsissä. Buddhalaisuus aiheineen alkoi hiljalleen tulla läheiseksi.

Venyttelimme jäseniämme tiibetiläisellä tavattoman hitaalla *kum nye* -voimistelulla ja hoidimme toisiamme ns. pehmeillä hoitokeinoilla. Ja söimme hyvää ruokaa. Fyysinen hyvä olo oli tietenkin tärkeää. Helenan suunnitteleman ohjelman varsinaisena tarkoituksena oli vahvistaa myönteistä elämänasennettamme ja yrittää päästä eroon mieltä painavista pulmista. Pohjavire oli siis eräänlainen psykoterapia.

Meditoimme, teimme ohjattuja mielikuvamatkoja ja vaativaa, transsissa tapahtuvaa holotrooppista hengitysharjoitusta. Jo Kansalaisopiston kurssilla näin ällistyttävän hyvin. Tuntui luontevalta. Oli kuin aina olisin istunut tyhjentämässä aivoni ja kuin vapautuneeseen tilaan olisi ilmaantunut katsottavaa. Olin hämmästynyt ja iloinen. Mieleni sepitti juonikertomuksen; nyt ja myöhemminkin se on ollut tyypillistä. Ns. holotrooppisen hengitysharjoituksen aikana mennään transsiin. Matkailin Tiibetissä yhdessä Peuran ja Pöllön kanssa, seurustelin Buddhan kanssa, hoidin luostarin ruusupuutarhaa, lensin kotiin ilman siipiä yli Himalajan huippujen. Levitin kaikkialle kukkien hyvää valoa. Kertakaikkisen auvoisaa. Myöhemmin tein Tiibetin-matkastani värikuvasarjan, joka on pohjana *Valokukat*-nimiselle netissä julkaistulle kuvasarjalle.

Käynti Tuonelassa

Helena Allahwerdin Vihdissä pitämällä kurssilla kävin meditaation aikana Tuonelassa. En ikimaailmassa kuvitellut tekeväni sellaista "matkaa". Eräs nainen oli ottanut mukaansa rummun, millä hän rummutti. Piilotajuntani muisti oitis, että šamaanit matkaavat Tuonelaan rummutuksen avustamana. Ehkä rummuttaja piti itseään noitana.

> Minulla alkoi heti tapahtua paljon. Minun ei tarvinnut kauankaan tanssia, kuten oli kehotettu, kun jo olin muualla. Tunnelmastani saa vihiä, jos tietää miltä Aleksandr Borodinin orkesteriteos *Yö autiolla vuorella* kuulostaa: on salaperäistä ja pelottavaakin. Pimeys kietoi näkytienoon sisäänsä.
>
> Rummutuksen rytmi muuttui merkiksi lepovaiheen alkamisesta. Meitä kehotettiin makuulle. Oli pelkkää pimeyttä. Vähitellen siihen aukeni umpipimeä tunneli ja ymmärsin, että minun pitää vaeltaa sen läpi. Astuin sen sisälle yhdessä sielueläimeni Peuran kanssa, mukana oli myös Pöllö. Jaloilla tunnustellen hapuilimme eteenpäin. Oli yhä pimeää. Tunneli oli pitkä mutta päättyi ajallaan ja avautui leveän mustan joen partaalla. Ymmärsin saapuneeni Tuonelan joelle.
>
> Rannassa oli musta vene ilman soutajaa. Peura ja minä astuimme veneeseen ja se kuljetti meidät vastarannalle. Horisontissa mustien puiden latvusten korkeudella taivaalla näkyi kapea sitruunankeltainen valoraita. Astuttuamme maihin kuljimme pitkospuita pitkin ja saavuimme etäällä näkyvän kalpean aavemaisesti häämöttävän nuotion luo. Pelotti.
>
> Nuotion takana istui pieni parrakas ukko, jolla oli tuikeat silmät ja päässään jonkinlainen lakki. Ajattelin, että ehkä hän on joku viisas, ehkä šamaani, tai sitten joku häijy, sillä hän näytti todella epäystävälliseltä. Hän oli vihainen, koska olin tullut Tuonelaan. Sinne minulla ei ollut asiaa, koska en ollut kuollut. Kun hän tiukkasi syytä saapumiseeni, huomasin ettei minulla todellakaan ollut mitään asiaa. Hätäpäissäni pyysin apua Maire-naapurille hoitaakseni välimme

kuntoon. Ukko antoi minulle pussillisen hyviä ajatuksia Mairea varten. Pistin sen puseroni sisään.

Join vastahakoisesti hänen minulle ojentaman juoman. Olin muistavinani, ettei elävä saa nauttia Tuonelan tarjoomuksia. Pikarissa oleva juoma puistatti minua. Se oli tummanpunaista, varmaan verta. Ukko komensi tylysti meitä lähtemään pois, ja hänen äänessään oli uhkaava sävy, kun hän ilmoitti, ettei meillä nyt ole käytettävissämme venettä. Kuljimme pitkospuita joen suuntaan. Sen vierustoilla häälyi muodottomia varjoja. Vainajiako?

Silmäni olivat varmaan hieman tottuneet pimeään, koska näin nyt millainen joki oli. Se häämötti pimeässä maisemassa valtavan leveänä ja pohjattoman syvänä. Veden virtaus oli pelottavan voimakas. Muistin, että Väinämöinen oli luikerrellut käärmeen muodossa jokeen levitetyn verkon silmän lävitse. Nyt ei ollut verkkoa eikä minulla taitoa muuttaa muotoani. Meillä ei ollut muuta neuvoa kuin astua veteen. En olisi päässyt vastarannalle, ellen olisi pitänyt kiinni Peuran kultaisina loistavista sarvista. Hän ui joen yli ja Pöllö tietenkin lensi.

Päästyämme rantaan meillä oli maata jalkojemme alla. Tuntui kuin joen ylitys olisi tapahtunut liian helposti. Edessämme oli sama musta tunneli mitä pitkin olimme saapuneet. Kuljimme sen läpi. Vähitellen kasvoillemme alkoi leyhyä raikasta ilmaa merkiksi siitä, että pääsemme kohta onnellisesti ihmisten ilmoille. Pelkäsin kumminkin, että rummutus päättyy ennen kuin olemme päässeet tunnelista ulos. Pääsimme. Näky jatkui vielä pitkään muun muassa kukkulalla, jolle oli kerääntynyt eläimiä ja jonne myös Maire saapui. Onnistuin nakkaamaan Tuonelasta saamani hyvät ajatukset hänen päälleen. (Olin syvästi loukannut naapuriani ja ystävääni Mairea, joka ei halunnut antaa minulle anteeksi. Kurssipäivien aikana ajattelin häntä paljon ja olin pettynyt typeryyteeni.)

Paratiisisaari

Kuvailen seuraavassa muutamaa transsimatkaani esimerkkinä siitä, miten rajuja – ehkä liian rajuja – asioita kaltaiseni herkkä ihminen voi joutua kokemaan.

Opittuani Helenan kurssilla 1993 muuntuneessa tietoisuuden tilassa tekemään näkymatkoja tein niitä kotonakin, en kuitenkaan holotrooppista harjoitusta. Mielikuvitukseni toimi oikein hyvin. Eläkeläisenä minulla oli aikaa. Olen sitä mieltä, ettei piilotajuntani ei ollut kovin lempeä pannessaan minut, oikeastaan aloittelijan, kohtaamaan isoja käärmeitä Jumalattaren temppelissä ja meren rannalla.

Mielikuvitukseni vei minut saarelle, joka osoittautui Käärmesaareksi. Tein siellä kuusi outoa vaellusta.

Paratiisillisen Etelämeren saaren aihe oli minulle tietenkin tuttu, enkä takuulla ole ainoa joka siitä on kuullut. Se on aiheena Unto Monosen kaihoisassa Onnen maa -laulussa, ja varmaan sitä piilotajuntani tietämättäni muisteli, ja myös Mona Leon satuteatterissaan esittämää kansansatua *Luodetuuli ja Kuolema*, joka oli julkaistu Joel Lehtosen teoksessa *Tarulinna* (1906). Suurin virikkeen antaja ja minut näky- matkalle viejä oli *Paradise Island* -niminen musiikkikooste kasetilla. Huilu ja kitara, maininkien kohahdukset rantahiekkaan ja lintujen laulu metsässä olivat läsnä siellä missä istuin vaipumassa muuntuneeseen tajunnantilaan, kotonani siis.

Istuin kuuntelemassa Paratiisisaaren musiikkia ja katselin kohti kultaisessa aute- reessa tuskin näkyvää horisonttia missä meri ja taivas koskettavat toisiaan. Voi onnea, voi autuutta! Että tällaista saan kokea! En vain arvannut, että saari on täynnä outoja salaisuuksia, kuten käärmeitä. (Käärmekammoisen kannattaa ehkä hypätä nämä kuvaukset yli.) Musiikki inspiroi mielikuvitustani. Vaivun helposti muuntuneeseen tajunnantilaan. Näen. Olen sekä se, jolle tapahtuu että se, joka katselee ja kommentoi tapahtuvaa.

Ensimmäinen vaellus

(23.1.1994) Istun palmun alla hiekkarannalla kasvot kohti rannatonta suuren meren ulappaa. Turkoosin sinisenä se lepää edessäni ja yhtyy kirkkaan siniseen taivaaseen ilman tarkkaa rajaa, ilman horisonttiviivaa. Aallot kohahtavat ran- nan valkoiseen hiekkaan. Selkäni takaa saaren viidakosta kantavat korviini hui- lun luritukset ja kitaran näppäilyt. Ne kutsuvat minua. Voiko olla suloisempaa kuin etelämeren kaunis saari? Olen onnellinen istuessani rannalla palmun alla varjossa katselemassa taivaanrantaan. Meren vesi tuoksuu. Musiikki houkutte- lee minua.

Tiedän, että takanani siellä missä rantapalmut vaihtuvat lehtevään metsään, on saaren asukkaiden paaluille rakennettuja palmunlehtikattoisia mökkejä. Ja metsässä laulavat lukuisat linnut. Kuulen ne.

Metsässä puiden peitossa kohoaa vuori. Sen seinät ovat rosoiset ja melko jyr- kät. Se on siis melko uusi vuori, sileäksi kulumaton. Sen juurella on polku. Soitto kutsuu minua metsään, joten kuljen polkua kylästä poispäin. Minne nä- kymättömät soittajat houkuttelevat minua?

Polku jatkuu kallion kylkeen hakattuina portaina, jotka vievät kohti vuoren huippua. Sekä maata että portaita peittää sammal, sillä ilmanala on saaren sisäosissa melko kostea. Polun varrelle on laitettu japanilaistyylisiä kivilyhtyjä, mutta tuskin kukaan viitsii joka ilta sytyttää niihin valoa. Nyt on päivä, mutta puiden katveessa on silti hämärää. Jos aikoo yöllä nousta vuoren huipulle, on kuljettava varovasti tunnustellen maata jaloillaan, ellei käytä taskulamppua – tai ellei ole kuutamo. Näitä mietin. On tosin epätodennäköistä, että kuun säteiden onnistuu valaista polkua, sillä sademetsän kasvillisuus on tiheää.

Nousen portaita ja saavun vuoren huipulle. Se on melko terävä. Seison kapealla kalliohyllyllä ja edessäni vuoren kyljessä on luola. Onko onkalo syntynyt luonnostaan vai ovatko ihmiset louhineet sen? Käyn sisälle.

Luolassa on huone, kenties temppeli, ja sen seinissä on säröreunaiset ikkuna-aukot. Onhan koko vuori rosoa. Arvelen, että myrskytuuli puhaltaa sisälle, koska ikkunaluukkuja ei ole. Katon laessa on aukko, josta tähdet näkyvät. Ja kattoaukon kautta voi kerätä vettä alapuolella olevaan altaaseen, vai pitäisikö sitä nimittää lammikoksi. Paikka on erikoinen. Erityisen kummalliselta vaikuttaa vesiallas. Se on kaivo! Sen reunaan on ripustettu mustat rautaiset tikapuut, jotka laskeutuvat mustalta näyttävään tyyneen veteen, sisälle veteen, ja ties miten syvälle, mutta varmaan pohjalle asti kumminkin.

Ymmärrän, että minun pitäisi laskeutua tikkaita pitkin lammikon pohjalle. Ei tee mieli, mutta arvelen, että kyseessä saattaa olla eräänlainen rohkeuskoe. Minulle olisi ehkä hyväksi mennä sinne pimeään mustaan veteen, umpisukkeluksiin. Päätän tehdä mitä minun tulee tehdä, vaikka ei tee mieli. Pelottaa. Asetan jalkani ylimmälle pienalle, otan tikkaista kiinni käsilläni ja laskeudun veteen, pian umpiveteen. Laskeudun yhä syvemmälle. Kumma kyllä vesi ei kastele eikä minulla ole hukkumisvaaraa. Kaivo on hyvin syvä. Lopulta olen pohjalla ja kuilu laajenee vieressäni avarammaksi tilaksi. Kuulen, miten vesi lorisee purona kuilusta kohti merta.

Saavun himmeästi valaistuun isoon luolaan. Se on huone, temppeli. Sen lattia lienee muodoltaan pyöreä ja se on päällystetty hienosti asetetuilla kivilaatoilla. Lattian alta kuultaa himmeää valoa. Seinissä on goottilaistyyliset kapeat ja korkeat ikkunat ja kattona on tähtikuvioilla koristellut suippohuippuiset holvit. On hiljaista.

Näen kukan. Sen olemassaolo on minulle olennaisen tärkeää. Se on ihmeellisesti sädehtivä kivinen kukka. Ehkä ruusukvartsia. Se on kerrannainen, ja sen terälehtien välistä kajastaa himmeää valoa ja keskustassa loistaa voimakkaasti säteilevä valo. Katselen sitä. Kukka on lootus! Valtavan iso lootus, ihmistä korkeampi. Vaikka se on kiveä, se on elävä kasvi. Olen yllättynyt, kun saan nähdä valokukan. Sellainen on olemassa, tiedän entuudestaan.

Luokseni saapuu naishahmo, haltijatar, tämän temppelin jumalatar, arvelen. Hänen pukunsa on jadenvihreää kauniisti laskeutuvaa kevyttä kangasta, ja siinä kimaltelevat timantit ja vuorikristallikiteet. Niitä ja myös rubiineja on hänen kruunussaan, joka juhlistaa hänen kasvojaan ja vaaleita kiharoitaan.

Jumalatar sanoo minulle: "Sinun tulee olla puhdas ja kirkas kuin vuorikristalli. Se merkitsee moraalista puhtautta, rehellisyyttä ja itsensä unohtavaa rakkautta. Sinun tulee olla kuin elävä kivinen lootus." Mieleeni tulee, että minun pitää puhdistaa merisuolavedessä vuorikristallikiteeni. En ole tehnyt sitä aikoihin. Sitäkin mietin, onko kristallin puhdistamisesta muistuttaminen ainoa syy, miksi olen kulkenut salaperäisen matkan pimeän kuilun kautta luolatemppeliin. Halutaanko minulle sanoa, että tyydyn pinnallisuuteen, likaan jota kertyy paitsi pintaani myös sisimpääni.

Havahdun mietteistäni, kun huomaan paksun mustan käärmeen, joka matelee kohti minua mielestäni uhkaavan näköisenä. Eteeni, siihen missä myös jumalatar seisoo, ilmestyy musta risti, mutta se katoaa nopeasti. Risti ja käärme, lapsuuden kätketyt uhkakuvat. Käärme herättää minussa pelkoa, mutta helpotuksekseni se väistyy minua koskettamatta. Senkö vuoksi, koska alitajuntani vastustaa sitä voimakkaasti?

Tilanne tavallaan liukenee pois. En halua jatkaa. Mutta päätän katsoa, uskaltaisinko huomenna mennä pidemmälle. Minun on pakko. Miksi?

Jumalatar avaa minulle vuoren seinään aukon, oven josta pääsen suoraan rannalle. Luola temppeleineen on siis merenpinnan korkeudella eikä sen alapuolella niin kuin olin otaksunut. On tullut ilta ja yö, mutta ei ole pilkkopimeää. Meren aallot ovat asettuneet lepoon. Myös linnut. Hiljaisuus on rikkumaton. Istun paikallani. Kasetti on soinut loppuun.

Toinen vaellus

(27.1.1994) Ei kuulu muuta kuin veden lorina akvaariossa. Koska pidämme veden äänestä, on kotimme akvaarion suodatin asetettu sillä lailla, että vesi pääsee lorisemaan. Muuta ei kuulukaan, paitsi Paratiisin saari -musiikki.

Istun rannalla. Aallokko on nyt melko korkea, mutta ei kuitenkaan myrskyä. Takanani, luultavasti metsässä, joku soittaa huilua kuin kutsuen minua. Noudatan kutsua, ja heti olen rehevässä trooppisessa metsässä, sen siimeksessä. Huilunsoittaja kulkee edelläni yhä syvemmälle metsään ja minä seuraan häntä.

Välillä hän pysähtyy. Odottaako hän minua? Soittaako hän nimenomaan minulle?

Arvaan, että huilunsoittaja on Krišna. Sävelet ovat suloisia, niin suloisia että ne houkuttelevat mukaansa. Vain hän osaa soittaa sillä tavalla. Pian näen hänet. Hän on tosiaankin Krišna! Hän on sininen ja hänellä on yllään kauniit intialaiset vaatteet ja korut, samanlaiset kuin häntä esittävissä miniatyyrimaalauksissa.

Krišna kulkee vuoren seinään louhittuja portaita pitkin kohti vuoren huippua. En näe häntä polulla, sillä kasvillisuus on tiheä, mutta välillä hän ilmestyy näkyviin kuin tyhjästä soittamaan porrastasanteilla, yhä ylempänä ja korkeammalla vuoren rinteellä. Joillakin tasanteilla on kiinalaistyylinen paviljonki, jossa hän tietystikin musisoi tenhoavasti. Olen varma siitä, että Krišna ei soita vain itselleen, vaan juuri minulle. Hän houkuttelee minua mukaansa.

Nousen polkua yhä ylemmäs huilunsoittajaa kuitenkaan saavuttamatta. Välillä katselen kohti merta, joka näkyy kaukana alapuolella. Näin korkealla ei enää kasva puita, joten merelle näkee hyvin. Meri vaikuttaa pelottavalta, sillä aurinko ei nyt paista. Olen niin korkealla, että näen saaren sisäosaan, ensimmäisen kerran. Näköjään vuori, jonka huipulle olen saapunut, ei ole saaren ainoa, vaan metsästä pistää esille useita samankaltaisia. Muuten saarta peittää tiheä lehtimetsä. Puiden latvojen ja vuorenhuippujen yläpuolelta aukeaa avara näkymä aavalle, rannattomalle ja kuohuvalle siniselle merelle. Saaren sisäosaa, laaksoa, ympäröivien rinteiden takaa häämöttää pohjoinen ranta.

Olen perillä vuoren huipulla. Täällä on onkalo ja sen sisällä näköjään kalliotemppeli. Krišna seisoo paikallaan ja antaa nyt minun katsella itseään ihan läheltä ja kuunnella kaunista soittoaan. Huoneessa on hyvä akustiikka, joten musiikki soi kirkkaana ja täyteläisenä. Siinä missä hän soittaa, kasvaa kukkivaa nurmea.

Keskellä temppelin lattiaa on vesiallas ja siinä kasvaa lootus. Allas – ehkä se on kaivo – näyttää hyvin syvältä ja siinä oleva vesi mustalta. Kivistä rakennetun reunakehän varaan on ripustettu mustat pystysuorat tikkaat, jotka vievät syvyyteen. Vaikka minua ei haluta, päätän laskeutua veteen ja mennä yhä syvemmälle, veden alle. Tikapuut päättyvät lammikon pohjalla, joka aukeaa melko laajaksi luolaksi. Menen sinne ja tulen ilmeisesti pyhättöön. Myös Krišna saapuu sinne ja jatkaa soittamista.

Luolan lattiasta kasvaa esille lootus. Ensin tulee näkyviin nupun kärki. Katselen, miten se suurenee ja miten varsi venyy yhä pitemmäksi, kunnes nuppu aukeaa kauniiksi loistavaksi kukaksi. Kasvi on minua korkeampi. Keskellä luolaa on nyt ihana suuri lootus, jossa on kaikki mitä elävässä kasvissa tulee olla. Kukassa säteilee valo. Tunnustelen sen terälehtiä. Ne ovat kirkasta ruusukvartsia ja vuorikristallia.

Luolan perällä on pimeää. Pimeydestä liukuu esille valtava, pitkä musta käärme. Pelästyn ja pelkään. Jään paikalleni, sillä tiedän, että minun pitää uskaltaa kohdata se. Käärme ei kuitenkaan välitä minusta. Se ei uhkaa minua! Se kaartaa minun ja lootuksen takaa ja asettuu sitten kaaren muotoon ympärillemme niin, että näyttää kuin se purisi omaa häntäänsä. Miten myyttistä! Ouroboros, ikiaikainen täydellisyyden ja ikuisuuden symboli, joka tällä kertaa varmaan edustaa suojaympyrää.

Käsitän, että minua pyydetään nousemaan lootuksen sisään, tuohon upeaan kiviseen kukkaan. Siitä ei kuitenkaan tule mitään, sillä en yletä kiipeämään siihen. Kukasta lasketaan alas vuorikristalliset tikkaat, ja nyt voin kiivetä kukkaan. Tämä on minulle kohtuuttoman suuri kunnia. Joku ojentaa minulle kätensä ja auttaa minua astumaan terälehtien ylitse kukan keskustaan, sen valoon. Tuntuu pahalta tallata kukkaa, mutta pian ymmärrän, ettei se vaurioidu koska se on kiveä, vaikka onkin elävä.

En heti joutanut katsomaan, kenen kanssa seisoin lootuksessa. Kun sitten katsoin, huomasin että hän on kultahiuksinen Valon Jumalatar. Seisomme käsikkäin, olemme onnellisia, sillä olemme kauan tunteneet toisemme ja kiintyneet toisiimme. Jumalatar lahjoittaa minulle hyvää valoaan ja kukan sisin säteilee välistämme meille.

Vilkaisen luolan kattoon. Siellä yläpuolellamme riippuu hännästään iso valkoinen käärme. Myös tätä käärmettä kavahdan. Mitä se aikoo! Se tahtoo kai alas. Se kurottaa etuvartaloaan ja ojentautuu Valon Jumalattaren käsivarrelle. Siitä se liu'uttaa itseään minun käsivarrelleni ja hartioitteni yli toiselle käsivarrelleni. Kammottavaa! En voi tehdä mitään, joten annan käärmeen tehdä niin kuin se haluaa, ja kumma kyllä en ole ihan suunniltani kauhusta. Valkoinen käärme haluaa päästä lattialle. Se siirtyy kukkaan ja laskeutuu sitten vartta pitkin alas ja asettuu mustan käärmeen vierelle. Tällä tavoin luolan lattialle lootuksen ympärille muodostuu musta-valkoinen kaksoisrengas, kaksois-ouroboros. Katselen sitä enkä voi olla ihailematta sisäoliotani (piilotajuntaani), joka näyttää minulle näin hienoja näkyjä. Ja olen tyytyväinen itseeni, kun uskalsin antaa valkoisen käärmeen käyttää käsivarsiani siltanaan.

Seison yhä Valon Jumalattaren kanssa valolootuksessa. Hän asettaa valonsäteen kulkemaan kukasta luolapyhätön ikkuna-aukolle. Sitä pitkin kävellen palaan todelliseen maailmaan.

Kolmas vaellus

(3.2.1994) Olen paratiisisaarella. Tällä kertaa merellä näkyy pieni kalliosaari, jonka laelle on rakennettu pikkarainen kiinalaistyylinen paviljonki. Saareen vie riippusilta, joka on kiinnitetty paviljongin kynnyksen ja maalla olevan kalliokielekkeen väliin.

Huvimajassa musisoidaan. Siellä soittavat Krišna ja hänen kitaristiystävättärensä. Niin – tietenkään sariin pukeutunut nainen ei soita länsimaista kitaraa, vaan jotain intialaista instrumenttia, vaikka sitaria tai vinaa.

Istun tutulla paikallani hiekkarannalla palmun alla kuuntelemassa tenhoavaa musiikkia. On varhainen aamu. Aurinko nousee kohta vasemmalta puoleltani, lehtipuita kasvavien vuorten takaa. Yön kosteus leijuu ilmassa kevyenä huuruna.

Musiikkituokio paviljongissa on päättynyt ja soittajat lähtevät pois. Kiinnitän huomioni Krišnaan, joka kulkee kohti metsää, kohti puiden alla vuoren kupeella mutkittelevaa polkua. En voi vastustaa hänen huiluaan. Jumalolento kävelee ilmeisesti nopein askelin, koska soitto kuuluu melko kaukaa. Pistän juoksuksi saadakseni hänet kiinni.

Saavun kohta purolle ja ylitän sen pikku siltaa myöten. Krišnan huilu kutsuu minua yhä ylemmäs; ylemmäs ja ylemmäs, kunnes ollaan vuoren huipulla. Seisomme molemmat kiinalaistyylisessä huvimajassa, mistä näkyy pitkälle. Meri on kaukana alapuolella ja mainingit paiskautuvat kuohuen korkeaan rantakallioon.

Luolahuoneessa on valoisaa. Sen sinisessä katossa on tähtikoristelua. Lattia ei ole tavallinen lattia, sillä siinä on onkalo, syvän näköinen kuilu tai kaivo, jonka reunaan nojaavat tikapuut. Minun pitää tikkaita pitkin laskeutua syvyyksiin. Tottelen, vaikka en millään muotoa haluaisi. Miksi taas tällainen koettelemus? Tiedän, että se on välttämätöntä, jotta opin voittamaan pelkoni. Sen takia suostun.

Kuilu on pimeä ja syvä, hyvin syvä, mutta siinä oleva vesi ei kastele vaatteitani. Laskeudun, yhä syvemmälle. Kuulen nyt aaltojen pauhun, ja myös linnut, mikä on outoa, koska olen vuoren sisällä. Kuulen myös tuttua musiikkia.

Lopultakin kajastaa valoa, kelmeää tosin. Kuilu aukeaa lyhyeksi käytäväksi, joka vie luolaan. Sen seinässä on rosoreunainen ikkuna, jonka takaa kuultaa sisälle himmeää valoa. Ikkunasta näkyy meri, merenpinnan alapuolinen meri. Niin syvällä olen. Katselen ikkunasta. Katselen, miten aallot huojuttavat vesikasveja.

Olen kuin merenalaisessa akvaariossa. Ohi ui hurjahampaisia haita, mutta näen myös sieviä värikkäitä pikkukaloja.

Luolan lattia on outo. Seison aika lailla keskellä huonetta ja ympärilläni on ympyrä, jonka muodostavat hentoa valoa hohtavat laikut. Laikkujen kohdalta lattia hiljalleen repeää ja repeämistä työntyy suurella voimalla esille pieniä taimia. Taimet kasvavat hämmästyttävän nopeasti. Niihin ilmaantuvat varret, nuput ja lehdet. Katselen tätä ihmettä silmät ympyräisinä ihmetyksestä. Tunnustelen yhtä lehteä: jadea, väriltään vaaleanvihreää. Katselen nuppuja, jotka umpullaan olevaa valoa loistaen siinä seistessäni aukeavat ihaniksi kivisiksi lootuksiksi. Kukat ovat ruusukvartsia ja vuorikristallia. Kasvit ovat niin korkeat, että kukat ovat yläpuolellani. Näen niiden alapinnan, mutta en näe niiden sisälle, jossa näyttäisi olevan paljon valoa, niin paljon että ne valaisevat katon.

Katolla on muukin tehtävä kuin olla huonetilan yläpuolella. Siellä makaa valkoinen käärme kerällä. Tiedän, että minun on pakko ottaa se vastaan, minun on oltava kuin pylväs, jota pitkin se voi laskeutua lattialle. En haluaisi. Päätän tehdä itselleni suojauksen, koska sellainen kuuluu olla hyvä olemassa. Käyn lävitse chakrani ja saan ne jotenkuten näkymään kullekin ominaisen värisenä kukkana. Lattia, jolla seison jättiläislootusten muodostaman piirin keskellä, hohtaa valkoista valoa. Valo valaisee vaaleanpunaista mekkoani. Myös sisälläni, sydämessäni, on valoa.

Keskitän kaiken huomioni käärmeeseen, joka minun tulee ottaa vastaan. Olen jäykkänä pelosta. Koetan ajatella valoani, sydämeni lootuskukkaa, sillä vain se on turvanani nyt kun minun täytyy ihan yksin kohdata kauhea käärme. Edellisellä kerralla olin sentään yhdessä Valon Jumalattaren kanssa.

Krišna ja hänen ystävättärensä ovat saapuneet luolatemppeliin ja soittavat takanani käytävän perällä. Olen heille erittäin kiitollinen, sillä en ole enää yksin. Koska minun täytyy, nostan oikean käteni ylös, niin että käärme pääsee tulemaan. Se ojentaa heti päänsä ja vartalonsa ja kiertyy sitten käsivarrelleni. Se tuntuu viileältä. Uskallan tuskin hengittää, jännitän lihakseni – ja koetan ajatella valoani. Käärme liukuu eteenpäin, käsivarrelta vartaloni ympärille ja kohti lattiaa. Käärme tekee kaiken hienovaraisesti ja ymmärrän selviäni koettelemuksesta. Lattialla se asettautuu lootusten ympärille, niiden ulkopuolelle, mutta vaikka se on pitkä, sitä ei riitä ympyräksi asti.

Käsitän, että minun pitää auttaa vielä toinenkin käärme lattialle. Katossa tosiaankin makaa kerälle kiertyneenä iso käärme. Tämä on musta. Kerään turvakseni valoa ja ojennan käteni. Tämä käärme vaikuttaa pahemmalta kuin äskeinen valkoinen. Kohtaan se katseen, joka ei sano mitään. Otus tulee luokseni samalla tavalla kuin valkoinen käärme, mutta sen ote on tiukempi. Käsivarreltani se liu'uttaa itsensä paksuna ja raskaana niskani takaa oikealle olkapäälleni ja sieltä rintani yli. Pelkään että se kietoutuu kaulani ympärille, mutta niin ei onneksi tapahdu. Se pitää minusta lujasti kiinni useana kierteenä vartaloni ympärillä mataessaan kohti lattiaa. Päästessään lattialle se asettuu lootuskehän ulkopuolelle, niin että sen häntä tulee valkoisen käärmeen suun luo ja ottaa valkoisen käärmeen hännän kevyesti omaan suuhunsa. Mutta koska käärmettä on tavallaan liian pitkälti, ne siirtyvät ulommas, niin että säännöllisen muotoinen ouroboroskäärme erottuu selvemmin lootuskasveista muodostuvan renkaan ulkopuolella.

Olen selvinnyt käärmeistä vahingoittumattomana. Katson kattoa. Siellä on nyt valoa tulviva aukko, tai pikemminkin tunneli. Valo näyttää kutsuvalta. Sieltä lasketaan alas – en tiedä kuka laskee – säihkyvän kirkkaat vuorikristallitikkaat. Nousen niitä pitkin puola puolalta ylöspäin. Tikapuut jatkuvat ja jatkuvat. Minne? Minne mahdan päätyä? Valokuilu on sangen pitkä, mutta viimein se aukenee vuoren laella, huipun vieressä. Tikkaat kuitenkin jatkuvat, nyt ilmassa, ja minä jatkan kiipeämistä. Ne eivät kuitenkaan jatku loputtomiin.

Niiden yläpäässä istuu suuri kaunis valkosiipinen lintu, ehkä kiinalainen valkoinen kurki, onnen vertauskuva. Arvaan, että se on siellä minua odottamassa. Se veisi minut pois tikkaiden yläpäästä. Käyn istumaan tämän suurenmoisen linnun selkään. Se kohoaa siivilleen taivaan kirkkauteen ja suuntaa sitten merelle päin. Lennämme kuun sillan yläpuolella kohti ulapalla näkyvää luotoa. Siellä kohoaa muodoltaan kreikkalaistyylinen harmonian pyörötemppeli, jonka kattokupu lepää rakennusta ympäröivien pylväiden päällä. Kupolin huipulla on tiibetiläisen stupan mallinen rakennelma, mikä on vähän hassua ja rikkoo arkkitehtonisen harmonian.

Lintu vie minut pikkusaarelle. Olen temppelissä – vai onko se sittenkin huvimaja – ja katselen ympärilleni. Luulen näkeväni häivähdyksenä tanssivia keijuja tai valo-olentoja.

Kuun siltaa pitkin saapuu Yön Valon Jumalatar. Vaikka hän on kaikin tavoin suurenmoinen olento, en mielelläni tapaa häntä. Hän on hieman pelottava: kerran kun imin itseeni hänen valoaan, minusta oli kuin olisin menettänyt oman persoonallisuuteni. Astuttuaan temppeliin hän ottaa minua kädestä, molemmasta kädestä, ja hymyilee minulle. Kun pyristelen vastaan huomatessani Jumalattaren valon voiman, hän päästää käteni. Sanoo vain: "Et ole valmis kohtaamaan omaa naiseuttasi". Jollain tavoin ymmärrän, mitä hän tarkoittaa, ymmärtämättä kuitenkaan millä tavalla. Minulle jää hieman kurja olo. Yön Valon Jumalatar lähtee pois, haihtuu näkymättömiin.

Komea lintuni vie minut paratiisisaarelle. On tullut ilta ja aika myöhä. Rannalta kävelen kotiini, joka on maja kotikylässämme, tällä saarella. Puolisoni nukkuu. Hän ei herää, kun asetun hänen viereensä. Olen onnellinen, kun minulla on hänet ja hänen rakkautensa.

Neljäs vaellus

(15.2.1994) Seison vedessä nilkkoja myöten, mutta en kaadu, vaikka isot laineet vyöryvät jalkojani vasten ja sammuvat sitten kohisten rannan hiekkaan.

Krišna ja hänen ystävättärensä kulkevat edelläni paratiisisaaren suurten puiden alla ja kutsuvat soitollaan minua seuraamaan itseään. Polku ja vuoren rinteeseen hakatut portaat vievät ylöspäin. Alapuolella aallot paiskautuvat kallioon. Kasvillisuus ulottuu varsin korkealle. Puiden oksilla istuu laulavia lintuja.

Ylinnä on luola. Krišna soittaa sen oviaukolla ja nainen ulkonemalla olevassa paviljongissa istuen. Tällä kertaa ei onneksi tarvinnut mennä luolaan. Huipulta pääsee seuraavalle vuorelle korkealla, rotkon yläpuolella huojuvaa riippusiltaan pitkin. Sellaista pelkään, en vain arkitodellisuudessa, vaan näköjään myös nyt, varsinkin kun edellä kulkeva Krišna seuralaisineen saa sen heilumaan. Onneksi on sentään kaiteet!

Pääsen kuin pääsenkin samalle vuorelle, jolla oppaani jo odottavat. He houkuttelevat minut yhä pidemmälle. Saaren keskellä näen laakson ja sen keskellä lammen jossa kasvaa lootuksia. Laskeudumme laaksoon, mutta minulle jää epäselväksi, miten sinne mentiin. Sitäkään en oikein tiedä, asuuko siellä ihmisiä. Maa on siellä lammen ympärillä viljavaa. Laaksossa kohoaa kultainen stupa. Tapaan Buddhan! Siellä oli lisäksi valkoinen stupa ja Tara-jumaluus, jonka myös tapaan. Tuntuu kerrassaan ihanalta. Olen hyvä ihminen. Sydämeni valosta ilmestyy ihana Valon Jumalatar, jonka valon kanssa olen nyt yhtä.

Viides vaellus

(15.2.1994) Istun lehtevän puun alla lähellä paikkaa, johon vuorensolasta laskee puro, joka erottaa tutun tuntemattomasta. Sen yli pääsee siltaa myöten. Vähän kauempana aallot suhahtavat poukamaan, jossa puro saavuttaa meren. Siellä eivät kukat voi kasvaa, sillä meri huuhtoo ne mukaansa. Mutta siellä, vähän kauempana vesirajasta, on puron reunoilla ja puiden alla varjossa paljon valkoisia kukkia. Kaiketi muunkin värisiä, mutta valkoiset olen pannut merkille. Luulen, että ne ovat samoja minulle tuntemattomia kukkia, joita näkee joissakin Paul Gauguinin maalauksissa.

Krišna ja hänen seuralaisensa – en vieläkään tiedä kuka hän on – seisovat sillalla ja taas he tuntuvat kutsuvan minua. Lähden. Polku nousee vähitellen rinteeseen ja mutkittelee ylemmäs tiheän kasvillisuuden alla. Maassa kasvaa pieniä valkoisia ja punaisia kukkia ja puiden latvuksissa istuskelee koreita punaisia ja sinisiä lintuja.

Olemme korkealla. Syvällä alapuolellamme ottavat kalliot vastaan laineet, jotka kohisevat tullessaan. Soitto kutsuu minua vieläkin ylemmäs. Ylhäällä on luola, jonka sisälle menen, vaikken halua. Luolan lattialla on mykkänä lepäävä lähde tai kaivo ja entuudestaan tutut tikkaat. Laskeudun niitä alaspäin, vaikken halua. Päädyn isoon pimeään luolaan, jonne en tahtoisi jäädä, sillä aavistan, että siellä on kammottavia käärmeitä. Luolan seinässä on aukko, josta näkyy metsää. Pujahdan siitä äkkiä ulos. Minulla ei kuitenkaan ole vapautunut olo, vaikka näköjään olen keskellä saarta olevassa laaksossa, jossa olin aiemmin käynyt.

Myös hyväntahtoiset oppaani ovat siellä, mutta he pysyttelevät syrjässä. Näen jälleen Buddhan kultaisen stupan, mutta nyt sen portailla seisoo vihreävartaloinen hurja hirviö (taisin tietää, että hän on todellisuudessa opinsuojelija). Hän sieppaa minut käteensä kuin surkean räsynuken, riepottelee minua ja uhkaa purra torahampaillaan. Itken ja parun. Annan hänen kuulla, että vilpittömällä mielellä opiskelen Buddhan oppia. "Päästä minut heti maahan!" Vihreä olento tottelee. Kauempana on Taran valkoinen temppeli. Sen portailla seisoo irvistelemässä valkoinen hirviö, jota en edes yritä lähestyä. Laaksossa on hämärää. Tunnelmani ei ole nyt kovin riemullinen.

Krišnan ja hänen ystävättärensä soiton johdattamana saavun rannalle, jonne aurinko ei milloinkaan paista. Se on vastakkaisella puolella saarta kuin lempeä ranta, jossa minulla on tapana istua mietteissäni. Olen poukamassa. Jyrkässä kallionseinämässä maan rajassa on luola ja arvaan sen liittyvän minuun. En edes vilkaise sen suuntaan, sillä pian tapahtuisi jotain hirveää mikä minun pitää uskaltaa kohdata.

Oppaani seisovat hiekkarannalla. On kuin emme lainkaan olisi tropiikissa, etelämeren saarella. On kuin olisi kolea syksyinen päivä kainuulaisella erämaajärvellä, samanlaisella rannalla kuin Gallen-Kallelan apeatunnelmaisessa maalauksessa *Purren valitus*.

Silloin näen mitä en haluaisi nähdä: meressä ui rantaa kohti valtava, paksu musta jättiläiskäärme. En saa lähteä pakoon, ymmärrän. Minun on kohdattava se. Se on nyt päässyt rantaan ja vartaloaan kiemurtaen se tulee hiekkaa pitkin jalkojeni viereen. Olen kauhuissani. Hetkeäkään hukkaamatta se kiertyy jalkojeni ympärille ja jatkaa siitä ylemmäs. Se on niin pitkä, ettei minua

käärmekierteiden välistä näy lainkaan. Se on painavana ja hirmuisena ympäril-
läni. Sitten se paiskoo pääpuoltaan ympäriinsä ja purkaa kierteitään. Vapaudun
ja käärme matelee mereen, josta oli tullutkin. Olen vapaa mutta järkyttynyt.

Pian seuraa uusi kauhea kokemus, sillä valkoinen suuri käärme lähestyy minua.
Se tulee rantakallion luolasta minua kohti ja näyttää yhtä hurjalta kuin meren
musta käärme. Se kääriytyy ympärilleni yhtä raskaana ja viileänä kuin meren
musta käärme ja pelkään sitä ihan yhtä paljon. Kun se on kärinyt minut kier-
teittensä sisään, se katselee ilmeettömillä silmillään noin puolen metrin päästä
kasvoistani minua silmiin ja lipsuttelee kieltään edestakaisin kuin huuliaan li-
poen. Sitten se päättää lähteä pois ja vapauttaa minut. Minulle jää ikävä tunne.

En muista päättyikö näky tähän vai jatkuiko se automaattisesti vai paninko it-
seni tietoisesti jatkamaan sitä saadakseni kauniin lopun tapahtumaan. Näky
kumminkin jatkui.

Valon Jumalatar, jonka pään ympärillä kultakutrit huojuvat, saapuu luokseni.
Yhdessä hänen kanssaan kohoan lentoon, ilman siipiä, lentoa käsillämme oh-
jaillen. Katselemme saarta ilmasta ja se näyttää ihanalta ja rauhalliselta onnen
tyyssijalta. Saavumme meren yläpuolelle. Se kimaltelee sinisenä päivän kirk-
kaudessa. Meressä on luoto ja sen päällä kreikkalaistyylinen pyörötemppeli,
jonka kupolikattoa kannattavat klassistyyliset pylväät. Tanssimme temppelissä
kahdestaan. Ihana sopusointu. Kuun siltaa pitkin saapuu Yön Valon Jumalatar,
mutta Valon Jumalattaren kirkkauden vuoksi hänen yönsininen säteilynsä ei
pääse oikeuksiinsa. Tanssimme kolmisin, kunnes seuraamme yhtyy minun Peu-
rani.

Keskelle temppeliä syntyy kristallinkirkas soliseva suihkulähde, jossa vesi suih-
kuaa ylös ja sitten valuu ylinnä olevasta pienestä maljasta alapuolella olevaan
isompaan maljaan ja tämän reunojen yli taas sen alla olevaan ylempää maljaa
laveampaan maljaan. Kerroksia on neljä tai viisi tässä sangen kauniissa suihku-
lähteessä. Se on niin kaunis, ettei moni asia ole sen veroinen. Tanssimme sen
ympärillä. Pylväät siirtyivät ulommas, niin että tilaa on enemmän.

Valon Jumalatar poistuu. Nyt näen Yön Valon Jumalattaren tumman, öisen lois-
teen. Hänen kalpeita kasvojaan kehystää korkea päähine, jossa timantit ja
muut kalliit, kirkkaat sinisävyiset kivet himmeästi kimaltelevat. Pitkin selkää las-
keutuu hänen pitkä musta palmikkonsa, jonka latva jää piiloon hänen viittansa
poimuihin. Ohimolla korvan edessä on sievä hiuskiehkura. Yön Valon Jumalatar
on kaunis. Hänen rinnoiltaan laskeutuu sinivihreänharmahtava puku pehme-
ästi vatsan ja lantioiden kaaria seuraillen alas maahan asti.

Jumalatar hymyilee minulle ja haluaa syleillä minua. Jokin minussa panee vastaan, vaikka hän vetää minua puoleensa. En halua menettää itseäni hänen syleilyssään, mutta suostun sitten kumminkin. Yön Valon Jumalatar on nainen naisellisimmillaan ja eroottisimmillaan. Melkein sulaudun hänen vartaloonsa siinä seistessämme. Jumalatar irrottautuu minusta huomatessaan, miten paljon sisimpäni panee vastaan, ja lähtee pois. Käsitän etten todella oikein uskalla hyväksyä seksuaalisuuttani.

On tullut pimeä. Temppelisaarelta vie silta paratiisisaareni rantaan, melko pitkä silta, ja sitä myöten palaan maihin. Peura kulkee mukanani. Majojen ikkunoista näkyy valoa. Tulemme kotimajaamme, jossa Pentti odottaa. On hyvä olla yhdessä hänen kanssaan. Ja myös Peuralla on hyvä maatessaan lattialla. Mietin, miten ihmeessä olemme saaneet kaikki tavaramme mahtumaan niin pieneen tilaan.

Tiesin, että seuraavalla kerralla minun olisi kuoltava käärmeen puremaan. Miksi? En tiennyt syytä. Jotenkin se vain oli minun osani elämässä, kohtaloni. Päätin suostua tähän sisäiseen vaatimukseen, vaikken sitä ymmärtänyt. Olinhan suostunut aikaisempiinkin koettelemuksiin. Ehkä se avaa jonkin solmun ja urheuskokeen jälkeen olen onnellisempi ja tasapainoisempi ihminen. Tällaista mietin.

Mieleni oli puhunut minulle väkeviä symboleita käyttäen, mutta mikä pohjimmiltaan on käärmeen merkitys minulle? Mikä on sen ikiaikainen myyttinen viesti?

Kuudes, viimeinen vaellus

(Maaliskuun alku 1994) Ratkaiseva hetki. Tiesin että minun pitää antaa käärmeen purra itseäni ja kuolla puremaan. Tämä kuului outoon pyrkimykseeni: kohtaamalla epämiellyttävä eläin mielikuvien tasolla vapaudun käärmekammosta. Kuoleminen on kuitenkin niin pelottavaa, etten halunnut olla yksin kotona. Aion kuolla, kun Helenan ryhmä on koolla. En osaa edes ajatella miten muut suhtautuvat siihen, että yksi "kuolee". Mietin, avautuisiko minulle portti, josta näen "toiselle puolelle". Saisinko nähdä välähdyksen elämän jälkeisestä olinpaikasta. Onko sellaista? Aukeaako jokin psyykkinen solmu, niin että voin tästä pitäen kulkea elämän tietä kevyemmin askelin ja iloisemmin ajatuksin?

Ennen kuin holotrooppinen harjoitus aloitettiin, jo ennen kuin "minut oli lähetty matkalle", makasin paratiisisaaren pohjoisella rannalla, jonne aurinko ei koskaan paista. Musiikki Helenan kasetilta vastasi hyvin vääjäämättömän kohtalokasta tunnelmaani.

Makaan meren rannalla selälläni. Meri on oikealla puolellani, vasemmalla puolellani vuorenseinä, joka etäämmällä, melko kaukana jalkopäässäni madaltuu pitkäksi niemeksi. Saaren sisäosa sademetsineen on jossain pääni takana. Rantakaista on melko pitkä.

Merellä ulvovat sumusireenit, mutta sakean sumun takia laivoja ei voi nähdä. Meri on tyyni kuin peili. Havahdun, kun minua pyydetään hengittämään voimakkaammin. Huomaan noin parin kolmen sadan metrin päässä vanhanmallisen purjelaivan, jossa on kaksi tai kolme mastoa ja purjeet levitettyinä auki. Laiva on pikimusta, myös sen purjeet ovat mustat. Hyvin upea ilmestys! Siinä se lepää ulapalalla aivan odottamatta, yllättäen kuin jossain Fellinin elokuvassa. Veden päällä laivan edessä hyppelee hetken aikaa pieni, kokonaan harmaa poika. Katselen laivaa. Sen perässä oleva leveä luukku avautuu ja siitä purkautuu ulos veteen paksuja pitkiä mustia käärmeitä. Niitä saapuu rantaan leveänä mustana mattona ja ne jotka mahtuvat, asettuvat aivan kiinni kylkeeni. Ne jotka eivät mahdu, makaavat veden päällä minun ja laivan välillä. Käärmeet eivät tee minulle mitään, ne vain ovat siinä.

Vilkaisen niemen kärjen suuntaan. Sinne on saapunut valkoinen purjelaiva, täsmälleen samanlainen kuin aiemmin saapunut musta, yhtä upea ilmestys kuin musta! En voi transsinkaan aikana olla hämmästelemättä alitajuntani suurenmoista kykyä luoda näkyjä koettavakseni. Laivan perän leveästä luukusta liukuu veteen ja matelee maalle suuria valkoisia käärmeitä. Ja ne, jotka mahtuvat kallion ja minun välille, makaavat siinä mutta muut jäävät rannalle lähemmäs niemenkärkeä. Nämäkään matelijat eivät tee minulle mitään, mikä tyynnyttää mieleni.

Odotan uteliaana, tapahtuuko vielä jotakin. Merellä tuntuu olevan myrsky. Kolmas purjelaiva, täysin mustan ja valkoisen kaltainen mutta hehkuvan kirkkaan punainen, punaisin purjein, on saapunut niemen kärjen lähelle mutta se jää vuorenharjanteen taa, niin että vain mastojen kärjet näkyvät. Tiedän, että tämä laiva on hieno näky, vaikken sitä voikaan nähdä. Tiedän, että sen matkustajina on kirkkaan punaisia isoja käärmeitä, jotka nyt ovat saapuneet matkansa määränpäähän. Ne poistuvat laivan perässä olevan luukun kautta ensin veteen ja sitten rantaan, josta nousevat okranruskean kallioniemen laelle ja laskeutuvat rinnettä alas sinne missä makaan. Ne saapuvat kylki kyljessä leveänä vuona ja asettuvat sitten vinosti minun ja muiden käärmeiden päälle. Makaan ahtaasti käärmeiden ympäröimänä ja peittämänä. Myöskään punaiset käärmeet eivät sen kummemmin välitä minusta.

Ojensin vasemman käsivarteni vinosti taakse. Tunsin hihan kutittavan olkavarteni sisäpuolta. Se oli todellista, ei näkykutinaa, mutta antoi näkymielelleni kimmokkeen.

Ohut siro vihreä käärme on huomaamattani sujahtanut sisään hihansuustani ja matelee määrätietoisesti kohti sydäntäni. Ajattelen: nyt tapahtuu se minkä on määrä tapahtua ja mitä pelkään. Kuolisin käärmeenpuremaan, sillä tämä käärme on myrkkykäärme ja se on tullut tappamaan minut.

Näen sydämeni kauniin lootuskukan. Se loistaa punaisen himmertävää valoa. Sellaista väriä on mahdotonta kuvailla ja varmaan myös maalata. Mieleni katselee kauan kukkaa, jonka keskustan kautta käärme pistäisi minua sydämeen. Kauhu on lamannut minut, olen kuin krampissa ja valitan ääneen. Puseroni kaula-aukon kautta vasemmalta on viidakosta tullut toinen samanlainen vihreä käärme. Myös se asettuu pää koholla sydämeni lootuksen yläpuolelle. Viidakosta saapuu vielä yksi käärme, oikeanpuoleisen käden hiha-aukon kautta, ja sillä on sama päämäärä kuin aiemmin saapuneilla. Tulee vielä neljäskin vihreä käärme. Se käyttää kulkureittinään puseroni kaula-aukkoa kaulani oikealla puolella. Se hakeutuu lajitovereittensa seuraan ja laittaa siron päänsä sydämeni kauniin kukan yläpuolelle.

Kuolemani hetki on tullut ja minua kauhistuttaa. Huudan, sillä on hirveää antaa käärmeiden purra. Ne ovat valmiina paikoillaan, vartalot neljään suuntaan ojentuneina ja päät koholla. Sisältäni, sydämestäni, loistaa kukan lävitse hohtavaa valoa. Ne iskevät yhtä aikaa rinnallani lepäävän vaaleanpunaisen lootuksen läpi sydämeeni. Tiedän että myrkky leviää nopeasti kehooni ja että heti kohta olen kuollut. Huudan. [Ihan oikeasti].

Olenko kuollut? Luultavasti. Minua ympäröi musta pimeys.

Kokemus oli niin raju, että havahduin transsista hereille enkä päässyt onnelliseen lepotilaan, mikä on holotrooppisen harjoituksen jälkimmäinen osa. Pakotin alitajuntani keksimään lohduttavan jatkon koettelemukselleni. En tiedä, kuvittelinko vai jatkuiko näky. Tajunnan eri tasojen välillä on nimittäin hiuksenhieno ero, joten joskus ei tiedä, mikä on mitäkin.

On pimeää. On kuin yö, musta yö. Tällaistako on kuoleminen? Kuoleman jälkeen pelkkää mustaa pimeyttä. Olen hyvin pettynyt. En hyväksy tällaista olotilaa! Kenties, jotten olisi pettynyt, minusta vaikuttaa siltä kuin niemen kärjen luona häämöttäisi valoa. Nouseeko siellä aurinko? Näen vilahduksen Krišnasta ja Buddhasta. En tiedä milloin ja miten käärmeet palasivat laivoihinsa ja matkustivat pois.

Näkyni haihtui. En ollutkaan kuollut, hyvin väsynyt vain.

Paratiisisaaren herättämiä jälkimietteitä

Näkeminen on kummallinen ilmiö viedessään minut pois arkisesta todellisuudesta. Selvää minulle oli, että piilotajunnasta nousseet aiheet ja kokemukset olivat mielikuviani, eivät mitään yliluonnollista.

Kun astuin valoisalta hiekkarannalta sademetsän siimekseen ja nousin vuoren huipulle ihmeellisen musiikin, Krišnan huilun, houkuttelemana ja saavuin eteisluolaan ja sieltä outoa reittiä pitkin vuoren pohjalla olevaan temppeliin, ihmetykseni kasvoi yhä suuremmaksi. Olin myös peloissani. En kuitenkaan halunnut keskeyttää näkyjäni, sillä tapahtumat joihin jouduin, olivat ihmeellisiä ja sellaista, mitä en ollut ennen kokenut. Ne herättivät uteliaisuutta. Ne olivat pelottavuudestaan huolimatta tenhoavia ja halusin olla mukana.

Kun näin pyhätössä käärmeet, päätin terästäytyä ja olla rohkea. Nehän olivat pelkkiä mielikuvia eivätkä voineet vahingoittaa minua. Viimeisellä rannalla sitten antauduin niille, mutta vain mielikuvien tasolla. Tuntui siltä kuin se olisi ollut muuntuneessa tietoisuudentilassani vaikuttaneen Kohtalon tahto.

Sain oppaakseni Krišnan. Hänen hahmossaan piilotajuntani johdatti minut salaperäiseen metsään ja luolaan. Opas on taruissa ja saduissa tärkeä hahmo. Ilman häntä en ehkä olisi vaelluksiani edes tehnyt. Piilotajuntani ei totisesti ollut minua kohtaan lempeä vaan ankara. Hieman ystävällisyyttä olisin kyllä saanut itselleni suoda. Nämä näyt olivat sentään melkein ensimmäiseni ja heti se pani minut kohtaamaan vaikeita asioita.

Temppelissä kasvavat kummalliset lootukset olivat kiveä mutta samalla eläviä. Ne olivat ilman muuta peräisin Aleksandr Ptuškon elokuvasta *Kivinen kukka*, joka lähtemättömällä tavalla hurmasi minut koulutyttönä. Kivinen kukka kukki vuoren sisällä. En osaa sanoa, oliko näkyni jumalatar sukua elokuvan jumalattarelle Vaskivuoren emännälle. Molemmat olivat kaunottaria ja käärmeet kuuluivat kummankin elämään. Vaskivuoren emäntä muutti itsensä halutessaan käärmeeksi, ei kuitenkaan Ptuškon elokuvassa.

Näyissäni oli etenkin idän kulttuureista omaksumiani motiiveja, oikein kliseitä, japanilaisista kivilyhdyistä ja kiinalaisista paviljongeista intialaisiin jumaluuksiin ja myös tiibetinbuddhalaisiin hahmoihin. lootuksia oli erityisen paljon, samoin valoa jota niistä hohti. Nämä mielikuvat edustanevat verraten pinnallista tietämystä, elleivät buddhalaisaihelmat sitten viittaa orastavaan haluuni ottaa uskonnosta selvää. Näkymatkojen aikana arvelin, että kitaraa soittavan Krišnan seuralainen ehkä on hänen rakastettunsa maitotyttö Radha, mutta Radha ei ole muusikko. En tiennyt, että hindulaisessa ja buddhalaisessa mytologiassa on kuuloaistilla havaittavan taiteen jumalatar Sarasvati, joka kuvataan sitaria soittamassa.

Nämä monivaiheiset näkyni, jotka toistavat samaa teemaa vieden sitä eteenpäin kuin alitajunnan luomaa suunnitelmaa noudattaen kohti lopullista huipentumaa, ovat paljon mietityttäneet minua. Psykologian kannalta tärkein aihe oli ilman muuta käärme. Käärmefobia heräsi minussa uudestaan, vaikka oli talvi eivätkä kyyt voineet vaikeuttaa elämääni läsnäolollaan. Miksi käärmeitä? Ajattelin muutakin: Miksi alitajuntani vei minut luolaan, jossa asui Jumalatar ja käärmeitä? Miksi minun piti olla lähikosketuksessa matelijoiden kanssa? Miksi päädyin pohjattomalta vaikuttavan kaivon kautta aliseen maailmaan tai sitä kovasti muistuttavaan paikkaan?

Ensi alkuun mietin, olinko tietämättäni tullut sellaiseen tulokseen, että minun tulee tehdä käärmepelolleni jotakin, totuttaa itseni matelijoihin. Nykyisin, kun olen aiempaa syvällisemmin perehtynyt käärmeen mytologiaan ja sen uskomukselliseen rooliin Jumalattaren ja naisen elämässä, olen huomaavinani, että näkyjeni ketjussa oli kenties kysymys enemmän muusta kuin käärmekammosta.

Kun uudempia käärmenäkyjäni vastaan peilaan sitä mitä paratiisisaarella tapahtui, en voi olla huomaamatta, ettei piilotajuntani kenties tarkoittanut käärmeitä, vaan puhui vertauskuvien kielellä aivan toisenlaisesta pelosta. Se puhui seksuaalisuudesta ja siihen kietoutuneesta synnin käärmeestä ja syyllisyydentunteesta. Nehän ovat minulle tuttuja asioita. Käärmeet kietoutuvat ympärilleni, ja minä tohdin tuskin hengittää.

Yön Valon Jumalatar tuli kahdessa näyssä syleilemään minua sensuellin naisen hahmossa, mutta torjuin hänet. En torjunut hänen naisellista kauneuttaan enkä sitä, että hän kenties halusi minua, vaan sen vuoksi, että hän halusi tehdä minut tietoiseksi seksuaalisuudestani ja saada minut hyväksymään sen, että se on osa minua. Häveliäisyyttäni en olisi tässä halunnut tätä asiaa edes sivuta, mutta pakkohan se oli ottaa esille, koska se näyttää olevan käärmenäkyjeni ydinainesta. Toisaalta en ole ihan varma. Kirjallisuudessa ja elokuvissa kuvataan nykyisin estoitta seksuaalisia elämyksiä, mutta kai sentään joku ajattelee, että nautinnosta huolimatta sukupuolisuuteen liittyy myös vastustavia tunteita.

Kuin lohdutukseksi kaiken kokemani jälkeen alitajuntani näytti minulle monenlaista kaunista ja myös miten etevä taiteilija se on. Näyt olivat visuaalisesti komeita, mikä houkutteli katselemaan. Olin vaikuttunut. En tiennyt, että sisäoli-ollani on hämmästyttävän rikas arkisto ja että se osaa luoda kuvia, joka ovat niin kauniita, ettei minulla – tarkoitan nyt tietoista itseäni – ole edes sanoja niitä ku-vailemaan, saati taitoa niitä maalaamaan. Esimerkiksi luolatemppelin valaistus olisi mahdoton toistettavaksi. Ja kuuluihan pään sisäiseen elämykseen myös Pa-ratiisisaari-musiikki.

Paratiisisaarella tein vaelluksia, joissa alitajuntani puhuu symbolien kieltä. Vaikut-taa miltei siltä kuin se olisi rakentanut mielikuvamatkani niiden varaan. Pitkäai-kainen paneutumiseni mytologiaan ja symboliikkaan lienee syynä siihen, että ali-tajunnalla on varastossaan tajuntani päivätiedolta salattu mielen yöpuoli. Myös tietoisuudessani erilaiset ismit, esimerkiksi symbolismi, ja se mitä opin Mona Leon luona, ovat kiinnostaneet minua. Matelijoita ei hänen fantasialuomuksis-saan tietääkseni ollut, ei varmaan myöskään hänen filosofiassaan, ellei sitten pii-lossa. Mielikuvitukseni on etevä yhdistämään erilaiset aiheet, vertauskuvat, uu-siksi kokonaisuuksiksi, kertomuksiksi joita se kehittelee Näin se luo omaa myto-logiaani. Joskus tuntuu, kuin piilotajuntani huvittelisi ja samalla viihdyttäisi minua sepitteillään.

Taiji-keiju

Lokakuun lopulla 1994 Helenan ryhmä jälleen kokoontui. Olin äkäisellä tuulella ja hyvin negatiivinen ja lisäksi pettynyt itseeni, koska olin sanonut pahasti jotain raskaana olevalle tyttärelleni Rainille ja myös Pentille. Minua suretti ja suututti se, etten osaa pitää suutani pienemmällä. Myös piilotajuntani oli huonolla tuulella: Olen kurja ihminen. Äkkipikainen kai. Jälkeenpäin en muista mitä olin läheisilleni sanonut.

Helena kehotti meitä kuvittelemaan itsemme keijuiksi. Minua ärsytti tällainen sö-pöily. Lähdin kuitenkin mukaan mutta tein omaa tarinaani. Näin hyvin monivai-heisen kertomuksen, jossa oli valkoista ja mustaa sekä valoa ja pimeyttä, mm. tällaista:

> Olen valkoinen taiji-keiju valkoinen kiinalaismallinen housupuku päälläni ja jopa kauniit valkoiset siivet selässäni. Kuljen ja tanssin taijin liikkeitä tehden. Valkoisuus ja puhtaus on jonkinlaista teeskentelyä, koska olen tyytymätön

itseeni. Taiji-minä menee mietiskelemään lammen rannalla kohoavaan pyörö-temppeliin, joka kuvastuu tyynen veden pintaan ylösalaisin.

Metsässä alkaa pimetä, kun musta keiju ilmestyy tanssimaan. Minä olen tuo hyvin musta ja paha keiju, jolla on isot lepakonsiivet. Tapan kaikki kukat ja tah-don tappaa kaikki linnut. Olen tehokas. Vihreä puukeiju onnistuu piiloutumaan puunsa kaarnan alle. Levitän tienoon ylle mustan harson ja tulee melko hä-märä, ja se on mielestäni oikein hyvä. Kiedon mustaan harsoon myös pyörö-temppelin keijuineen, joka ei huomaa mitään, koska on keskittynyt itsekeskei-seen eristyneisyyteensä ja omahyväisyyteensä.

Valon Jumalattaren loiste, valo jonka hän toi mukanaan, saa mustan demo-nikeijun, minut siis, kutistumaan ja lopulta katoamaan. Jumalatar poistaa mus-tat harsot temppelin päältä. Sisällä istuu taiji-keiju valkoisissaan ja on kuin itse välinpitämättömyys. Keijun minä ei kykene tai ei edes halua ottaa vastaan Ju-malattaren hyvää valoa. Sellaisena istun paikallani. Kun Valon Jumalatar laittaa kätensä sydämeni päälle, siihen rupeaa versomaan kaunis kukka. Sydämen kukka on merkki siitä, että olen hyvä ihminen. Minusta se on aivan yhdenteke-vää ja olen kylmäkiskoinen. Vasta kun Peni-koira tulee luokseni iloisesti pomp-pien, ikävän taiji-mäni sydän heltyy.

Kiinalainen taiji (*tai chi*) on mielestäni tanssillinen liikuntamuoto. Kun on oppinut erilliset liikkeet ja osaa sitoa ne yhteen jatkuvana soljuvaksi liikkeeksi, se tuntuu nautinnollisena kaikkialla ruumiissa. Taiji on mielestäni valkoista: valkoinen tunika valkeiden pitkien housujen päällä. Kipeäpolviselle, kuten minulle, taiji ei valitet-tavasti sovi, sillä ruumiin paino lepää monissa liikkeissä koukistetun polven päällä.

Punainen kangaspakka

(Marraskuun alku 1994) Istuin olohuoneessa katsomassa, mitä sisäolio minulle näyttää. Se näytti matkan, jonka nimesin Punaiseksi kangaspakaksi.

Olen metsässä. Siellä on hiljaista, vaikka talitiaisten olisi luullut laulavan ja peip-pojen ja muidenkin lintujen, sillä on alkukesä. Äänimaisema on mykkä! Valais-tuskin vaimea, himmennetty. Olen taiji-keiju kuusimetsässä, tosin ilman keijun siipiä. Minulla on ohuesta valkoisesta puuvillakankaasta ommeltu kiinalaismal-linen väljä puku, johon kuuluvat suora paita ja pitkät suorat housut. Vaatteet ovat valkoiset.

Metsässä kasvaa suorarunkoisia korkeita ikikuusia. Niiden latvukset ja pitkälle kurkottavat oksat ovat niin tuuheat, että maahan pääsee vain niukanlaisesti valoa. Aluskasvillisuutta ei sen vuoksi juuri ole, ja puiden alimmat oksat ovat kauan sitten kuolleet valon puutteeseen, pudonneet ja maatuneet. Muuten puut ovat vihreitä ja elinvoimaisia, komeita. Maata peittää muheva sammal-matto, joka on pehmeä jalkojen alla. Puunrunkojen välissä näkee pitkälle ja on helppo kävellä. Olen salamyhkäisessä metsässä, ja koska on oudon hiljaista ja hieman hämärää, metsä on kuin lumottu. Ja sitten!

Tuijotan silmät apposen auki: näen ja myös kuulen, miten verenpunainen suuri kangaspakka pomppii eteenpäin ja purkaa itseään dunk, dunk, dunk... ja levit-tää taakseen metsään kangasta puiden lomaan, niin että sinne syntyy kan-kaalla peitetty polku. Minä taiji-keiju liihotan sen päällä taiji-harjoitusta teh-den. Se on hauskaa. Aika pitkälle kuljemme, kangas ja minä.

Pakka ja sen perässä kangas etenee pienehkön pyöreän lavan luo. Sen alkupää nousee areenalle ja vetää muuta kangasta perässään. Minun on määrä esiintyä lavalla, sinne poimuttuneella punaisella kankaalla. Lavan yläpuolella on pylväi-den varassa katos. Esitän – ilman säestystä ja yleisöä – tanssin joka koostuu taijin liikesarjoista. Tanssin sulavasti ja se menee oikein hienosti, sillä olenhan sorja ja norja ja nuori. Taiji on, kuten aina muulloinkin, kaunista ja kevyttä ja tuntuu ihanalta kaikkialla ruumiissa ja myös mielessä.

Esiintymiskoroke on metsässä. Tanssini päätyttyä kangaspakka hyppää lavalta sen toiselle puolelle, takaisin metsään, ja jatkaa heti taas vauhdikkaasti itsensä purkamista. Punainen kangastie puikkelehtii puiden lomassa pian yhä etääm-mällä. Kuljen tätä outoa tietä pitkin.

Metsä muuttuu yhä hämärämmäksi ja synkemmäksi. Lopulta kuuset näyttävät aivan mustilta: ne ovat kuolleita puita, joiden oksissa ei enää ole neulasia. Tie-noo on niin kolkko, ettei minun tee mieli viipyä siellä. Jatkan kuitenkin kangas-tietä pitkin, sillä ajattelen, että kuolleen metsän jälkeen saavutaan valoisalle metsäaukealle, samanlaiselle kuin esiintymislavan luona oli, vaikkei silläkään auringonpaisteista ollut. Olen myös utelias näkemään, minne kangas aikoo.

Kangaspakka purkaa itsestään yhä vain kangasta dunk, dunk, dunk... Se on iso pakka, joka ei näytä lainkaan ohentuvan, vaikka on jo kulkenut melkoisen mat-kan. Verenpunainen kangastie saapuu kallion juurelle. Siinä on korkea jyr-känne, mutta se ei ollut pakalle mikään este. Se liukuu eteenpäin ja hyppää vaivatta kallion laelle purkaen kangasta ja lopulta pudottautuu alas rotkoon kuin vesiputous. Se on punainen vesiputous ja jatkaa siellä eteenpäin purona.

Päätän jättäytyä matkasta. En uskalla hypätä – tai en halua kahlata punaisessa vedessä. Onko se verta? Koska en ole enää muutenkaan kovin ihastunut kan-gaspakkaan – en tiedä miksi haluan etäisyyttä siihen – kohottaudun ilmaan, keijuna ilman siipiä. Nautin suuresti lentämisestä puiden latvojen yläpuolella vapaana. Taivas ei täälläkään kuitenkaan ole valoisa.

Seurailen ilmasta kangaspakan kulkua. Kangasta riittää aina vain: dunk, dunk, dunk... Se etenee punaisena purona tummanvihreää metsää kasvavan laakson pohjalla. En saa selvää, onko se punaista vettä vai märkää punaista kangasta vai verta. Koska lennän, tällä ei minun kannaltani juurikaan ole konkreettista väliä.

Etäämmällä kumpareella näkyy epätavallinen rakennus, joka kurkottaa kohti taivasta. Se on pohjapiirustukseltaan pyöreä, sinertävänä kuultava lasinen temppeli. Siinä on keskellä korkeuksia tavoitteleva siro torni ja sen ympärillä kehänä pikkutorneja. Gotiikkaa! Ilman muuta. Keskustornin alla sisäpuolella on avoin tila, jonka kattona on tähtiholvi tai -kupoli – en tiedä tarkkaan. Ison tornin paino lepää pikkutornien varassa. Rakennus seisoo kolmeaskelmaisella jalustalla.

Olen laskeutunut maahan lähelle kumpua, jolle temppeli on pystytetty. Näen sisälle temppeliin, sillä rakennushan on lasia. Keskellä korokkeella on istuin, jonkinlainen valta- tai kunniaistuin, ja sillä istuu kerrassaan eriskummallinen olento, sangen outo.

Aluksi näen vain valtavan sydämen, joka on veren värinen, siis punainen. Väri ei minua yllätä, sillä tiedänhän että sydän on täynnä verta, elämännestettä. Ja punainen on elämän väri. Sydän sykki ja ylläpitää elämää. Katsoessani tarkemmin huomaan, ettei tuolilla istu pelkkä sydän, vaan kokonainen alaston olento, jolla on punaiset käsivarret ja jalat ja pää ja päässä kasvot. Raajat ovat isoja verisuonia, jotka on ehkä katkaistu sopivan pituisiksi. Kasvot näyttävät punaisilta, kuin nyljetyltä. Silmämunat sentään ovat valkoiset, mutta iirikset punaiset. Tukka on komea, pöyheä afrokampaus, joka sojottaa pallona kasvojen ympärillä. Hiukset ovat ohuen ohuita verisuonia.

Olento puistattaa minua. En haluaisi sitä nähdä, mutta katson kuitenkin. Sydän on niin iso, että on vaikea käsittää, mihin vartalo mahtuu, mutta vartalo siinä kuitenkin on. Siitä lähtee suuria verisuonia hahmon sisäpuolelle ja toisia taas sisältä ulos. Näyttää siltä, kuin sydän ei olisi vartalossa sisällä ja pää ja raajat olisivat pikemminkin sydämen ruumiinjäseniä kuin kehon ulokkeita.

Sydämen istuimen edessä on kirkkaasta vuorikristallista veistetty suihkulähde. Sitä on paljon hauskempi katsella kuin tuolilla istuvaa hahmoa. Se ja suihkuava vesi keventävät oloani. Ylinnä on pieni pyöreä malja ja sen alapuolella hieman suurempi pyöreä malja, ja sen alapuolella jälleen suurempi malja ja niin edespäin, kunnes maljoja on viisi tai kuusi allekkain. Ylinnä vesi nousee ensin ylös ja palaa sitten ilmasta alas ylimpään maljaan, josta se iloisesti liristen valuu reunan yli alapuolella olevaan hieman isompaan maljaan, ja tämän reunan ylitse alapuolella olevaan edellistä avarampaan maljaan, ja niin edelleen, aina ylemmän maljan reunan yli alempana olevaan. Kaunis soliseva suihkulähde.

Suihkulähteen vesi on kirkasta, oikeaa vettä, joka välkähtelee valon osuessa siihen. Se on elämänvettä, mikä minusta on tavattoman hyvä asia tässä perin oudossa lasitemppelissä. Myös valtaistuimella istuvassa sydämessä on elä-männestettä, verta, mutta siihen on vaikeampi mielistyä, sillä sen näkeminen liittyy haavoihin, verenvuotoon, veren lakatessa virtaamasta kuolemaan. Ruu-miin sisällä oleva veri pelottaa, olkoonkin että elävät olennot tarvitsevat sitä voidakseen elää.

Kangaspakka saapuu nyt lasitemppelin luo. Se on päässyt perille. Pakkaa ei enää ole. Se oli levittänyt koko pituutensa metsään ja puroon ja kiivennyt kum-pareen rinnettä ylös temppelin luo. Sisinnä pakassa ollut kankaan pää asettuu sydämen jalkojen juureen.

En jää katselemaan vaan poistun. Lennän entisiä jälkiäni seuraillen ensin kan-kaista polkua, puroa ja sen jälkeen kangastietä ja saavun esiintymispaikalle. Lava ei ole tyhjä. Sillä häälyy kalpeita varjomaisia olentoja, hyvin vaaleita ja utumaisen ohuita vailla selkeää hahmoa. Ne tanssivat punaisen kankaan päällä. Ymmärrän, että niiden tarkoituksena on tanssimalla imeä kankaasta it-seensä elämänvoimaa – elämännestettäkö? – jotta eivät jäisi valjuiksi.

Katselen tanssijoita vähän aikaa, mutta koska minulla ei ole asian kanssa mi-tään tekemistä, päätän lähteä muualle. Tällainen on mielestäni liian kummal-lista katsottavaa. En pidä omituisista ja minulle liian salaperäisistä asioista, tuu-min. Jään kuitenkin.

Katselen ympärilleni. Tanssilava on näköjään veden äärellä. Ehkä se oli alun perinkin ollut rannalla mutta huomaan sen vasta nyt. Rannalla on useita aurin-koveneitä, joissa kaikissa hohtaa oranssinen auringonkiekko. Kiekot eivät hehku päiväauringon voimalla, sillä on ilta ja taivaan värittää ilta-aurinko.

Matkustajia ei näy. Ymmärrän, että ne jotka olivat saapuneet veneillä, tanssivat nyt lavalla verenpunaisen verkakankaan päällä. Kussakin veneessä seisoo ont-tokatseinen Kuolema, jonka luisevaa vartaloa verhoaa musta kaapu. Näillä lauttureilla on kädessään veneen kuljettamiseen tarvittava pitkävartinen mela tai sauvomista varten seiväs. Tunnen heidät ja heidän laivansa ja tiedän, että he ovat lempeitä, ystäviä.

Olin luullut, että lautturina Kuoleman ainoa tehtävä on kuljettaa vainajat veden ylitse Tuonelaan, auringonlaskun maahan, jossa nämä olisivat jollain tavoin lopullisesti kuolleina. Mutta nyt Kuolema-olennot olivatkin tuoneet vainajansa tanssimaan elämänkankaan päälle! Miksi? Niin miksi? Eivätkö nämä olleetkaan kertakaikkisen kuolleita?

Olohuoneen lattialla istuessani jäin miettimään. En ollut vielä täysin palannut normaaliin tietoisuudentilaan. Sain nähdä – tai jouduin puolivahingossa näkemään – sellaista mikä ei ehkä ole tarkoitettu elävän ihmisen silmillä katsottavaksi. Siltä minusta tuntui. Mikä mahtoi olla minun oma henkinen ja ruumiillinen tilani? Olinko elossa? En kylläkään tuntenut itseäni vainajaksi enkä ollut saapunut aurinkoveneellä. Päättelin, että olin tarkkailija.

Näky jatkui vielä kauniina ja ihmeellisenä: näin tummat veneet ja Kuolemahahmot laskevan auringon lempeän himmeää oranssitaustaa vasten. Tuli lohdullinen olo katsellessani rantaan saapuneita aurinkoveneitä ja tietäessäni, että vainajat tanssivat elämää lisäävän punaisen kankaan päällä. Tällaistako on kuoleman jälkeen? Haurasta elämää. Mutta olisiko se ajan oloon mieluisa olotila? Jokaisella vainajalla oli oma Kuolemansa. Ne olivat samanlaisia, kuin jonkun kopioita: kloonejako? Onko olemassa näkemiäni hahmoja merkittävämpi kuoleman ruhtinas, Kuolema isolla K:lla? Minulla ei taida olla minkäänlaista "oikeaa" uskonnollista elämänkatsomusta.

Minun oli nyt viimeinkin syytä poistua, sillä olin kenties nähnyt enemmän kuin minulle oli hyväksi. Enkä ollut ihan varma, olinko edes halunnut nähdä kaikkea mitä olin nähnyt. Toisaalta kaikki oli niin mielenkiintoista, että kernaasti katselin, kun se kerran minulle suotiin.

Aurinko sulkee lämpimään hohtoonsa suuren veden, jonka rannalla veneet odottavat tanssijoita palaaviksi. Kohottaudun ilmaan ja lennän veden yläpuolella. Auringonlasku himmenee himmenemistään ja taivaan värit vaimenevat. Pimeys, syvä hämärä, kietoo maiseman pian sisäänsä. Paluumatka on pitkä ja minua väsyttää.

Saavun tutulle seudulle ja laskeudun lähellä kotiani olevalle pellolle, jolta vilja, luulen, oli jo korjattu talteen. Voi myös olla, että pelto oli kesantona tai että siihen oli kylvetty heinää. Ruoho näet ulottuu nilkkaan asti ja se on alkukesän vihreää.

Palaan lempeästi päivätajuntaani. En enää ollut taiji-keiju, vaan tavallinen minä tavalliset ulkoiluvaatteet ylläni. Peni odotti pellolla, ja huomatessaan minut hän otti minut iloisesti vastaan. Mielelläni palasin todelliseen elämääni, missä kaikki oli oikeaa, ei mitään sisäolion tajuntaani loihtimaa seikkailua oudoilla mailla.

Avasin silmäni. Vielä todempaa oli huomata, että maata peitti lumi ja että istuin olohuoneen lattialla. En heti karistanut mielikuvamatkaani pois mielestäni, muististani. Olin kuitenkin hereillä tietoisena itsestäni, paikasta ja ajasta. En muista, kirjoitinko seikkailuni muistiin heti vai vasta sen jälkeen, kun olin tullut (todelliselta) lenkiltä Peni-koiran kanssa.

Raini, hänen perheensä ja minä

Vuosi 1994 on tärkeä, sillä silloin syntyi ensimmäinen lapsenlapseni. Se oli iloinen tapahtuma ja merkitsi sosiaalista arvonnousua isoäidiksi. Mutta koska Korson entiseen kotiimme muuttanut Raini napakasti ilmoitti minulle, että hänen perheensä haluaa olla omissa oloissaan, en voinut heittäytyä mummouden pehmeään lämpöön. En tuppautunut. Raini ehkä ajatteli, että olisin hössöttävä mummo tai että ottaisin nuoren perheen ohjakset käsiini, niin kuin oma äitini oli tehnyt Rainin synnyttyä. Ei minusta sellaiseen olisi ollut. Annoin Rainin perheen suosiolla olla omissa oloissaan. Raini oli jo kauan sitten kasvattanut minut olemaan sekaantumatta hänen elämäänsä. Niinpä en rohjennut edes nuttua vauvalle neuloa.

Koska elämääni muutenkin värittää epävarmuus, ei isoäitiys ollut minulle itsestään selvä asia. Minua vaivasi aina vain taitamattomuuden ja riittämättömyyden tunne. Minulta puuttui mielestäni taito olla pullantuoksuinen ihana isoäiti ja ehkä myös oikeanlainen hoivavietti. Minulla ei ollut isoäidin mallia, olisinko tarvinnut sellaisen? Molemmat asuivat kaukana ja isäni äiti oli jo kuollut, pian kuoli myös äidinäitini. Jos minua ei olisi kehotettu pysymään sivussa, olisin varmaan antautunut olemaan isoäiti eli ämmö, kuten minua ruvettiin kutsumaan.

Pääni oli täynnä näkyvän ja näkymättömän todellisuuden välisen rajan ylittäviä kokemuksia. Mielikuvitukseni temmelsi vilkkaana muuntuneen tietoisuudentason maailmoissa, ja se oli oikein mukavaa, varsinkin koska piilotajuntani oli lempeä.

Muistin, totta kai, että lapseni oli raskaana. Ajattelin häntä paljon rakastavalla tunteella ja toivoin että raskaus sujuu onnellisesti ja että syntyy terve kaunis lapsi. Oli marraskuu, kun meditaatiossa "näin" Rainin ja sellaista mitä pidin tärkeänä. Suljin tyttäreni ja hänen puolisonsa Karin mielikuvieni sydämelliseen lämpöön. Visualisoin jumalattareni ja ylimaallisen siunaavan valon lastani auttamaan.

Raini istui usein kukan sisällä. Kukka oli toisinaan lootus, toisinaan lumme metsälammen tumman veden päällä. Näissä visioissa kukan keskusta oli pehmeä tyyny tai patja, jopa penkki, ja muistutti päivänkakkaran keltaista keskustaa. Raini lepuutti itseään sen päällä istuen tai maaten. Kukka heijasi lastani ja hänen kohta syntyvää pienokaistaan. Tässä kaksi näkyä:

> Kukan hohtavan kirkkaiden terälehtien lomasta Rainin luo saapui Yön Valon Jumalatar ja istuutui hänen viereensä. Jumalatar – hän on erityisesti naisten jumalatar, koska hän on yhteydessä kuuhun ja suureen naisen viisauteen – painoi päänsä Rainin päätä vasten ja asetti toisen kätensä tämän rinnalle ja toisen kohdussa olevan vauvan päälle tällä tavalla lievittäen äidin tukalaa oloa. Sen jälkeen hän nousi, siirsi kädellään terälehtiä kevyesti sivuun ja astui ulos kukasta. Terälehdet asettuivat paikalleen ja kukka oli jälleen täydellisen pyöreä, valoisa kehto lapselleni.

> Valon Jumalatar istuu polvillaan vesisynnytysammeessa Rainin vieressä. Hän on riisuuntunut, jotteivät hänen vaatteensa kastuisi. Jumalattaren tähtiviitta on heidän yläpuolellaan kultaisena tähtitaivaana. Jumalatar piti kättään lempeästi Rainin vatsalla, lapsen päällä siis. Ja voiteli synnytystietä auttaen sitä avautumaan. Välillä hän asetti kätensä Karin sydämelle, jotta tällä olisi riittävästi voimaa auttaa puolisoaan.

Pidän itseäni skeptikkona, mutta taidan kuitenkin pikkuisen uskoa, että rakastavaa tunnetta henkivät mielikuvat voivat oikeasti olla avuksi ja lievittää pelkoa ja tuskaa. Vaikutus lienee kuitenkin pelkkää placeboa! Joka auttaa näköjään ainakin meditoijaa! Ei hyvä lumelääke ole haitaksi. Minulle visioni antoivat tunteen, että olin melkein konkreettisesti auttamassa tytärtäni synnytyksen edellä ja aikana. Eipä minulla muita auttamiskeinoja ollutkaan.

Marraskuussa maailmaan sitten syntyi tyttölapsi, joka sai nimen Ronja Hertta Minerva. Valon Jumalatar sulki hänet hyvään siunaavaan valoonsa. Kävi kuitenkin niin, etten häntä hänen varhaisena vauva-aikanaan kovin paljon tavannut, koska näytti siltä, ettei läsnäoloani toivottu. Voi kyllä olla, että otin Rainin tokaisun liian kirjaimellisesti.

Tutustuin tyttöön ajallaan, kuten myös hänen puolitoista vuotta myöhemmin syntyneeseen veljensä Into Robin Kaspianiin. Kun he olivat saaneet ikää muutaman vuoden, heidän kanssakäymisensä Pentin, minun ja kotieläintemme Penin ja Mirrin kanssa vilkastui. He olivat mielellään luonamme Peltolassa, mutta varsinkin sen jälkeen, kun Raini oli opiskelun vuoksi 1999 muuttanut lapsineen Tampereelle, meistä tuli aiempaa selvemmin etäisovanhempia.

Kiireistä aikaa

Vuosi 1994 oli hektinen ja seuraava vuosi ehkä vieläkin kiireisempi. Moni asia sai alkunsa. Kaikki tapahtui limittäin ja mielessäni samanaikaisesti. Sen vuoksi en osaa kuvailla kokemuksiani ja tuntemuksiani kronologisessa järjestyksessä vaan yritän keskittyä yhteen asiaan kerrallaan.

Elämääni oli siunaantunut samaan aikaan monta asiaa, jotka veivät huomioni ja aikaani. Olin oppinut näkemään näkyjä ja olin niistä otettu. Kirjoitin niitä tuoreeltaan muistiin ja pidin sitä tärkeänä. Piirsin paljon. Myös piirtäessäni olin toisella tajunnantasolla. Kävin kursseilla. Myös Helenan ryhmä kokoontui. Hoidin puutarhaani, mikä oli varsin työlästä: kun olin kitkenyt kaikki kohdat, piti aloittaa alusta. Tuskin ennätin ihailla kukkiani ja ahneuteni takia niitä kertyi lisääkin; ruusuinnostus ei ollut parantunut.

Minulla oli ollut inspiroitunut, mutta samalla fyysisesti uuvuttava pitkällinen kirjoitusrupeama. Laadin mm. laajan, kaksiosaisena Maatiaisen jäsenlehdessä 3/94 ja 1/95 julkaistun kirjoituksen *Ruusu, maan ja taivaan kukka*. Esittelin siinä ruusun vertauskuvallisia merkityksiä. Näin paljon vaivaa, jotten eksyisi merkitysten viidakkoon ja tarkistin kaiken lähdekirjoista. Jälkikäteen luettuna juttu ei ole tasasuhtainen.

Samoihin aikoihin, kun kirjoittelin tätä laajahkoa kirjoitusta, kynäni pyöräytti paperille ruusujen kuvia. Pohdiskelin ruusua mandalana ja sydämen kukkana. Kun näyssäni matkustin Kuoleman veneessä kohti auringonlaskun maata, siinä oli ruusuja. Pentti löhöili riippukeinussa ruusunkukkien keskellä. Meditatiivisessa tilassa koetin ratkaista, onko Danten Jumalaisen näytelmän Paratiisi-osassa kuvailema ruusunkukka ylös- vai alaspäin; se vaikuttaisi olevan alaspäin, mutta miten sen terälehdillä silloin voi istua taivaan ruusu Neitsyt Maria (rosa mystica)? Ehkä Eino Leino ei suomentaessaan ihan ymmärtänyt keskiajan – tai nykyajankaan – italiaa.

Tällaista näin lokakuussa 1994:

Minulla oli suuret valkoiset siivet, joilla kannattelin myös Penttiä. Tulimme valtavan taivasruusun alapuolelle. Se oli Danten Paratiisin ruusu. Ruusu oli kukka alaspäin korkeuksissa kuin suuri kupoli, joka on täynnä valkoista ja keltaista valoa. Terälehdet näyttivät kellertäviltä etenkin varjokohdissa. Kukkakupoli kylpi omassa kirkkaudessaan. Lentelimme siellä ja se oli erinomaista.

Mutta halusimme lentää muuallakin, joten siirryimme kukan reunan alta avaruuteen ja kohosimme korkealle taivasruusun yläpuolelle. Olimme tähtitarhassa. Olimme niin lähellä tähtiä, että ne näkyivät mustansinisellä taivaalla paljon kirkkaampina ja tuikkivampina kuin maasta katsottuna. Linnunrata erottui hyvin kirkkaana.

Vaikka siellä oli hyvä lentää ja liitää, sukelsimme ruusun sisälle, valosuihkun kautta ruusukupoliin. Siellä oli mehiläisiä, jotka lentelivät kullanhohtoisin siivin taivasruusun ja maassa kasvavien kukkien välillä. Yhdessä mehiläisten kanssa laskeuduimme maahan.

En joutanut olemaan kunnollinen kotirouva, mutta lähiomaiset olivat silti mielessäni. Pentti tuntui pärjäävän työelämässä. Rainilla ja hänen perheellään oli hyvä paikka sydämessäni. Sekä Pentin äiti että minun äitini sairastivat. Ajattelin että Ainosta, anopistani, huolehtikoot hänen kolme elossa olevaa lastaan, kun taas minun äidilläni oli vain minut ja jälkikasvuni. Edit-äitini tarvitsi minua ja täytti elämäni melko tarkkaan.

***

Jotkut Helenan ryhmässä eivät halunneet uskoa, että piirustukseni ovat piilotajuntani luomuksia, vaan pitivät niitä jonkinlaisina viesteinä toiselta tasolta. Sisällöltään ne todella muistuttavat jossain määrin kuvia, joita henkisen kasvun liikkeen taiteilijat luovat ollessaan yhteydessä ylempään olemassaolon tasoon. Arvelen, että he uskovat olevansa, vaan mistä minä tiedän. Sama koskee näkyjeni kuvastoa; minun kai todella otaksuttiin olevan yliluonnollisessa todellisuudessa.

Hieman minua häiritsivät ryhmäläisten viittaukset new agen sukuiseen henkisyyteen, mutta vain vähän. Olimme naisten ryhmä, joka iloitsi kokoontumisistamme yhteen: hyvästä seurasta, hyvästä meditaatiosta "puhdistetussa" tilassa, hyvästä ruuasta.

Kissatyttö

Alitajuntani oli luonut Kissatytön piirtäjänurani alkuaikoina, jolloin paperille ilmaantui tavattoman paljon erilaisia hahmoja. Kissatyttö istuu kivellä rakastamansa kissa sylissään. Hän asuu yksinäisessä mökissä metsän reunassa. En ole varma – en muista – oliko hän onnellinen yksinäisyydessään.

Tapasin hänet yllättäen talvella 1995 kun Helenan ryhmä kokoontui. Anna-Maijalla oli menossa vaihe, jossa hänelle aina meditoidessa tuli vastustamaton halu ruveta laulamaan. Niinpä hän nytkin ryhtyi laulamaan siirryttyään arkitodellisuudesta toiseen ulottuvuuteen. Se hieman häiritsi ja vaikeutti toisten eläytymistä omiin sisäisiin kokemuksiinsa. Mutta kun antoi periksi ja otti Anna-Maijan laulun mielikuvaelämyksensä osaksi, laulu inspiroi. Hänestä tuli Kissatyttö, ihmishahmoinen kuitenkin.

Hän ei kauniilla äänellään laulanut oikeita lauluja vaan tajunnanvirtaa, joka oli vailla selkeää melodiaa ja kiinteää rytmiä. Ääni kohosi välillä korkealle, josta se taas laskeutui matalammalle. Laulu oli rauhaisaa ja kaihomielistä. Minun korvissani ja mielessäni se kuulosti tenhoavalta ja halusin antautua sen vietäväksi.

Teimme holotrooppista harjoitusta. Siinä ollaan pareittain: toinen on "matkalla" transsiin vaipuneena, toinen valvoo, että matka sujuu turvallisesti. Huolehtijan tulee pysyä tietoisuuden tilassa. Olin valvojana. Anna-Maijan laulu houkutteli mukaansa. Koska parini Ritva lepäsi hyvin rauhallisena, päätin seurata hetken aikaa laulun kutsua samalla kun tarkkailin Ritvaa enkä antanut itselleni lupaa lähteä pitkälle näkymatkalle. Tällaista koin:

> Yksinäinen kissatyttö, tyttö joka rakastaa kissoja, laulaa. Hän istuu paaluille rakennetun majansa rappusilla vierellään eläimet, kissat ja apinat. Tunnelma on kaihoisa ja surullinen, vaikka tyttö onkin onnellinen asuessaan yhdessä eläintensä kanssa. Hänen kotinsa on sademetsässä. Ihmiset tuovat hänelle ruokaa. Sademetsä on saarella, joka on minulle entuudestaan tuttu.

Palaan päivätietoisuuteeni huolehtimaan valveilla tehtävästäni. Kuuntelen silti laulua.

Vaikka minun olisi ollut hyvä välillä pitää taukoa, niin ei tapahtunut. Saatuani erään artikkelini valmiiksi, näin marraskuun lopulla enteelliseltä tuntuvan unen: Olin suorittanut viulunsoiton diplomitutkinnon. Tulkitsin sen niin, että yksi työ oli tullut valmiiksi ja oli mahdollista aloittaa uusi. Uusi asia olisi buddhalaisuuden opiskelu tosissaan. Se alkoi vuodenvaihteen 1994–95 jälkeen.

Buddhalaisuutta oppimaan

Buddhalaisuus oli pitkään, syksyllä 1984 syntyneistä ensimmäisistä Buddhan kuvistani saakka, ollut tulollaan. Kuitenkin vasta kymmenen vuotta myöhemmin varsinaisesti heräsin ja vähitellen minussa voimistui toive tulla tosi buddhalaiseksi.

Buddhalaisuus syntyi hindulaisessa yhteiskunnassa noin 500–400 eaa. Molempiin uskontoihin kuuluu ajatus kuoleman jälkeen tapahtuvasta jälleensyntymästä. Se, millaiseen elämään, millaiseksi ihmiseksi syntyy, riippuu ihmisen menneen elämänsä aikana keräämistä ansioista eli karmasta. Ne ovat joko taitavia tai taitamattomia, hyviä tai huonoja ruumiin, mielen ja puheen toimintoja. Keskeinen käsite on valaistuminen, jota selitetään sanoilla mielen kirkastuminen, herääminen.

Kun prinssi Siddhartha Gautama istui viikunapuun alla syventyneenä pitkään meditaatioon "hän katsoi syvälle mieleensä – – ja näki siellä sekä kärsimyksen syyt että kärsimyksestä vapautumiseen johtavan polun". Hän valaistui: hän ymmärsi ja hänestä tuli buddha, se jolle oli valjennut totuus elämästä ja siihen kuuluvasta kärsimyksestä. Näin asian kuvailee Rick Hanson teoksessaan *Buddhan aivot*.

Yleensä Buddhalla tarkoitetaan Gautaman sukuun kuuluvaa Siddharthaa, joka lienee syntynyt 400-luvun puolivälin paikkeilla eaa. Hän on ns. historiallinen Buddha. Ajatellaan, että ajan mittaan on lisäksi ollut lukuisia buddhia ja bodhisattvoja.

Bodhisattva on buddha, joka on luvannut syntyä maailmaan yhä uudelleen, kunnes kaikki elävät olennot ovat valaistuneet. Vasta sen jälkeen he menevät nirvanaan, pois samsaran eli jälleensyntymien ketjusta. Näin buddhalaisuudessa uskotaan. Ajatusta selventänee se, että kaikki dalailamat ovat myötätunnon bodhisattvan Avalokitesvaran – tiibetiksi Chenrezigin – jälleensyntymiä. Nykyinen dalailama Tenzin Gyatso on järjestyksessä 14. Koska maailmassa on paljon pahaa ihmisten ja kokonaisten kansojen (lähinnä niiden johtajien) välillä, vaikuttaa todennäköiseltä, etteivät bodhisattvat nopeasti pääse täältä pois.

Buddhat ja bodhisattvat voivat olla minkä värisiä tahansa, mikä aluksi tuntui kummalliselta. Tiibetinbuddhalaisuudessa, johon pääsin mukaan, suositaan muutenkin kirkkaita värejä.

Siihen, että aloin ottaa buddhalaisuudesta selvää, vaikutti Helena Allahwerdin kurssi 1993. Halusin antaa itsestäni fiksun ja henkistyneen vaikutelman, ja piilotajuntani oli helppo löytää itsestään buddhalaisia aihelmia. Niinpä se vei minut näkymatkalle Tiibetiin, jossa tutustuin henkilökohtaisesti Buddhaan ja koin muutakin ihmeellistä. Helena ja hänen kaksossisarensa Pirkko Liikanen olivat jo astuneet buddhadharman tielle. Meitä yhdisti myös se, että olimme koulutovereita, eri luokalta tosin. Nyt me ystävystyimme.

Alkuvirikkeen, jota tosin en aikoihin ymmärtänyt, antoi Mona Leo, jonka ajatuksia minulla oli tilaisuus monen vuoden aikana kuunnella. Mona kuoli kesällä 1986. Hänen Ruotsissa asuva tyttärensä, kuvataiteilija ja kirjailija Veronica Leo ja minä ystävystyimme. Sitä ennen olimme kuitenkin olleet olemassa toisillemme Mona Leon välityksellä: Mona puhui minulle Veronicasta ja arvattavasti Veronicalle minusta. Tavallaan tunsimme toisemme, vaikka emme tunteneetkaan toisiamme. Ryhdyimme kirjeenvaihtoon. Mielestäni oli ihmeellistä, että kuin huomaamatta meissä molemmissa heräsi vahva kiinnostus buddhalaisuuteen, mikä tuntui aluksi ihmeelliseltä, mutta kuitenkin luonnolliselta: meillä oli ollut sama henkinen opettaja. Veronicasta tuli kunnon buddhalainen.

Eniten opin edesmenneeltä ystävältäni Liisa Lepistöltä 1990-luvun puolivälistä lähtien. Hän oli saanut opetusvaltuutuksen Alastarossa sijaitsevan Dharmakeskuksen Pekka Airaksiselta, joka puolestaan oli saanut opetuslupansa joltakin tiibetiläiseltä mestarilta. Liisa, joka oli eläkkeellä opettajanvirastaan, hoiti pientä Vasra-nimistä kauppaa Helsingin Kasarminkadun varrella. Siellä myytiin lähinnä Nepalissa pakolaisina elävien tiibetiläisten valmistamia tuotteita, kuten hopeasta ja korukivistä valmistettuja koruja, pronssisia jumaluuspatsaita ja pyhiä aiheita kuvaavia thangkamaalauksia, joissa on usein arvokkaasta kankaasta ommellun suuren "kehyksen" sisällä puuvillakankaalle huolella maalattu ikonografisesti oikein toteutettu uskonnollisaiheinen kuva. Tunnelma oli hieman mystinen. Tulija astui kuin temppeliin.

Tiistai-iltaisin Vasraan kokoontui pieni ryhmä, yleensä alle kymmenen henkeä, tekemään meditaatioharjoituksia. Menin sinne käytyäni ensin tapaamassa äitiäni hoitokodissa. Olimme pienessä hämärässä huoneessa, jonka seinillä oli pyhiä kuvia. Istuimme tyynyillä paksun maton peittämällä lattialla. Tunnelma oli lämmin ja harras. Liisa tapasi aloittaa pienellä buddhalaisuuden perusasioiden esittelyllä, minkä jälkeen siirryimme mietiskelyyn. Liisa ohjasi meitä lausuen sopivan verkkaisesti, mitä meidän missäkin kohtaa oli määrä visualisoida. Häneltä opin muun muassa Amitabha-buddhan Lännen Puhtaan maan harjoituksen, josta tulee tavattoman hyvä mieli. Tätä harjoitusta olen usein tehnyt kotona. Amitabha on kirkkaan punainen, värissä häive kultaa.

Vihreä Tara, jota mielelläni meditoin, lisäsi minussa rakastavia ja myönteisiä tunteita. Hän on yksi Valkoisen Taran, naissukupuolta olevan myötätunnon bodhisattvan, emanaatioista. Hänellä on toinen jalka ojentuneena maata kohti; hän on oitis lähdössä auttamaan kärsiviä. Vihrällä Taralla ja minulla on melkein henkilökohtainen suhde, sillä tapasin hänet usein ja lisäksi hän teki kanssani puutarhatöitä. Kohtasimme monesti talvisessa metsässä, minä ulkoiluromppeissani ja jumaluus pukeutuneena siperialaisen poropaimentolaisen turkisvaatteisiin.

Hän kasvatti lumihankeen sinisiä valolootuksia ja kehotti minua pitämään huolta (todellisista) kukista; yhdellä Taran ilmentymistä on tällainen erikoistehtävä. Vihreällä Taralla oli mukanaan poroja, totta kai, olihan hänellä nenetsinaisen vaatteetkin. Kerran kun hän oli lähdössä kotimatkalle, näin hänen nousevan johtajaporon selkään ja kohoavan taivaalle, muut porot seuraamassa perässä.

Ihmeelliseltä tuntuu, että näkyni ajan Peni istui paikallaan kuin olisi katsellut Taraa. Ainakaan hän ei hoputtanut minua liikkeelle. En voi mitenkään uskoa, että koiramme olisi ollut samassa meditaatiossa. Mutta mistä tuon tietää?

Lisäksi kävin kuuntelemassa vierailevia tiibetiläisiä lamoja, mutta en heidän ajatuksistaan juuri mitään oppinut, sillä asiat jäävät mieleeni huonosti eivätkä muistiinpanoni olleet riittävän hyviä. He lähinnä luennoivat ja välillä ohjasivat visualisointeja. Opetustilaisuuksissa viikonloppukursseilla oli kuitenkin innostava tunnelma, vaikken tuntenut itseäni yhtä vakavan uskovaiseksi kuin monet toiset olivat.

Minulle merkityksellisin oli lokakuussa 1995 ollut kurssi, jonka aiheena oli Tarab Tulkun länsimaalaisia varten kehittämät fyysis–psyykkiset mandalaharjoitukset, joita tekemällä voi tasapainottaa oloa. Ne ovat fyysisesti raskaita, koska pitää saada yksityiskohtainen tuntuma kehoon, ottaa sen jälkeen sisälleen kullekin energiakeskukselle ominaisen värinen valopallo; kun se siinä pyörii, syntyy mandala; kun liike siinä pysähtyy, tehdään kuva. Tein mandalaharjoitusta kotona ja kun tein mandalapyörteestä kuvia värikynillä, niistä tuli paljon rikkaampia kuin pelkkiä mandalaympyröitä. Visualisoinnit eriväristen, etenkin sinisten, valopallojen virtaamisesta sisälläni on kokemus, jonka mielelläni otan vastaan.

Oppimiseni oli hidasta. Unohdin melkein heti kuulemani tai lukemani. Lisäksi minulla oli ollut täysi tekeminen itseni ja psyykkisen pahoinvointini kanssa. Buddhalaisesta eikä juuri muustakaan itsekasvatuksesta minulla ei ollut ollut kokemusta. Olisi kyllä ollut hyödyllistä osata panna itsekeskeinen egoni kuriin, sen sijaan että annoin sen ruokkia pahaa mieltäni ja aiheuttaa kärsimystä itselleni ja niille, jotka olivat tekemisissä kanssani. En tiennyt – tai ehkä tiesin, mutta olin unohtanut enkä kuunnellut kenenkään neuvoja: itseään, mieltään, voi koulia kiinnittämään huomio siihen mikä on myönteistä. Mieleni pyrki vajoamaan murheen lohduttomaan alhoon, josta en arvellut voivani päästä pois.

Mieli on ajatusten ja tunteiden koti. Koska se pyrkii määräämään, mitä ihminen tekee, puhuu ja ajattelee, se pitää kesyttää, niin että mielen, ruumiin ja puheen taitamaton toiminta muuttuu taitavaksi. Ihmisen tulee oppia hallitsemaan itseään. Ihmisen ei pidä olla kuin vikuroiva hevonen, paikasta toiseen hyppivä apina eikä kuin kesyttämätön tiikeri. Tämä on buddhalaista ajattelua.

Äiti on vanha ja sairas

Äitini – ja myös Pentin äidin – voimat kävivät vähiin, kun sairaudet näyttivät mahtinsa. Olin huolissani, mutta koska en asunut Rainin tavoin saman katon alla äitini kanssa, olin tuskasta ja kivusta fyysisesti etäämmällä kuin tyttäreni, joka kohtasi sen joka päivä.

Äidilläni oli harha-aistimuksia: hän näki valkoisen ja sinisen tytön, tai sininen tyttö vilkutti hänelle ikkunan takaa. Hän kertoi, että hänen päässään, unen aikana, oli karuselli. Äiti kaatui ja ranne murtui. Raini käytti hänet Peijaksen sairaalassa ranteen takia; Ronja oli silloin muutaman kuukauden ikäinen vauva. Kun käsi oli parantunut ja kipsi otettu pois, ranne murtui taas ja Peijas-ruljanssi alkoi uudestaan.

Kävin Korsossa viikoittain ja jäin yöksi, jotta lapsellani olisi helpompaa. Minun olisi pitänyt useammin yöpyä Korson-kodissa. Peltolassa ollessani soitin äidille joka päivä, mikä helpotti hänen ahdistustaan, vaikkei estänyt tuntemasta kipuja. Äiti osasi onneksi seurustella puhelimessa, toisin kuin Pentin äiti, jonka luona kävimme viikonloppuisin.

Äitini ahdistus tarttui minuun. Päiväkirjaani kirjoitin: "On kuin en jaksaisi kantaa yhdessä hänen kanssaan hänen pelkoaan ja huoltaan joka päivä puhelimessa. Ymmärrän, että äidin täytyy saada puhua tunteistaan jollekin eli minulle." Vielä vaikeampi tämä aika oli epäilemättä päävastuun kantaneelle hyvin herkälle tyttärelleni ja hänen miehelleen.

Tein lohdukseni kauniita kuvia, joissa äitini oli yhdessä rakastavan Valon Jumalattaren kanssa.

Kevättalvella 1995 oli pitkällinen lääkärilakko, joten tuntui epävarmalta, pääsisikö äiti lääkäriin. Emme ymmärtäneet, miten sairas hän oli. Vasta kun kotiavun uskollinen Irma huomautti minulle, että Editin paikka on sairaalassa, ryhdyimme lakosta huolimatta toimeen, saadaksemme hänet hoitoon. Oli huhtikuu. Hänet otettiin sisälle sairaalaan. Hänen ruumiinsa oli kipeä ja hänen mielensä sekava. Hän ei tiennyt missä oli ja piti totena sellaista, minkä oli elävästi kuvitellut. Tästä sairaalajaksosta tuli pitkä, sillä hän ei enää pärjännyt kotona. Hän joutui sairaalassa odottamaan vapaata paikkaa johonkin vantaalaiseen hoitokotiin.

Ei liene yllättävää, että ollessani muuntuneessa tietoisuudentilassa näin välähdyksittäin äitiini liittyviä aihelmia. Esimerkiksi näin (runsaasti lyhennettynä):

> Ilmassa näen viheriöivän saaren ja siellä seisoo isäni sylissään vauva, pienenä kuollut sisareni. Tiedän, että heidän on siellä hyvä olla. He odottavat äitiä luokseen. Olen siis nähnyt paikan, minne hän saapuu sitten kun hänen on määrä poistua maallisesta elämästä. Palaan maahan kantaen kahta Yön Valon Jumalattaren antamaa opastähteä. Annan ne sairaalassa äidilleni, joka ilahtuu suuresti.

Äitienpäivänä Edit-äitini oli lomalla luonamme Peltolassa. Vaikka hän käytti pyörätuolia, hän oli kuvitellut tekevänsä pieniä maatöitä, kitkevänsä rikkaruohoja ja jopa istuttavansa perunoita. Minä hääräilin iloisena puutarhassani ymmärtämättä, että äitini tunsi itsensä entistäkin kurjemmaksi. Sain sellaisen vaikutelman, ettei Edit todellakaan enää erottanut todellisuutta ja harhaa toisistaan. Hänellä oli myös vaikeuksia itsensä ilmaisemisessa, mutta hän pinnisti, jottei menettäisi järjenvaloaan. Sairaus toi esille uudenlaisen Editin: hän ei ole kaikkivoipa eikä itseensä luottava perheensä tuki, vaan epävarma vanha nainen. Minun äitini, joka oli aina tiennyt, miten asiat ovat, oli kaikesta epävarma.

Sairaalasta Iltatähti-hoitokotiin päästyään hän melko pian piristyi, vaikka hänen ei ollut helppo hyväksyä sitä, ettei hän voi enää asua kotonaan. Hoitokodissa hän istui kirjoituskoneensa ääressä kirjoittamassa sairauden ja hoitokodissa olemisen herättämistä tunteistaan. Tällä tavalla äiti koetti jäsentää ajatuksiaan. Kirjoittaminen vaikutti minusta lähes maaniselta. Hän palasi kirjailijuuteensa. Hän aktivoitui ja alkoi käydä Pentin ja minun kanssani sinfoniakonserteissa ja järjesti Rainin, Karin, Pentin ja minut seurakseen katsomaan Aulis Sallisen *Kullervo*-oopperaa. Hän ei halunnut olla passiivinen hoivan kohde vaan aktiivinen kulttuurin kuluttaja. Matkanteko sujui yhteiskunnan tukemilla taksiseteleillä. Silti vuosi 1995 oli hänelle ja meille muillekin fyysisesti ja henkisesti raskas.

Taivaan merellä

Heinäkuussa 1995 Helenan kurssilla holotrooppinen hengitysharjoitus pani minut tuntemaan itseni mitättömäksi ihmiseksi. Itkin rajusti surkeuttani. Lepovaiheessa mieliala muuttui täysin. Onnellisena sain taivaan korkeuksissa nähdä ihmeellisen kauniita näkyjä ja olla mukana kokijana. Tämän elämyksen selostus on mukana osoittamassa mielikuvituksen vilkkautta, sen kykyä keksiä aina uusia aihelmia. "Matkan" aikana lilluin autuaallisessa tilassa.

Istun ruusutarhassani. Vihreä Tara (naishahmoinen myötätunnon jumaluus) il-maantuu siihen vaaleanpunaiselle lootukselle. Tanssimme. Olin onnellinen saa-dessani tanssia hänen kanssaan, mutta harmittelen rumia puutarhatyöromp-peitani. Taivaalla olevan kaaren pää ilmaantuu siihen missä olimme. Se oli kuin sateenkaari, mutta valkoinen. Nousimme kaarelle, Tara edelläni arvokkaan juh-lallisesti ja minä perässä. Kohosimme yhä korkeammalle, maa oli kaukana ala-puolella. Kaari vaikutti utuiselta taivaan sinessä. Kuljimme eteenpäin. Sain uu-det vaatteet, jotka olivat niin hienoa monivääristä kangasta, ettei sitä voinut erottaa taivaan sinisyydestä. Kaari ylsi Himalajan huippujen yläpuolelle. Kul-jimme taivaalle vievää tietä pitkin. Saavuimme siniseen avaruuteen, joka tum-meni yönsiniseksi hiljaisten tähtien täplittämäksi pimeydeksi. Tähtiä oli suun-nattoman paljon. Sain olla lähellä niitä mutta samalla kaukana niistä.

Olin aurinkoveneessä, jossa Kuolema piti perää. Vaikka oli pilkkopimeää, näin että vene oli täynnä kauniita tuoksuvia ruusuja. Kysyin, missä Tara on ja Kuo-lema kehotti minua katsomaan: Tara istui lootuksessa ja loittoni kauemmas ja kauemmas. Minun oli hyvä matkata Kuoleman aurinkoveneessä. Taivaan meri oli täynnä aurinkoveneitä matkustajineen, ja jokaista venettä ohjasi sen Kuo-lema. Huomasin olevani hiljaisuuden ja rauhan merellä ja ymmärsin, että juuri siellä minun piti purjehtia. Pentti ilmestyi viereeni pitelemään ohjaksia. Veneen kokkaa koristi eläinpääveistos.

Rauhan merellä purjehtivat veneet, joita en nähnyt mutta joiden olemassaolon vaistosin, asettuivat spiraalin kaltaiseksi riviksi ja muodostivat sitten galaksi-maisen kuvion avaruuteen. Kuolema selitti, että galaksit ovat aurinkoveneitä, joissa matkustajina on ihmisiä.

Veneistä alkoi sataa maailman kirkkaimpia tähtiä, tähtisikermiä. Matkustajat si-rottelivat niitä. Kuolema sanoi, että ne ovat jumalkipinöitä, jotka asettuvat ih-misten sydämiin. Olin lumoutunut timantinkaltaisesti kimaltelevien jumalkipi-nöiden sateen kauneudesta.

Veneemme erkani galaksista ja kulki yksinään eteenpäin yönsinisen mustalla hiljaisuuden merellä. Taivaalla häämötti pyörötemppeli pylväineen ja kupolei-neen. Siellä asui Yön Valon Jumalatar. Kuolema ohjasi veneen sen alimman as-kelman äärelle, koska arveli, ettemme ole olleet hänen temppelissään. Nou-simme veneestä ja kävimme sisälle. Siellä ei ollut pimeää. Keskellä oli valkoi-sesta marmorista veistetty suihkukaivo, jossa oli päällekkäisiä kulhoja. Lattia oli vihertävistä ja valkoisista marmoripaloista sommiteltu kukkakuvio.

Suihkukaivon toisella puolella seisoi Yön Valon Jumalatar kaikessa majesteet-tisuudessaan. Hetki oli juhlallinen. Minun sydämeeni hän sulki sinisen safiirin ja Pentin sydämeen kaiketi rubiinin. Kiitimme. Jumalatar otti kaivosta kirkkaaseen maljaan vettä ja tarjosi sitä juotavaksemme. Juotuamme hän asetti maljan hyllylle, joka oli sinertävää lasia. Temppelin takaseinällä oli hyllyjä monessa kerroksessa ja niissä samanlaisia maljoja kuin se, mistä olimme saaneet juoda. Kun hän oli kääntyneenä kohti hyllyrivejä, näimme hänen suurenmoisen kauniin tähtiviittansa ja polven korkeudelle ulottuvan mustan palmikkonsa. Hän kääntyi meihin päin mutta oli etäinen. Yllämme olivat nyt kirkkaanpunaiset vaatteet. Kuljimme vesialtaan (varmaan suihkukaivon ison alimman kulhon) kautta ja suihkukaivon vesi kasteli ja puhdisti meidät.

Vene odotti meitä. Se oli nyt punainen ja peräsimessä oli kullanhohtoinen Valon lapsi, ei Kuolema. Pentti otti ohjakset käsiinsä ja vene liukui ulapalle. Saavuimme punaiselle Rakkauden merelle. Yllättäen veneen tilalla oli hevonen, kokassa ollut eläinveistos ehkä. Hevonen oli yhtä punainen kuin meri ja vaatteemme. Se lähti laukkaan. Otimme Valon lapsen Pentin eteen istumaan. Painauduin Pentin selkää vasten. Punainen Rakkauden meri oli hämmästyttävä paikka ja kaikki muukin oli ihmeellistä. Hevonen saapui kaiketi saaren rantaan. Maa oli rusehtavaa, mutta keskemmällä kasvoi kevään vihreää ruohoa. Siellä oli lähde ja sen partaalla kohosi elämän puu. Kohtasimme Valon Jumalattaren.

Puussa ovi "toiselle puolelle"

Olin joulukuun alkupuolella 1995 talvisessa metsässä tavanomaisella lenkillä Penin kanssa. Halusin saada kuusen energiaa itselleni, halusin kokeilla onnistaisiko minua nyt. Enhän oikein uskonut tällaiseen. Niinpä nojauduin puun runkoon. Kiedoin käsivarteni sen ympärille ja painoin otsani sen kaarnaa vasten. Suljin silmäni. En tainnut saada energiaa – tai en edes ennättänyt saada tietää miten kävi, sillä melkein heti sujahdin muualle.

Oli kuin olisin seissyt pilkkopimeässä, pimeän mustan oven edessä. Olin epävarma, uskallanko avata ovea, jos se nyt ylimalkaan avautuisi. Se aukeni. Astuin kynnyksen yli. Silläkin puolella oli sysipimeää. En tiennyt missä olin. Olinko vuoren sisällä vai maan alla? Joka tapauksessa olin saapunut kuusen rungossa olevan oven kautta.

Vaikken mitään nähnyt, käsitin että edessäni oli tunneli ja että siitä alkoi polku, jota pitkin minun oli määrä lähteä kulkemaan. Haparoin eteenpäin mustassa pimeydessä, kiviä jalallani tunnustellen. Oikealla puolellani oli puro, jota en pimeyden takia nähnyt, mutta sen sijaan kuulin, miten vesi virtasi solisten ylhäältä alemmas.

Vasempaan käteeni ilmaantui keltaisena hohtava opastähti. Sain siis valon, joka ei kuitenkaan jaksanut kovin hyvin valaista pimeää käytävää. Senkö vuoksi sain toiseen käteeni kultapallon, valopallon joka säteili pehmeästi hohtaen? Nyt näin kävellä hieman paremmin, mutta vain hieman paremmin. Lamppuni näet pikemminkin häikäisivät silmiäni kuin valaisivat tietä.

Tunneli aukeni aavaan talviseen maisemaan. Maa kumpuili pehmeästi ja valkoisena. Olin tunturilla. Taivas oli harmaa. Hiljaisuus mykistävä, sen melkein kuuli. Kahlasin upottavassa lumessa kohti tunturin lakea opastähti toisessa ja kultapallo toisessa kädessäni. Ne olivat itse asiassa ainoat väriläikät maisemassa.

Silloin näin heidät, ja se tuntui riemastuttavan ihanalta samalla kun se oli odottamatonta. He tulivat minua kohti, Amitabha-buddha vasemmalta ja Vihreä Tara oikealta. He olivat pukeutuneet nenetsiläisen poropaimentolaisen turkistakkiin, turkiskäsineisiin ja turkissaappaisiin. Tämä ei ihmetyttänyt minua, sillä olin jo aikaisemmin tavannut Taran tällaisissa tamineissa hänen kulkiessaan porotokkansa kanssa kotoisessa suomalaismetsässä. Vain kasvojen väristä tunnistin heidät: Amitabha on punainen ja Vihreä Tara vihreä – ja tietenkin myös heidän lempeästä hymystään ja katseestaan. Amitabha on Lännen puhtaan maan valtias, ja Vihreä Tara lempeä naispuolinen jumaluus, kuin rakastava äiti joka esimerkillään opettaa ihmiselle myötätuntoista mieltä.

Pian seisoimme lähellä toisiamme. Lumen päällä oli iso lootus kullekin. Kävimme istumaan niiden päälle. Minun kukkani oli kirkkaan punainen eikä se ollut pelkän valon kaltainen, niin kuin olivat buddhan ja bodhisattvan valkoiset lootukset. Asetin valoni lumihankeen. Amitabha ojensi minulle vasemman ja Tara oikean kätensä. Minullakin oli nenetsiläiset vaatteet.

Näiden olentojen otsasta virtasi kirkkaan valkoiset valosuihkut, jotka otin otsani kohdalta vastaan, ja niin täytyin tällä valolla. Kurkkunsa kohdalta he lahjoittivat minulle punaista valoa. Amitabhalla oli sydämensä kohdalla sininen lootus, jonka keskusta loisti vaaleankeltaisena. Ajattelin: sinivuokon värit! Heti tämän huomattuani sydämeni kohdalla aukeni kimppu sinivuokkoja, kauniita sinivuokkoja. Myös Taralla oli sydämellään sinivuokon sininen lootus.

Amitabha puhui minulle aidon myötätunnon tärkeydestä, siitä että minun pitää myös teoilla huolehtia anopistani ja olla käytännössäkin lempeä häntä kohtaan eikä keskittää rakkauttani vain omalle äidilleni. Tiedän toki, että hän on synnyttänyt ja kasvattanut minulle hyvän puolison. Minun ei pidä ajatella, että vaikka minun äidilläni on vain minut, niin huolehtikoot ainoastaan mieheni ja hänen sisarensa ja veljensä omasta äidistään. Mietin, että Amitabha-buddha on tietenkin oikeassa. Lisäksi buddha sanoi, että minun pitää tehdä valotyötä kynällä ja väreillä.

Näin nyt edessäni hyvin etäällä rannattoman hyisen ankaran meren. Olinkin sitä jo katsellut. Amitabha antoi minun ymmärtää, että minun pitäisi lähteä merelle purjehtimaan. Nousin lootukseltani ja lähdin kulkemaan. Olin yksin. Hyvin yksin. Laskeuduin tunturin rinnettä, joka vietti merta kohti. Saavuin rantaan. Siellä odotti minua melko iso vene. Kuolema seisoi perässä iso seiväs tai mela kourassaan. Minua järkytti se, että minun piti lähteä purjehtimaan Kuoleman laivalla. Mutta tarkemmin katsoessani huomasin, suureksi ilokseni, Valon Jumalattaren seisovan keulassa, mikä sai minut suhtautuman merimatkaan luottavaisesti. Kuolema oli tälläkin kertaa kokonaan musta, ja hänen kapeissa kasvoissaan katsoivat suuret tyhjät silmäkuopat. Valon Jumalattarella oli kuten aina ennenkin vaaleat vaatteet, ja hänen hiuksensa liehuivat kultaisina kiehkuroina hänen iloa säteilevien kasvojensa ja siron päänsä ympärillä. Veneessä olivat siis elämä ja kuolema, valo ja pimeys, auringonnousun suunta ja auringonlaskun suunta.

Vene kuljetti minua kohti auringonlaskua, mikä on toki loogista, koska paluuta jo elettyyn ei ole. Minun annettiin ymmärtää – minua tyynnytettiin – että minulla on vielä elämää elettävänä enkä vielä joudu laskevan auringon mukaan. Purjehdin elämän suurella merellä. Siellä on sekä tyyntä että myrskyä. Näin lempeitä kesäsaaria, mutta myös kolkkoja tummia kalliosaaria. Tiedän että minun pitää uskaltaa purjehtia. Minun pitää olla rohkeana elämässä.

Edessä olivat Skylla ja Kharybdis. Minua pelotti, mutta matkatoverini saivat minut rauhoittumaan. Kuljettihan venettä tosiaankin kaksi voimaolentoa, Valon Jumalatar ja Kuolema. Niinpä pääsimme onnellisesti hirviöiden ohitse ja matkamme jatkui jälleen eteenpäin rannattomalla ulapalla.

Äkisti matkani päättyi, sillä vene laski rantaan. Astuin maalle. Olin kotona ja kävin sisälle, olohuoneeseen. Sen lattialle oli avautunut valtava valolootus. Sen keskustassa seisoi minulle varattu piirustuspöytä ja sen päällä oli isoja valkoisia paperiarkkeja ja hyvin hyvin suuri laatikko kirkkaita värikyniä. Tämän kaiken ihanuuden olin saanut. Katselin ympärilleni. Kotini kylpi lootusvalossa.

Keramiikkaa, kuvia ja puutarhanhoitoa

Aikani meni melko tarkkaan näkyjen kirjaamiseen ja buddhalaisuuden opiskeluun. Erilaisia kursseja, myös Helenan ryhmän kokoontumisia, oli aika tavalla. Oli muutakin. Naapurini Helvin kanssa opettelimme taijia, mutta jostakin syystä se jäi, vaikka oli mieluisaa. Osallistuin useana vuonna keramiikkakurssille. En

muovannut paljonkaan kippoja, vaan tein mm. lintufiguureja puutarhaan ja isoh-
koja reliefejä, jotka esittävät myyttisiä kasvullisuuden suojelijoita. Erityisen ylpeä
olen 2002 tekemästäni japanilaistyylisestä pihalyhdystä, johon meni melkein 30
kiloa savea. Kirjoittelin ja tein kuvia ja tietenkin harrastin mielikuvamatkailua.
Mielikuvitukseni Pegasos-ratsu laukkasi huimaa vauhtia ja nousi siivillään kor-
keuksiin, irti maan pinnasta.

Ihmettelen, miten ennätin tätä kaikkea. En päästänyt puutarhaani rappiolle. Ko-
tiani hoidin kai tyydyttävästi. Iloitsin kukistani. Suuri iloinen perhetapahtuma oli
Rainin ja Karin perheen kasvaminen Into-pojalla huhtikuun lopulla 1996. Heitä oli
nyt neljä. Muutaman viikon kuluttua siitä päättyi Pentin Aino-äidin maallinen
vaellus. Yksi ihminen syntyy, toinen kuolee.

Työskentelin intensiivisesti Vihdin kirkonkylässä pidettävää näyttelyä varten, jolla
halusin juhlistaa 60-vuotissyntymäpäivääni lokakuussa 1996. Näyttelystä tuli
melko hyvä. Siellä kuvien keskellä vietin syntymäpäivääni, joihin olin kutsunut
ystävättäriäni.

***

Mietin paljon, miksi mielikuvitukseni piti tuskin lainkaan taukoja. Luulen, että pii-
lotajunta esti minua näkemästä asioita, jotka kenties olisivat aiheuttaneet minulle
ahdistusta ja jotka olisivat saaneet minut syyttämään itseäni, vaikka siitä, että lai-
minlöin läheisiäni. Minulla taisi olla huono omatunto. Elämäni kulki vaihtelevasti
tietoisuuden ja tiedostamattomuuden todellisuudessa. Minulla eivät jalat tain-
neet olla lujasti maassa. Piilotajuntani vältteli sitä mikä kuului arkiseen elämään.
Sen sijaan se täytti tajuntani monenlaisella kauniilla ja uskotteli minulle, että olen
suurenmoisen hyvä ihminen. Olin mielestäni hyvä tytär mutta huononlainen äiti
ja isoäiti.

Uusia meditaatiokokemuksia

Näkykokemukset, ehkä ennen muuta mielikuvituksen spontaanisti luomat elä-
mykset yhdessäolosta buddhamaailmojen olentojen kanssa, ovat nostaneet mi-
nut ihmeelliseen valon maailmaan, jossa vallitsee hyvyys. Pääsen siitä osalliseksi,
olen onnellinen ja haluni mukaisesti lahjoitan sitä muillekin eläville olennoille.
Oloni on autuaallinen. Harjoituksen jälkeen hyvä tunne säilyy kauan. Olen

iloisempi ja kaikin tavoin positiivisempi, itseäni kohtaan lempeämpi. Myönteinen kokemus ja siihen liittyvä muutos eivät valitettavasti ole pysyviä. Ne pitää uusia kerta toisensa jälkeen.

Vapaat, buddhalaisia harjoituksia muistuttavat meditaatioelämykset, kuten Vihreän Taran kohtaaminen metsässä, miellyttävät minua suuresti. Ne eivät kuitenkaan ole oikeaoppisia harjoituksia, koska eivät noudata tiettyä kurinalaista kaavaa. Omilla harjoituksillani ei ehkä ole mitään tekemistä buddhalaisuuden kanssa, mutta ne tasapainottavat mieltäni.

Olen huomannut, että mieleni on kuriton ja etten pääse eteenpäin dharman eli opetuksen tiellä. Esimerkiksi hengityksen tarkkailun tulee olla kurinalaista. Se ei ole aina helppoa, kuten ei myöskään mielen tarkkailu, sillä ajatusten virtaa on vaikea saada katkeamaan. Helppoja eivät ole myöskään kaikki ohjatut visualisoinnit, varsinkaan abstraktit harjoitukset.

Liisa opetti *mettan* ryhmälleen: Ensin mietiskelyn kohteena on oma itse, jota tarkastellaan ja johon kohdistetaan myötätunto ja jolle suodaan oikeus olla onnellinen. Itsensä rakastaminen ei olekaan ihan helppoa! Sen jälkeen ajatellaan samanlaisella rakkauden tunteella hyvää ystävää, sitten vihamiestä tai hankalaa ihmistä ja lopuksi sellaista johon suhtautuu neutraalisti, kuten kaupan kassaa. Kaikkia neljää tulee rakastaa yhtä paljon ja suoda heille onnellisuus. Tasapuolisen tunteen kehittymiselle pitää antaa aikaa. Nyt metta-tunnetta lähdetään levittämään laajemmalle, ensin lähipiiriin, sieltä kotipaikkakunnan ja kotimaan jokaiselle ihmiselle, niille jotka ovat sairaita, ja lopulta kaikkialle maailmaan, sinne missä on paljon kärsimystä.

Metta on henkisesti, tunteille raskas harjoitus ja sitä on vaikea kestää. Viimeistään kun ryhdyn ajattelemaan eläinten kärsimyksiä, alan itkeä: eläimiä tehomaatalouden tuotantoyksiköissä, koe-eläimiä, luonnonvaraisia eläimiä joiden asuinmetsät hävitetään. Minun on mahdotonta kestää ihmisten piittaamattomuutta eläimiä ja kasveja kohtaan. Luonto itkee. En halua tehdä mettaa.

Harjoitusten tarkoituksena on lisätä myönteisiä tunteita mietiskelijässä. Entä jos kärsimyksen määrän kohtaaminen tekee onnettomaksi? Ihminen on kuitenkin voimaton eikä voi mitenkään auttaa. Mielestäni kukaan kohtalaisen hyvä ihminen ei ansaitse tällaista syyllistämistä.

Jos ei voi tehdä mettaa, on paljon muita harjoituksia, kuten Vihreän Taran ja Amitabha-buddan meditaatiot, jotka nekin lisäävät mietiskelijässä myötätuntoa itseään ja muita kohtaan. Lisäksi ne auttavat häntä ymmärtämään, etteivät hän ja hänen kärsimyksensä – hänellä ehkä on paljon kärsimyksiä – ole ainutlaatuisia. Hänen suhtautumisensa elämään asettuu oikeampaan mittakaavaan.

***

Muutaman kerran olin Pekka Airaksisen kurssilla. Hän opetti tyypillisiä bodhisatt-vaharjoituksia, joissa on paljon yksityiskohtaista visualisoitavaa, mutta myös melko abstrakteja harjoituksia, sellaisia joissa tarkkaavaisuus tuli keskittää vaikka yhteen pisteeseen. Ne ovat yleensä olleet minulle vaikeita, sillä ajatukseni lähte-vät harhapoluille. Jään niitä seuraamaan ja minulta unohtuu se mitä olen teke-mässä: pyrkimässä kuvattomaan timantinkirkkaaseen keskittyneisyyden tilaan. Harhaudun huomaamattani näkymaailmoihin enkä edes halua palata pistettä tuijottamaan.

Heinäkuun alussa 1996 olin ensimmäisen kerran Dharmakeskuksessa Alasta-rossa. Ohjelmaan kuului sekä meditaatiota että joogaa, myös ns. karmajoogaa eli ruoanlaittoa, siivousta yms. Olin myönteisen odottavalla mielellä. Paikka, myös Pekka Airaksisen läsnäolo, inspiroi minua. Tulin sinne mieli vastaanottavaisena. Meditaatiosalissa, entisessä luokkahuoneessa, oli kaunis himmeä, punaisten ik-kunaverhojen lävitse suodattuva valaistus, silloin kun ulkona oli valoisaa.

Heti saapumispäivän iltameditaatio ällistytti minua. Lähdin nimittäin ennen ko-kemattomille omille teilleni, aluksi tosin melko abstraktilla tavalla.

Meditaatiossa tapahtui sellaista, mitä en ollut ennen kokenut. Sisäisillä silmillä näkemisen seuraksi tuli pään sisäisiä ääniaistimuksia! Se oli merkittävää, sillä tästä pitäen se minkä koen, ei yleensä ole tapahtunut ainoastaan piilotajuisen näköaistin luomina kuvina, vaan kuulin pääni sisällä ääntä, jonka myös näin. Se oli uutta ja kummallista, ei ehkä kokeneille mietiskelijöille, mutta minulle. Kuva ja ääni yhtyivät. Ääni tuli näkyväksi. Kyseessä ei ole ulkopuolelta kuuluva ääni, kuten levysoittimella olevan äänilevyn musiikki. Eri (mielen sisäiset) aistimet alkoivat toimia yhdessä.

Ääni ja Avalokitesvara

Äänen ja kuvan samanaikaiseen kokemiseen tuli mukaan entuudestaan tuttu Avalokitesvara eli Chenrezig, joka nyt käyttäytyi tavalla, jota voisi sanoa pellei-lyksi. Hän ei muutenkaan ollut kaanonin mukainen istuessaan kukkansa päällä. – Vuoden 1997 näyttelyyni tein kuvasarjan äänistä sellaisina kuin ne näin ja seurustelustani hänen kanssaan. Tein kuvat tummansiniselle paperille valkoisella ja vaaleilla pastellisävyisillä väreillä.

En osaa kuvailla kokemustani lyhyesti.

Kuulen huminaa, joka voimistuu ja muuttuu jatkuvaksi ääneksi. Ajattelen, että se on sfäärien harmoniaa ja soittoa, tähtitarhojen avaruudellista huminaa, joka etenee vaaleina aaltoina pimeän avaruuden loputtomassa autiudessa, samaan tapaan kuin renkaat veden pinnalla. Sitten alkaa kuulua korviani vihlova korkea jatkuva ääni. Se muuttuu kirkkaan valkoiseksi säteeksi. Sfäärien kirkkaan valkoiset huminarenkaat näkyvät vaakatasossa ja tuo säde on kohtisuorassa ääniaaltojen alkupistettä vastaan. Keskipisteestä kimpoaa ympäriinsä timantinkirkkaita säteitä. Alustana on hengitykseni tahdissa liikkuva "elävä valkoinen".

En tiedä, mikä tuo alati liikkuva, ääriltään avointa kukkaa etäisesti muistuttava, pehmeä hetulamainen alusta on. Se elää hengitykseni mukaan, niin että sen reunat vuoroin nousevat ylös, vuoroin laskevat alas. Huomaan hengittäväni nopeasti. Äänet, etenkin jatkuva korkea ääni, kihisevät päässäni.

"Elävän valkoisen" keskipisteeseen, säteiden lähtöpisteeseen ilmestyy valon ympäröimänä joku. Lähikuvasta näen, että hän on myötätunnon bodhisattva Avalokitesvara nelikätisessä hahmossaan. Hän istuu lootuksen päällä, silkeissään ja koruissaan, ja pitää käsissään kallisarvoisia esineitään: taaemmissa käsissä on lootus ja rukousnauha ja edessä yhteen liitettyjen käsien välissä toiveet täyttävä jalokivi.

Hupsis! Ennen kuin huomaankaan olen ylösalaisin ja päämme koskettavat toisiaan. Hameeni valahtaa alas ja peittää bodhisattvan, mikä on noloa. Onneksi hameeni kohoaa tavallaan oikeaan asentoon ja leijuu ylhäällä jalkojeni ympärillä. Minun ja Avalokitesvaran taaemmat kädet koskettavat toisiaan ja hetken aikaa ovat lootus ja rukousnauha (mala) minulla. Tuumin, että minun pitää varmaan ostaa itselleni rukousnauha.

"Pyramidimme" kiepsahtaa ympäri. Jumaluus on nyt minun pääni päällä ylösalaisin.

Näky jatkuu siihen asti, kun meditaation päättymisestä kertova kello helähtää. Jatkuva korkea ääni jäi epämiellyttävästi vinkumaan päähäni ja sain päänsäryn.

Radiomajakka

Ei ole vaikeata ymmärtää miksi varsin usein ainakin vuodesta 1996 lähtien näen itseni vastaanottamassa ja lähettämässä ystävällisyyden ja myötätunnon viestejä hyvin kaukaa, avaruudesta ja buddhamaailmoista maan asukkaille. Puolisoni Pentti on näet kouluajoista asti harrastanut DX-kuuntelua eli ulkomaisten, mielellään hyvin kaukaisten maiden radiolähetyksiä. Eläkkeelle jäämisen jälkeen vanha harrastus on taas aktivoitunut: mies istuu radiovastaanottimen äärellä kuulokkeet päässä kuuntelemassa radioasemia ja koettaa erottaa häiriöiden joukosta jotakin kiinnostavaa, musiikkia ja puhetta. Voi olla, että kuvieni vihreäpukuinen poika, jolla on iso kuunteleva korva tai pieni antenni päälaella, esittää häntä tai on ainakin hänelle sukua.

Tiedän, että tarvitaan hyvät laitteet, antennit ja muut piuhat, vastaanotin ja tietokone, johon kuullut äänet voi tallentaa. Nykyään ei välttämättä enää tarvitse pelata ison nauhurin kanssa. Minulle riittää vastaanottimeksi mikrofoni. Itse olen lähetin, joka lähettää päässäni kuuluvan maailmankaikkeudessa soivan musiikin valkoisina äänisuihkuina ja ääniaaltoina.

Tällainen mielensisäinen radiotyö ei ole erityisen perinteistä tiibetinbuddhalaisuutta mutta antaa minulle toimintakentän ja keinon lisätä maailmaan myötätuntoa. Saan siitä hyvän, jopa hurmiollisen hyvän mielen. Jos sallin itseni uskoa laajalle ulottuvaan plasebovaikutukseen, olen hyödyksi kaikille eläville olennoille.

Olen majakka. Seison ilmassa tyhjän päällä. Olen sinipukuinen majakka. Lähetän otsani, korvieni ja niskani kautta eri suuntiin valon säteitä. Kuulen pääni sisällä ujeltavan äänen. Lähetän radioaaltoja, jotka etenevät minusta renkaina. Lähetän sekä valon säteitä että radioaaltoja.

(Jatkan, vaikka toiset jo lopettelevat meditaatioharjoitustaan.) Olen majakka. Poistujien hipsuttelu salista häiritsee minua. Koetan olla majakka. Joku avaa ikkunan. Ulkoa kuuluu kovan tuulen kohinaa ja varmaan kaatosadetta. En anna periksi, sillä haluan olla majakka, joka lähettää myötätunnon viestiä. Taistelen rajuilmaa vastaan. Näkytaivaalle kerääntyy hyvin synkkiä pilviä ja myrsky kohisee. Nousee rajuilma.

Majakkaminä koettaa pitää viestimensä voimissaan, mutta niiden teho alkaa hiipua. Pitkä tummansininen hame pieksää sääriäni. Majakka sammuu. Se ei voita rajuilmaa.

Toisella kerralla olen jälleen radiomajakka, mutta korkealla vuoren huipulla Himalajan vuoristossa.

Päässäni humisee ja kuulen myös jatkuvan korkean ujelluksen. Ehkä äänet ovat sitä myötätunnon viestiä, jota lähetetään alas maahan ja koko maailmankaikkeuteen? Istun lootuksen päälle ja saan sen kautta buddhamaailmojen energiaa; minua nimittäin tankataan. Hetkisen verran näen itseni edestäpäin: olen vaaleansinisen valon sisällä, ehkä vuoren huippuun veistetty kivinen radiomajakka. Vuoristoinen maisema kylpee valossa, lumi hohtaa vuorten huipuilla ja taivas on sininen.

En näyissäni jää eläkkeelle Puhtaan maan, Amitabha-buddhan kaukaisen buddhamaailman musiikin äänittäjän tehtävästä. On alkanut kuulua hyvin miellyttävää musiikkia. Se kuulostaa Beethovenilta. Olen hyvin usein kuullut sitä. Seuraava esimerkki alkaa siitä kohdasta, kun olen syntymässä Amitabha-buddhan Lännen Puhtaaseen maahan.

En ollut varma, onko nuppuni sisällä mitään. Amitabha-buddha tuli katsomaan, mitä oli syntynyt. Hän sai hyppysiinsä pienen kirkkaanpunaisen täplän ja tarkasteli sitä. Täplä lehahti vaaleanpunaiseksi valoksi ja sen sisällä seisoi vaaleanpunaisena ääriviivahahmona näkyvä pikkuruinen lapsi. Tuo lapsi, valo-lapsi, olin minä. Selkääni kasvoivat keijukaissiivet, läpikuultavat ja niissä oli hie-noja valkoisia suonia. Keijulla oli sinertävä keijunhame. Nyt minä, keijukainen, lehahdin lentoon. Lensin kuusen latvaan, kukkalatvakuusen punaisen kukan keskelle. (Olin aikaisemmin tämän näyn aikana antanut valtavan korkean kuu-sen kasvaa keskelle Puhdasta maata.)

Nyt kun olin hyvin korkealla aloin kuulla musiikkia. Nousin lentoon, yhä kor-keammalle äänittämään soittoa, joka oli lähtöisin hyvin korkealta. Minulla oli samanlainen pörröinen mikrofoni, jollaisia television haastattelijoilla näkee, mutta kohta se muuttui mustaksi ja kovaksi, sellaiseksi joita konserttisaleissa käytetään. Mikrofonissani oli pitkä musta johto, joka roikkui alaspäin.

Olin jo kuullut, että soitettiin musiikkia, jonka uskoin olevan Beethovenin 9. sinfonian hitaasta osasta. Minua sykähdyttävää jumalaista musiikkia. Kohosin niin korkealle, että näin soittajat, ja kapellimestarin joka oli itse Ludwig van Beethoven! Orkesteri ja sen johtaja näkyivät sinertävinä selkeä-ääriviivaisina hahmoina kirkkaassa sinisyydessä.

Äänitin lumoavaa, sydämen parhaat tunteet herättävää musiikkia ja välitin sen mustaa johtoa pitkin Tellukselle. Taivaan korkeuksista johto kohtasi ensin kuu-sen latvan ja jatkoi sitten puuta pitkin alas, Puhtaan maan kristallimaaperän lävitse. Se venyi yhä pidemmäksi ja saavutti sitten maan. Musiikki kuului pla-neetallamme eikä sen myötätuntoinen laatu ollut vailla vaikutusta. Maa muut-tui valoisammaksi ja alkoi jopa hiukan loistaa. Sen ympärille ilmestyi renkaana näkyvä sateenkaari, mutta se pysyi vain hetken aikaa.

Minulla, punaisena täplänä lootuksessa syntyneellä keijukaisella, oli levollinen ja iloinen mieli, kun olin tuonut maassa eläville olennoille myötätunnon ja rakkau-den musiikin.

A-tavu

A-tavun meditoiminen on harjoitus, jota Pekka Airaksinen teetti kurssillaan ke-sällä 1996. Meidän oli määrä visualisoida tiibetin kielen A-tavu. En muistanut, millainen se on. Tavallinen A tuntui liian arkiselta. Jonkin aikaa pähkäiltyäni valit-sin Albrecht Dürerin signeerauksissa näkemäni kauniin A-kirjaimen, jonka sisä-puolelle hän on sijoittanut D:n. Kai A-kirjainkin kelpaa. Kirjain visualisoidaan val-koisena, oikeastaan valona, joka sisään hengitettäessä "vedetään" lähelle ja uloshengityksen aikana "työnnetään kauemmas. Tämän näkeminen ei ole ihan helppoa, ei ainakaan minulle. A-tavua pidetään mielen puhtaan kirkkauden nä-kyvänä merkkinä.

Hengittelin A:ta ohjauksen mukaan. Yllätyin kun aloin jälleen kuulla hiljaista ääntä, itse asiassa kahdenlaista: taustaääntä, jonka arvelin olevan sfäärien soittoa joka lepuuttaa korvia, ja jatkuvaa terävää, korkeaa kimeää ääntä. Iso valosuppilo keräsi sisäänsä korkean äänen, joka näyttäytyi selkeinä valonsäteinä. Suppilon ympärillä saivat sfäärien harmoniat etenevien ääniaaltojen muodon.

Mieleeni välähti, että näin ja kuulin A-tavun. Kirjoitusmerkillä oli sekä muoto että ääni! Se loisti tavattoman kirkkaana suppilon kapeassa päässä. Siitä sinkosi ympärille valkoisen valon välähdyksiä. A ja suppilo olivat tavattoman kauniin vitivalkoisen ruusun päällä. Kun keskityin valosuppilon alaosaan, korkea ääni kuului vaimeampana, mikä oli minulle eduksi, sillä jatkuva korkea vinkuna sattui korviini.

Halusin kuitenkin vielä kuulla, miltä A kuulostaa avaruuden korkeudessa. Nostin itseni ylemmäs, hyvin ylös. Suppilo ulottui äärettömän korkealle. Siellä näin, että se, mitä mielikuvitukseni oli luonut kuulo- ja näköaistini koettavaksi, lepäsi valkoisen buddhahahmon päälaella ja että tämä istui keskellä lumivalkoista valomandalaa. Hän piteli käsissään hohtavaa kultaista palloa. Se olikin ainoa väriläikkä pehmeän valkoisessa valonäyssäni – ja ihanan kaunis! Mandalasta sai vaikutelman, kuin se olisi ollut jonkinlainen valkoinen ilmalaiva. Se ei liikkunut minnekään.

Edellä selostamani näyt olivat esimerkkejä mielen eksymisestä omille teilleen. Ne olivat kuitenkin minulle merkityksellisiä ja hämmästyttäviä esimerkkejä näkö- ja kuuloaistin samanaikaisesta läsnäolosta piilotajuisella tajunnantasolla. En surrut sitä, etten pysytellyt A-tavun visualisoinnissa tai pelkän pisteen katsomisessa, mikä oli tarkoitus.

Elämyksissäni on mukana tiibetiläisiä aihelmia, kuten jumaluuksia, mutta tuskin paljonkaan oikeaa buddhalaisuutta. En tiedä, miten hyvin toiset pysyivät päivän tekstissä, sillä ei ole tapana kertoilla siitä mitä on kokenut. On kai niin, että kertominen vähentää meditaation hyvää vaikutusta itseen.

Mielen kirkas valo

Buddhalaisuus antoi minulle metodin, jonka avulla pääsee arkitodellisuuden taakse. Myös jokin toinen metodi voisi olla yhtä hyvä. Kokemus valosta on buddhalaisuuden perusominaisuus: ihmismielen syvin luonto on kirkas valo. Näin olen oppinut. En tiedä, miten syvälle olen harjoituksissani päässyt, mutta olen tuntenut olevani hyvän valon keskellä ja sitä olevan myös sisälläni.

Meditatiiviselle tilalle on tyypillistä tunne onniautuudesta. Mikään sana ei mielestäni kuvaa sitä yhtä hyvin. Tunne vain tulee ja se on (ehkä aina) yhteydessä kirkkaan sisäisen valon aistimiseen. Valoon rinnastuvat myös äänen ja musiikin kokemukset. Tunne ei toki ole yksinomaan buddhalainen, vaan kaikessa hengellisyydessä ja henkisyydessä ihminen kokee samanlaista onnea ja valon läsnäoloa. Se on ihmisluonnolle ominaista. Se on yliaistillisen todellisuuden ominaisuus. Kuten tiedämme maalaustaiteesta, kristillisen kulttuurin piirissä kirkas taivaallinen valo ympäröi Jeesusta.

Voisin lähteä moralisoimaan ja vuolaasti pohtimaan, miksi tuo hyvä valo saa kaikkien ihmisten sydämissä syttymään myötätunnon tulen, joka polttaa pois pahuuden. Uskon, että mieleni, tavallaan psykoterapeuttinani, luo minulle kuvia harmoniasta, jonka haluaisin korvaavan minua varsin usein vaivaavan pessimistisen tunnetilan. Buddhalaiselle meditaatiolle on ominaista tunne valon, myötätunnon ja rakkauden läsnäolosta. Se on hurmiota! Ja mikä parasta: tunnet itsesi hyväksi ihmiseksi ja uskot mahdollisuuksiisi levittää maailmaan rakkautta ja vähentää elävien olentojen kärsimystä. – Tosiasia kuitenkin on, ettei pelkkä tunne muuta maailmaa, vaan tarvitaan myös tekoja. Jos ei voi auttaa, voi ainakin puhua ystävällisesti kohtaamilleen ihmisille.

Valon tavoin pään sisällä kuuluvat miellyttävät äänet lisäävät hyvää tunnetta. Kesällä 1996 tulin tietoiseksi siitä, että meditoidessani saatan kuulla ääntä, sekä huminaa että jatkuvaa, kovaa vinkuvaa ääntä. Lisäksi näin ne. Ne ovat kirkkaan valkoisia ääniä. Vinkuva ääni oli, toisin kuin humina, hyvin ikävää, sillä se sattui päässä. Humina saattoi olla vaimeaa tinnitusta, jonka kuulin muiden äänien puuttuessa. Siitä en 1990-luvulla tiennyt, joten kuulin soivia harmonioita. Ääni, musiikki, herättää minussa mielikuvan taivaan sfäärien, sen kerrosten, ja taivaankappaleiden soimisesta. Piilotajunnallani on pinnallinen käsitys Kreikassa 500-luvulla eaa. eläneestä Pythagoraasta, joka määritteli sävelasteikon lukusuhteet ja katsoi että ne hallitsevat koko olevaista. Taivaankappaleiden säännölliset liikkeet luovat soivan sfäärien harmonian. Sillä tarkoitetaan myös ylimaallisen kaunista musiikkia.

Kun vuosikymmenen lopulla aloin sisäisillä korvillani kuulla tavattoman kaunista musiikkia, Beethovenia, kohosin firmamenttiin, taivaan kannelle asti. Pidin sitä kauan hänen 9. sinfoniansa hitaana osana, mutta nyt tiedän, että se on muuta. Useissa teostensa hitaissa osissa Beethoven nousee mielestäni valon kirkkauden täydelliseen harmoniaan, pois maan pinnalta ja ihmisten raadollisesta elämästä, korkeuksiin joita voi kuvailla taivaallisiksi. Hänen sävelluomansa etenevät sopusoinnussa sydämen sykkeen kanssa. Kuulen sen pääni sisällä. Aluksi soivat puhaltimet, sitten tulevat mukaan jouset.

Buddha Amitabhan Puhtaan maan harjoituksessa valon kokemus huipentuu loo-tusjärven kukkia katsellessani, kun beethovenilainen valo-orkesteri alkaa soida päässäni. Sen jälkeen, kun olen syntynyt lootuksen kukassa Puhtaaseen maahan, jään sinne työhön – jatkan meditaatiotani – lähettämään radiolaitteillani maahan universumissa kuuluvaa, sydämet rakkaudelle avaavaa musiikkia.

***

Meditaatio voi olla muidenkin kuin sisäisten näkö- ja kuuloaistien kokemus. Puh-taan maan harjoituksen hurmiossa haistan lootuksen, luuloni mukaan lummetta muistuttavan tuoksun. Se on voimakas, kun istun umpussa olevan kukan sisällä, ja kun nuppu avautuu, saan hengittää Lännen puhtaan maan raikasta ilmaa.

Ikävää on, jos tuntoaisti tulee mukaan kipuina, jotka pakottavat lopettamaan mietiskelyn. Kivun syynä voi olla ankara keskittyminen ja pinnistäminen. Mutta on siinä muutakin. Omien kokemusteni perusteella arvelen, että mitä pidemmän aikaa ihminen on paneutunut meditaatioon, sitä herkemmäksi hänen kehonsa tulee ottamaan vastaan fyysisiä tuntemuksia. Esimerkki on maaliskuulta 2000.

> Kultainen valopallo loisti ääriviivattomana pääni lähettyvillä. Pian alkoi kuulua musiikkia, ennestään tuttua Beethovenia. Se siirtyi pallosta ääniaaltoina kor-vieni kautta sisälleni. Minun oli hyvä olla. Entuudestaan olin sisältä kullanhoh-toinen, mutta nyt aloin täyttyä kultaisista ääniaalloista ja musiikista. Värisin ja värähtelin. Se tuntui sekä energiatason kehossani että fyysisessä kehossani. Olin värähtelyä koko ihminen, eikä se ollut pelkästään miellyttävää.

Voisi sanoa, että mielikuva oli aineellistunut.

***

Mitä mahtaa olla tunne onniautuudesta ja kokemus kohoamisesta taivaan kor-keuteen? En tiedä. Siellä on hiljaista ja valoisaa. Värit ovat vaaleita ja pehmeitä, joskus melkein näkymättömän hentoja. Tuntuu siltä, kuin musiikki jonka kuulen, lisäisi hiljaisuuden tuntua. Keho on hyvin kevyt. Tajunta on valppaana mutta kuin vaimentuneena mukana panemassa merkille tunteet ja sen mitä mietiskelevä si-säisillä silmillään näkee ja korvillaan kuulee.

Tämän korkeammalle – tai syvemmälle – en meditaatioissani ole päässyt. Aina piilotajunnan luomat elämykset eivät kuitenkaan ole pelkkää auvoa. Sieltä voi nousta pintaan pelkoja ja kipuja, sekä psyykkisiä että fyysisiä. Se voi viedä synkkiin alhoihin.

Muuntuneessa tietoisuuden tilassa ihminen siirtyy arkitodellisuudesta yliaistilliseen ulottuvuuteen. Tällainen taipumus ei ole poikkeuksellinen, vaan ihmislajille ominainen mahdollisuus, joka ei kuitenkaan ilmene läheskään jokaisessa yksilössä, varsinkaan läntisen kulttuurin piirissä nykyisin. Tarvitaan erityinen syy, esimerkiksi vaikea kriisi, joka sysää ihmisen kontemplatiiviseen tilaan katsomaan sisintään.

Meditaation monikansallisia aiheita

Länsimaisen ja arabialaisen kulttuurin piirissä olevan ruusu on tärkeä kukka symbolisessa mielessä. Idässä, suunnilleen Intiasta Kiinaan ja Japaniin ulottuvalla alueella sama asema on lootuksella. Kumpikin kasvi, selvimmin lootus, on saanut uskonnollisen tehtävän.

Pidän paljon kukista, kuten myös piilotajuntani. Eniten huomiotani ovat saaneet lootus ja ruusu. Itseohjautuva kynäni on piirrellyt lootuksia ja myös näkysilmäni ovat katselleet niitä. Oikeita lootuksia olen nähnyt vain kuvissa. Ruusut sen sijaan ovat kuuluneet reaaliseen elämääni. On tosin niin, että kun eläydyn niiden kukkiin niitä katsellen, liu'un mielentilaan joka on arjen todellisuuden takana. Näin

99

on tapahtunut myös silloin, kun olen ollut kirjoittamassa pieniä esseitäni Suomen Ruususeuran jäsenlehteen. Olen jossain määrin ollut muualla samalla kun olen koettanut pitää mieleni kurissa.

Onko ruusulla ja lootuksella toisiinsa verrattava uskonnollinen tehtävä: hindulaiset ja buddhalaiset jumalolennot istuvat lootuksen päällä, Neitsyt Maria ajatellaan ja kuvataan – ei tosin kovin yleisesti – istumassa ruusun kukassa. Tiibetissä, joka on liian kylmä maa lootukselle, taiteilijat ovat pitäneet mallinaan pioneita, joiden kuitenkin ajatellaan olevan lootuksia. Joskus pioni-lootukset on kuvattu vesikasveina. Niihin aikoihin, kun olin Dharmakeskuksen kursseilla, mieleni tavoitteli synteesiä idän ja lännen välillä ja pani minut näkemään buddhalaiset olennot istumassa vaaleanpunaisilla ruusunkukilla. Tällainen ajattelu jäi kuriositeetiksi.

Luonteenomaista sille, mitä tiedostamaton osa minusta nostaa tajuntaani, ovat eri suunnilta saadut vaikutelmat ja mielikuvituksen luomukset. Buddhalaisetkin aihelmat sulautuvat omaperäisiksi visioiksi, jotka vain poikkeuksellisesti noudattavat vakiintuneiden harjoitusten kaavaa.

Musiikki

Äänten, erityisesti musiikin, kuulemisesta tuli myöhemmin 1990-luvun jälkipuoliskolla erottamaton osa kokemuksiani ollessani muuntuneessa tietoisuudentilassa. Sävelet veivät minut korkeammalle tajunnantasolle kuin missä milloinkaan olin ollut. Tämä ei ollut ohimenevää elämystä vaan jäi pysyväksi.

Musiikki oli sfäärien soittoa, jonka otin vastaan kaukaa maailmankaikkeudesta, buddhalaisittain monesti kaukaisista buddhamaailmoista tai vielä niitäkin etäämpää. Sfäärit soittavat harmonian ja myötätunnon musiikkia. Se kuulostaa Beethovenin musiikilta. Siinä on taivaan korkeuksia hipovaa harmoniaa. Musiikin sävelkieli on länsimaista, ei vähimmässäkään määrin itämaista.

Sfäärit värähtelevät. Soitto kuuluu melko hiljaisena, koska se tulee kaukaa. Tästä musiikista, joka kenties on ainoastaan kovasti Beethovenin sävelten kaltaista omaa luomustani, on tullut pysyvä osa minua. Kun se soi päässäni, sisälleni laskeutuu ihana rauha ja onni. Yhdessä mestarin kanssa erkanen maan pinnalta ja kohoan jumalalliseen kirkkauteen, mitä se sitten lieneekin. Kuulen musiikkia varsinkin buddha Amitabhan Puhtaan maan harjoituksessa. Kaikki on täydellistä. Se, joka (ainakin meditaation aikana) uskoo Puhtaaseen maahan, syntyy paratiisin kaltaiseen Sukhavatiin lootuksen kukassa ja vapautuu samsaran kiertokulusta. En lopeta meditaationi tähän vaan ryhdyn tekemään radiotyötäni. Se tapahtuu aina hieman eri tavalla. Harjoituksessani länsi- ja itämaat, Beethoven ja buddhamaailma, kohtaavat toisensa.

Mandala

Ylemmän tietoisuudentason näkykokemuksiini kuuluu mandala, joka on hyvin buddhalainen ja myös hindulainen käsite. Siinä on ympyrän kehä ja sen sisäpuolelleen sulkema alue sekä keskipiste. Mandala on yleinen taiteessa ja uskonnon harjoituksessa. Jo varhaisimmissa mietiskely-yrityksissäni mieleni ryhtyi sommittelemaan mandaloita. Se järjesti maisemia mandalan muotoon. Vähitellen mieleni alkoi suosia melko pelkistettyjä mandaloita.

Tiesin mandalan olemassaolosta jo silloin, kun ryhdyin tutustumaan buddhalaisuuteen. 1990-luvun alussa luin C. G. Jungin artikkelin, jossa hän toteaa, että kuvio joka muodostuu ympyrän kehästä ja sen keskipisteestä, on niin yleinen että sitä voidaan pitää ihmiskunnalle yhteisen, kollektiivisen piilotajunnan ilmentymänä. Länsimaisen kulttuurin piirissä se ei ole kovin yleinen tai selvästi näkyvissä. Jungin ajatusta vahvisti havainto, että hänen psykiatriset potilaansa piirsivät spontaanisti mandaloita. Euroopan merkityksellisimmät mandalat ovat varmaan Neitsyt Marialle omistettujen katedraalien ruusuikkunat.

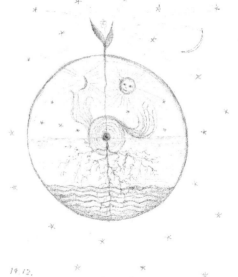

Näkyjen sommitteleminen mandalan muotoon käy minulta hyvin luontevasti. Sen sijaan mandalakuvia en ole juuri piirtänyt. Piilotajuntani oli helppo löytää varastostaan tämä aihe. Kun ruusufilosofiani oli muotoutumassa, minulle kävi ilmeiseksi, että ruusunkukka on mandala: terälehtien ulkoreunat muodostavat ympyrän ja keltaiset heteet ja pieni eminipukka niiden sisällä ovat keskusta. Ruusun keskusta on kuin kultaista valoa. Jung on samaa mieltä. lootus on ruusun tavoin mandalakukka. Mandalani ovat enemmän itämaisia kuin länsimaisia, varmaan sen vuoksi että ne sopivat hyvin buddhalaisiin näkymaailmoihin.

Suihkukaivo

Sisäolioni eli piilotajuntani on mieltynyt suihkukaivoihin ja antaa minun nähdä niitä. Aihe on palannut silloin tällöin näkyihini. Punaiseksi kangaspakaksi nimeämälläni näkymatkalla näin erittäin komean suihkulähteen. Katsellessani liriseviä, valossa kimaltavia vesipisaroita, iloni paisuu hämmästykseksi ja hurmioksi. Kuulen veden äänen. Vesi on pyhää elämän vettä. Suihkukaivoni esikuva lienee muuan Prahassa oleva kaivo, joskin se on yksinkertaisempi. Suihkukaivot ovat sekä länsi- että itämailla linnoissa ja palatseissa suosittuja rakennelmia, joissa yhtyvät näkö- ja kuuloaistimukset sekä veden vilvoittava vaikutus. Kaikki tällainen lisää näkyjeni merkitystä.

Suihkukaivoni ovat oikeastaan ympyrän muotoisten päällekkäisten altaiden muodostamia mandaloita, joita keskikohdalta lävistää akseli. Akseli aukeaa yläpäästään vesisuihkuksi ja sieltä vesi valuu maljojen reunojen yli aina alemmas.

Kuvanpiirtelyn alkuaikoina paperille syntyi muodoltaan pyöreitä, syviksi tarkoittamiani lähteitä, joissa oli elämän vettä. Suihkukaivolla ja lähteellä on sama merkitys ja molemmat ovat, jos asiaa miettii, mandaloita.

Meditoin mieli onniautuaallisena. Eteeni ilmaantuu hiljalleen kirkas vaalean pastellisävyinen valon loiste ja ympäriinsä suihkuilevaa raikasta vettä. Veden keskellä erottuu kaunis marmorinen suihkukaivo, jossa vesi kohoaa ensin ylös ja valuu sitten alla olevaan maljaan. Kaivo venyy ja muuttuu aina vain korkeammaksi. Samalla vesi nousee aina ylemmäs. Taivaalla on erivärisiä leijoja ja hetken aikaa myös ilmapalloja.

Katselen suihkukaivoa ylhäältä päin: se ja sen ympäristö muodostavat mandalan, mikä on erinomainen asia. Suihkukaivo on keskellä. Maassa olevan alimman, suurimman maljan ympäristö on onnellisten eläinten Puhdas maa. Laiduntavia lehmiä, sikoja, hevosia, kanoja, apinoita ja norsuja, vesipärskeisessä altaassa kultakaloja. Muita eläimiä en kerinnyt näkemään, nämäkin nopeina vilahduksina. Nurmi peittää maan kaukana oleviin vuoriin saakka. Autereisen pehmeänä ja himmertävänä näkyvän maan yllä on korkea sininen taivas.

Tämä on hyvin kaunista ja olo on auvoisa. Suihkukaivo kohoaa taivaan sfääreihin saakka. Taivaan harmoniat soivat, ne kaiketi soittavat Beethovenin jonkin teoksen hidasta osaa, joka on sielumusiikkia. Musiikki etenee renkaina, aaltoina yhä kauemmas. Siitä syntyy taivaan korkeuksien mandala. Sen keskellä valkoisen ja hopeisen hohtoisena Mozart johtaa näkymätöntä orkesteria. Riemua pulppuileva iloni muuttuu ihmeelliseksi rauhaksi.

Meditaationi olisi oikeastaan voinut päättyä tähän ekstaattiseen musiikin kuunteluun, mutta koska mietiskelyn lopetussoitto ei vielä ollut helähtänyt ja muut jatkoivat, jatkoin minäkin:

Palasin korkeuksista eläinten hyvään mandalamaahan, joka oli täynnä iloa. Suihkukaivo pulppusi iloisesti ja vesi nousi korkealle. Alhaalla lähellä maata sfäärien musiikki kuului hiljaisena. Annoin musiikkimandalan laskeutua maassa olevan mandalan ja suihkukaivon päälle.

Arkea

Elämä sujui entiseen tapaan. Hoidin puutarhaani. Kirjoitin Ruusunlehteen Fredrika Runebergin puutarhasta Porvoossa. Puutarha ja eritoten sen ruusut kiinnostivat minua, samoin kuin runokuninkaan puoliso muutenkin, persoonana ja kirjailijana.

Minulla oli tekeillä kuvakirja *Helmi kaukana kotoaan*. Se perustuu monivaiheiseen mielikuvamatkaan, jonka olin nähnyt ennen kuin olimme talvella 1996 lähdössä Tunisiaan. Se alkaa uuvuttavalla tarpomisella Saharan hiekka-aavikolla; onneksi päädyn keitaalle hyvien ihmisten luo naisten hoivattavaksi, sillä Sahara oli uuvuttanut minut. Matka jatkuu täysin epäreaalissa maailmassa Kuoleman veneessä yli punaisen elämän meren ja päättyy taivaan korkeudessa, ehkä peräti taivaan takaisessa universumissa Häkkyröiden Jumalattaren pyörötemppelissä. Matkatoverinani on leijona, joka lyöttäytyi kumppanikseni hiekka-aavikolla. Kuvat olin tehnyt edellisenä vuonna, jolloin minulla oli Vihdin kirkonkylässä iso 60-vuotisnäyttely.

Värikynämaalaukseni olivat herättäneet siinä määrin ihastusta, että olin alkanut pitää itseäni oikeana taiteilijana, ainakin vähän. Niinpä halusin pitää näyttelyn oikeassa galleriassa Helsingissä. Paikkana oli Galleria Oma Huone ja elokuisesta näyttelystä tuli kaunis. Suurta yleisöryntäystä ei kyllä ollut. Tein kuitenkin munauksen, jota olen jälkeenpäin silloin tällöin harmitellut: Samaan aikaan oli Tarab Tulku Suomessa pitämässä viikonloppukurssia. Olin pyytänyt kurssipäivien ajaksi ystäväni Elsin valvomaan näyttelyä, vaikka hän olisi ilmeisesti halunnut päästä kuuntelemaan Tarab Tulkua. En ymmärtänyt hänen hienovaraisia vihjailujaan. Että osasin olla tyhmä!

***

Syksyllä 1997 matkustimme Kilpisjärvelle, sillä pitihän Savossa syntyneen suomenlapinkoira Penin päästä pohjoiseen näkemään poroja. Pentti ja Peni olivat muutaman päivän vaelluksella ja minä mökillä pitämässä retriittiä. Mielikuvitukseni tuotti jälleen tapahtumarikkaita näkyjä, varsin eteerisiä tähän tapaan:

> Olin mieleni. Se oli koboltinsininen pilvi tai auerta jossa oli säteilevää kirkasta valoa.
>
> Mustapukuisena tyttönä pyörähtelin luistimilla käsikkäin Kuoleman kanssa. Luistelevalla Kuolemalla oli ollut sylissään vauva (kuten Hugo Simbergin samanaiheisessa teoksessa) mutta nyt hän oli minun kanssani. – – Tyttö ja kuolema luistelivat kohti horisonttia ja tunnelin suuta. – – Tyttö riisui luistimet ja pani kengät jalkaansa ja astui yksin valon ympäröimänä tunneliin. Sen päässä loisti kirkasta valoa. Tyttö menetti vähitellen fyysisen ruumiinsa. Hänestä tuli kirkasta valoa.

Oloni oli niin outo, että minun oli mahdotonta jatkaa. Olin tekemässä Puhtaan maan harjoitusta, kun piilotajuinen mielikuvitukseni oli vienyt pelottavalle tielle.

Paluu paratiisisaarelle

(Huhtikuu 1997) Paratiisisaarelle vuonna 1994 tekemieni mielikuvamatkojen kokemukset olivat käärmeiden ja näyssä kokemani kuoleman vuoksi niin rankkoja, etten missään nimessä halunnut palata sinne. Vartioin itseäni enkä antanut piilotajuntani astua maihin. Pari kertaa en kuitenkaan pystynyt estämään itseäni joutumasta saarelle. Kasetilta kuuluu intialaissävyistä musiikkia. Meren aallot kohahtavat rauhaisasti rantaan. Tätä kuuntelin ollessani naapurini Mirjan luona reikihoidossa ja tuntiessani itseni miellyttävän rentoutuneeksi. Arkitajuntani väistyi sivuun.

Istun minulle jokseenkin tuntemattomien ihmisten kanssa veneessä. Redillä on iso matkustajalaiva, josta vene on laskettu vesille. Vene on menossa kohti ihanista ihaninta paratiisisaarta. En haluaisi sinne, koska olen kokenut siellä vaikeita asioita. Mieluiten pysyisin siitä kaukana, mutta nyt minun on pakko palata sinne ja siihen on mukautuminen. Jostakin syystä retkueemme on rantauduttava saareen eikä minulla ole muuta mahdollisuutta kuin olla toisten mukana. Päämme päällä ei sentään leiju mikään uhka.

Paratiisisaari, auringossa kylpevä ihana saari palmuineen ja hiekkapoukamineen lepää edessämme. Paikka on ennallaan. Keskellä saarta kohoaa vuori. Mereltä sen näkee oikein hyvin, toisin kuin rannalta, koska sieltä katsoen se jää tiheän kasvillisuuden taa. Muistan polun, joka vie palmujen ja niiden alla olevien asumusten takaa lehtipuita kasvavaan metsään, joka jatkuu ylemmäs vuoren rinteille.

Muistan tuon polun, jota olin kulkenut, kun olin lähtenyt seuraamaan Krišnaa, hänen huilunsa houkuttelevan ihania säveliä, ja noussut vuorelle hänen perässään. Muistan luolan. Ja muistan käärmeet! Nyt minua värisyttää ja koetan olla muistelematta. En haluaisi joutua tuolle tutulle saarelle, mutta nyt minun on mentävä sinne. Tiedän liiankin hyvin, että siellä on muutakin kuin huojuvia palmuja ja ystävällisiä ihmisiä, jotka tanssivat ja soittavat ja nauttivat rikkaan luonnon antimista. He asuvat lähellä rantaa, eivät saaren salaperäisessä sademetsässä, joten he ehkä eivät tapaa käärmeitä.

Veneemme laskee rantaan ja meidät otetaan ystävällisesti vastaan, mikä on hauskaa. Sivummalla metsän reunassa, oikeastaan metsässä, on paaluille rakennettu mökki, jossa on varmaan palmunlehdillä peitetty harjakatto. Yksinkertaiset portaat vievät pikkutalon oven edessä olevalle kuistille.

Olen nähnyt mökin aikaisemmin. Tiedän että siellä asuu kaihoisasti laulava kissatyttö, tyttö joka rakastaa kissoja ja muita eläimiä. Hän on muuttanut Suomesta tänne paratiisisaarelle ja asuu siellä yhdessä eläintensä kanssa. Kerran aikaisemmin olen nähnyt hänet istumassa terassillaan vierellään isoja kissoja, vähintään puuman kokoisia, ja vilkkaita apinoita. Muistelen. Hän lauloi kaihoisasti. Sävelet vuoroin kohosivat korkealle, vuoroin taas laskivat alas. Lempeä tunne kumpusi hänen hellästä sydämestään ja kosketti sen sydäntä, joka laulun kuuli. Häntä säestivät puissa mekastavat kirjavat linnut.

Puiden alla oli varjoisaa. Mukanani on saaren asukkaita. Tiedän, että he pitävät huolta kissatytöstä ja tuovat hänelle ruokaa. Tätä mietin seistessäni kissatytön mökin edessä. Menen sisälle yhdessä hänen kanssaan. Ulkoa katsoen rakennus on nelikulmainen ja sen harjakatto korkea ja jyrkkä, mutta sisältä se on muodoltaan lähes ympyrä ja katto on kupera, padankannen muotoinen. On hämärää. Ikkunoita ei taida olla. Kummallinen huone, vähän kuin matalakattoinen luola. Kissatyttö livahtaa sivuun, huonekalujen taakse kai. Hän on nyt kissan hahmoisena. Ainakin hänellä on kissan silmät melko tummissa kasvoissaan, joita en kunnolla näe paikaltani huoneen seinustalla. Kissatyttö, arka olento, katselee minua keltaisilla kissansilmillään.

Katson eteeni. Keskellä pyöreän huoneen lattiaa makaa käärme kiepillä. Jähmetyn pelosta. Kohta oivallan, ettei se ole oikea, vaan symboli vaikka onkin elävä. Sen vieressä ovat kukko ja sika, oikeammin kuvina kuin oikeina eläiminä. Ahaa! Tiibetinbuddhalaisen elämänpyörän keskellä olevat kolme symbolia: käärme edustaa vihaa, kukko himoa ja halua, sika hengellistä tietämättömyyttä ja laiskuutta. Kuvastavatko kissatytön majassa näkemäni vertauskuvat minua! Ilmeisesti eivät, sillä elämänpyörän keskuskuvio katoaa ja tilalle ilmaantuu välähdyksen pituiseksi hetkeksi valoa sädehtivä malja.

Menen ulos kuistille kissatytön kanssa. Kissatyttö, milloin ihminen milloin kissa, kertoo että hänen ulkonaisesta laadustaan on hänelle hyötyä, koska ihmiset pitävät häntä jumalana. Hän opettaa minua: minun tulee olla kuin itsenäinen ja salaisuuksiaan säilyttävä kissa eikä paljas, niin paljas että minua voidaan haavoittaa.

Näkymatkasta käy ilmi, että olen hieman edistynyt buddhalaisuuden opiskelussa. Näin kissatytön lattialla elämänpyörän keskimmäisen kuvion, jossa ovat kolme henkistä estettä, kehittymättömyyttä tarkoittavaa symbolia. Koulimalla itseään voi päästä eteen- ja ylöspäin, esitetään havainnollisesti elämänpyörässä. Muussa tapauksessa voi pudota elämänpyörän alaosassa olevaan helvettiin. Suunnilleen näin se menee. En nähnyt elämänpyörän kuutta valtakuntaa – kuutta olotilaa joihin kuoleman jälkeen voi siirtyä, oikeastaan ihmisen mielialoja – enkä kuvia jotka kertovat ihmisen elämästä syntymästä kuolemaan. Ne saattoivat kuitenkin olla laajan pyöreän lattian alla näkymättömissä. Sen reunoilta kohosivat seinien tapaiset, jotka kaartuivat yläreunastaan sisäänpäin ja yhdistyivät matalaksi katoksi. Tila oli tavallaan kuvun alla.

Äidin lähtö

Äitini Edit kuoli auringonpaisteisena alkusyksyn päivänä vuonna 1998 oltuaan sairaalassa kymmenkunta vuorokautta. Neljän viikon päästä hän olisi täyttänyt 92 vuotta. Hänelle oli kehittynyt kuolio suolistoon. Hänen lähtönsä syöksi minut suruun, joka oli lähes kyyneletön mutta ei silti jättänyt minua tunteettomaksi.

Olen jäljentänyt papereihini tällaisen virkkeen, valitettavasti ilman lähdemainintaa: "Järkyttävä menetys pidetään matkan päässä; sen merkitys jää tunnustamatta, koska sen näkeminen olisi liian hirvittävää." Se voisi sopia minuun. Menetyksen tilalle tuli pian muutakin murhetta, ja ajauduin ennen pitkää ruumiilliseen ja henkiseen, psyko-fyysisten kipujen kriisiin joka jatkui ja jatkui. Mietin välillä, mahdoinko surra väärin? Surinko kehollani äitiäni?

Sairaalassa ymmärretään paremmin ja nopeammin kuin omainen edes aavistaa, että tämä haluaa olla lähellä kuolevaa. Minulle tuotiin sänky, jotta voin olla pitkänäni ja halutessani yötä. Olin äitini luona, mutta pistäydyin myös kotona. Myös Raini kävi. Koska äiti ei pystynyt syömään, sain hänen ruoka-annoksensa. Koska hän ei kyennyt puhumaan, en voinut keskustella hänen kanssaan. Enkä ymmärtänyt, että hän oli viimeisinä päivinä tajuttomana, vaan luulin hänen nukkuvan. Juttelin hänelle ja lauloin.

Äiti oli monesti sanonut, että hän on elänyt riittävän kauan ja on valmis kuolemaan ja ettei pelkää kuolemaa. Hän arveli – mikäli kuolema on muutakin kuin elämän lakkaaminen – ettei hänelle kovin huonosti voi käydä koska ei ole tehnyt mitään pahaa. Mitä äiti tosipaikan tullen kuolemastaan ajatteli, en tiedä. Hänhän oli menettänyt puhekykynsä.

Äiti oli Peijaksen sairaalassa Vantaan Koivukylässä. Yhtenä päivänä kävin Tikkurilassa ostamassa värikyniä ja piirustuslehtiön, sillä minulle oli tullut halu tehdä kuvia. Syntyi sellaisia, joissa äiti on kohoamassa ylös valoon mutta elämänlanka pitää häntä vielä kiinni maassa. Toisinaan hän on kuvassa Vihreä Tara -bodhisattvan tai jonkun toisen naissukupuolta olevan henkiolennon käsivarrella. Minulle tuli selkeä tunne, että minun tulee istuttaa äidille paljon kurjenmiekkoja eli iiriksiä. Rainin kanssa mietimme, miksi mummulle kurjenmiekkoja, sateenkaaren jumalattaren Iriksen kukkia. Niitä hän ei muistamamme mukaan milloinkaan ollut edes istuttanut puutarhaansa. Sen jälkeen, kun hän oli kuollut, ostin kurjenmiekantaimia ja kun kasvupaikka oli valmis, istutin ne. Kurjenmiekkojen omistaminen

Irikselle ei ole myytti, vaan kasvitieteilijä Carl von Linné antoi tälle kasvisuvulle jumalattaren nimen.

Tajuntani syvistä varastoista mieleni nouti koettavakseni mielikuvia ja tunteita lähes lakkaamattomana nauhana, kun vain annoin niille tilaisuuden tulla. Murhe sai kuvallisen muodon tai sitten se oli hahmoton tunne. Piilotajuntani puhui myyttien ja symbolien kieltä ja mieleni kuunteli sitä. En meditoinut, joten näkyjä ei ilmaantunut.

Kun äitini oli kuollut, liu'uin – vaikka elin samalla arkitodellisuutta – hiljalleen tiedostamattoman tajunnan puolelle, peräti juhlalliseen ylitajuntaan. Tunne lienee alkanut jo sairaalassa värikynämaalauksia tehdessäni, kuoleman ollessa lähellä. Raini ja minä olimme eräänlaisessa välitilassa, kuoleman esikartanossa, jossa tajuton Edit-äiti ja mummu odotti pääsyä rajan yli eteenpäin. Olimme välitilassa vain käymässä ja erottuamme läheisestämme palasimme arkielämäämme, tai melkein.

Äidin kuoltua en heti ryhtynyt piirtämään, sillä olin kuullut, ettei edesmennyttä saa pidätellä, kun hän on erkaantumassa maanpäällisestä elämästään. Kynälläni olisin ehkä estänyt häntä lähtemästä.

Kun sitten uskaltauduin piirtämään, paperille ei ilmaantunut kuvaa Iriksestä, jumalien sanansaattajista, kuten olin odottanut. Sen sijaan kynäni ikuisti Nyksin eli Yön, yön jumalattaren, joka otti äitini hellään huomaansa.

Antiikin tarujen mukaan Iris laskeutuu sateenkaarta pitkin maahan päällään puku, joka koostuu kaikissa sateenkaaren väreissä kimmeltävistä vesipisaroista. Halusin tehdä kuvia hänestä, mutta se ei ottanut luontuakseen, sillä sisäolioni ei ollut halukas. Annoin olla. Iris oli pelkkä ajatus Editin elämän viimeisiltä päiviltä. Ilman muotokuvaakin Iris oli hyvin tärkeä jumalatar, sillä erään tarun mukaan – asia selvisi minulle jälkeenpäin – hän katkaisee vanhan naisen elämänlangan ja vapauttaa tällä tavalla hänen sielunsa ruumiista. Kahdessa lähdekirjassa tämä erikoistehtävä mainitaan. Hämmästyin ja lisäksi olin otettu: Miten ihmeessä piilotajuntani tuollaista tietää! Ihmeellistä, sisäistä mystistä tietoa! Sittemmin ymmärsin, että olin varmaan lukenut tästä Iriksen erikoistehtävästä mutta unohtanut sen. Sen jälkeen, kun Iris oli leikannut äitini elämänlangan poikki, häntä ei eikä myöskään hänen kuvaansa enää tarvittu. Olisin kyllä halunnut ikuistaa hänet. – Istutin hänen kukkiaan äidilleni.

Kun aloittelin piirtämistä, sisäisyyteni osoitti aihevalinnallaan, että äidistäni huolehti nyt Nyks eli Yö. Mieleeni ei heti tullut, että hänestä tulisi melkein tuttavani. Kuvissani Yö kantaa äitiäni kuin pikkuvauvaa mustan siipensä suojassa pois maanpäällisestä elämästä toiseen ulottuvuuteen, mikä sitten lieneekin kuoleman jälkeinen hyvä olotila.

Nyks on salaperäinen muinaisten kreikkalaisten ja roomalaisten kammoksuma äitijumaluus, joka edusti pimeyden voimia. Kuvani eivät olleet tuon maineen mukaisesti synkkiä vaan lohdullisen lempeitä. Hänen lapsiaan olivat Hypnos eli Uni ja Thanatos eli Kuolema sekä ihmisen elämästä ja sen

pituudesta määräävät moirat eli kohtalottaret, joista Lakhetis vetää kuontalosta esille kuituja, aineksia jotka ihmisen kohtaloon tarvitaan, Klotho kehrää ne värttinällä elämänlangaksi ja Atropos katkaisee sen. Nyksin lapset eivät olleet päivänvalon lapsia. Morfeus, joka antaa ihmisille unet, on Hypnoksen poika.

Mistä mahtoivat antiikin taruston jumalattaret saapua mielikuvieni maailmaan? Sisäolioni ei ollut aiemmin eikä ole myöhemminkään osoittanut kiinnostusta antiikin maailmaan, paitsi pyörötemppeliä kohtaan, jota se rakastaa. Syynä antiikin jumalattarien ilmaantumiseen lienee mielenkiintoni taidehistoriaan sekä myytteihin ja symboleihin, joka on ruokkinut ajatuksiani varsinkin kukista kirjoittaessani.

En voi elää ilman kukkia ja kukkien kuvia; myyttikirjallisuuden perusteella eivät myöskään jumaluudet – tai mytologisten tarinoiden sepittäjät. Unikko (ilmeisesti se, joka tunnetaan oopiumiunikkona) on eritoten Morfeuksen kukka ja se sopii myös hänen isoäitinsä Nyksin kukaksi. Se kasvaa Manalassa, Ovidiuksen mukaan unen valtakunnan niityllä, jolta Yö kerää uneliaisuutta. Nyksin ja unikon yhteyden opin tietämään paljon myöhemmin, joten en osannut antaa hänelle oikeita kukkia pikkumaalauksissani. Unikko on myös Hekaten kukka.

Länsimaiseen aiheistoon, ehkä myös kristilliseen, kuuluu ajatus elämänlangasta. Piilotajuntani omaksui sen. Elämänlanka on mielestäni punainen, koska elämän väri on punainen. Iris ja Nyksin tyttäret määräävät, miten pitkä ihmisen elämänlanka on.

Melko pian äitini kuoleman jälkeen ryhdyin meditoimaan. Ajattelin häntä. Käytäni olohuoneen lattialle istumaan minun ei tarvinnut juuri ponnistella. Riitti että silmät olivat kiinni, kun katsottavakseni ilmestyi kauniita hiljaisia kuvia: valkoiseen verhoutunut äitini istuu tai seisoo lempeää valoa säteilevänä vaaleansinisen orvokin tummassa silmässä autereen ympäröimänä. Hyvin kaunista. Kerran hän valo-olentona auttoi minua kukkamandalan teossa ja nautti siitä, että sai jalallaan polkea lapionterän maahan. Yleensä äiti kuitenkin näyttäytyi orvokin kukassa. Visiot lohduttivat minua ja nostivat minut ylimaallisen ihanaan mielen tilaan.

Näin jatkui aikansa. Kun oli kulunut noin 50 vuorokautta äidin kuolemasta, hän puhui minulle. Hän sanoi, etten saisi enää kutsua häntä luokseni. Olin niihin aikoihin buddhalainen, joten ei ole kumma, jos alitajuntanikin oli: buddhalaisen näkemyksen mukaan kuolleen ihmisen tietoisuuden tulisi löytää uusi jälleensyntymä 49 vuorokauden kuluessa kuolemasta. Äitini oli löytänyt, ja oli innoissaan. Ymmärsin ja tottelin.

Konkreettiseen surutyöhöni kuuluivat Iriksen kukat. Hautajaisten jälkeen istutin kurjenmiekkoja. Kaupan oli monen värisiä iiriksiä, mikä oli erinomaista. Paneuduin työhön hartaasti, kunhan maa oli ensin saatu istutuskuntoon.

Meillä oli tekeillä iso kukkapenkki, jotta puutarhamme istutusalueet olisivat keskinäisessä tasapainossa. Pentti oli mitannut 7 x 7 metrin kokoisen neliön muotoisen alueen ja muotoili nyt vesialtaan kaivamisesta jääneestä maa-aineksesta loivan kukkulan. Istutuksen suunnittelua helpotti, kun keksin tehdä siitä Avalokitesvaran mandalan: keskelle valkoisia kukkia avaruuselementin värin mukaan, pohjoiseen vihreä-, itään sini-, etelään kelta- ja länteen punakukkainen alue kunkin ilmansuunnan jumaluuden ja "valtakunnan" mukaan. "Valtakuntien" ympärillä olevalle mandalan kehälle tuli monen värisiä kukkia. Tarkoituksena oli, että koko kasvukauden aikana olisi kukkia. Keväällä narsissit aloittaisivat mandalan. Lopetin urakkani syyspakkasten jäädyttäessä maan.

Mandalasta tuli vaikeahoitoinen, sillä sitä ei ollut perustettu hyvin. Se oli rikka-kasveille harmillisen suotuisa alue. Värivyöhykkeetkään eivät pysyneet tiptop-kuosissaan: taimimyymälöissä nimilaput lupasivat joskus muuta väriä kuin ku-kissa oli. Jotkin kasvilajit menestyivät huonosti, toiset taas olivat kovia leviämään rajojensa ulkopuolelle. Ensin korjailin virheitä, mutta pian annoin olla. Kukkaman-dala rikkakasveineen oli kuitenkin mainio väripläjäys.

Pahaa mieltä ja sairautta, iloakin

Pian alkoivat vaikeudet. Koska en enää saanut nähdä äitiäni sinisen orvokin sisällä valon ympäröimänä, pääni alkoi tuntua omituiselta. Olotilaa on vaikea kuvailla. Oli kuin pään sisällä ei olisi ollut tilaa ja liikettä, vaan kuin siellä olisi jähmeä tukos tai tungos. Se oli hyvin epämiellyttävää. Tuskastuin. Ajattelin, että ainoa keino vapautua läpitunkemattomasta jähmeydestä olisi pään halkaiseminen kirveellä. En käsittänyt mistä oli kysymys.

Syksymmällä näin meditaatiossa Helenan luona kehoni maatuneena ja jäsenis-täni puhjenneet juuret tunkeutumassa yhä syvemmälle maahan. Tietoisuuteni ei ollut sammunut ja olin hyvin elävä. Pääni ei ollut muuttunut maaksi vaan oli nyt kaunis valkoinen kallo ruohikossa. Tilani ei tuntunut pahalta. Päälaellani sijaitseva kruunuchakra oli varmaan ummessa ja se piti saada auki; buddhalaisuudessa chakrat eli energiakeskukset ovat työvälineitä. Niihin turvaaminen tekee asian hieman helppotajuisemmaksi. Kummaa oloa jatkui vuoden lopulle saakka.

Päätin mennä Dharmakeskuksessa uuden vuoden alla alkavalle pitkälle meditaa-tiokurssille. Ajattelin, että päässäni oleva tukos varmaan liukenee siellä pois. Sillä kertaa Pekka Airaksinen eli Maitreya opetti Amitayus-buddhan harjoituksen. Tämä buddha on itse asiassa Amitabha-buddha, jota olen paljon meditoinut. Ei opeteltu Puhdasta maata, vaan aivan toisenlaista harjoitusta. Siinä on mainiota, että tämän hahmon kanssa voi surra ja heittää mielestään asioita, jotka oli suun-nitellut tekevänsä mutta joita ei ollut tehnyt.

Päivittäin oli neljä suunnilleen puolentoista tunnin mittaista meditaatiota, mikä oli ainakin minulle paljon. Pahaksi onnekseni tässä harjoituksessa otetaan pääla-ella olevan energiakeskuksen kautta sisälle ruumiiseen vuorollaan kaikkien viiden elementin energiaa ja nektaria. (Tiibetinbuddhalaisuudessa elementtejä ja ilmansuuntia on viisi, viides on avaruus.) Energian sisällevirtaus tapahtuu kruu-nuchakran kautta, kunhan Amitayus ensin on visualisoitu pään päälle. Kauhean monimutkaista! Myöhemmin minulle selvisi, että minun olisi pitänyt "muuttaa" itseni jumaluudeksi. Silloin olisi ollut yksinkertaisempaa olla osallisena siinä mitä oli tapahtumassa.

Koska pääni oli tukossa, täynnä mitä lie liikkumatonta ainetta, nektarit eivät pääs-seet sisälleni, ja vaikka miten kovasti pinnistin ja ponnistin, ne tuntuivat valuvan pääni päältä alemmas ruumistani pitkin. En päässyt osalliseksi harjoituksen hyö-dystä. Tungos ei hellittänyt eikä energiakeskus auennut. Sen sijaan sain kovan, päivä päivältä pahenevan päänsäryn, joka kuitenkin hellitti aina harjoituksen jäl-keen. Viimeisenä päivänä en enää jaksanut.

Tämä mietiskelyrupeama oli alkusoitto sille, mitä ruumiini ja mieleni yli kahden vuoden ajan joutuivat käymään läpi. Vasta paljon myöhemmin ymmärsin, ettei päänsärky ainoastaan yrittänyt puhkaista aukkoa päälaellani olevaan energiakes-kukseen, vaan että se oli koko kehoni hätähuuto: "Ota kevyemmin, ettet sai-rastu!" En sitä ymmärtänyt, eikä kukaan mukana olleista kokeneista buddhadhar-man oppilaista neuvonut. En ymmärrä, miksi eivät.

Ihminen on psykofyysinen kokonaisuus. Ruumiin kipu ja mielen tuska kulkevat rinnakkain, sisäkkäin ja limittäin. Vuosi 1999 oli alullaan, ja myös sairastelu. Aluksi se oli särkyä kehossani mutta pian tuli mukaan ahdistus. Vai ilmaantuivatko ne päinvastaisessa järjestyksessä? Jälkeenpäin huomaan, että menin täysillä mukaan psyykkiseen pahaan oloon. Olin hädissäni. Se harmonisuus, jota olin itseeni men-neinä vuosina rakentanut buddhalaisilla harjoituksilla, alkoi rakoilla ja romahti vähitellen kokonaan. Päiväkirjani täyttyi valittelusta, myös automaattikirjoituk-sesta jolla keskustelin vaivoistani sisäolioni kanssa. Kuvia ei käteni piirtänyt.

Kun olin tullut kotiin kurssilta, päänsärky loppui kokonaan. Ankara särky siirtyi melkein heti selkääni ja viivähti siellä muutaman päivän, muutti sitten vatsaani, johon se asettui kivuliaasti asumaan. Tunsin itseni melko sairaaksi. Kysyin kir-jeitse Airaksiselta neuvoa, mitä tehdä, mutta hän vaikeni itsepintaisesti. Se suo-rastaan järkytti minua. Halusin tietää, uskallanko lainkaan meditoida. Olin mie-lestäni vielä aloittelija, joka oli sairastunut hänen kurssillaan. Airaksisen vaikene-minen tuntui epäreilulta senkin vuoksi, että olin vasta muutama viikko aikaisem-min hyväksynyt hänet opettajaksi. Olin kauan empinyt, koska emme olleet sa-malla aaltopituudella. Olin onneton. Tätä tuskaillessani äidin kuoleman aiheuttama suru muuttui kevyemmäksi, sillä sille ei juuri jäänyt tilaa. Keho ryhtyi mielen puolesta suremaan.

Vähitellen uskaltauduin varovaisesti meditoimaan Liisa Lepistön rohkaisemana. Se ei pahentanut oloani. Kevään kuluessa koin ihmeellisiä asioita buddha Amitabhan Puhtaan maan harjoituksissa ja "vapaissa" mietiskelyissä, kun luiskahdin muuntuneeseen tajunnantilaan. Silti odotin itsepintaisesti yhteydenottoa Dharmakeskuksesta. Vuosien päästä odottelu tuntuu tarpeettomalta, itse aiheutetulta mielipahalta: etten vain ollut takertunut Pekka Airaksiseen? Tärkeä buddhalainen opetus nimittäin on, ettei pidä takertua kehenkään, sillä sellainen tunne estää ihmistä olemasta onnellinen.

"Sisäinen arkkitehtini" toteutti katsottavakseni hienoja suunnitelmia, kuten palatsipaviljonkeja ja kauniita puistoja, joiden keskipisteestä nousi suihkukaivo tavattomiin korkeuksiin. Onniautuuden tunne täytti minut katsellessani lempeää kauneutta. Matkustin myös Kuoleman ohjaamalla veneellä kohti auringonlaskun maata. Kun lapsenlapseni päiväkotitoveri oli odottamatta kuollut, saatoin hänet Tuonelan veneellä Puhtaaseen maahan.

***

Heti kevättalvella minut tempaistiin – ja tempauduin – toimeliaisuuteen, joka häiritsi melankoliaani ja esti minua suremasta äitiäni ja omistautumasta sairastamiselle. Arki hyökyi päälleni. Jos minulla ei olisi päiväkirjojani, en tietäisi vuoden 1999 ja vuoden 2001 alkupuolen välisestä ajasta juuri mitään, sillä lähes ainoat muistikuvani ovat ruumiin kivut ja pettymyksen aiheuttama ahdistus sekä mielikuvituksen piilotajuisella tasolla ilmenevä lennokkuus. Tuona aikana oli paljon sellaista, joka vaati huomioni ja jossa olin mukana. Elämäni näyttää olleen kaikin tavoin lähes kaaosmaista.

Isäni kuoleman jälkeen 1991 oli maksettavaksi langennut iso perintövero. Raini ja minä pelkäsimme, että äidin kuoltua käy samalla tavalla. Kotimme Päivölän tontti päätettiin jakaa ja myydä puolikas, jotta meillä olisi millä maksaa verottajalle. Raini hoiti käytännön asiat eikä minun tarvinnut muuta kuin laittaa nimeni kauppakirjaan. Saimme mukavasti rahaa, joka kyllä oli hupaa menemään ilman ihmeempää tuhlaamistakin. Siitä oli todellinen pula. Peltolan rakennusaikaisen lainan maksaminen vei joka kuukausi likipitäen puolet yhteenlasketuista nettoansioistamme. Rutiköyhällä Rainillakaan ei ollut vaikeuksia keksiä käyttöä rahalle.

Lapsuudenkotimme kaipasi remonttia. Koska en enää asunut siellä, en ollut huomannut korjaustarvetta – eikä rahaakaan ollut. Raini pani hihat heilumaan yhdessä puolisonsa Karin sekä Pentin kanssa. Tehtävää oli melko paljon. Talo piti saada sellaiseen kuntoon, että siinä olevan toisen asunnon kehtaa panna vuokralle ennen kuin Raini syksyllä muuttaa lapsineen Tampereelle. Kari jäisi asumaan talon toiseen puolikkaaseen. Luonteelleen ominaisella tavalla Raini oli hyvin huolestunut ja hyvin hermostunut. Talo oli hänelle painajainen. Hänen mielialansa tarttui nopeasti minuun.

Osallistuin remonttiin pitämällä Ronjan ja Inton luonamme Peltolassa. Koska en kipujeni ja masennukseni vuoksi ollut parhaimmillani, en aina onnistunut kovin hyvin mummottelussa. En aina ollut kiva isoäiti lapsenlapsilleni, joita tietenkin rakastin. Olin pettynyt itseeni ja he varmaan minuun. Lapsilla lienee silti ollut mukavampaa meillä kuin remontin kourissa olevassa sekasortoisessa talossa hermostuneiden vanhempiensa kanssa. Meillä oli sentään välillä myös hauskaa keskenämme.

***

Vatsani oli kipeä itsepäisellä tavalla. Keväällä vatsasta lähti sietämättömän kipeä juonne jalkaani, jota podin kuukauden verran ennen kuin pääsin ystäväni Anita Fuchsin, vyöhyketerapian ja muiden ns. pehmeiden hoitokeinojen taitajan luo. Hän sai sen terveeksi. Hän ymmärsi, että kantapäässä oli ns. luupiikki. Tylppäpäisellä puisella puikolla hän ilmeisesti musersi luupiikin kantapäästäni rikki. Vaiva hoitui sillä melko nopeasti eikä enää palannut. Pääsin tekemään puutarhatöitäni. Ankarasta mietiskelyyn keskittymisestä syntynyt kipu oli alkanut päässäni, kulkenut ruumiini kautta ja tullut ulos kantapäästä. Tähän matkaan siltä oli kulunut puoli vuotta.

Hain apua kipuihini terveyskeskuslääkäriltä ensimmäisen kerran jo helmikuussa. Loppukesään mennessä vatsaani tutkittiin kaikin mahdollisin laboratoriokokein ja ultraäänellä, mutta ei ilmennyt mitään normaalista poikkeavaa. Vatsalaukun tähystyksessä sentään näkyi pientä limakalvon ärsytystä, siinä kaikki. Psyykkisperäinen sairaus ei ole näkyvä. Suuri kiitos kuitenkin julkiselle terveydenhoidolle.

***

Haikailin "oikean" dharmaopettajan perään. En osannut pitää Liisaa gurunani, koska hän ei itse pitänyt itseään pätevänä opettajana. Olinpa tyhmä. Tunsin itseni hylätyksi ja orvoksi. Saadakseni helpotusta pettymykseeni päätin tutustua suomalaiseen nunnaan Ani Sherabiin (Karma Sherab Zangmoon, Pirkko Siltaloppiin), joka oli antanut nunnalupauksen Skotlannissa Kagye Samye Lingissä. Matkustin hänen luokseen Enontekiön Hettaan huhtikuussa. Sain häneltä henkilökohtaista opetusta ja olin onnellinen. Viikon aikana opin tavattoman paljon, joka päivä jotakin. Kevät oli tulollaan ja aurinko sulatti korkeita nietoksia. Kävelin moottorikelkkauria pitkin ja Ounasjärven jäällä. Uskoin saaneeni opettajan. Tiemme kuitenkin erkanivat. Hän pelästyi depressiolääkettäni eikä ottanut minua kurssilleen. Se ei loppujen lopuksi ollut kovin paha asia, sillä kemiamme eivät sopineet yhteen.

***

Vaikka oloni oli vaikea vatsankipristelyjen ja uskonnollisen orpouden takia, jaksoin olla ihmeen toimelias. Kesä 1999 oli helteinen ja sateeton. Lämpötila jopa 28 astetta varjossa, mikä on minulle liikaa. Puutarhan hoito oli jäänyt hunningolle jalkavaivan takia eikä kesemmällä huvittanut minua. Kitkettävää olisi riittänyt. Maa huusi vettä. Kastelin vain ne kasvit, jotka välttämättömimmin tarvitsivat vettä. Silti lehtisalaatista tuli kitkerää. Oli niin kuivaa, että viljasatoa uhkasi Suomessa kato; sanomalehdestä luin, että jos ulkomailta ei pystyttäisi ostamaan viljaa, maahamme olisi tullut nälänhätä.

Vaikka minulla oli terveydellisiä vaikeuksia ja päässäni tunteet myllersivät, elämäni tuli äidin kuoleman jälkeisenä kesänä paremmaksi. Ruumiini oli ottanut suremisen asiakseen, joten en osaa sanoa, miten sen kanssa nyt oikein oli. En enää ollut haurasta lasia ja olin myös varsin energinen. Vatsani ei ehkä ollut yhtä sairas eikä mieleni yhtä musta kuin muistan, sillä muuten en varmaan olisi ollut yhtä aikaansaava kuin olin.

Minulla oli useita kirjoitushankkeita. Koska ulkona oli minulle sopimattoman lämmin sää, istuin sisällä kirjoittamassa juttuja enkä ahkeroinut auringonpaisteisessa kukkatarhassani. Sisällä oli jonkin verran viileämpää. Panin alulle jutun pionin myyttisestä ja myös todellisesta kasviopista sekä sen lääkekäytöstä. Siitä tuli aika pitkä.

Laadin melko seikkaperäisen esittelyn Peltolassa kasvavissa kasveista. Minussa asuu kouluaikana syntynyt botanisti, joka nyt koetti ryhmitellä kasvit kasvitieteellisesti oikein. Mukana oli paitsi viljely- myös luonnonvaraisia kukkivia kasveja. Se oli iso, kymmeniä liuskoja käsittävä urakka.

Olin keräillyt aineistoa ansiokkaaksi aikomaani tutkielmaan Sakyamuni Buddhan elämäkerrassa mainituista puista. Aioin nyt kirjoittaa sen ja tarjota sitä Dendrologisen Seuran *Sorbifolia*-lehdelle. Otaksuin, että puilla on erityinen merkitys, sillä muutoin tuskin vanhoissa teksteissä mainittaisiin minkä puun alla Buddha milloinkin istui ja mitä kasvoi metsiköissä joissa hän seuraajineen oleskeli sadekauden aikana. Aie jäi kesken, sillä en ollut tyytyväinen keräämääni aineistoon. Siitä puuttuivat symbolimerkitykset ja myytit. Ei vielä ollut Googlea eikä Wikipediaa. Ilmeisesti puiden saama asema Buddhaa koskevassa kirjallisessa ja suullisessa perinteessä ainakin osittain selittyy intialaisilla puukulteilla. Kuten tiedetään, buddhalaisuus syntyi hindulaisuuden sisällä.

Käärme aktivoituu

Käärmeet eivät olleet pitkään aikaan häirinneet minua. En ollut joutunut tekemisiin mielikuvamatelijoiden kanssa ja todellisiin suhtauduin melko "terveellä" tavalla, kuitenkin hätkähtäen kyyn nähdessäni. Tilanne muuttui luultavasti siksi että olin hermostunut ja psyykkisesti herkistyneessä tilassa. Piilotajuntani käytti tilannetta hyväkseen. – Käärmettä kammoavalle ei kokemuksestani lukeminen ehkä sovi.

Käärme suolla

Helenan ryhmä ei ollut kokoontunut pitkään aikaan. Nyt olimme jälleen yhdessä kesäisenä viikonloppuna kypsien mansikoiden aikaan. Hoidimme toisiamme, söimme herkullista ruokaa ja meditoimme. Odotimme malttamattomasti holotrooppista hengitysharjoitusta, jonka tällä kertaa tekisimme ulkona. En osannut olla varuillani.

Makasin suolla märässä hetteikössä rahkasammaleiden ja varpujen sisässä. Jotta en olisi ollut aivan upoksissa, nostin polvet ylös koukkuun. Oli paahtavan helteistä ja kirkas aurinko häikäisi silmiäni. Suo tuoksui. Kasvojeni yläpuolella pörisi paarmoja. Myös hyttysiä. Suosta nousi myrkyllisiä huuruja. Havahduin. Säikähdin, sillä vasemmalta puolellani kasvullisuuden seassa näin kyyn joka kiemurteli minua kohti. Olin peloissani. En päässyt pois. Käärme liikkui määrätietoisesti ja oli pian liki kasvojani. Ja kauhuni yltyi, kun se ei pysähtynyt siihen vaan jatkoi eteenpäin ja työnsi päänsä voimalla suuhuni. Se tunki itseään syvemmälle sisääni. En voinut puolustautua, sillä jotenkin tiesin, ettei sitä voi hännästä vetää ulos. Olin lisäksi transsissa kykenemättömänä tietoiseen toimintaan.

Tällä kertaa holotrooppisen hengityksen aikaiseen olotilaan työntyi mukaan sellaista mikä oli selkeästi tietoista. Se oli uutta. Tietoinen ja tiedostamaton olivat samanaikaisia, mutta halusin pysytellä muuntuneen tajunnantilan puolella. Ohjasin tietoisesti piilotajuntaani.

Minua alkoi oksettaa. Se oli todellinen refleksi, ei vain mielikuva. Tiesin ettei sisältäni mitään tule, sillä kyy oli mielikuva. Yritin silti kovasti oksentaa sitä pois sisältäni. Raita ja Helena koettivat auttaa minua. Tunsin että minut nostettiin istumaan. Huomasin, että viereni oli tuotu oksennusvati ja talouspaperia. Olin selvillä siitä, ettei käärmettä ollut mahdollista saada yläkautta pois, vaikka kuinka kovasti yritin oksentaa sen pois. Käärme tunki yhä syvemmälle sisään. "Minun on päästävä siitä eroon" oli ainoa toivomukseni. Halusin pysyä mahdollisimman syvällä tajunnantasolla. Niinpä en tietenkään halunnut jäädä sellaisen mielikuvan valtaan, että minulla on käärme sisälläni. – Ponnistelin ankarasti ja onnistuin pusertamaan matelijan ulos peräsuolestani. Ihanaa päästä siitä eroon.

Maatessani Helenan nurmikolla suurten koivujen alla en ollut varautunut kohtaamaan käärmettä suomalaisella suolla, jonka mieleni synnytti heinäkuun iltapäivänä. En ollut ajatellut sellaista mahdollisuutta, että siellä voisi olla käärmeitä. Tuskin muistin, että maailmassa ylimalkaan on käärmeitä. Olin unohtanut myös mielikuvien käärmeet.

Nurmikolla oli muurahaisia, onneksi ei kusiaisia. Raita, joka huolehti minusta, kertoi hätyytelleensä niitä pois kutittamasta minua. Minusta tuntui kuin hän olisi asetellut huopaa tiukasti päälleni, leukaa myöten. Sitä hän ei kuulemma ollut tehnyt. Muurahaisten hätyyttelystä ja kuvittelemastani peittelystäkö sisäolioni keksi vetisen suon, jossa makasin kaulaani asti vajonneena? Ehkä se myös muutti viattomat muurahaiset paarmoiksi ja kyyksi.

Olen paljon miettinyt, miksi käärme suolla -kokemus oli niin hirvittävä kuin se oli. Miksi minun täytyi käydä se lävitse? Miksi minulle tapahtui sellaista? En tiedä. Käärme ruumiini sisällä oli paljon pahempaa kuin kuolema Paratiisisaaren rannalla muutama vuosi aiemmin. Syy on varmaan psykologinen, syvällisempi kuin tavallinen fobia. Se on vaikeaselitteisellä tavalla yhteydessä synnintuntoon, syyllisyydentunteeseen, seksuaalisuuteeni. Koettelemus oli raiskaus, joka tapahtui mielikuvatasolla. Vielä vuosien perästä tuntui kuin se olisi tapahtunut oikeasti. Kokemus oli hyvin ruumiillinen. En tiedä, miltä tuntuu todellisuudessa tulla raiskatuksi, varmaan pahemmalta kuin voimakas mielikuva pitkästä solakasta oliosta, joka väkisin työntyy kehon sisälle. Myyttisesti olisi ollut oikeampaa, jos se olisi poistunut vaginastani eikä peräsuolestani. Hyvin yleisesti on maailmalla ajateltu käärmeen olevan yhteydessä jumalattareen ja naiseen varmistamassa luomakunnan hedelmällisyyden.

Aiemmat ja myös myöhemmät muuntuneen tietoisuudentilan aikaiset näkyni ovat olleet kuvailmaisultaan tyyliteltyjä ja pelkistyneitä. Suolla sen sijaan kaikki oli yksityiskohtaisen realistista: tunnistettavia suokasveja, suon veden tuoksua, helteisenä päivänä kasvoille erittynyttä hikeä ja ympärillä pöriseviä kipeästi purevia paarmoja. Ja hyvin aidon näköinen kyy. Tämä naturalismi sai kaiken, myös minua koskevan tapahtuman ja tapahtumapaikan tuntumaan oikealta, ei vähääkään oman mielen luomukselta.

Ymmärsin, ettei Stanislav Grofin kehittämä holotrooppinen hengitysharjoitus oikein sovi minulle. Kokemus oli kerta kerralta ollut pahempi. Taidan olla liian herkkä. Se voi liian rajusti viedä minua sellaisiin piilotajunnan syvyyksiin, joita en hallitse. Siellä on asioita – fraasia käyttäen – joita en ole käynyt lävitse, jotka ehkä ovat liian vaikeita.

Vaikka kokemukseni järkytti minua, todellisuudessa käärme ei kai tunkeudu maassa makaavan ihmisen suuhun. Tällaiseen on kuitenkin uskottu esimerkiksi Suomessa, selviää Heikki Lehikoisen teoksesta *Ole siviä sikanen*. Kirjassa selvitetään, miten menetellä, jos käärme on luikerrellut nurmella suu auki nukkuvan ihmisen sisälle: hänet pitää ripustaa pää alaspäin ja laittaa suun eteen maitokippo houkuttelemaan maidolle perso käärme pois poloisen ruumiista.

Käärmefobia herää

Mielikuva raiskaajakyystä ei jättänyt minua rauhaan ja käärmefobiani heräsi. Matelijat olivat pelottavia.

Kun menin nukkumaan, mutta en vielä ollut nukahtanut, minusta oli kuin lattialla sänkyni vieressä olisi ollut käärmeitä, jotka hiljakseen liikkuivat. Kuten lapsena Ruotsissa, pelkäsin niiden keinottelevan itsensä vuoteeseeni. En uskaltanut sulkea silmiäni. Miksi taas tämä toden tuntuinen inhottava mielikuva? Katsoin yöpöydällä olevaa herätyskelloa. Sen fosforoitu taulu muuttui ilmeettömillä silmillään tuijottavan käärmeen katseeksi. Käänsin kellon selkäpuolen itseeni päin. Onneksi näitä mielikuvia ei tullut kuin muutamana iltana. Olisi ollut kohtuutonta elää lapsuuden aikainen piina uudelleen, yli viisikymmentä vuotta myöhemmin.

118

Käärmeet pyrkivät väkisin meditaatiooni. En onnistunut vahvistamaan ja rauhoittamaan itseäni mietiskelyllä. Syyskuun alkupuolella näet kävi näin:

Istun kaikessa rauhassa lootuksen päällä. Huomaan, onneksi!, että kukan terälehdet heilahtavat kevyesti. Katson mistä se johtuu: terälehtien välissä liikuskelee pieni käärme. Tuntuu vastenmieliseltä ja sydän alkaa nousta kurkkuun. Visualisoin lootuksen pois altani. Istun pelkän kuumaton päällä, joten eläin ei pääse yllättämään. (Kuumatto on lootuksella lepäävä pyöreä valkoinen levy, jonka päällä tiibetinbuddhalaiset jumaluudet tapaavat istua.) Tajuan, että se se vasta turvaton on! Onneksi minun onnistuu nopeasti visualisoida kuumaton tilalle alleni suuri laakea kiekko: koska sen alapinta on erittäin liukas, käärmeet eivät mitenkään pysty sitä pitkin luikertelemaan ja keinottelemaan itsensä sen reunojen yli minua ahdistelemaan. Olen siis turvassa. Näin miten tuon melko ison levyn alusta kihisi käärmeitä, mutta ne eivät sen keskeltä todellakaan päässeet kulkemaan kohti sen laitoja, sillä niitä haittasi liukkaus. Tämä oli kuitenkin niin vastenmielistä, että lopetin istuntoni.

Tunteisiini vaikuttivat myös todelliset käärmeet, joita oli elinympäristössämme Vihdin Otalammella siinä määrin, että kannatti ulkona katsoa eteensä. Ei niitä laumoittain ollut, mutta joka kesä kohtasin ainakin kaksi yksilöä. Kunpa niitä ei olisi ollut ollenkaan!

Alkusyksyllä näin kahdesti tiellä renkaaksi asettautuneen kyyn, mikä tuntui epätodelliselta. Myytti on siis syntynyt todellisuuden pohjalta. Tuollaisessa asennossa lepäävää käärmettä olin pitänyt vain uskomusten tuntemana ouroboroksena, ikuisuuden symbolina, enkä millään muotoa todellisena eläimenä joka sellaisessa asennossa makaa tavallisella hiekkatiellä. Tiesin, että ne olivat oikeita, mutta tavallaan eivät kuitenkaan olleet. Näkemäni kyyt eivät pitäneet häntäänsä suussaan kuten ouroborosten ajatellaan pitävän. Toisella oli pää koholla, toisella se oli hännänpään vieressä.

Minua harmitti kauan, ettei kameraa ollut mukana. Olisin myöhästynyt linja-autosta, jos olisin kääntynyt hakemaan. Kukaan ei sentään ole väittänyt minun valehtelevan, jos olen kertonut nähneeni tällaisen käärmeen, joten en ole tarvinnut kuvaa todisteeksi. Myöhemmin keramiikkakurssilla tein ouroboroksen, jonka sinisen vihertävä lasitus onnistui oikein hyvin.

Ajattelin käärmettä paljon ja yritin löytää selityksen, miksi ne olivat heränneet kiusakseni ja mitä minun pitäisi niille tehdä. Kyselin automaattikirjoituksella piilotajuntani mielipidettä, mutta se ei ollut sen viisaampi kuin tietoinen minäni. Se totesi, että kysymys on vaikea. Käärme lienee sy-

välle mieleeni iskostunut piinallinen pelko, hyvin alkukantainen. Pohdinta ei loppunut vielä silloinkaan, kun maailma siirtyi uuden vuosituhannen puolelle. Mielessäni kypsyi päätös totuttaa itseni käärmeeseen, kasvattaa itseni irti pelostani. Ajattelin että kokemuksillani on kenties jokin tarkoitus.

Lastenhoitoa, Kuhmoa ja joogaa

Tuli syksy 1999. Samoihin aikoihin, kun käärmeet saivat sijan mielessäni, ilman että halusin niitä sinne, elin eläkeläisen vapaata elämää, jota täyttivät vatsavaivat sekä kotirouvan ja puutarhurin työt. Tyttäreni perheen Tampereelle muutto likeni. Muuton syynä olivat Rainin opinnot. Uuden elämän järjestäminen kahden pikkulapsen opiskelevana yksinhuoltajana oli aikamoinen souvi. Into oli vielä lastenratas-iässä ja Ronja taapersi vieressä. Lapset pääsivät Steiner-päiväkotiin, jonne vei pitkä ylämäki. Tyttäreni tähtäsi kuvataiteilijan tutkintoon Tampereen Ammattikorkeakoulussa, ja se teetti paljon työtä, semminkin kun opiskelija huomasi olevansa vanha opiskelijatovereittensa joukossa eikä ollut toisten tavoin ihmeemmin perillä tietokoneesta. Opiskelu oli kovin tietokonepainotteista ja markkinahenkistä. Raini kapinoi. Tarkalleen en tiennyt Rainin ongelmista, koska tyttäreni tapaa pitää asiansa omana tietonaan. Huomasin kyllä, ettei hän ollut onnellinen eikä tasapainoinen. Eivät myöskään lapset. Vasta vuoden päästä sain tietää, että Rainin ja Karin yhteiselämä oli päättynyt.

Ronja ja Into saapuivat melko usein meidän luoksemme Peltolaan ja minä hoidin heitä toisinaan heidän uudessa kodissaan Tampereella, jotta äiti voi paremmin

120

syventyä opintoihinsa. En oikein osannut suhtautua rauhallisesti heidän erimielisyyksiinsä. Olen vanhempieni ainoa lapsi ja minulla on vain yksi lapsi, joten en osannut olla hermostumatta ja menemättä mukaan heidän konflikteihinsa. Tunsin olevani epäonnistunut lapsenhoitajana.

Ei meillä suinkaan pelkkää kurjuutta ollut. Valokuvista näen, että piirreltiin ja maalailtiin ahkerasti ja oltiin pihalla, oli talvi tai kesä. Valmistimme täytekakun. Jopa minä osasin järjestää hauskoja leikkejä, kuten silloin kun lainasin tyttäreni lapsille yöpaidat, joihin he saivat pukeutua. He koikkelehtivat ympäriinsä liian pitkät helmat jalkojensa ympärillä. Lainaan päiväkirjaani: "Ronja on kruunupäinen prinsessa Auennut Ruusunkukka ja Into Kukkaketo. Hän heittäytyi maahan ja sanoi "poimikaa minua"! Suloista. Ostin heille kirpputorilta omat yöpaidat, niin sain omani takaisin. Into valitsi keltavoittoisen ja rupesi Auringoksi – vai oliko se Auringonkeijuksi. Vaaleansiniseen hörhelöyöpaitaan pukeutunut Ronja otti Taivaskeijun roolin."

Syyskuussa Pentti ja minä matkustimme muutamaksi päiväksi Kuhmoon, jossa olimme useina kesinä olleet kuuntelemassa kaunista musiikkia, joka tempasi meidät mukaan "Kuhmon henkeen". Nyt ei ollut kamarimusiikkifestivaalia. Kainuussa koimme luonnon voimakkaasti, kun maisemat olivat pukeutuneet hehkeään syysväriin. Asuimme samassa saunakamarissa kuin aikaisemminkin pienen järven rannalla. Olimme katselleet järvellä asustavia laulujoutsenia, joita siellä oli tälläkin kertaa. Kuljimme Iso-Palosen polun (12,5 km) syksyn värien ja täydellisen hiljaisuuden sisällä. Peni-koiran mieltä kiihdyttivät metsäpeuran ja isojen lintujen näkeminen. Kuhmo on portti Karjalan runomaille, mikä kiehtoi romanttista mielenlaatuani, samalla tavalla kuin sata vuotta aiemmin esimerkiksi Gallen-Kallelaa. Veimme Juminkekoon (entinen Kulttuurikornitsa) isäni Kaarlo Vallinharjun Kalevala-aiheiset puuveistokset siellä säilytettäviksi.

***

Kehoni oli välillä terveempi, välillä sairaampi. Mieleni oli välillä iloisempi, välillä surullisempi. Optimistisena hetkenä päätin taas kerran aloittaa joogan. Joogaaminen jäi kuitenkin kesken vuodenvaihteen jälkeen, koska en jaksanut matkustaa Vihdin Otalammelta Helsinkiin joogasalille kaikkine bussin odottamisineen ja kävelemisineen. Harjoituksen jälkeen kehooni näet iski helposti outo uupumus ja pelkäsin, että jalkani pettävät ja lyyhistyn kadulle. Olin siis yhä heikko ja sairas. Jotta tässä laajassa luvussa olisi jotain kaunista, kerron mitä kerran joogaharjoitusta tehdessäni koin. Lainaan päiväkirjaani:

Joogatunnilla eilen olin meditatiivisessa tilassa heti ensimmäisestä rentoutumisesta lähtien. Minun oli vaikea irrota kokemuksestani enkä oikeastaan halunnutkaan. Ohjaajan ohjeiden seuraaminen ei tuottanut erityisiä vaikeuksia eikä liikkeisiin keskittyminen pahemmin häirinnyt meditatiivista tilaani.

Kas tällaista oli: Makasin selälläni alustalla ja minut täytti kirkas vaaleanpunainen valo. Sitä oli eniten päässä, ja sieltä se levisi muualle kehossani. Säteilin vaaleanpunaista valoa. Ympärilläni tuoksui ruusulle ja taivaalta leijaili kohti maata vaaleanpunaisia ruusunterälehtiä. Tämä oli kerrassaan ihanaa. Valo oli myötätunnon valoa. Se täytti huoneen, jossa joogasin toisten kanssa. Huone oli ilman kattoa, niin että terälehtisade ja tuoksu pääsivät leijailemaan sisälle. Seinät katosivat. Makasimme rentoutuneina ulkona vihreällä nurmella. Oli suloinen kesä. Taivaalta leijui kohti maata ruusunterälehtiä ja haistoimme ruusunkukkien tuoksun. Allamme ei ollutkaan maata vaan makasimme avaruudessa.

Näky jatkui kauan yhtä hurmioituneena. Käsistäni pulpahteli herneen kokoisia aitoja helmiä. Olimme yöllisellä taivaalla, jolla tähdet tuikkivat äärettömän lukuisina. Oli niin pimeää, että näyimme hentoina ääriviivoina. Universumi soi Beethovenin taivaallista musiikkia, ja se meni sisällemme. Olo oli harmoninen. Taivaalta putoili hiljaa kohti maata välkehtivää tähtisumua.

Tiedän, että varsinkin kahvi on vatsalleni vihamielistä. Silti sorrun nauttimaan sitä, kun kuvittelen kerran toisensa perään voivani juoda kupposellisen tätä eliksiiriä. Halu edes vähän nauttia kahvia on korvieni välissä. Syksyllä 1999 ja seuraavana vuonna kamppailin halun kanssa ja vatsani rankaisi minua nopeasti. Häpesin heikkouttani.

Kun mietiskelin, vatsakipu työntyi mukaan. Joulukuun puolivälin paikkeilla kokeilin, onnistuisiko Tarab Tulkun mandalaharjoitus. Halusin tietää miltä vatsassani tuntuu. Edellisestä kerrasta, kun olin harjoitusta tehnyt, oli kulunut melkoisesti aikaa, eikä ollut lainkaan selvä, että saisin tuntuman ruumiiseeni. Onnistuin kohtalaisesti.

Vesielementin sininen valo meni sydänchakraani, jossa mandala läksi pyörimään. Sieltä siirsin sen maaelementin ja siinä keltaista valoa loistavan vatsachakran kohdalle. Siinä näkyvä mandala valutti sisälleni vesielementin sinistä valoa sisälleni. Tulielementin tuli työntyi valtavalla voimalla mukaan. Sen ominaislaatu on lämpö, mutta nyt se oli polttavan kuuma. (Tulielementin chakra sijaitsee kurkun kohdalla.) Se poltti vatsassani samaan aikaan kuin vesielementin hyvä valo virtasi sisälleni.

Tunsin mielikuvatulen kehossani oikeasti: vatsallani navan seutuvilla olevan maa-elementin energiakeskuksessa paloi tuli liekkeinä, kekäleet hehkuivat ja ympärillä oli höyryä, koska tuli joutui kosketukseen vesielementin "vesipallon" kanssa.

Todellinen kipu poltti vatsaani. Melko kauan. Päätin kestää. Kannatti: tulen olo-muoto vaimeni ja sen tilalla aistin kohdan, jossa ei ollut tulta. Näkyviin ilmaantui keltainen suppilo, jonka kautta keltaisen mandalakiekon läpi valui sisälleni sinistä puhdasta valoa. Jäin istumaan tummansiniseen, miellyttävään meditatiiviseen ti-laan ilman mielikuvia. Vatsaani ei enää sattunut.

Vuosituhat vaihtuu

Vuosi vaihtui ja alkoi uusi tuhatluku, minkä pelättiin mullistavan maailman, var-sinkin sotkevan tietokoneet. Mitään järkyttävää ei tapahtunut ja minunkin elä-mäni jatkui entisellään. Olin masentunut ja liikaa uppoutunut näkymaailmoihin, joihin meditoidessani hyvin helposti pääsin. Alkuvuodesta 2000 meitä vaivasi flunssa, Penttiä viikkoja kestänyt keuhkoputkentulehdus ja keuhkokuume huhti-kuulle asti. Vatsani suuttui, kun söin hieman pussikeittoa. Se ei liioin pitänyt ys-känlääkkeestä. Kovin oli herkkää; myös sappirakko suuttui.

Korson-tontin myyntirahoilla hemmottelimme itseämme varaamalla matkan kaukomaille, sinne missä palmut huojuvat: Dominikaaniseen tasavaltaan. Keksin kuitenkin aiheen, millä syyllistää itseäni: massaturismin mukana osallistun pla-neetan riistoon ja ilmaston huonontamiseen. Toisaalta olisi vielä haitallisempaa, jos kaikki tekisivät matkansa omatoimisesti. Tällaisia mietin. Ja ihmettelin myös mitä uskallan perillä syödä.

Nautimme matkastamme eteläisen meren saarelle, joka ei kuitenkaan ollut mi-kään myyttisen koskematon paikka. Koskaan aikaisemmin emme olleet viettä-neet rantalomaa, vaan olimme matkoillamme olleet paljon liikkeellä jalat väsy-neinä. Nyt lekottelimme palmun varjossa ja kipitimme kuuman hiekan yli Atlantin turkoosiin veteen uimaan. Sosúa sopi tällaiseen mainiosti. Kaupungissa oli vain kaksi hiekkarantaa: toinen oli yleinen ja toinen se, jonka äärellä hotellimme oli. Meitä oli onnestanut. Tietysti kuvittelin etukäteen, että siellä on vaarallinen käärme. Yhtään en nähnyt.

***

Olin päivisin melko yksin vihtiläisessä syrjäkylän talossamme, sillä Pentti oli töissä, samoin kuin naapurini Helvi. Muut lähimmät ihmiseni asuivat kirkonkylässä, jonne oli huonot liikenneyhteydet, kuten myös Helsinkiin, missä asui muita ystäviäni. Silloin tällöin matkustin ihmisten ilmoille. Muuten vietin aikaa kotieläimiemme Penin ja Mirrin kanssa, eniten kuitenkin piilotajuisen itseni kanssa. Minulla oli vaikuttavia näkykokemuksia, jotka kirjoitin muistiin. Kuvia en tehnyt juuri ollenkaan. Kodin ja puutarhan hoito ei juuri ollut muistiin pantavan arvoista. Noteerasin sentään sen, että Tarja Halonen valittiin tasavallan presidentiksi.

Kultainen valopallo

Koska pidin itseäni buddhalaisena, minun tuli meditoida kehittyäkseni itseäni ja muita kohtaan myönteisesti suhtautuvaksi ihmiseksi. Mietiskelyni oli kuritonta ja enimmäkseen hyvin itsekeskeistä, mikä ei anna minusta hyvää kuvaa ihmisenä eikä buddhalaisena.

Kultainen valopallo hoiti minua ilman että olisin tietoisesti ohjannut piilotajuntaani. Tajuntaani ilmestyi vaikuttava ketju mielikuvia, jotka nostivat minut ylitajunnan ulottuvuuteen. Minua hoidettiin, konkreettisesti, vaikkei tietenkään oikeasti. Olin antanut valopallon saapua sydämeni kohdalla sijaitsevan energiakeskuksen ja sen päällä olevan vaaleanpunaisen kukan yläpuolelle:

> Pallo asettui hohtavana, suunnilleen pingispallon kokoisena ja selväpiirteisenä kukan keskelle. Reitti oli auki ja valopallo sujahti sisälleni. Siitä alkoi tihkua kullanväristä nestettä, hunajan kaltaista. Se oli parantavaa voidetta. Annoin pallon voidella mahalaukkuni limakalvot, ja lääke imeytyi niihin hyvin. Voitelin itseäni lisää. Minulla oli selvä yhteys vatsaani. Tunsin saavani paljon rakkautta, myötätuntoa, voimaa ja viisautta, joten olin iloinen ja onnellinen.

> Annoin kultaisen valopallon hoitaa myös sappirakkoni aluetta ja siirsin sen sitten alaselälleni. Valopallo oli pienentynyt, niin ettei se ollut juuri hernettä suurempi, joten hunajaista lääkettä ollut enää paljon jäljellä, mutta sitä riitti vielä. Ymmärsin, ettei ihmeellinen valopallo jonka sisällä on parantavaa voidetta, ole alati täyttyvä, ja ettei lääkettä ole ehtymättömän paljon. Olin saanut kultaisen valopallon hyvyyttä kyllikseni. Makasin jonkin aikaa vuoteellani kullanhohtoisena. Tuntui hyvältä.

Olin jo aiemmin tämän ylimaallisen hoidon aikana kuunnellut mielikuvamusiikkia ja se loi tunteen vibratosta. Kehoni värisi, ei kuvitelmana vaan todellisesti. Värinä viipyi lihaksissani lopetettuani harjoituksen ja jatkui vielä senkin jälkeen, kun olin noussut pystyyn.

Hunajan hyvää tekevät ominaisuudet tunnetaan varmaan kaikkialla missä on mehiläisiä. Niiden hunajavarastoilla ovat ihmiset tavanneet käydä. Jos en olisi lukenut Kalevalaa ja tutustunut Lemminkäisen äitiin, tieto ei ehkä olisi tallentunut piilotajuntaani.

Uusi opettaja

Keväällä ja kesällä depressioni oli laantumaan päin, joskin märehdin yhä syytä, joka oli lamauttanut minut. Lakkasin odottamasta Airaksisen vastausta suunnilleen puolitoista vuotta aikaisemmin lähettämääni kirjeeseen. Olin jokseenkin varma, että minut oli suljettu Dharmakeskuksen yhteisön ulkopuolelle. Ehkä oli, ehkä ei ollut. Ei ollut tuntunut luontevalta mietiskellä Vasrassakaan, koska ryhmä oli osa Dharmakeskusta. Liisa aliarvioi itseään enkä osannut pitää häntä opettajanani. Hän kuitenkin sanoi, että voin rauhallisin mielin tehdä niitä harjoituksia jotka hän oli opettanut, sillä ne ovat turvallisia. Uskoin häntä. Tein Puhtaan maan harjoitusta eikä se ollut minulle pahaksi, päinvastoin.

Uskonnollinen kodittomuuteni loppui kesällä, kun tiibetiläinen opettaja Pema Wangyal Rinpoche, jonka pääasiallinen toimipaikka on Ranskassa, perusti suomalaisen opintoryhmän. Siitä pitäen meditoin hänen opettamiaan harjoituksia kerran viikossa ryhmän tapaamisissa. Pema Rinpoche tuli Suomeen ajoittain opettamaan lisää.

***

Se, että olin menneenä vuonna joutunut kohtaamaan sekä hirmuisen mielikuvakyyn että tarunomaisena pitämäni käärmeen, ouroboroksen, todellisuudessa, oli vaikutukseltaan niin voimakas, etten saanut rauhaa. Halusin vapauttaa itseni niistä henkisesti. Ajattelin, että se onnistuu piirtämällä ja kirjoittamalla. Vuoden kuluessa alkoi kypsyä ajatus kirjasta, ja tuo ajatus johti tämän kirjan – tosin kovin hitaaseen – synnyttelyyn. Maaliskuussa piirtelin renkaan muotoon asettunutta käärmettä. Kysyin piilotajuntani eli sisäolioni mielipidettä. Se vastasi automaattikirjoituksella:

> Ei se mitään, kun piirrät kuvan lepäävästä käärmeestä, joka on paikallaan ja ehkä torkkuu eikä aio yhtään mitään. Toista olisi mateleva käärme, sillä sellainen on aina menossa jonnekin ja sinä pelkäät, että se on menossa pelottelemaan jotakuta, sinua tietenkin! Ihan kuin se olisi totta. Järki sanoo yhtä mutta sinä et usko järkeä, kun käärme ei ole sinulle järjen asia. Niin kauan kun käärme nukkuu, uskallat olla rauhassa. Odotahan kun et minua [piilotajuntaasi] vahdi

vaan itse pääsen piirtämään kynällä. Silloin kohtaat todellisen käärmeen ja sellainen sinun on voitettava. Tuo on kesy.

Käärme, joka minun on voitettava, on epäilemättä syvällä tiedostamattomassani oleva trauma, jonka vertauskuva hirmuinen käärme on. Välttelin tuon käärmeen piirtämistä, joten muutin tekemässäni kuvassa olevan matelijan satuolennoksi, jonka päässä on kruunu ja yllä taivaan tähdet.

Vanha tiibetiläinen nainen

Vapun jälkeisenä päivän 2000 istuuduin olohuoneen lattialle jälleen meditoimaan. Tein ensin ruumiin tuntemusten harjoituksen, joka on olennainen osa Tarab Tulkun metodia. Jatkoin kultaisen valopallon visualisoinnilla. Olin ehkä suunnitellut tekeväni varsin keskittynyttä meditaatiota, mutta taas kerran sisäolioni yllätti minut ja jäin katselemaan vanhaa tiibetiläistä naista.

> Valopallo pysytteli enimmäkseen pääni yläpuolella ja siitä tihkui sisälleni, kaikkialle kehooni hiuksenhienoja huokosia pitkin kultaista valoa, joka on rakkautta, myötätuntoa, voimaa ja viisautta. Olin täynnä valoa ja ilman ääriviivoja. Sydämeni kohdalla näkyi välillä kullankeltainen lootus. Tuntui hyvältä. Olin itsekin myötätunnon ilmentymä.
>
> Odottamatta näin etuviistoon oikealla vanhan tiibetiläisen naisen, joka istui hypistelemässä pientä pakettia tai myttyä. Hämmästyin. Minusta melkein tuntui kuin minulla ei olisi minkäänlaista osuutta näyn syntymiseen.
>
> Katselin naista. Hän oli todella tiibetiläinen. Sen näki kasvojen piirteistä ja ihon väristä ja osittain harmaantuneista mustista hiuksista ja tietenkin vaatetuksesta. "Sijoitin" hänet eteeni istumaan pieneen nelikulmaiseen paviljonkiin joka oli avoin kaikkiin neljään suuntaan. Paviljonki leijui ilmassa, kaiketi valon kajossa lootuksen päällä. Nainen oli syventynyt pienen tumman pakettinsa hypistelyyn ja sai sen sitten auki. Katselin. Paketista leijaili ulos kultaista lankaa, vai olivatko hennot haituvat kultaisia karvoja? Vaikea tietää. Päättelin, että avatusta paketista tuli langanpätkiä. Ne olivat valoa. Naisella taisi olla useita pikkupaketteja. Katselin tätä. Se tuntui olevan itseni ulkopuolella.
>
> Otin naisen paviljonkeineen kämmenelleni ja pitelin häntä siinä vähän aikaa. Sitten siirsin naisen – ehkä myös paviljongin – sisälleni, sillä ajattelin että hänellä oli valopallon ominaisuudet. Ei tuntunut oikein luontevalta, että hän oli sisälläni.
>
> Huomasin olevani tuo nainen! Tutunlaista minua ei ollut. Minulla oli hänen ahavoituneet suomalaisia käsiä tummemmat kätensä, joissa oli paljon ryppyjä.

Minulla oli hänen vanhat kasvonsa ja hänen nyt pitkin minun selkääni roikkuva lettinsä, johon oli sidottu kirjavia nauhoja, ja tietenkin hänen pukunsa. Korvissani oli suuret raskaat turkoosikorut ja myös kaulani ympärillä oli näyttävät korut, muun muassa upea hopeinen gau, amulettiriipus. Kenen, minkä jumaluuden kuva oli gauni sisällä, en tiennyt.

Ei ainoastaan ulkoinen olemukseni ollut tuo tiibetiläinen nainen, vaan minulla oli myös hänen mielensä, hänen tietoisuutensa.

Paketti – siihen oli ollut käärittynä rasia, huomasin nyt – ei kuitenkaan ollut hyppysissäni, vaan se lepäsi avoimena sydänlootuksellani. Olin täynnä valoa. Ryhdyin lahjoittamaan eläville olennoille myötätunnon valoa. Se oli hahmoltaan kultalangan pätkiä vaiko sittenkin kultakarvoja, ja ne pursuivat ulos kämmenistäni.

Tällä kertaa halusin muistaa etenkin eläimiä. Tiibetiläisenä olin joskus ollut karjakko. Olin huolehtinut jakeista. Kultaisia karvoja leijaili alas maan päälle kuin sakea pilvi hevosille ja lehmille mutta myös niiden ihmisille, sillä onhan niin, että myös he tarvitsevat myötätuntoa voidakseen tuntea myötätuntoa eläimiä kohtaan.

En osaa sanoa, onko tavallista muuttua meditaation aikana toiseksi henkilöksi. Paljon myöhemmin kävi niin, että käteni muuttuivat suuresti arvostamani Outi Heiskasen käsiksi ja lopulta olin kokonaan hän. – Kun olin ollut buddhadharman polulla yli viisi vuotta, sain kuulla, että meditaation aikana on tarkoitus muuttaa itsensä jumaluudeksi, joka on määrä hahmoistaa.

***

Kesä 2000 oli kolea ja sateinen mutta hyvin ruusuinen. Ruususeuralaiset vierailivat toistensa puutarhoissa ja minä ynnä Pentti olimme mukana. Sade piti onneksi taukoa. Hurmaannuin jälleen kauniista ruusuista ja nuuhkin niiden tuoksua.

Kiinnostukseni kohteena ovat erityisesti pensasruusut, kuten nimettömät lajikkeet, joita oli ruvettu etsimään ja löytämään vanhoista istutuksista. Innostusta lisäsi myös Maatiainen-yhdistyksessä herännyt ajatus saada risteyttämällä aikaan Suomen oloissa kestäviä ja muiltakin ominaisuuksiltaan hyviä uusia lajikkeita. Työ oli pantu alulle.

Kaikki tämä innosti minua enkä totisesti tuntenut itseäni koko aikaa sairaaksi. Tosin en aina pitänyt puutarhatyöstä, varsinkaan kitkemisestä. Yleensä aloitettuani kuitenkin innostuin. Sadetta tuli kesän mittaan niin paljon, että kukinta osittain epäonnistui. Eipä tarvinnut kastella.

Vatsavaivoja

Vatsani oli yhä kipeä. Lääkäri laittoi lähetteen paksusuolen tähystykseen, jos se vaikka paljastaisi vatsaongelmien syyn. Ei paljastanut. Huhtikuussa olin ollut keliakiakokeessa ja oli selvitetty, miten siedän maidon valkuaisaineita. Vikoja ei vatsassani ole, mikä on tietenkin hyvä tietää. Myös vatsalaukun tähystys oli tehty.

Arvelen, että vatsavaivani on psykosomaattista: stressi, masennus ja ahdistus siirtyvät vatsalaukkuun ja herkistävät sen limakalvoja ruualle ja juomalle – eikä sopimatonta suuhunpantavaa tarvitse olla edes paljon. Vatsakatarrini on oikukas: välillä se tuntuu olevan poissa mutta äkkiä taas läsnä.

Mielialani vaihteli kovasti. Aika meni depression ja jonkinlaisen ahdistuneen tyytymättömyyden merkeissä. Aloin hyväksyä, että ajoittain sairastun masennukseen ja että minun tulee olla siitä tietoinen.

Olin puhunut vanhalle ystävälleni Maijalle Dharmakeskuksen opettajan aiheuttamasta mielipahasta. Hän oli miettinyt asiaa ja kysyi, olinko tullut ajatelleeksi, että kyseessä oli hylkäämiskokemus, että olin käynyt lävitse sitä, miltä minusta tuntui, kun minut lapsena erotettiin vanhemmistani ja lähetettiin Ruotsiin sotaa pakoon. Järkeenkäyvä selitys. Aloin ymmärtää itseäni paremmin. En ollut osannut yhdistää Airaksista tähän asiaan.

Mielialaa kohottava vaikutus oli muutaman päivän pituisella matkalla Tukholmaan, jonka tein yhdessä Maijan kanssa. Ansaitsimme sen. Olimme iloisia, vaikka jalat väsyivät turisteina kulkiessamme. Oli hyvät ilmat. Vierailimme Drottningholmin linnan upeassa puistossa ja katsoimme siellä olevassa vanhassa teatterissa Georg Friedrich Händelin oopperan *Tamerlan* (Timur Lenk) aitona barokkityylisenä esityksenä alkuperäisiä lavasteita myöten. Kävimme upeassa jalokivinäyttelyssä, jossa oli paljon vartijoita. Häikäistyimme. En tiennytkään, millaista on timanttien säihke lahjakkaan kultasepän luomuksessa.

Ongelma olin ja olen minä itse. Olen heikko ihminen. Hyvä esimerkki tästä on kahvipäähänpinttymäni: luulen, uskottelen itselleni, että vatsani sietää kahvia, että se on parantunut. Halu juoda kahvia on mielihyvää lupaava riippuvuus. Parasta kahvissa on tuoksu, joka leyhähtää nenään pakkausta avattaessa. Kunpa nautinto jäisi siihen!

Vatsakatarrini on itse hankittu sairaus. Minun sietäisi hävetä. Se ilmaantuu, jos kahvin ja sopimattoman ruuan seurana on liikaa stressiä, masennusta ja ahdistusta. Parhaiten vatsasairauteeni tehosi lopulta Anita Fuchsin antama ohje: kuorineen silputun perunan keitinvesi yhdistetään pellavansiemen- ja vehnänlesekeitteeseen. Lientä nautitaan kuppikaupalla suunnilleen noin kymmenen vuorokauden ajan samalla välttäen vatsan limakalvoa ärsyttävää suuhunpantavaa, kuten kahvia. Ohje on ruotsalaisen Ebba Waerlandin kehittämä hoitopaasto vatsahaavan ja -katarrin parantamiseksi; tässä se on yksinkertaistetussa muodossa. Kuurin hyvä vaikutus alkaa tuntua melko pian ja sen tukena ovat sopivat lempeät ravintovalinnat, muun muassa lehtisalaatti ja porkkanamehu. Pitää malttaa antaa vatsan parantua hiljalleen. Parasta tietenkin olisi, että mielipaha lakkaisi piinaamasta. – Kokemukseni perusteella voin sanoa, että aika parantaa, kunnes sama vaiva palaa vuosien kuluttua.

Anita neuvoi myös toisen vatsalaukun ärtymystä lieventävän hoidon: juo melko voimakasta kamomillateetä ja anna sen vaikuttaa mahalaukun limakalvoihin niin, että makaat ensin jonkin aikaa selälläsi, sitten vatsallasi ja lopuksi kummallakin kyljelläsi. Se helpottaa mutta ei paranna kokonaan, ainakaan minua.

***

En tiedä, kuuluuko ihmisen elämässä olla aina asioita, jotka tuottavat mielipahaa. Kun yksi on väistynyt, ilmaantuu uusi tai jokin entinen nostaa päätään. Tällainen asia kesästä lähtien oli tyttäreni ja hänen miehensä parisuhteen päättyminen. Ero on aina repivä tapahtuma eivätkä sen ulkopuolelle jää myöskään puolisoiden vanhemmat, saati lapset; monta onnetonta ihmistä.

Oli sovittu, että lapset ovat jouluna 2000 isänsä luona. He ja Kari tulivat meille jokseenkin yllättäen. Tunnelma oli surullisen raskas ainakin aikuisilla, luultavasti myös lapsilla. Meillä ei edes ollut Karille joululahjaa, mikä minusta varmaan tuntuu julmalta elämäni loppuun saakka. Emmehän olleet odottaneet häntä. Hauskaa oli sentään se, että lapset kävivät aattona Pentin kanssa kaatamassa joulukuusen tonttimme laidalta. Sen he yhdessä kantoivat taloon ja kun se oli paikallaan, lapset koristivat sen. Oli joululahjoja ja ruokaa.

Suru Rainin ja Karin parisuhteen päättymisestä ja lasten mielipahasta jatkui kauan. En rohjennut puhua asiasta heidän kanssaan. Yritin meditaatiolla saada puolisot suhtautumaan toisiinsa ystävällisesti, muuta en voinut. Olin tietenkin ahdistunut. En saanut unta.

Elämä jatkuu melkein ennallaan

Uuden vuosisadan, peräti uuden vuosituhannen ensimmäinen vuosi jäi taakse. Elämäni jatkui jokseenkin samanlaisena, sillä entinen ei pääty yhtäkkiä. Ei voi kääntää esille uutta puhdasta lehteä. Suuret huolet ja tuskat, samat kivut, kaikki entisellään, joskin lievempänä kuin vuonna 2000.

Olin kaksi vuotta vellonut suurten tunteitteni tummassa meressä ja uupunut siinä räpiköidessäni. En oikein jaksanut itseni kanssa. Jo edellisen vuoden helmikuinen päiväkirjamerkintä osoittaa, miten kyllästynyt olin siihen, että kiinnitin fyysiseen ja psyykkiseen pahoinvointiini niin paljon huomiota. Tiesin että minun pitää muuttua: "Ensi askel parempaan suuntaan olisi varmaan, että oppisin hyväksymään itseni sellaisena kuin olen sen sijaan että olen koko ajan huolissani itsestäni ja olen tyytymätön itseeni."

En kuitenkaan osannut muuttaa itseäni viisaammaksi, ja unohdin hyvän aikeeni. Mahdoinko edes yrittää? Edellä olevassa lainauksessa olevat verbien konditionaalimuodot, kuten 'olisi' ja 'oppisin' osoittanevat, etten tainnut edes uskoa muutoksen mahdollisuuteen. Olin elänyt liian antaumuksellisesti sisäisessä maailmassa, mikä ei ajan oloon ole hyväksi mielen tasapainolle.

Alkutalvella minulla oli sentään konkreettista tekemistä ja kiirettä piti: Veronica Leo oli jo syksyllä pyytänyt minut ja muitakin mukaan laajaan *Ihmeellinen puutarha* -nimiseen näyttelyyn, jota hän suunnitteli Valkeakoskelle Voipaalan lastenkulttuurikeskukseen. Olin imarreltu, kun oikea taiteilija halusi minut mukaan. Avajaisten oli määrä olla 17. helmikuuta 2001. Suunnittelin sinne eräänlaisen himmelin, johon ripustaisin 40 pikkukuvaa.

Näyttelykuvien tekemisen aikana olin vielä lähellä äitiäni. Kesään mennessä huomasin etääntyneeni hänestä enkä enää surrut häntä kummallisella fyysisellä tavallani kovin paljon. Vatsani taisi olla terve eikä alimman kylkiluun, sappirakon, seutuvilla enää kipristellyt. Pysyttelin aluksi erossa kahvista, mutta ennen pitkää ryhdyin jälleen omatunnon soimatessa säästeliäästi nauttimaan sitä. Olen heikko ihminen. Hyvä sentään, etten ole riippuvainen vaikka tupakasta.

***

Äitini poismenon jälkeen olin kahden ja puolen vuoden ajan ylikiihottuneessa tilassa. Mietin toisinaan, olenko psyykkisesti todella sairas ja tarvitsisinko psykiatria. Varsinkin toukokuussa 2000 jouduin Teatterimuseossa sekoamisen tunteen valtaan. Siellä oli seinään upotettuna laatikoita, joista kuului puhetta; niissä oli kohtauksia esityksistä. Tuli fellinimäinen ahdistava olo. Ja taustalta seinän takaa kuului jotakin näytelmää. Jouduin paniikkiin. En voinut paeta, sillä olin luvannut Veronicalle käydä katsomassa, miten hän oli asetellut esille äitinsä Mona Leon nuket. Kuljin eteenpäin pitkin kapeaa käytävää, jonka kummallakin puolella oli roolipukuihin puettuja mallinukkeja. Ne tuntuivat päälle tunkevilta, ja lisäksi joku yläpuolellani alkoi äkkiä puhua. Pakenin. Pelotti. Kauhea tunne uhkaavasta sekoamisesta oli hyvin voimakas. Jälkeenpäin istuin kahvilassa yli kolme tuntia ja kirjoitin käärmefobiasta. Vähitellen rauhoituin niin, että pystyin suunnitelmani mukaisesti menemään Meilahden rosarioon ruusunhoitotalkoisiin. Paniikin muisto ei vielä siellä kokonaan jättänyt minua.

Sekoamisen tunne ei liity piirtämiseen eikä näkyjen näkemiseen. Arvelen, että vaikeiden vuosien muodostaman jatkumon aikana olin ehkä sittenkin psyykkisesti melko terve, vain hyvin herkkä "terveellä" tavalla. Olin uppoutunut liian syvälle mielikuviini, joista pidin ja jotka paljastivat minulle, miten luomisvoimainen olen näkyjen kehittäjänä. Meditoin paljon, sillä se tuntui välttämättömältä. Olisi varmaan ollut parempi paneutua pelkästään konkreettiseen tekemiseen. Minut olisi pitänyt temmata arkitodellisuuteen. Ei olisi tullut tilanteita, joissa jouduin epätodellisen valtaan.

Keväällä 2001 kahdella ystävättärelläni todettiin syöpä. Järkytyin. Minusta oli melkein liikaa, että kaksi elämääni kuuluvaa ihmistä oli sairastunut hyvin vakavasti. Rupesin visualisoimaan heidän luokseen Parantajabuddhaa ja lausumaan hänen mantraansa kokopäiväisesti, samalla kun tein töitäni puutarhassa ja sisällä. Yritin tällä lievittää heidän pelkoaan ja kärsimystään, mutta varmaan liian intensiivisesti, koska minulle hiljalleen tuli outo kolkko olo. Minua pelotti itseni takia. Lopetin. Tällainen paneutuminen ei sovi minulle. Näkyjen katseleminen on turvallisempaa.

***

Lopuksi kaunis ihan todellinen näköhavainto. Harmaakaihi oli vaikeuttanut elämääni, sillä vasemmalla silmällä en kunnolla nähnyt eikä aiemmin leikattu oikea silmäni osannut olla huonon vasemman silmän kanssa yhteistyössä. Joulukuussa 2001 silmääni vaihdettiin uusi mykiö oltuani jonossa puolitoista vuotta (lääkärilakko oli viivyttänyt leikkaukseen pääsyä). Kun saman hoitorupeaman aikana oikeasta silmästäni oli poistettu ns. jälkikaihi, tunsin itseni oikeasti sairaaksi. Hauskaa oli katsella joulukynttelikön valoja, sillä ne näyttivät muutaman päivän ajan valkoiselta riikinkukolta, jonka komea monisilmäinen pyrstö sädehti levällään. Tämä ei ollut mikään päänsisäinen visio vaan oikeaa näkemistä.

Itsekasvatuksella eroon käärmefobiasta

Fobialla tarkoitan tässä sekä todellisten että mielikuvakäärmeiden aiheuttamaa pelkoa. Kevättalvella 2000 päätin aloittaa itsekasvatuksen hankkiutuakseni eroon käärmepelostani. Koska tunsin olevani buddhalainen, tärkeä metodini oli ajatella käärmeitä myötätunnolla. Aikomukseni oli käyttää hyväksi kaikki tarjoutuvat tilaisuudet tutkia matelijoiden minussa herättämiä tunteita. Hyvä keino opetella myönteistä suhtautumista on myös käärmekuvien piirtäminen, uskoin.

Onnistuisin pikku hiljaa kurinalaisesti mietiskelemällä muuttamaan suhtautumistani käärmeeseen, pohtimalla sen luontoa ja sen elämänvaatimuksia sekä tarkkailemalla tunteita joita se minussa herättää. Ymmärsin, että tämä pyrkimys vaatii työskentelyä itseni kanssa. Tämä tietoinen työskentely itseni kanssa antaisi piilotajunnalleni virikettä, joka saisi sekä ruumiillisen että henkisen suhtautumiseni muuttumisen käärmettä kohtaan pelottomaksi, arvelin.

Visualisoisinko eteeni käärmeen ja koettaisin rohkeasti sitä rakastaa ja koskettaa? En ollut varma uskaltaisinko, vaikka tiedän, että se on vain mielikuva. En uskaltanut. Minullahan on huonoja kokemuksia meditatiivisessa tilassa tietoisuuteeni nousevista käärmeistä. Varsinkin käärme suolla oli ollut kauhistuttava kokemus.

Päätin piirtää käärmeestä kuvan joka päivä. Se ei onnistunut kovin hyvin, sillä kuvat eivät ottaneet syntyäkseen spontaanisti. Eihän pyrkimykseni oikeastaan perustunutkaan tiedostamattomaan tekemiseen. Lisäksi psyykkinen pidäke esti minua menemästä mieleni syvyyteen, jossa pelottavat mielikuvat asuvat. Käteni suostui ikuistamaan vain kesyjä matelijoita, kuten kruunupäisiä satukäärmeitä ja ouroboroksia, joilla on pää häntänsä vieressä. En viitsinyt jatkaa piirtämistä, koska tuloksena oli pelkästään opittuja pinnallisuuksia.

Mahtoiko mainitsemani pidäke olla uskalluksen puutetta, josta en oikein ollut selvillä. Suojeliko piilotajunta minua?

Mielessäni oli herännyt ajatus kirjasta. Sen kirjoittaminen ja kuvittaminen vaikuttaisi varmaan minuun ja ehkä myös muihin terapeuttisesti. Esimerkkitapauksena tutkisin, voiko mielikuvilla parantua käärmefobiasta. Jos se tepsisi minuun, se voisi tepsiä muihinkin. Psykologinen tarinani olisi silloin hyödyllinen teos. Olin aika lailla innostunut, vaikka ymmärsin että itsekasvatus, siedätys, veisi monta vuotta.

***

Olin tutustunut Pirjoon, joka eläintarhassa hoitaa eläimiä. Viime aikoina hänen erityisenä työnään oli ollut trooppisista maista kotoisin olevien matelijoiden, siis lähinnä käärmeiden, hoitaminen. Hän uskaltaa astua niiden tarhaan ja tehdä tarvittavat hoitotoimet. En ole hänen kanssaan puhunut asiasta tarkemmin, sillä hän ei selvästikään halua puhua ammatistaan. Käärmeiden hoitaminen ei ole mikään tavanomainen työ ja varmaan se herättää ihmisissä paljon uteliaisuutta ja myös kammoa, mikä ei ehkä tunnu hauskalta. Siitä huolimatta halusin keskustella Pirjon hoidokeista. Pidin huolen siitä, ettei kukaan kuullut.

Olimme molemmat Ruususeuran jäseniä ja osallistuimme yhdistyksen tapaamisiin aktiivisesti. Ensi alkuun tavatessamme kysyin aina, mitä hänen hoidokeilleen kuuluu. Kerran talvella hän kertoi hymyillen iloisesta perhetapahtumasta: yksi käärmeistä oli saanut poikasia. Minuakin se ilahdutti. Ihan totta. Varmaan myös käärmeen lapset ovat suloisia. Kuukauden kuluttua eläintenhoitajaystäväni kertoi huolestuneena, kun olin kysynyt käärmeenpoikasten voinnista, etteivät kaikki olleet kunnolla oppineet syömään. Taas tunsin myötätuntoa, luultavasti aitoa myötätuntoa, noita eläviä pieniä olentoja kohtaan, jotka ovat melkein pelkkää pitkää ruumista, ja nyt ne eivät ole oppineet syömään!

Kun jälleen kuukauden parin kuluttua kysyin, mitä poikasille kuuluu, minulle kerrottiin, että osa niistä oli muuttanut uuteen kotiin, Pirjon kollegan lemmikeiksi. Nyt en tuntenut sydämessäni yhtä ilmeistä myötätuntoa, vaan pikemminkin kylmäävää vastenmielisyyttä, jopa inhoa tai pelkoa. Minä en ottaisi käärmettä lemmikseni. Kysyin häneltä, onko hänellä kotonaan käärmeitä ja ottaisiko hän. Hän vastasi, että voisi kyllä ottaa mutta ne sitoisivat häntä.

Kerran kysyin Pirjolta, ovatko puheena olevat käärmeet myrkkykäärmeitä. "Eivät ole", hän vastasi. "Ovatko ne kuristajakäärmeitä?" Vastaus oli jälleen kielteinen. Keskustelukumppani totesi lisäksi, ettei kuristaminen itse asiassa ole muuta kuin ruuasta kiinni pitämistä.

Myöhemmin kesällä minusta alkoi tuntua siltä kuin olisin liian usein esittänyt käärmeitä koskevia kysymyksiä. Vaikutti siltä kuin hän olisi väistellyt minua. En enää kysellyt ja lisäksi lupasin olla kyselemättä. Pian tämän jälkeen Pirjo matkusti puoleksi vuodeksi Intiaan. Sen koommin en ole häntä nähnyt.

**

Nederlands Dans Theaterin syntyään tšekkiläinen johtaja ja koreografi Jiři Kylián on perustanut tanssiryhmän "vanhoille", siis yli 40-vuotiaille balettitanssijoille. Kun itsekasvatukseni oli hyvällä alulla, oli televisiossa ryhmästä kertova ohjelma; en tiedä, onko ryhmä yhä olemassa. Naistanssijat esittivät samoalaiseen käärmeäidin kehtolauluun pohjautuvan teoksen: laulu kertoo käärmeäidistä, joka suree sitä, ettei sillä ole käsiä joilla se voisi helliä lapsiaan ja suojella niitä vaaroilta. Tanssijoiden käsivarret liikkuivat käärmemäisesti mutta kädet olivat jäykkinä eikä niillä olisi voinut ottaa lapsia syliin, vaikka miten kovasti yrittäisi. Minusta se oli surullista ja liikuttavaa ja uskon sen kasvattaneen myötätuntoani käärmeitä kohtaan. Käärmeäidin kehtolaulun äänitausta oli uhkaava, ehkä ydinräjähdyksen aiheuttama ääni. Tunsin myötätuntoa koko luomakuntaa kohtaan, planeettaamme kohtaan, joka ei ole mikään pysyvän rauhan maa.

Ei ehkä ollut vuosi 2000, mutta siitä on kauan, kun luin lehtiartikkelin kyiden elämästä; valitettavasti en merkinnyt muistiin kirjoituksen ja kirjoittajan nimeä, en edes tiedä missä lehdessä juttu oli. Niihin aikoihin uskalsin katsella käärmeenkuvia, mutta luultavasti en olisi suostunut panemaan kättäni kuvien päälle, saati suutelemaan niitä. Luin kirjoituksen ja järkytyin. Varsinkin äitikyyn elämä on hyvin vaikeaa: kantava käärmenaaras ei näet syö mitään odotusaikanaan, sillä sen vatsassa ei ole tarpeeksi tilaa. Jos kesä on kolea, se synnyttää vasta seuraavana vuonna, sillä poikaset tarvitsevat kehittyäkseen auringon lämpöä. Niin pitkä paastoaminen tuntuu julmalta. Onkohan tuo totta? Kaipa luonto tietää, mikä on parasta. Kärsiikö kyy?

Kuolleena syntynyt käärmeenpoikanen metsätiellä

Keväällä ja alkukesällä 2000 oli Helsingissä Hugo Simbergin ja William Blaken suuret näyttelyt. Kummallakin on töissään matelijoita, joten minulla oli oiva tilaisuus antaa itselleni siedätyshoitoa. Käärmeet olivat fantasiakäärmeitä. Vaikka nämä taiteilijaherrat ovat astuneet arkitodellisuuden taakse, heidän mielikuvituksensa ovat hyvin erilaiset.

Hugo Simbergin (1873–1917) harvoin nähtyihin töihin kuuluu suurikokoinen maalaus *Haukotteleva käärme*. Siinä on pitkä keltainen käärme, joka on kallion takaa kiemurrellut kuvan etualalle. Näin maalauksen ensin etäämpää. Emmin: uskallanko mennä katsomaan sitä lähempää, sillä sen mutkitteleva vartalo oli puistattava. Kannatti katsoa, sillä otuksella oli niin hassu naama, etten voinut muuta kuin hymyillä, ellen peräti nauranut. Käärmeellä näet oli sian kärsä ja avoimessa suussaan lihaksikas punainen kieli. Sillä ei ollut kaksihaaraista kieltä, jollainen käärmeellä on ja jota se lipsuttelee. Tämä käärme on toista maata kuin Simbergin monissa akvarelleissa olevat pikkukäärmeet.

Ajatuksia herättävä on Tampereen tuomiokirkon kattoholvissa oleva *Paratiisin käärme*, jolla on isossa kidassaan omena. Tätä omenanpitelijän merkitystä olin pohdiskellut ja päätellyt että se on syntiinlankeemuksen käärme. Tamperelaissyntyinen ystävättäreni Arja oli jo lapsena miettinyt käärmeen merkitystä ja päässyt lopulta pidemmälle kuin minä. Hän on varmasti oikeassa: käärme ei ole paha. Se ei ole ihmiskunnan vihollinen, vaan hyväntekijä, sillä se ojensi ihmiselle, vieläpä naiselle, tiedon omenan, ja kun ihminen sitä haukkasi, kaiken – hyvän ja pahan – tietäminen tuli hänelle mahdolliseksi. Samalla ihmisen tuli ottaa vastuu tekemisistään.

Vajaa viikko sen jälkeen, kun olin Simbergin näyttelyssä katsellut haukottelevaa käärmettä, se oli muuttunut sellaiseksi, etten enää voinut suhtautua siihen myönteisesti. Mietin tällaisia: Ehkä sen huvittavuus onkin hämäystä, sillä käärme on aina käärme, silloinkin kun sitä pitää viattomana. Sillä on pitkä epämiellyttävä kiemurrellen maata pitkin liukuva ruumis. Ehkä Simbergin matelijalla on punaisen kielen alla myrkkyhampaat piilossa. Ehkä se on kuristajakäärme.

Järkeni sanoi, että suhtauduin siankuonoiseen haukottelevaan käärmeeseen epäoikeudenmukaisesti ja ennakkoluuloisesti. Suggeroinko itseni näkemään maalauksen päähenkilön vastenmielisenä? Itsesuggestion voima on suuri. Fobia nosti päätään. Näitä miettiessäni oli kevät, ja ilmojen lämmetessä lisääntyisi vaara astua kyykäärmeiden reviirille, mikä ei ollut mukavaa varsinkaan koiraa ajatellen.

Englantilainen William Blake (1757–1827) oli taiteilija ja runoilija. Blake oli intohimoisen kiihkeä, kiivaskin voimakkaiden näkyjen näkijä. Niitä ja niihin liittyviä profeetallisia tekstejään hän ikuisti taiturillisesti syväpainotekniikalla ja sai aikaan muhevia värejä. Hänen ennustuksensa ovat varsin vaikeatajuisia. Ihmisten lankeaminen huonotapaisuuteen huolestutti Blakea suuresti ja hän halusi profetiallaan varoittaa heitä. Tämä taiteilija on aina sävähdyttänyt minua mystisellä voimallaan, kun olen jossakin nähnyt kuvan jostakin hänen työstään. Niinpä olin innoissani näyttelystä, vaikken nytkään paljon mitään ymmärtänyt. Imin kuvallisia vaikutelmia.

Blaken joissakin töissä oli hurjia käärmeitä. Niiden ruumiit olivat kiemuralla ja niillä oli kita auki ja kieli ojossa. Kumma kyllä hänen dramaattisinkaan käärmeensä ei näyttänyt pelottavalta – eikä näyttänyt vielä silloinkaan, kun pian näyttelyn jälkeen kirjoitin siitä. Hänen käärmeensä ovat ehkä epäuskottavia, sillä ne – miten sen sanoisin – ovat liian epätodellisia. Sama koskee ilmeikkäitä henkilöhahmoja ja kuvien muuta sisältöä. Eihän Blake kuvaakaan reaalista maailmaa. Ehkä tätä vaikutelmaa lisää se, että taiteilija on häivyttänyt yksityiskohtia, mikä vie normaalitodellisuuden tuolle puolen.

Katsellessani Blaken näyttelyä esittelevää kirjaa vuosien perästä (2014), alan uskoa, että taiteilijan tyylille ominaiset ja hänen luomistyönsä mielentiloja kuvastavat, alati rauhattomasti aaltoilevat ja mutkittelevat viivat synnyttivät päässäni vaikutelman, että käärmeitä oli hyvin paljon, paljon enemmän kuin niitä todellisuudessa oli.

Mieleeni jäi parhaiten *Sairas ruusu* -niminen runo ja sen ympärille sommiteltu kitulias suuripiikkinen ruusu, jonka kukka repsottaa kuvan alaosassa. Siitä työntyy ulos epämiellyttävän tuntuinen keijukaismainen mato. Aale Tynni on suomentanut runon:

Olet sairas, ruusu!
Mato jota ei näy,
joka lentää yössä,
kun myrsky käy,

ilovuoteesi löysi
tulenpunaisen.
Sinut tuhoaa tumma
salarakkaus sen.

Kuva ja runo kertovat ilmiselvästi seksuaalisuuden pelosta. Yhdistin tunteen suolla kohtaamaani raiskaajakyyhyn. Olin unohtanut myös yläosan ruusunvarsilla olevat hahmot: naisen ja miehen, jotka näyttävät häpeävän.

***

Loppukesällä 2000 näin tiellä kuolleen käärmeen, sangen mustan kyyn. Se oli jäänyt auton alle aivan äskettäin, sillä sen veri – yhtä punaista kuin ihmisen veri – oli sen vierellä roiskeina. Säälin sitä ja olin surullinen, samalla kun hieman kammoksuin sitä, vaikka se oli kuollut ja vaaraton. Kyy oli kuollessaan liiskaantunut pahasti. Se oli tullut lämmittelemään juuri siihen paikkaan, koska siinä maa viettää kohti etelää ja aurinko porottaa.

Seuraavina päivinä kun kävellessäni lähestyin sitä paikkaa, muistin että raato oli siinä. Vaikka se oli vaaraton, kiersin sen tien toista laitaa pitkin enkä päästänyt Peniä sitä nuuskimaan. Koiralla on tarkka hajuaisti, mutta Peni ei osoittanut kiinnostusta sitä kohtaan. Onko käärme hajuton? Kuolleenakin?

Päivä päivältä auton tappama käärme, joka yhä uudelleen jäi auton alle, muuttui muodottomammaksi ja kuivemmaksi ja lopulta pelkäksi muistoksi. Se herätti minussa ajatuksia. Tunsin sitä kohtaan myötätuntoa ja surin sen kohtaloa, sillä onhan matelijoillakin paikkansa luonnon kokonaisuudessa. Käärmeiden pitäisi ymmärtää olla tulematta tielle, sillä tiet on tehty palvelemaan ihmisiä ja heidän ajoneuvojaan, ei eläimiä varten. Eläimillä ei ole sellaista ymmärrystä, että tämän käsittäisivät.

Samanlaiset surulliset tunteet heräsivät minussa keskellä talvea 2002, kun näin sanomalehdessä Vuoden luontokuvaksi valitun Hannu Ahosen kuvan Ihmisen synnyttämät kyyt. Siinä on auton alla ruhjoutunut äitikyy ja sen vielä syntymättömät poikaset. Valokuvaajan mukaan kuva on kannanotto, "ajankuva joka osoittaa miten kohtelemme äiti maata ja sen lapsia". (HS 12.2.2002)

Buddha terapeuttina

Syksyllä 2000 olin hyvin innostunut Pema Wangyal Rinpochesta ja hänen perustamastaan opintopiiristä ja uskoin olevani oikea buddhalainen. Tosin olin epävarma siitä, onko minulla edellytyksiä sitoutua koulutukseen, kun en esimerkiksi edes osaa englantia niin hyvin, että pystyisin lukemaan hänen alkajaisiksi suosittelemiaan "läksykirjoja". Huoli oli turha, hän sanoi minulle: jokainen opiskelee ja tekee harjoituksia kykynsä ja mahdollisuutensa mukaan. Se riittää.

Tiibetinbuddhalaisuus on varsin kurinalaista. Meditoidessa pitää kyetä keskittymään päivän tekstiin. Peman opetuksessa se on hyvin tärkeä. Ei saa päästää mieltään harhailemaan omille poluilleen. Pitää olla tarkkaavainen ja keskittynyt, kun haluaa edistyä dharman opiskelussa. Mutta miten kävi minulle! Keskittymiseni näet herpaantuu helposti ja katson, itse asiassa halukkaasti, mitä sisäoliolla on minulle tarjottavana. Olen niin kauan suosinut vapaata meditaatiota, että kurinalainen mietiskely tuntuu vaikealta. Itse asiassa olen ylpeä, kun mielikuvitukseni antaa minun meditatiivisessa tilassa katsella näkyjä. Tällainen leväperäisyys kuuluu olevan yksi meditaation esteistä.

Koska käärme oli näihin aikoihin paljon mielessäni ja halusin voittaa sen, etenkin mielikuvat joissa se ilmestyy lähelleni, olivat minulle hyvin tärkeä terapeuttinen asia. En kyllä osannut odottaa, että minua parantamaan ilmestyi Buddha itse. Tämä tapahtui vuoden 2000 jälkipuoliskolla.

***

Pema Wangyal Rinpochen opintoryhmässä teimme Sakyamuni Buddha -harjoitusta, jonka hän oli kesällä opettanut meille. Sen nimi on Buddha Sadhana eli turvautuminen Buddhaan eli Siunausten aarre. Ensin siinä visualisoidaan jalokivin koristeltu kultainen leijonavaltaistuin. Kun sen on saanut valmiiksi, on valtaistuimella olevan valkoisen lootuksen vuoro. Kukan päälle laitetaan punainen ns. auringonkiekko ja sen päälle valkoinen kuunkiekko. Nyt on istumapaikka valmis ja sille hahmoistetaan yksityiskohtaisen tarkasti Buddha kaikessa loistossaan istumaan ja hänen ympärilleen vielä lukuisa joukko olentoja buddhamaailmoista. Elokuun lopulla kävi näin:

Kun olin "saanut valmiiksi" valtaistuimen, lähti tietoisuuteni äkisti omille teilleen. Minua miellytti vapaamuotoinen näkyni enemmän kuin kurinalainen visualisointi, mikä tietenkin olisi buddhalaisuuden opiskelun kannalta todennäköisesti suotavampi.

> Sakyamuni Buddha ei istunut valtaistuimellaan, vaan maassa. Oli yö, lämmin tropiikin yö. Kuu paistoi puiden lehvistön läpi ja maalasi maahan valotäpliä. Buddha istui puun alla. Se oli kai sama puu, jonka alla hän valaistui eli hänelle vaikenivat elämän perustotuudet. Buddhan nenän ääriviiva ja hymyilevä suu näkyivät kuun valon kajossa selvästi, mutta muuten hän oli lähes täydellisessä pimennossa.

> Istuin noin puolentoista metrin päässä Buddhaa vastapäätä. Minusta näytti siltä kuin hän olisi hymyillyt minulle. Nektari, jota oli hänen pitelemässään maljassa, välkehti kun kuun valo osui nesteen pintaan. Ajattelin: on yö,

miellyttävästi viileämpää kuin päivällä, viidakosta ei kuulu risahdustakaan, kun kaikki eläimet nukkuvat. Rauha on rikkumaton.

Mutta! Viidakosta Buddhan oikealta puolelta oli luikerrellut esille käärme. Se oli iso ja tumma, varmaan musta. Se makasi maassa pää Buddhan vieressä. Minua pelotti. Aloin vapista. (Mielikuva pani minut oikeasti vapisemaan ja värisemään. Ihan valtavasti.) Pelästyin. En olisi millään muotoa halunnut joutua käärmeiden kanssa tekemisiin. Sellaiseen en ollut varautunut.

Buddhan toiselle puolelle matoi viidakosta vaalealta vaikuttava käärme, varmaan valkoinen. Se piti päätään Buddhan vasemman polven vieressä. En ymmärrä miten ja milloin se oli siirtynyt taakseni, niin että sen pää oli vasemmalla puolellani ja häntä oikealla. Olin pelosta suunniltani! Käärme ei sentään koskettanut minua. Vapisin. Vapisin kovasti.

Buddha Sakyamuni puhutteli minua. Hän puhui melkein komentelevaan sävyyn. Hän käski minua koskettamaan käärmettä. Pelkäsin, mutta tottelin ja tunsin otuksen suomuisen ihon laadun ja lämmön, joka oli sama kuin ilman. Se tuntui samanlaiselta kuin käärmeennahkakäsilaukku, jollaista olin joskus lapsena Ruotsissa koskettanut. Sillä aikaa kun tämä tapahtui, Buddha puhui:

"Sinun pitää päästä eroon mielikuvastasi, sillä enemmän pelkäät mielikuvaa kuin oikeaa käärmettä, sillä oikeaa et kovin usein edes näe. Sietää kuitenkin olla varovainen oikean käärmeen kanssa, mutta viisaasti. Sinun pitää päästä mielikuvastasi."

Pelkäsin käärmettä niin että vapisin. (Oikeasti vapisin.)

Buddha antoi mustan käärmeen lähteä liikkeelle. Se tuli minua kohti ja lipsutteli kieltään. Pelkäsin suunnattomasti.

Buddha sanoi: "Ei se tee sinulle mitään. Muista, että pelkäät mielikuvaasi."

Käärme pysähtyi pää lantioni vierellä.

"Silitä sen päätä. Vakuutan, ettei se tee sinulle mitään. Tosin se on myrkyllinen."

En uskaltanut silittää käärmeen päätä. Buddha armahti minut. Käärme liu'utti vartaloaan eteenpäin takaani valkoisen käärmeen ulkopuolelta. Vapisin.

"Päästä irti mielikuvastasi!"

Buddha otti pääni käsiensä väliin. Hän piti sitä vakaasti niiden välissä ja tunsin selvästi – oikeasti – hänen käsiensä myötätuntoisen vakuuttavan kosketuksen. Hän suorastaan hoki:

"Pääsi pitää tulla selkeäksi, pääsi pitää tulla selkeäksi..."

Buddha otti minut syliinsä, koska vapisin kovasti. Ja sanoi: "Olet kuin pikku-tyttö. (Pikkuiseksi tytöksi tunsinkin itseni.) Sinun pitää vihdoin kasvaa aikuiseksi ja ruveta luottamaan itseesi."

Buddha istui jälleen minua vastapäätä nektarimalja vasemmassa kädessään. Käärmeet nousivat hänen polvelleen juomaan nektaria. Ne joivat päät sievästi rinnakkain ja sen jälkeen ne liukuivat äänettömästi viidakkoon eikä niitä enää näkynyt.

Oli kuitenkin vielä yksi koettelemus. Buddha kehotti minua juomaan nektari-maljasta, huolimatta siitä, että myrkkykäärmeet olivat juoneet siitä ennen mi-nua. Join.

Miten näky päättyi, en muista. Se ehkä liukeni pois. Tai sen keskeytti mietiskelyn päättymisestä ilmoittava helähdys soivan kulhon kylkeen ja oitis jatkuvaan mant-raan. Olisin halunnut jäädä miettimään kokemustani.

Kokemus oli voimakas. Ruumiini oli sen jälkeen väsynyt ja päässä tunsin yhä Buddhan kädet. Tuntoaistimus oli voimakas. Olin hämmästynyt ja liikuttunut ja minua myös ujostutti, kun suuresti kunnioittamani opettaja – yliluonnollinen opettaja – omassa persoonassaan oli ruvennut minua parantamaan. Buddha istui maassa tasa-arvoisena kanssani eikä loisteliaalla valtaistuimella ihailtavanani kuun paisteessa.

Tämän tapauksen jälkeen olin kohtalaisen kauan hyvällä mielellä ilman minulle tyypillisiä masennuksen ja ahdistuksen tunteita. Sakya-klaanin prinssiksi syntynyt vaatimattomasti elänyt Buddha oli hyvä, joskin näköjään varsin suorasukainen terapeutti. Heti en kotona rohjennut tehdä Buddhan Sadhanaa, sillä en halunnut asettaa itseäni tilanteeseen jossa viidakosta jälleen saapuu käärmeitä. Mietin ko-kemustani paljon ja kauan. Se oli tapahtunut mielessäni, mutta sen vaikutus tun-tui todellisessa ruumiissani.

Viikko pari sen jälkeen, kun olin istunut Buddhan kanssa pyhän bodhipuun alla keskustelemassa käärmeistä, piilotajuntani muistutti minua siitä, että voin suo-jautua. Se tapahtui, kun teimme hengityksen tarkkailu -harjoitusta:

Istuin hämärissä. Jonkin aidan tai verhon alta kurkkasi käärme. Olin suunniltani pelosta. Pelkäsin että se luikertelee luokseni. Suojakseni ilmestyi ääriviivaton valo, vai pakotinko itseni loihtimaan sen siihen. En kuitenkaan ollut vakuuttu-nut sen tehosta.

Äkkiä ympärilläni roihusi halkaisijaltaan noin kolmemetrinen tuliympyrä, jonka liekit kohosivat metrin korkeuteen. Nyt ei käärme pääse tulemaan! Tulisen kehän ulkopuolelle ilmaantui vesirengas, mutta vesi ei sammuttanut tulta eikä tuli hävittänyt vettä, vaikka ne olivat ihan vieretysten ja hipoivat toisiaan. Liekit vain hiukan madaltuivat, kun vesi suihkusi patsaina metrin verran ylöspäin.

Ymmärsin, että voin milloin hyvänsä visualisoida ympärilleni suojaympyrän. Olin myös hyvin tietoinen siitä, että istuin maassa. Läsnä olivat elementit maa, vesi ja tuli. Ilmaan en kiinnittänyt huomiota, mutta olihan sekin paikalla. Valo arvattavasti edusti avaruuselementtiä.

Muutaman viikon kuluttua istuin jälleen yhdessä toverieni kanssa tekemässä Buddha-harjoitusta. Olimme päässeet kohtaan, jossa hänen mantraansa 'Om muni muni maha munaye soha' toistetaan lukuisia kertoja ja hypistellään mantranauhan (mala) helmiä. Mantraamisen mumina ja rukousnauhoista lähtevä pieni helinä häiritsivät keskittymistäni – olin ehkä siirtymässä meditatiiviseen tilaan. Jätin mantran kesken ja kuuntelin antaumuksen ääniä ympärilläni. Piilotajuntani sai niistä virikkeen ja harjoitukseni lähti omille teilleen:

Istuin yhdessä meditoijien kanssa öisessä metsässä aukealla paikalla tai metsän reunassa suuren puun alla yhdessä Buddha Sakyamunin kanssa. Hän oli keskellä ja me hänen ympärillään mantraa mumisemassa. Valon kajo tai valopilvi ympäröi meitä suojelevasti. Lähistöllä oli kaksi valtavaa käärmettä, mutta niihin ei liittynyt mitään uhkaa. Ne olivat lähistöllä ja olin tietoinen niiden olemassaolosta.

Visualisoinnin ja mantran resitoinnin jälkeen viivyin vielä tunteessani. Mielestäni olin lopettanut harjoituksen, mutta se kuitenkin jatkui: kaksi isoa käärmettä, ne jotka olivat olleet lähistöllä, asettuivat ympärillemme suojaavaksi renkaaksi. Ne olivat vaarattomia suojelijoitamme, joista muodostui maaginen ympyrä.

Marraskuun 22. päivänä kirjoitin päiväkirjaani näin: "Buddha Sakyamuni puuttui jälleen asioihini, nimenomaan käärmefobiaani. Eilisessä Hesarissa oli juttu siitä, miten yhä useammalla on käärme lemmikkinä. Pentti silmäili lehteä aamiaista syödessään ja esille kääntyi sivu käärmejuttuineen ja -kuvineen. Päätin, etten lue sitä, mutta sen olemassaolo jäi askarruttamaan mieltäni. Olin kai hieman utelias."

Kun illalla harjoituksen yhteydessä ryhdyttiin visualisoimaan Buddhaa, muistin heti käärmeartikkelin ja minulle tuli epämiellyttävä tunne, että käärmeitä saattaa olla huoneessa ympärilläni. En saanut kauheaa tunnetta häivytetyksi.

Buddha huokaisi: "Mitähän minun pitäisi sinun kanssasi tehdä!"

Aloin muuttua pieneksi tytöksi, yhä pienemmäksi, lopulta siinä 4–5-vuotiaaksi. Istuin Buddhan vasemmalla polvella. Nektarimaljan hän oli kai asettanut maahan. Toisessa kädessään hänellä oli käärme, jota minun oli määrä katsella. Se muistutti väriltään käärmettä, josta olin nähnyt sanomalehdessä vilauksen. Buddha kehotti minua katselemaan käärmettä ja vakuuttamaan itseni siitä, ettei se ole vaarallinen. Hän kehotti minua lukemaan Hesarin jutun ja myös käärmekirjan, jonka olin pannut syrjään päätettyäni, etten ainakaan toistaiseksi sitä lue. – Lupasin ja päätin lukea ne.

Luin artikkelin eikä se kauhistuttanut minua ja kuvatkin katselin rauhallisena. Leikkasin artikkelin talteen. Ei kai käärme ole iljettävä, koska monet pitävät otusta kotonaan. Minä en kyllä pitäisi. Arveluttavaa on myös se, että käärme onnistuu luikahtamaan jopa hyvin pienestä raosta kotoaan naapurin puolelle. Käärmefobiaiselle sellainen mahdollisuus on kärsimystä, sillä hänen mielikuvituksensa voi maalailla hänen kotiinsa vastenmielisiä ja pelottavia luikertelijoita. Siunasin itseäni, ettemme asu kerrostalossa!

Buddha tarkoitti Antero Järvisen vuonna 1987 ilmestynyttä kirjaa *Käärme. Jumalattaresta paholaiseksi*, jonka olin ostanut. Olin ajatellut, että sen lukemalla saisin käärmeen kulttuurihistoriasta oikeamman kuvan kuin symbolikirjojen artikkeleista ja yleisteoksista. Minua asia kiinnostaa myös sen takia, että ajattelen tietojen auttavan minua selvittämään itselleni, mitä käärme haluaa minulle sanoa ilmaantuessaan mielikuviini ja maatessaan maantiellä ouroboroksena, viattomana ympyränä. Pelko on mieleni katala luomus. Koska kirjan kannessa oleva käärmeen kuva tuntui epämiellyttävältä, laitoin kirjan päälle paperin. Se ei kuitenkaan ihan auttanut, koska tiedän että paperin alla on kuva käärmeestä. Tosin en tarkalleen tiedä millainen kuva, sillä en tietenkään halunnut painaa sitä mieleeni. Jotta saattaisin lukea kirjaa, peitti rakas puolisoni sivujen käärmekuvat tarralapuilla. Sivunumeroiden vieressä on pienet vinjettikäärmeet, jotka arvelin kestäväni, vaikka melkein olisin halunnut nekin piiloon.

Ryhdyin lukemaan. Pian tuntui kuitenkin siltä, ettei käärme-kirjan lukeminen ehkä sittenkään ole hyväksi minulle, ainakaan vielä. Mielikuvitukseni saisi liikaa virikkeitä, ja sehän on ilman käärmetiedon lisääntymistäkin melko vilkas. Harmi.

Vaikka pidän käärmettä merkityksellisenä otuksena ihmisen kulttuurihistoriassa ja vaikka olen itse asiassa aika imarreltu, kun sisäolioni on näyttänyt minulle upeita käärmeitä, en pystynyt lukemaan Järvisen kirjaa moneen vuoteen. Kuvittelin etten pysty. Myöhemmin kun pelkoni on asettunut, olen ahkerasti tutkiskellut teosta ja olen jopa ottanut tarralaput pois.

Marraskuussa 2000 totesin, etten näköjään saa käärmeitä pois mielestäni. Nyt minulla näytti olevan oikea käärmebuumi: käärmefobia – ja myös halu työstää sitä mielikuvien avulla – oli voimissaan. Meditaatio näytti olevan hyvä työväline. Tai sitten ei. Istuin lattialla yhdessä muiden ryhmäläisten kanssa tekemässä harjoituksiamme. Päästin mieleni omille teilleen. Jälleen Buddha sai minut näkemään käärmeitä.

> Näin käärmeen, sen vatsapuolelta. Koetin häivyttää näyn, mutta en onnistunut. Toivoin että huoneessa kuuluvasta mantran resitoinnista, äänestä ja voimallisista sanoista rakentuisi suojaava kehä minun ja Buddhan ympärille. Jotenkin onnistuin tekemään äänikehän. Sillä ei kuitenkaan ollut mitään vaikutusta, sillä sen sisäpuolella oli, ilmeisesti jo valmiiksi suuri määrä monenvärisiä pieniä käärmeitä.

> Buddha sanoi niille: "Menkäähän nyt." Ne tottelivat ja luikertelivat leveänä rintamana Buddhan vierestä kohti tiheää viidakkoa.

> Jostain tuli uusia käärmeitä. Hirveää, sillä ne tulivat helmojeni alta. Ne tulivat ulos minusta! Ällistyin, ehkä enemmän ällistyin kuin järkytyin ja pelästyin, sillä tämä oli minusta sangen omituista. Käärmeitä luikerteli ulos alavartaloni aukoista. Vielä enemmän niitä – pieniä kauniita käärmeitä – poistui ylempää kehoani: korvista, suusta, päälaesta, kainaloista, käsivarsista, selästä ja vartaloni etupuolelta. "Miten ihmeessä minussa voi olla näin paljon käärmeitä", ihmettelin. Se oli lähinnä kummallista. Ei pelottavaa.

> Oli kuin sisälläni olisi nyt, käärmeiden poistuttua, ollut enemmän tilaa kuin aikaisemmin ja kuin sinne olisi virrannut kirkasta valoa.

> Näkyni uhkasi jäädä kovasti kesken, sillä harjoituksen lopetusääni helähti.

> Minun oli pakko ehtiä saada syntymään jonkinlainen päätös, sillä päässäni oli pakottava olo. Niinpä lopetusmantrojen välillä annoin suuren tumman käärmeenmötkäleen luiskahtaa ulos päälaestani. Se pudota mätkähti eteeni ja mateli sitten joukon jatkona pois tiheään metsään.

Mitä käärmeitä ne olivat? Tarkoittivatko ne, että olen paha ihminen? Ei tule muuta mieleeni. Ehkä niillä on jotain tekemistä synnintunnon, syyllisyyden tunteen, kanssa. En tiedä. Onneksi vapauduin niistä.

Nämä meditaatiot joissa Buddha konkreettisesti ja aktiivisesti puuttui mielenterveyteeni, tuntuivat – ja jossain määrin yhä tuntuvat – hämmentäviltä. Ystävättäreni Elsi oli sitä mieltä, että Buddha Satyamuni oli todella tullut minua parantamaan. Olinhan tuntenut hänen käsiensä kosketuksen. Mutta koska olen ikuinen skeptikko, en ole ollenkaan varma, että näin on. Uskon, että jokin tietoisuuden taso, joka on toinen kuin jokapäiväinen arkitietoisuus, loi elävän tuntuiset kokemukset, jossa Buddha koetti vapauttaa minut käärmepelostani. Tuntoaistin herkkyyttä, arvelen.

Alitajunnan kuvat ovat osoittaneet, että minulle sopii buddhalaisuus paremmin kuin kristinusko. Kristinusko, varsinkin kirkkolaitos, herättää minussa ahdistusta, joka syntyi jo lapsuuden aikana. Buddhalaisuus ei. Se herättää minussa turvallisuudentunteen ja antaa minulle menetelmän kehittää itseni hyväksi ihmiseksi. Näin varmaan vaikuttaa myös kristinusko, mutta se ei ole minun juttuni.

Buddhalaiset harjoitukset voivat myös tehdä ihmisestä tasapainoisemman ja henkisesti eheän. Sen onnistuminen vaatii ahkeruutta. Mutta jos depressio ja ahdistuneisuus pääsevät pahaksi, ihminen käpertyy helposti itseensä ja keskittyminen muuttuu ylen vaikeaksi, ehkä ylivoimaiseksi. Kehollekin on huono asia, jos ei jaksa tehdä harjoituksia, sillä se jännittyy ja kipeytyy. Tämä koskee myös aivoja, kehon tärkeää yläosaa.

***

Oli huhtikuu 2001. Talvi oli mennyt ilman pelkoa kohdata oikea käärme. Vaikka oli talvi, käärmeet olivat silloin tällöin kummitelleet mielessäni. Tiedän että ne ovat koloissaan olemassa ja että keväällä ne heräävät virkeinä. Varmaan tämä tietoisuudessa taustalla oleva seikka pani minut kevään kynnyksellä jälleen keskustelemaan Buddhan kanssa. Se tapahtui odottamatta. Päässäni syntyi uudestaan oivallus järkevästä, oikeasta suhtautumisesta käärmeeseen.

Istuin tekemässä meditaatioharjoitusta yhdessä muiden kanssa. En taaskaan oikein osannut keskittyä. Oli kuin aivoissani olisi kirkkauden sijasta ollut sameaa puuroa. Koetin kuitenkin visualisoida Buddhan kuten oli määrä tehdä. Sepitinkö tilanteen tietoisesti vai syntyikö se alitajunnassa itsestään, en oikein tiedä. Joka tapauksessa:

> Sakyamuni Buddha istui valaistumispuun alla kuun paistaessa puiden lehtien välistä ja valaistessa maata. Istuin häntä vastapäätä. Keskustelimme käärmeistä.

> Pelkäsin, että lähellämme olisi käärmeitä, mikä oli mielestäni vastenmielinen mahdollisuus. Ajoittain ympärillämme välähteli suojeleva tuliympyrä. Buddha oli sitä mieltä, että voisin aina kun liikun ulkosalla laittaa ympärilleni tulisen kehän. Ajatus tuntui minusta ensin hyvältä, mutta pian ei: Miten se kävisi

päinsä, kun hääräilen vaikka puutarhassa ja ripeästi siirryn paikasta toiseen? Eikö tulirenkaan olisi vaikea pysyä mukana? Minusta tuntui vakuuttavasti myös siltä, ettei tuollaista ympyrää ole todellisuudessa edes olemassa.

Huomautin Buddhalle tästä seikasta ja hän oli samaa mieltä kanssani: "Reaalitodellisuudessa ei tulikehää ole". Hän suositteli minulle asennemuutosta, luopumista alituisesta järkeilystä.

"Sinun pitää myös muuttaa suhtautumistasi käärmeisiin. Koska niitä, kuten myrkyllisiä kyitä, on, ne pitää hyväksyä", hän sanoi. "Ensinnäkin sinun on katsottava eteesi. Sinun pitää siis katsoa eteesi ja olla varovainen", neuvoi Buddha. Niin teen, koska en halua varmuuden vuoksi lämpimällä ilmalla pitää kumisaappaita jalassani.

Tämän jälkeen Sakyamuni Buddha huomautti, että myrkyn käyttö on käärmeen saalistuskeino. Sillä ei ole käpäliä eikä kynsiä, joilla se voisi iskeä kiinni ruokaan, kuten enimmät muut eläimet voivat. "Lähes kaikki eläimet saalistavat. Orava tuntuu sinusta suloiselta, ja silti se tappaa ja syö linnunpoikasia. Entä sitten kissa! Vaikka oma Mirrinne! Sillä on hirmuisen terävät kynnet ja hampaat. Vaikka tiedät, että kissa saalistaa luontaisesti, et tunne vastenmielisyyttä sitä kohtaan. Miksi pidät käärmettä puistattavan inhottavana ja olet kauhuissasi, jos vain ajatteletkin sitä? Opettele suhtautumaan siihen samalla tavalla kuin kissaan."

Päiväkirjassa kuvailin ajatuksia melko tuoreeltaan. Mielestäni Buddhan opetuksessa oli järkeä. Hän puhui, kuin olisi ollut reaalitodellisuudessa. Todella hieno oivallus tuo asennoitumisen muutos! Olinko taas unohtanut sen? Sitähän olen yrittänyt. Onko muistuttamisesta hyötyä? Koetan kasvattaa itseäni pitämään käärmettä samanarvoisena kuin muita eläimiä, samalla kun silti katson eteeni lämpimänä vuodenaikana enkä anna käärmepelon kiusata itseäni. Kymmenen päivää myöhemmin totean muistiinpanoissani, että pelokasta suhtautumistapaa on vaikea muuttaa. Käärmefobian sävyttämässä elämässäni en aina edes muista, että aion korjata asennettani.

"Nyt on ihana kevät", kirjoitan päiväkirjassani. "Toistaiseksi olen Penin kanssa ulkoillut metsäpolulla ja ajatellut, etteivät käärmeet ole vielä heränneet talvihorroksesta. Kuulin äsken ystävättäreltäni Arjalta, että hänen tyttärensä pihalla oli eilen tavattu kyy: Lapsi oli kontannut pihalla ja koira haukkunut, mikä oli saanut aikuiset tulemaan paikalle. Kaikki olivat pelästyneet. Käärme oli tapettu."

Kyyt ovat siis heränneet. Minusta tuntui hiukan surulliselta, kun juuri kevääseen herännyt käärme, josta Arja kertoi, oli tapettu. Niin piti kai tehdä lapsen turvallisuuden takia. En voi luottavaisella mielellä ottaa vastaan kevättä ja kesää. Uskallanko mennä metsään vai pitääkö minun kävelyttää Peniä keskellä maantietä? Tapaus, josta ystävättäreni kertoi, ruokki pelkoani.

Asenteeni on ristiriitainen. Toisaalta soisin myrkkykäärmeellekin oikeuden elää osana luomakuntaa. Toisaalta mieletön, mieltä vailla oleva järjetön pelko saa minut ahdistumaan ja toivomaan, ettei käärmeitä olisi olemassakaan. On vaikeaa muuttaa suhtautumista, kun se pitäisi saada tapahtumaan myös piilotajunnan ja tunteiden alueella. Käärmefobiaa ei näköjään voi hallita järjellä. Buddha ei tarkoittanut muutoksen välttämättömyyttä ainoastaan näkyvän todellisuuden tasolla vaan myös siinä osassa minua, jota piilotajunta hallitsee. – Tänään, kun kirjoitan tätä konseptia, on sadepäivä. Uskaltaudun Penin kanssa metsäpolulle. Siellä tuoksuu keväällä ja linnut laulavat. Pidän metsästä.

***

Meditaatiot, joissa Buddha konkreettisesti ja päättäväisesti puuttui mielenterveyteeni, hämmästyttivät ja epämääräisellä tavalla myös nolostuttivat. "En ole tällaisen huolenpidon arvoinen", kirjoitin päiväkirjaani marraskuun lopulla 2000. Samalla olin kiitollinen.

Oli kummallista, että ihan oikeasti tunsin Buddhan kädet pääni ympärillä. En sitä oikein ymmärrä. Kenties kyseessä oli itsesuggestio. Oli miten oli, niin muuntuneessa tietoisuudentilassa kokemani ajatukset ja tunteet ikään kuin siirtyivät jonkin vaikeasti selitettävän mielentason lävitse tietoisuuteeni fyysisenä tuntemuksena. Ehkä se voidaan rinnastaa herkkyyteeni nähdä näkyjä ja kuulla musiikkia ja jopa haistaa kukkien tuoksu tai tuntea kipua tai värähtelyä kehossani. Tällaiset aistimukset tapahtuvat hyvin selvästi "toisella puolella", vaikka ovat totta myös "tällä puolella".

Kun nyt (kevättalvella 2014) käyn käsikirjoitukseni Buddha-osuutta lävitse, alkaa tuntua uskottavalta, että edellä esittelemäni keskustelut ja kokemukset Buddhan kanssa pikemminkin ruokkivat käärmefobiaani kuin auttoivat minua pääsemään siitä irti. Ainakin ne pitivät käärmeet hereillä. En voinut rauhoittua matelijoiden talvihorroksen ajaksi – unohtaa niitä – palauttaakseni ne mieleeni vasta kevään koittaessa. Tuoreeltaan elettyinä mielikuvina ne tietenkin olivat ajankohtaisia. En osaa sanoa, miten paljon mielikuvat minua piinasivat. Muisti on epäluotettava.

Edellä kerrotusta vuotta myöhemmin, maaliskuussa 2001, olin onnistunut kesyttämään käärmeen siinä määrin, etten Tarab Tulkun opettaman Kultaisen valopallon harjoitusta tehdessäni kauhistunut huomatessani, että vatsallani nukkui kaksinkertaisena renkaana beigenvärinen iso käärme. Mutta koska se tuntui painavalta, ei siis epämiellyttävältä, nostin sen ajatuksessani kaksin käsin viereeni. Vein sen sitten varovasti ulos, sillä ulkona sen olisi varmaan luontevampi olla. Lopulta, varmaan turvallisuuden vuoksi, siirsin sen ämpärissä parin kilometrin päässä olevan hylätyn talon paikalle, jossa kuuluu olevan paljon kyitä.

Uskonnollinen kriisi

Uskoin olevani buddhalainen. Minua rupesi kuitenkin pikku hiljaa vaivaamaan kokoontumisiimme saapuneiden harras antaumuksellisuus, heidän syvät kumarruksensa Buddhan kuvan edessä ja muut uskonnollisuuden ilmaisut. Oli kuin olisin sisimmässäni ollut tämän ulkopuolella, ainakin vähän. Kuitenkin kumarsin kädet yhteen liitettyinä otsani, kurkkuni ja sydämeni kohdalla ja lausuin Buddhaan, *dharmaan* (opetukseen) ja *sanghaan* (yhteisöön) turvautumisen säkeet. Turvautuminen ravitsee sydäntä. Kunnioitan Buddhaa ja hänen opetuksiaan. Ilman muuta.

Taidan olla ihan mahdoton, kun ensin olen järkyttävän onneton ja tunnen että minut on sysätty ryhmän ulkopuolelle. Ja kun sitten saan peräti tiibetiläisen gurun, jota suuresti ihaillaan, minä muiden mukana, hän lakkaa kelpaamasta minulle, samoin kuin hänen perustamansa suomalaisen sanghan hurskaus. Tunsin itseni skeptikoksi ja ulkopuoliseksi. Ulkopuolisuuden tunne ei sinänsä ollut uutta minulle, sillä sen olen hyvin usein tuntenut nuoresta pitäen. Osittain se johtuu siitä, etten itse osaa mennä mukaan, vaan epämiellyttävästi tunnen kutistuvani mitättömäksi.

Olemiseni oli siis hieman ristiriitaista. Mutta jos todella hylkäisin (tiibetin)buddhalaisuuden ja ryhmän missä voin siihen paneutua, mitä jäisi jäljelle? Suurin pulmani oli täysin vieraalla kielellä, tiibetiksi, tapahtuva rukoustekstien resitaatio ja samanaikainen suomennoksen lukeminen. Pekka Airaksinen, joka kuuluu opiskelleen yhdessä Pema Wangyalin kanssa, on yksinkertaistanut asian jättämällä pois tiibetinkielisen tekstin, mikä helpottaa suomenkielisiä jotka eivät osaa tiibetiä. Harjoituksen ohjaaja sanoo rauhallisesti edeten mitä missäkin kohdassa tulee nähdä. Viisas yksinkertaistus.

Suurempi ongelma oli, etten tosiaankaan tiennyt uskoako vai eikö uskoa. Epäilin mantrojen ja tiibetinkielisten sanojen tehoa. Rituaalit ja seremoniat mietityttävät minua. Niillä osoitettiin kunnioitusta Buddhalle ja buddhamaailman olennoille tai jopa vuosisatoja sitten myyttisiksi muuttuneille guruille.

Olen järki-ihminen ja epäuskoinen, taipuvainen näkemään taikauskoa uskonnon-harjoituksessa. Tällainen kriittinen ajattelutapa johtunee osittain huonosta tavas-tani kärkkäästi arvostella milloin mitäkin, ilman että panen sitä merkille. Tiedän, vastustus ei ole omiaan luomaan sisäistä harmoniaa. Tuntuisi paremmalta, jos haluaisin olla mukana koko sydämestäni ja heittäytyisin mukaan uskonnon har-joittamisen muotoihin ja niiden luomaan juhlalliseen tunnelmaan, joka ruokkii osallistujien mieltä. Kokemus voi vaikuttaa lumelääkkeen tavoin, kun euforisessa tilassa tuntee olevansa terve ja iloinen, suorastaan onnellinen. Buddhalaisuus on keino, jonka avulla voi kehittyä eettisesti hyväksi ihmiseksi, joka tuntee rakasta-vaa myötätuntoa kaikkia, koko olevaista kohtaan. Aina se ei onnistu.

Olisin halunnut kokea uskonnon mysteerin, mutta en ollut "herännyt" kuten en myöhemminkään ole. Panin toimeen "uskonpuhdistuksen". Kysyin itseltäni, miksi olen laittanut kirjahyllyn päälle alttarin, ja onko mieltä siinä että joka päivä vaih-dan raikkaan veden seitsemään vertauskuvalliseen uhrimaljaan, olkoonkin että toimi auttaa mieltäni rauhoittumaan. – Panin rituaaliesineet piiloon paitsi hyvin kauniin thankamaalauksen, taideteoksen missä kuvataan kohtauksia Sakyamuni Buddhan elämästä. Tuli kevyt olo. Sydämeni ei ollut eikä ole avautunut uskon-nolle, millä ei kenties ole mitään tekemistä herkän tunne-elämäni kanssa. Budd-hapatsaat vein myöhemmin vihtiläiselle teosofiystävättärelleni Marjalle. Hän an-toi ne takaisin muuttaessani Porvooseen.

Ristiriidoista huolimatta en kuitenkaan heti luopunut sanghasta, joskaan en joka viikko osallistunut harjoituksiin. Minua alkoi kyllästyttää riippuvaisuus aikatau-luista, mikä oli alkanut jo silloin kun lapsena matkustin junalla kouluun. Peman ryhmän kokoontumisten jälkeen minua ei enää huvittanut värjötellä pysäkillä lä-hes puoli tuntia odottamassa bussin tuloa. Omalta pysäkiltä piti vielä kävellä ki-lometrin verran kotiin, jossa Pentti jo nukkui. En pelännyt syksyn pimeydessä metsätiellä. Silmät tottuivat valottomuuteen niin, että vesilammikotkin erottuivat ilman taskulamppua. Vain lähestyvät autot saivat sydämeni pamppailemaan. Ei niitä paljon ollut. Kaikki ajoivat onneksi ohitseni.

Sen jälkeen, kun muutimme Porvooseen, putosin lopullisesti kärryiltä, joskin suunnittelen vielä nousevani takaisin mahayanabuddhalaisuuden suureen vaunuun. En hylännyt harjoituksiakaan kokonaan. Kunnioitan vierailevia opettajia, mutta en ole käynyt kuuntelemassa heidän luentojaan, vaikka Porvoosta on Helsinkiin hyvät julkiset kulkuyhteydet. Minulla on kirjoja, mutta luetun omaksumista haittaa se, että pääni on muuttunut kaivoksi jossa kannettu vesi ei pysy. Muistivaikeuksia.

Jotta tämä luku ei pääty luopumisen tunteeseen, kerron miten tästä pitäen ryhdyin meditoimaan Buddhaa. Pema Rinpoche oli opettanut meille Sakyamuni Buddhan harjoituksen, Buddha Sadhanan. Kotona mietiskellessäni jätin resitoitavan tekstin pois. Aloitin niin kuin piti: annoin mieleni rakentaa jalokivin koristellun upean kultaisen leijonavaltaistuimen, asettaa sen päälle ihanan valkoisen lootuksen, sen päälle ensin punaisen aurinkomaton ja sen päälle valkoisen kuumaton. Näin varustetulle juhlavalle istuimelle visualisoin lempeästi hymyilevän Buddhan istumaan ja ympäröin hänet kirkkaalla valokehällä. Itse istuin maassa häntä vastapäätä ja siinä oli hyvä olla.

Mieleen muistui, että Buddha oli elänyt hyvin vaatimattomasti. Mietin mahtaako hän tuntea olonsa kotoisaksi pramealla valtaistuimella. Ajattelin, ettei hän ehkä pidä siitä. Näyssäni kävi nyt niin, että Buddha kapusi alas ja asettui maahan minua vastapäätä. Istuimme metsän reunassa bodhipuun alla. Se oli sama puu, jonka alla istuessaan hän oli valaistunut, ymmärtänyt millaista elämä on ja miten kärsimyksestä voi vapautua. Kuu paistoi lehvistön lävitse ja loi maahan valolaikkuja. Tästä pitäen visualisoin hänet aina tällä tavalla.

Uusiin maisemiin

Raini halusi panna Korson kotitalomme myyntiin. Hän oli siinä määrin tamperelaistunut, että käsitti, ettei koskaan enää asuisi lapsuudenkodissaan. Vuokralaisille tämä oli ikävää, sillä he olisivat halunneet asua siellä eikä heillä ollut varaa ostaa paikkaa.

Alkukeväällä 2004 taloa ruvettiin remontoimaan myyntikuntoon. Alkuaan 1939 rakennetussa ja 1964 laajennetussa talossa oli paljon korjattavaa. Rahaa kului melkoisesti eikä remontin teettämisestä selvitty ilman ottamaamme lainaa.

Olimme eri mieltä siitä miten paljon korjata, ja ahdistus ilmeisesti meillä kummallakin oli melko suurta. Purin mielialojani piirtämällä esimerkiksi hahmon joka on varastanut kuun taivaalta ja pitää sitä tiukasti kainalossaan, sekä pilvenkantajan joka kantaa pilveä asettaakseen sen eteeni. Ahdistus piti näillä kuvilla oksentaa mielestä pois.

Kesällä minun ja Rainin perheen entinen koti sitten myytiin ja jonkinmoinen rauha laskeutui piinattuihin mieliimme. Käteni pyöräytti paperille myönteisemmäksi tulleen mielialan mukaisesti kauniita jumalolentoja, myös jumalpoikia; he ovatkin lähes ainoat miessukupuoliset olennot buddhien ja radistipoikien lisäksi. Päiväkirjan sivuille ilmaantui lintuja, hyvin herkkä eläin -hahmo, luomisvoiman energiaspiraaleja ja muuta. Emme tulleet emmekä tule kovin hyvin toimeen keskenämme. Meillä molemmilla on suuri taipumus tuntea masennusta ja ahdistusta.

Vaikken ollut asunut kotitalossani vuoden 1992 jälkeen, vanhan kodin menettäminen oli mieleeni niin vahvasti vaikuttava asia, etten enää ole halunnut edes ajatella sitä. Jo silloin, kun tontti viitisen vuotta aiemmin oli jaettu ja toinen puolisko myyty, Päivölä lakkasi olemasta lapsuuden kotini. Sen viidakoksi muuttunutta puutarhaa, josta pidin, ei enää ollut. Halusin katkaista kaikki tunnesiteeni Päivölään.

Pois Peltolasta

Mikään ei elämässä pysy ennallaan vaikka niin toivoo ja kuvittelee olevan. Emme näet jääneet pysyvästi vihtiläisiksi, kuten olimme uskoneet rakentaessamme – tai enimmäkseen Pentin rakentaessa – kauniin talomme ja minä paratiisin puutarhaa.

Oli useita syitä, jotka herättivät minussa halun muuttaa pois Peltolasta. Lakkasin viihtymästä, Pentti sen sijaan ei. Tunsin olevani eristyksissä lähes koko maailmasta, huonojen joukkoliikenneyhteyksien varassa. Halusin päästä ihmisten ilmoille, vaikka Peltola olikin mieluinen koti. Jos olisin edes osannut ajaa autoa, mutta en osannut. Olin sivutien varressa olevan pikku kylämme ainoa aikuinen jalankulkija. Pentti kävi töissä ja sai olla ihmisten keskuudessa.

Puutarhasta oli tullut minulle liian iso, sillä olin ahnehtinut aina vain lisää kukkaihanuuksia. Raatamista oli liian paljon ja aloin kyllästyä siihen. Minusta alkoi tuntua hyvin selvästi siltä, etten jaksa hoitaa puutarhaani. Tuskin ennätin ihailla kukkasiani, joita suuresti rakastin. Tahdoin muuttaa pois, jottei minun tarvitse olla näkemässä, miten Äiti Luonto ottaa haltuunsa istutukseni. Puutarhatyöt eivät enää olleet ilo vaan pikemminkin masennuksen aihe. Uutta asuntoamme mietittiin. Ja mietittiin. Sen ajatteleminen oli kuin toivon kajastus.

Puolukkaranta

Olimme ajatelleet, että jos luopuisimme Peltolasta, meillä voisi olla sekä kaupunkiasunto että kesämökki järven rannalla. Sopivaa paikkaa ei löytynyt Etelä-Suomesta eikä pääradan lähettyviltä, ei ainakaan kohtuuhintaista. Ajelimme tonttia etsimässä etenkin Itä-Suomessa, jossa niitä tuntui olevan eniten myytävänä. Vihdoin loppukesällä 2004 seisoimme mieleisellä paikalla pienehkön järven äärellä Punkaharjulla. Maisema otti meidät vastaan ihmeellisellä rauhallaan ja levollisella kauneudellaan. Siellä oli hyvä olla. Joku puhuisi paikan hyvistä värähtelyistä. Kaupat tehtiin syyskuussa. Korson kodin myynnistä oli, sen vaatiman remontin kustannusten maksamisen jälkeen, meillä vielä hieman rahaa. Kun menimme katsomaan uusia tiluksiamme, silmiemme eteen aukeni suurenmoinen näky: varvikko jonka kasvilajeihin emme olleet ihmeemmin kiinnittäneet huomiota, oli muuttunut punaisten puolukoiden laajaksi mättäistöksi. Se oli suuri ilo. Kiinteistöllemme annoimme lainhuudossa nimen Puolukkaranta.

Muutto Porvooseen

Mielessämme oli Porvoo, ihmisen kokoinen kaupunki jossa kaikki on lähellä, eikä Helsinkiinkään ole järin pitkä matka. Ajattelin myös sen vuosisataista historiaa ja kulttuuria. Kuulun siihen ikäluokkaan, joka oli koulussa saanut Porvoon tuomiokirkon kuvalla kaunistetun väriliitulaatikon. Se lienee syöpynyt tajuntaani. Eikä minuun ollut vaikuttamatta Fredrika Runeberg ja hänen puutarhansa, josta olin jo aiemmin innostunut. Sen sijaan J. L. Runeberg ei minua vähääkään kiinnostanut. Pentti ajatteli paljon minun viihtymistäni ja mukautui toivomuksiini. Paljon myöhemmin ymmärsin olleeni kovin itsekäs ja itsekeskeinen.

Keväällä 2005 oli aika luopua Peltolasta ja etsiä uusi koti Porvoosta. Peltolan osti perhe, joka piti paitsi talosta myös puutarhasta. Rouva sanoi: "Ikimaailmassa en osannut ajatella, että saisin tällaisen puutarhan!" Koko kevään olimme tutustuneet myytäviin porvoolaisiin huoneistoihin, mutta minusta olimme Peltolan myynnin jälkeen ilman kotia ja pelkäsin, ettei sopivaa asuntoa löytyisi. Kyllä löytyi. Aivan ydinkeskustassa hissitalossa oli myynnissä kolmio. Talon putkiremonttikin oli tehty muutama vuosi aikaisemmin. Asunnon pinnat olivat korjauksen tarpeessa, mutta hinta ei ollut aivan mahdoton. Aikaa remontointiin oli vähän, sillä meidän täytyi päästä muuttamaan mahdollisimman pian, jotta Peltolan ostajatkin pääsisivät aikataulunsa mukaisesti omaan taloonsa.

Ennen muuttoa meidän piti käydä lävitse kaikki aineellinen omaisuutemme ja pakata tavarat laatikoihin. Onneksi olin ryhtynyt siihen hyvissä ajoin, niin ettei paniikkia ihmeemmin tullut. Oli se silti aika stressaavaa ja herätti paljon ajatuksia. Sekä hyödyllistä että tarpeetonta tavaraa olimme kerryttäneet itsellemme käsittämättömän paljon. Koska Pentti oli päivät työssä, omaisuutemme setviminen oli minun tehtäväni, eikä se aina ollut helppoa: mitä otamme Porvooseen, mitä varastoidaan Härkälän kartanon entiseen väentupaan Puolukkarantaan vietäväksi ja mikä joutaa kaatopaikalle.

Koska minä olen minä, lienee selvää, että kaikki tämä aiheutti minulle lopulta niin paljon ahdistusta, etten osannut nukkua yöllä enkä päivällä. Terveyskeskuslääkäri Vihdissä sanoi, ettei mistään tule mitään, jos ei kykene nukkumaan. Hän kirjoitti unilääkereseptin ja määräsi aika ison annoksen. Sittemmin resepti herätti suurta kummastusta ja paheksuntaa Porvoon terveyskeskuksessa.

Kesäkuun alussa muutimme sitten kimpsuinemme ja kampsuinemme, koirinemme ja kissoinemme. Misu ja Mirri asettuivat näennäisen helposti sisäkissoiksi. Penillä oli vaikeampaa olla kaupunkilaiskoira, joka kävelee arvokkaasti toisia haukkumatta eikä työnnä kuonoaan ihmisten ruokakasseihin.

Muutto kävi niin nopeasti, ilman niin sanottua pehmeää laskua, ettei meillä ollut mahdollisuutta totutteluun. Oitis ruokakauppaan ja sitten purkamaan muuttolaatikoita. Pentti kävi edelleen Helsingissä töissä. Minä olin yksin kaupungissa jossa en tuntenut ketään, kiinni koiran talutushihnan toisessa päässä – Peniä ei voinut jättää yksin sisälle haukkumaan, sillä hän tunsi olonsa turvattomaksi. Lopulta muistimme, että Peni viihtyy tutussa autossamme ja hänet saattaa jättää sinne muutamaksi tunniksi. Sain enemmän liikkuma-alaa.

Peltolan myynnin ja Porvoon-asunnon ostamisen jälkeen meillä oli rahaa Puolukkarannan rakennuskustannuksiin ja jopa auton vaihtoon. Lähes kaikki meni, mutta lainaa ei tarvinnut ottaa. Viikonloppuisin Pentti oli Puolukkarannassa, sillä oli melkoinen kiire; talon hirret ja muut tarpeet olivat tulossa tehtaalta vain pari viikkoa muuttomme jälkeen.

Yksinolo, vaikka seurana olivat koira ja kissat, johti ahdistukseen ja paniikkiin. Onneksi tapasin terveyskeskuksen lääkärin, joka antoi minulle ymmärtävää empatiaa ja myös reseptin uuteen masennuslääkkeeseen. Aluksi tuntui paremmalta.

Ei Porvoo tarjonnut pelkkää tuskaa. Kävelin Penin kanssa turistien tavoin kiinnostuneena Vanhassa Kaupungissa. Melkein ensimmäiseksi menin katsomaan miltä Fredrika Runebergin puutarhassa näyttää alkukesällä. Ryhdyin kirjoittamaan Ruusunlehteä varten laajaa juttua puutarhasta moniin lähteisiin tukeutuen. Tietysti myös valokuvasin.

Olen aina ollut kiinnostunut kasveista. Sain huomata muuttaneeni kukkakaupunkiin. Ja mitä vielä? Täällä on entiselle korsolaiselle ja vihtiläiselle kaksi uutta lintulajia, naakat ja lokit. Naakkojen ääntely naak–naak kuulostaa ikiaikaiselta ja ilahduttaa minua. Naakat edustavat ajan jatkuvuutta. Penille ne olivat uusi laji. Ne ovat kotiutuneet Porvooseen, jossa on keskiaikainen kivikirkko. Puhuttelen niitä, jos sattuvat tepastelemaan lähelleni. Niillä on kaunis harmaan ja mustan värinen puku. Lokit tuovat mukanaan viestin keväästä ja kesästä. Penistä lokki taisi olla perin merkillinen lintu, koska sitä piti kauan istua katselemassa. Lokkeja on myös Punkaharjulla, ehkä Saimaan läheisyyden ansiosta, mutta niillä ei liene samanlaista symbolimerkitystä kuin porvoolaisilla sukulaisillaan. Ovat eri lajejakin.

Loppukesällä keksin, että Kansalaisopiston kursseilla voisin tutustua ihmisiin. Menin kahdelle kuvataidekurssille. Toiveeni toteutui. Sain kaksi ystävätärtä ja toiselta ystävyyden lisäksi hyvän psykiatrin puhelinnumeron. Voiko parempaa enää olla! Semminkin kun asuu lähellä kaikkia tärkeitä osoitteita.

Kesän ja syksyn mittaan kävi ilmi, että Peni oli sairas eikä pelkästään muuton takia stressaantunut. Talvella saimme diagnoosin kasvaimista suolistossa. Ennen kuin eläinlääkärin ruiske seuraavana keväänä lähetti hauvamme Koiralaakson autuuteen, hän oppi luottamaan kerrostalokotiinsa. Penin tuhka siroteltiin ruusupensaan alle Puolukkarantaan. Vielä meillä oli kissamme Mirri ja Misu. Misu oli joitakin vuosia aikaisemmin päättänyt muuttaa meille. Ensin emme halunneet avata ovea hänelle, jonkun toisen perheen kissalle, mutta kun pakkaset jatkuivat ja hän värjötteli ulkona, sydämemme heltyivät. Mirri ei koskaan antanut anteeksi sitä, että olimme ottaneet toisenkin kissan ja tyrannisoi tätä.

Emme kumpikaan olleet koskaan asuneet kerrostalossa, vaan aina omakotitalossa. Silti tällainen asumismuoto tuntui hyvin luontuvan kauniissa pikkukaupungissa – ja ilman lumi- ja muita huoltotöitä. Suuren osan lumettomasta ajasta olimme Puolukkarannassa; emme olleet ymmärtäneet miten mökillä on mukavaa. On järvi ja muuta maisemaa, linnunlaulua ja perhosia ja kukkia. Ennen kuin Pentti jäi eläkkeelle vuoden 2009 alussa, olimme Puolukkarannassa yleensä vain kesälomien aikana ja viikonloppuisin. Ajomatka Porvoosta Etelä-Savoon kestää kolme neljä tuntia. Pentti rakenteli ja minusta oli hieman apua varsinkin sivellin kädessä. Sain kukkapenkit alulle, kun Pentti oli kärrännyt mullat ja kaivanut isoimmat kuopat.

En osaa elää ilman kukkia. Ensi alkuun en kuitenkaan halunnut koristekasveja Puolukkarantaan, sillä olin luopunut ajatuksesta, että minulla olisi puutarha. En halunnut kokea sitä, että en jaksa sitä hoitaa ja että luonto ottaa sen valtaansa. Puolukkarannassa on nyt kuitenkin muutama kukkapenkki ja ne ovat tuoneet meille perhosia. Eivät minulle puolukka–kanervatyypin maastoon sopeutuneet vaatimattomat luonnonvaraiset kukat millään riitä, olen ymmärtänyt. Kukkien katseleminen ja haisteleminen on onnea! Ja se, että välillä voi pulahtaa järveen. Voiko mikään olla miellyttävämpää kuin istua Puolukkarannan kuistilla korituolissa aamukahvilla ja katsella järvelle ja tarkkailla luontoa. Soisin samanlaisen ilon kaikille. Idylliä tosin haittaavat verenhimoiset hyttyset.

Olen jatkanut kirjoitushankkeitani, joita ovat ruusun vertauskuvallisia merkityksiä selvittelevät tutkielmat sekä tässä tekeillä oleva aie ottaa selvää siitä, voiko mielikuvilla vapautua käärmefobiasta. Olen tutkiskellut itseäni, tunteita ja ajatuksia, joita matelijat ovat minussa herättäneet.

Mirri ennätti nauttia Puolukkarannasta ja olla ulkona samalla tavalla kuin aikaisemmin Peltolassa. Hän ei lähtenyt seikkailemaan, ikä ehkä painoi. Koska Misua ei enää ollut, Mirri sai muutaman vuoden olla ainoa kotieläimemme. Sekä Misu että Mirri on haudattu Puolukkarantaan mäen rinteeseen puiden alle. Haudan merkkinä on kauniin muotoinen luonnonkivi.

Kukkahavaintoja Porvoosta

Kukkien runsaus ilahdutti minua Porvoossa. Siellä täällä kasvoi violetteina kasvustoina kiurunkannuksia ja muurien rakosissa kelta–valkokukkaisia jalokiurunkannuksia. Silloin en vielä tiennyt, että keväällä vihertyvää nurmikkoa somistavat sitruunankeltaiset pienet käenrieskat, sekä pihoilla ja muuallakin karkulaisina idänsinililjat sinisenään. Linnamäen rinteillä näin kesemmällä luonnonvaraisia kasveja, joita en ollut ennen nähnyt. Niitä ovat nuokkukohokki ja ahdekaunokkia kauniimpi ketokaunokki. Oli paljon kissankelloja ja keltamataraa.

Oranssinhehkuisia idänunikoita on yksinkertaiskukkaisina ja kerrannaisina. Syreenit tuoksuvat ja omenapuut ovat verhoutuneet valkoisiin kukkasiin. Joidenkin pionien varret taipuvat raskaiden kukkiensa painosta. Valokuvasin ja valokuvasin ja valokuvasin. Aloitin paksun valokuva-albumin, johon laitan kuvia kaupungissa näkemistäni vanhoista ja myös uudemmista perennoista, puistoistutusten kukista kuten rakastamistani tulppaaneista sekä silmää ilahduttavista suuriin astioihin kauniisti sommitelluista kukkaryhmistä. Täydellisyyteen en pyri enkä edes katso joka kasvia.

Olin muuttanut kukkakaupunkiin. Näköjään on ymmärretty, että kukat ovat hyväksi ihmisten mielenterveydelle. Kesällä vilkas tori pursuaa kukkia. Voiko olla parempaa kuin nauttia virvokkeita torikahvilassa ihmisiä katsellen. Tosin en itse siellä juuri istuskele.

Kasvien harrastajalle Porvoo on innostava kaupunki, sillä täällä, sekä Vanhassa että ns. empirekaupungissa ja keskustan liepeillä olevien omakotitalojen pihoilla on säilynyt vuosikymmeniä tai kauemminkin viljelyssä olleita ruusuja ja muita koristekasveja, luultavasti samoilla paikoilla, joille ne on aikanaan istutettu. Ne ovat todellisia maatiaisia, vanhan ajan kasveja. Täällä näin niitä ensimmäisen kerran alkuperäisiltä näyttävillä kasvupaikoillaan yhtenäisellä kaupunkialueella osoituksena viljelyn jatkuvuudesta muuallakin kuin Fredrika Runebergin puutarhassa, joka on museopuutarha.

Kotikaupungilleni tyypillisten lauta-aitojen sisäpuolella – otaksun – on kasvivalikoimissa vielä suurempia ja myös uudempia kukkivien kasvien lajeja ja lajikkeita. Tein havaintoni, jotka saivat sydämeni ihastuksesta sykähtelemään, lähinnä katselemalla lauta- ja lankkuaitojen ulkopuolelle karanneita ja kurottelevia kasveja sekä kurkistamalla avoimista porteista. Sisälle pihoihin en rohjennut astua. Oli myös piha-alueita, joita ei ollut kätketty ulkopuolisten katseilta. On kuitenkin helppo huomata, että kaikki ihmiset eivät näytä olevan kiinnostuneita puutarhan laittamisesta.

Kun aloimme viettää kesiämme Punkaharjulla, jäi Kesä-Porvoosta nauttiminen vähemmälle. Sitä ennen ehdin kuitenkin tehdä havaintoja ruusuista, sillä olin intohimoinen ja tarkkasilmäinen ruusuihminen.

Huomasin että idänjuhannusruusun (R.'Grandiflora', 'Altaica', Pimpinellifoliaryhmä) kukat, jotka ovat samanlaisia kuin juhannusruusulla mutta yksinkertaiset, ovat erilaiset eri pensaissa. Kukkien koko vaihtelee, myös muoto. Yhdessä pensaassa kukat ovat selvästi vaaleanpunaiset. Lisäksi Fredrikan puutarhan 'Grandifloran' kukat vivahtavat hennosti keltaiseen, oikeastaan limeen, joten ne eivät ole täsmälleen samanvärisiä kuin tyypilliset idänjuhannusruusut. Raatihuoneen torin itäpuolella sijaitsevan Holmin talon aitan seinustalla olevaan pensaaseen puhkeavat kukat ovat identtiset Runebergin puutarhan ruusunkukkien kanssa. Tämä on esimerkki ties miten vanhasta tavasta levittää kasveja kädestä käteen, puutarhasta puutarhaan. Kukkailon kasvattamista! Holmin talossa oli enemmänkin mietitty ruusujen istutusta: pihan toiselle puolelle omenapuun viereen oli istutettu idänjuhannusruusu, jonka kukat olivat hohtavan valkoiset, hyvin kauniin muotoiset ja isot. Ruusuja oli pihan kummallakin puolella. Kun pihaa muutaman vuoden perästä "ennallistettiin" vanhaan arvotaloon soveltuvaksi, tuo ihana erittäin kauniskukkainen komea ruusupensas hävitettiin. Se oli mielestäni virhe. Muutossuunnitelman tekijä ei ollut tarpeeksi hyvin perillä paikan kasveista, ei ainakaan siellä olevista ruusuista. Fredrikan 'Grandifloran' kaltainen ruusu onneksi säästyi.

Idänjuhannusruusun yksilöissä ilmenevät pienet eroavuudet, muutkin kuin kukkien koko ja väri, johtuvat siitä että ne on kasvatettu siemenestä; siemenkylvöjen tuloksena ei välttämättä saada tarkasti samanlaisia yksilöitä, kun sen sijaan juurivesat ovat aina emokasvin kaltaisia. Huomattuani eroavuuksia idänjuhannusruusun kukissa ryhdyin tekemään muistiinpanoja myös niiden lehdistä, piikeistä ja vesojen väreistä. Ajattelin asiaa tieteellisemmässä mielessä, mutta loppujen lopuksi en kirjoittanut edes lehtijuttua. Idänjuhannusruusujen vertailut ovat mitätön asia jo yksistään ruususuvun kasvien maailmassa, saati sitten ihmiskunnan koko elinympäristössä.

En ole muutenkaan Porvooseen muutettuani entiseen tapaan järin pedanttinen. On vapauttavaa, kun ei tarvitse tunnistaa ruusulajeja ja -lajikkeita, vaikka ruusun nähdessäni mieleen tulee ensin mikä se mahtaa olla. Rauhoitun, kun ymmärrän, ettei minun tarvitse sitä tietää.

Käärmehavaintoja Puolukkarannasta

Myös Punkaharjulla on kasveja, joita en muista nähneeni lapsuudenkotini ympäristössä enkä liioin Vihdissä. Niitä ovat mm. keulankärki, joka kasvaa Punkaharjun alueella, sekä Puolukkarantaan vievien teiden penkkojen sinikeltakukkainen lehtomaitikka ja korkea keltamykeröinen häränsilmä.

Enemmän kuin kasveihin kiinnitin huomiota käärmeisiin, kyihin. Niitä näyttää elelevän kesäpaikassamme. Puolukkarannassa minulla on ollut hyvä tilaisuus kasvattaa itseäni kohtaamaan niitä.

Nousin kalliolle. Näin siellä kyyn. Ei tuntunut turvalliselta, mutta en ihmeemmin pelästynyt, mikä on huomionarvoista. Katselin sitä. Se on siro ja kaunis eläin oikeastaan, ja sillä on soma pieni pää (jos sitä ei näe tarkasti). Loppupäivän ajattelin sitä vastenmielisyyttä hieman tuntien, mutta kumminkin enimmäkseen jonkinasteisella myötätunnolla, koska se on maapallolla elävä luontokappale kuten minä-

kin. Pitkän ohuen, raajattoman ruumiinsa vuoksi se on melko avuton. Vai onko se avuton? Se on arka eläin. Suomalainen kyy on kooltaan aika pieni, mutta sen puraisu on myrkyllinen, joskin hyvin harvoin joku siihen kuolee. Käärme varmaan huomasi minun saapuneen turvattoman lähelle, koska luikerteli vikkelästi minusta poispäin.

Tuo kohtaaminen tapahtui keväällä 2006 lämpimänä lauantai-iltapäivänä toukokuussa, jolloin kyyt ovat heränneet talvihorroksesta ja ovat aktiivisesti liikkeellä. Ne lämmittelevät auringossa. Seuraavana päivänä näin jälleen kyyn, nyt kalliolta alas pihamaalle viettävällä mäellä puolukanvarpuja kasvavan kannon vieressä. Sillä oli pää ja "kaula" koholla ja se lipsutteli kaksihaaraisella kielellään. Otus luultavasti yritti pelotella minut pois, mutta taisi itse olla enemmän peloissaan kuin minä, koska lopulta väistyi. Silti on epäilyttävää, jos joka päivä joutuu kohtaamaan myrkkykäärmeen.

Tällaista siis on Puolukkarannassa, tontillamme jonne edellisenä vuonna alkoi nousta meille kesäkoti. Meidän täytyy oppia rinnakkaiseloa kyiden kanssa, katsoa mihin astumme, tömistellä ja piiskata maata edessämme kepillä. Suosia saappaita ja pitää jalassa paksut villasukat; ollessani sotaa paossa Ruotsissa minulle opetettiin, että villasukat ovat hyvä suoja kyitä vastaan. Emme pidä siitä, että reviirillämme on kyitä, sillä niiden läsnäolo tekee olemisen uhananalaiseksi. Tiedämme toki olevamme tungettelijoilta, jotka tulivat niiden asuinalueelle. Mutta silti! Varsinkaan minä en rohkene astua varvikkoon. Välillä minusta tuntuu, etten kunnolla uskalla kävellä rantaa seurailevalla polulla, koska sen reunoilla kasvaa kanervia. Ne pitää välttämättä raivata pois, jotta ainakin näkee paremmin eteensä ja sivuilleen.

Kyy on käärme Puolukkarannan paratiisissa, kesäpaikassamme. Myöhemmin samana vuonna emme enää nähneet kyitä tontillamme. Päiväkirjastani näen puolisoni Pentin sanoneen, että kalliot ovat kyiden valtakuntaa, meidän taas alava maa. Mutta onko käärmeilläkin tällainen käsitys? Toivottavasti. Ajatuksissani kehotin niitä suostumaan rajanvetoon, vaikka olimme tulleet niiden reviirille.

Emme tapa kyitä, vaikka kerran kyllä teki mieli. Niiden kanssa on vain opittava olemaan, sillä ne eivät käsitä, että niiden pitää meidän näkemyksemme mukaan asua kalliolla, jolle me emme nouse. Siellä on ehkä liian kuivaa, koska ne näköjään oleskelevat rantapusikon tuntumassa.

Näin kerran käärmeen lekottelevan vedessä, kun olin tulossa uimasta. Hätistelin sen pois. Se läksi uimaan pää sievästi koholla. Tietystikään minulla ei ollut kameraa mukana. Ehkä ne harrastavat uintia enemmänkin. On siis katseltava eteensä silloinkin, kun on mennyt veteen. – Tämä käärme lienee ollut rantakäärme, ei kyy.

Mitä käärmefobiaani tulee, huomaan ruvenneeni suhtautumaan kyihin varsin rauhallisesti, ovat ne sitten maalla tai vedessä. Oikein hyvä. Silti en voi väittää, etteikö niiden läsnäolo kesäpaikallamme häiritsisi mielenrauhaani. Muistan niiden olemassaolon ja joka kerta nähtyäni käärmeen en saa sitä heti pois mielestäni, vaikka en sitä ihmeemmin ole pelästynytkään. Sisäolioni on pannut käteni piirtämään kuvia käärmeestä, ja samalla kun käsi seuraa sen viitoitusta, älyllinen minäni tarkkailee tunnettani: miltä piirtäminen tuntuu. Toisinaan kirjoitan kuvan oheen, tuntuiko käärmeen ilmaantuminen paperille pelottavalta vai ei. Päiväkirjassa on peräkkäin syntyneitä käärmekuvia, joista viimeistä tuntui pahalta tehdä. Vaikuttaa siltä kuin pelon tunne olisi vahvistunut sitä mukaa kun käsi matelijoita piirtää.

Kerron esimerkin vuodelta 2008: piirsin käärmeen, joka oli muodoltaan spiraali ja jonka pää osoitti ylöspäin. Tiesin, että se oli taivaan käärme. Tuntui suurenmoiselta ja tein kuvan mielelläni. Myöhemmin samana päivänä piirsin taas käärmeen ja viereen kirjoitin kommentin: "Tämä käärme tuntuu pelottavalta. Ajattelin piilottaa sen heinikkoon. Mutta silloin se vasta olisikin pelottava! Kun sitä ei näe!". Jätin kuvan kesken, ilman kuuta ja tähtiä, jotka yleensä ilmaantuvat piirroksiini. Niinkin voi käydä, että ensin kesyltä ja lempeältä vaikuttanut otus näyttää uudestaan katsoessani pelottavalta.

Päättelin tuolloin, etteivät tietoinen ja tiedostamaton näköjään ole minussa sovussa. Ne eivät ainakaan käärmeiden yhteydessä sulaudu yhdeksi. Voiko sellainen ylimalkaan olla mahdollista? Ainakaan kun on yhtä hyvä kuvittelemaan kuin minä? Turha kysyä, sillä ihmisluontoon kuuluu, että ihmisellä on sekä päivä- että yötajunta ja että hän on jo lajinkehityksensä varhaisena aikana oppinut varomaan käärmeitä.

Yhtenä kesänä emme nähneet ainoatakaan kyytä ja seuraavalta vuodelta sen sijaan oli yhdeksän havaintoa, ehkä yhdestä tai kahdesta yksilöstä. Enemmän haittaa on hyttysistä kuin kyistä. Hyttysiä on paljon ja ne ovat verenhimoisia. En ole iloinen siitä, että maistun herkulliselta. Soisimme myös, ettei seudulla olisi puutiaisia, joihin varsinkin Mirri muutaman kerran sai tutustua.

Luova matka itseen

Syksyllä 2006 oli Porvoon kansalaisopiston ohjelmassa lupaavan niminen kurssi Luova matka itseen. Se oli melkein kuin aiempi Helenan kurssi Matka myyttiseen minuuteen. Sellaisesta olen aina kiinnostunut. Tarkoituksena oli herättää osallistujien luovuus ekspressiivisen taideterapian menetelmällä ilman että kyseessä olisi taideterapia. Kurssin opettajana oli Leena Myllys.

Menin mukaan myös sen vuoksi että halusin päästä eroon pääni sisällä tuntu-vasta vaikeasti sanoin luonnehdittavasta jähmeydestä. Se oli syntynyt, kun olin melko pitkään ollut raskaan apeuden vallassa. Keskittymiseni oli huonoa. Minulla ei ollut meditaatioryhmää, joka olisi tukenut minua. En edes ollut piirrellyt, mutta olin kuitenkin kirjoitellut asiaproosaa. Tunsin itseni melko yksinäiseksi ja hieman eksyneeksi kotiseudullani.

Ilokseni huomasin sisäolioni toimivan entiseen malliin. Pääni taisi olla kunnossa. Luiskahdin helposti meditatiiviseen tilaan ja sain yhteyden tunteisiini ja alitajun-taani. Tein kuvia ja näin monenlaista kauneutta, tähtitaivaan ja lootuksia, joiden keskustasta säteili kirkasta valoa. Sain ylisen maailman kokemuksia, jotka ravitsi-vat mieltäni onnen tunteella.

Samaan aikaan inspiroivan kurssin kanssa kärsin – kuinkas muuten – syvästä dep-ressiosta, jonka herättämiä ajatuksia purin kuvapäiväkirjaani. Depressio oli alka-nut kuvissani ruumiillistua ja haluaa ruveta hallitsemaan minua, ei onneksi kovin pahasti. Kuva heijastaa pelkoani, että depressio voimistuu ja tuo mukanaan pa-niikin ja mielen oikean sairastumisen pelon. Tuo pelko on alati olemassa. Kuvan alle olen kirjoittanut: Depressio ahdistaa minua. Toivottavasti se ei saa isoa valtaa minuun. Pelottaa.

Käärmetorni

Yhtenä kurssi-iltana mielikuvitukseni vei minut synkkiin maailmoihin. Alitajuntani nosti äkisti pintaan hirmuisia käärmeitä. Tunteet ovat todella eri asia kuin tark-kaileva järki. Kurssi-ilta oli alkanut leppoisasti ja olin erittäin hyvällä tuulella. Leena luki meille Pablo Nerudan runoja. Eläydyin voimakkaasti meren pauhuun: aalto paiskautui rannan kallioita vasten. Kuulin Leenan äänen lisäksi meren pau-hun ja ehkä myös haistoin sen suolaisen tuoksun. Olin lukenut Nerudan muistel-mateoksen *Tunnustan eläneeni* ja Antonio Skármetan pienoisromaanin *Nerudan postinkantaja*, joissa meri on vahvasti läsnä.

Leena antoi kullekin savimöykyn, jota saimme ruveta muovailemaan samalla kun kävelimme luokkahuoneessa ympäriinsä. Olin iloinen, sillä minulla oli oikein hyvä olo. Käsissäni alkoi muovautua kippo. Olisin halunnut tehdä kukan, mutta savi halusi olla kippo. Voi, miten lattea! Siirryimme pöydän ääreen jatkamaan saven vääntämistä. Silloin siinä tapahtui jyrkkä muodonmuutos. Yhä ajattelin kukkaa. Aloin kiihtyä. Likistin kupin reunoistaan sisäänpäin. Siitä syntyi nelikulmainen esine, joka näytti linnakkeelta tai tornilta. Tunsin tekeväni jotain hyvin inhottavaa.

Halusin tornin sisälle jotain, joka pistäisi esille muurinreunojen ylitse. Hain lisää savea ja leivoin siitä viisi pötkyä. Huomasin, että ne olivat käärmeitä! En olisi halunnut tehdä niin vastenmielistä savityötä.

En muista milloin, mutta ilmeisesti kävelyn aikana, olin laittanut päähäni "kultaisen" kruunun joka oli luokkahuoneen jollakin pöydällä. Pääkoriste lisäsi iloisuuttani. Muovailun loppuvaiheessa tunnelmani muuttui painostavaksi, uhkaavaksikin. Olin prinsessa joka tiesi, että lähellä oli käärmeiden asuttama torni. Ja pelkäsin kuollakseni. Jonkun pitää tulla pelastamaan minut! Minua hirvitti mahdollisuus, että käärmeet tulevat pois tornista. Tiesin, ettei niitä estä muureja ympäröivä vallihauta, sillä ne ovat eteviä ylittämään vesiesteitä.

Leena pyysi meitä kirjoittamaan vihkoihimme, mitä saviluomuksemme tuo mieleemme. Kirjoitin: käärmetorni, käärmefobia, pelko, kauhu, prinsessa, pelastuminen, käärmeelle antautuminen ja sillä tavoin vapautuminen. Leena ei tyytynyt sanaluetteloon vaan käski meitä kirjoittamaan runon. Kirjoitin nyt ehkä elämäni ensimmäisen runon. Sen nimi on *Käärmetorni*:

Torni ison meren äärellä,
luodolla.
Musta torni,
Pelko,
Hiljainen pelko.
Uhka.
Meri velloo mustana.
Minä prinsessa yksin
meren rannalla
kauhu sydämessä:
Tornissa mustia käärmeitä.
Ne aikovat veden yli.

Alitajuntani järisytti minua. Vapisin. Kirjoittaessani runoani eläydyin käärmetornin minussa herättämään pelkoon. Näin sepitteeni kuvana: Musta torni näkyy mustaa taivasta vasten. Käärmeiden ääriviivat piirtyvät esille valkoisina ääriviivoina. Horisontin yläpuolella on sitruunankeltainen kaitale taivasta, joka muuten on musta. Yötaivaalla on muutama pieni tähti. Kuuta ei näy. Etualalla on lähes pilkkopimeä ranta, jolla prinsessa kruunu päässään seisoo katselemassa kohti käärmetornia. Miltä hänen pelkonsa näkyy kasvoilla, en tiedä, koska hän on selin minuun päin.

Runoa kirjoittaessani meri kuohui ja pärskähteli rantakallioihin yhtä vahvasti niin kuin se pauhaa Nerudan runoissa. Se tuntui kuitenkin pian asettuvan. Mainingit hajosivat pehmeästi kohisten rannan hiekkaan. Muuten oli hiljaista. Oli yö. Käärmeet huojuttavat pitkiä kaulojaan ja prinsessa seisoo rannalla yksin peloissaan. Vapisin, kun luin runoani ja kerroin kurssitovereilleni, mitä savimöykky oli saanut minussa tapahtumaan. Ihan heti ei Käärmetornin herättämä tunne jättänyt minua.

Kannattaako miettiä, miksi 70-vuotias nainen, joka on onnellisesti naimisissa hyvän miehen kanssa, loihtii luovuuskurssilla mielensä sopukoista esille tällaisen klassisen satuaiheen mukaisen tarinan? Ei kannata. Monenlaisia selityksiä voisi olla, sillä ihminen on hyvä keksimään. Ei siinä varmastikaan ollut sen kummempaa syytä kuin se, että piilotajuntani katsoi hyväksi panna minut elämään käärmepelkoani armottomalla tavalla. Onhan minulla meneillään itsekasvatus, jotta oppisin suhtautumaan matelijoihin neutraalisti. Äitini oli yrittänyt kasvattaa minut rohkeaksi, omanarvontuntoiseksi naiseksi. Runon ja kuvan avuton prinsessa kertoo hänen epäonnistumisestaan, sillä juuri sellainen on osa minua.

Omakuva

Yhtenä iltana saimme tehdä omakuvan niin suurella paperilla että sille mahtui kehomme luonnollisessa koossa. Asetuimme paperia vasten ja joku piirsi siihen vartalon ääriviivat, joiden sisäpuolelle maalasimme kuvan itsestämme. Yllättävää, suorastaan käsittämätöntä, oli että käteni maalasi kehoni kauttaaltaan vaaleansiniseksi ja sen päälle valoa hohtavat *chakrat* eli energiakeskukset. Työskentelin pidäkkeettömästi ja hämmentyneesti, myös tuntien pientä vastustusta, koska en osaa uskoa chakrojen olevan totta, vaikka buddhalaisissa harjoituksissa olin käyttänyt niitä ikään kuin työkaluina. Myllyksen kurssilla ne heräsivät eloon. Rationaalinen minäni vastusti mutta sisäisyyteni oli varma asiasta. – Jäin miettimään luomukseni viestiä. Se oli ilman muuta myönteinen. Mieltäni askarrutti pitkään, ovatko energiakeskukset ja energiakanavat, niitä koskeva itämainen tieto (jonka länsimainen *new age* -henkisyys on ominut) todella olemassa.

Olin ollut sitä mieltä, ettei minun, ikäihmisen, piilotajunta ja mielikuvitus hevin keksi mitään uutta vaan pysyttelee entisissä aiheissaan. Niitä se esittelee uusin variaatioin. Olin väärässä. Omakuva oli aivan uutta.

Kurssi oli innostava. Opin tuntemaan itseäni tai pikemminkin vahvistui kuva siitä, millainen olen. Niinpä tulevina vuosina kävin muutaman kerran Leena Myllyksen luona taideterapiassa. Ilman hänen apuaan en olisi esimerkiksi uskaltanut seuraavana keväänä matkustaa Saksaan tapaamaan ystäviäni vuosikymmenten takaa. Hänen ansiostaan sain olla Dresdenissä yhdessä Peterin ja Reingardin sekä Peterin ja Katherinen, ja Weimarissa Jürgenin ja Karinin kanssa. Mustarastaat lauloivat sydäntäni ilahduttavan ihanasti, lehdoissa kukkivat valkovuokot, puistojen kukkaistutuksissa tulppaanit ja suloista tuoksua ympärilleen levittävät orvokit. Seuraavan kesän alussa tulivat Reingard ja Peter sekä heidän lapsenlapsensa Selma vieraiksemme.

Kohti elämän käännekohtaa

Kesä 2008. Edellisenä syksynä olin saanut tämän kirjoitustyöni kertaalleen kirjoitetuksi ja olin pannut sen hautumaan. Minulla oli nyt "lomaa", myös matelijoista jotka eivät enää olleet pääasiallinen ajatusteni kohde. Kaksi kyytä tosin näyttäytyi tontillamme. Olisivat saaneet olla näyttäytymättä.

Pentillä oli viimeinen kesäloma ennen eläkkeelle siirtymistä. Loman aikana ja viikonloppuisin olimme Puolukkarannassa. Pentille riitti sahaamista ja vasaroimista. Minä paneuduin kirjoittamaan juttuja *Ruusunlehteen*. Kirjoitin tutkielmia ruusujen kulttuurihistoriasta, varsinkin niiden vertauskuvallisista merkityksistä, joita on paljon. Arvelin että se kiinnostaa ruususeuralaisia. Eläydyin aiheisiin voimakkaasti.

Ruusut vetivät tenhollaan minua puoleensa, sillä tiesin intuitiivisesti, että sydämessäni on valokukka, ruusu tai lootus. Uskoin, että jokaisella ihmisellä on rakkauden valokukka rinnassaan. Tämä käsitys oli ajan oloon selkiytynyt tutustuttuani buddhalaiseen ajatukseen bodhicittasta, buddhamielestä: pohjimmiltaan ihminen on hyvä ja rakastavan myötätuntoinen ja tuo hyvyys voi ilmetä tietoisuutena valosta ja pyhyydestä, vaikka Buddhan tai Neitsyt Marian tai Jeesuksen läsnäolona.

Loppukesällä minusta alkoi jälleen tuntua siltä kuin päässäni olisi ollut liian paljon ajatuksia. Ne pakkautuivat tiiviiksi tukokseksi, mutta niitä minun kuitenkin piti pohtia. Ne olivat epämääräisiä. Minun oli vaikea keskittyä. Ymmärsin vähitellen, että minun piti hidastaa vauhtiani, vaikka vauhtia oli vain pääni sisällä. Jos nyt sitten vauhtia oli aivoissani? Liikaa vauhtia ja tukos yhtaikaa?

Mielikuvitukseni ryntäili vilkkaana sinne tänne, vaikka luulisi edellä kuvailemani tuntemusten hyydyttäneen sen. Minun olisi pitänyt panna se hoitamaan aivojani raivaamalla sieltä pois liiallisen pitäytymisen järkeen ja älyyn, sillä sellaista oli päässäni liian paljon tunteitani jähmettämässä. En osannut analysoida pään-sisäistä olotilaa, sillä se oli epämääräinen. Voi olla, etten päiväkirjamuistiinpa-noista huolimatta ole onnistunut kuvailemaan olotilaani eikä muistiini oikein voi luottaa. Pian jouduin todella hidastamaan vauhtiani, suorastaan pysähtymään. Piilotajuntani näytti minulle mihin se pystyy.

***

Porvoossa toimi harrastelijakirjoittajien Runokit-niminen yhdistys, johon uudet ystäväni olivat pyytäneet minut mukaan. Elokuussa 2008 se järjesti viikonloppu-kurssin, jonka ohjaajana oli Leena Myllys, hänkin yhdistyksen jäsen. Tarkoituksena oli voimistaa meissä uinuvia luomisen voimia.

Yhtenä päivänä maalasimme pastelliliiduilla isolle paperille. Maalasin intensiivi-sesti kirkkailla väreillä. Olin yli 25 vuoden ajan, ilman että olisin tietoisesti vaikut-tanut asiaan, sijoittanut taivaalle tähtiä ja kuun. Ne todennäköisesti antavat mi-nulle turvallisuuden tunteen. Mutta nyt kuu putosi taivaalta, ilmeisesti veteen koska kuvassa on kukkivia vesikasveja. Kuun putoaminen oli järkyttävää. Tärisin, en kyennyt puhumaan tyynesti.

Teki hyvin kipeää huomata, ettei kuu enää asu taivaalla. Sen uusi olinpaikka ei tyydyttänyt minua. Oli kuin sitä ei enää olisi. Kuinka minun käy? Ilman taivaalla äänettä kulkevaa sisartani, johon minut yhdisti näkymätön lanka, kuten nyt huo-masin. Täyttyvänä kuuna se oli aina ollut täynnä lupauksia ja uusia mahdollisuuk-sia, jotka olin saanut omakseni. Oliko syynä pääni jämähtäminen paikalleen? Kuun putoaminen taivaalta ei ollut mikään ohimenevä sisäolion loihtima pikku-juttu.

Koetin selvittää itselleni, mitä tämä kamala tapahtuma haluaa minulle kertoa ja mihin se johtaa ja miten minun tulee siihen suhtautua. Minusta tuntui kuin olisin menettänyt suojelijan ja että minun pitäisi tästä pitäen tulla toimeen omillani.

Kenties kuun putoaminen viittaa muutokseen, joka minun pitää elämässäni tehdä tai joka tulee itsestään. Näin ajattelin. Kokemus pani minut ymmärtämään, että minun pitää pysähtyä ja päättää, miten jatkan elämääni tästä eteenpäin. Huomasin myös, etten ollut ymmärtänyt, miten vahvasti alitajuntani oli vuosien mittaan sitonut minut kuuhun, taivaan salaperäiseen kulkijaan. Se on maailman mytologioissa erottamattomalla tavalla yhteydessä jumalattariin – ja naiseen, koska nainen on jumalattaren fyysinen ja biologinen esikuva. Sisäisyyteni rakastaa jumalattaria.

Oli vaikea luopua mielikuvieni taivaalla ikuisesti pysyvästä kuusta. Olin siihen tottunut. Kurssin jälkeen halusin ikuistaa paperille kokemaani. Se ei oikein luontunut piirtävälle kädelleni, joka oli neuvoton: vesi, jonka tyynellä pinnalla kuu kimmeltää ja taivas on ilman lyhtyään, ei oikein luontunut minulta. Ei liioin kaksi kuuta, toinen entisellä ja toinen uudella paikallaan.

Kolmisen viikkoa kurssin jälkeen olin yksin mökillämme. Syyspimeys oli sulkenut maiseman sisäänsä. Mahtoiko olla kuutamo? Istuin katselemassa uunissa palavaa tulta ja kuuntelin radiota. Sieltä kuului mystiseltä kuulostavaa kuorolaulua, joka vaikutti taianomaisesti tunteisiini. Ilman pienintäkään aietta olin meditatiivisessa tietoisuudentilassa.

Pitelin käsissäni hopeisena hohtavaa kuunsirppiä, joka pian laajeni ympärilleni, niin että nähtävästi olin sen sisällä. Tämä oli kummallista. Mieleeni tulivat muinaisten uskontojen kuunjumalattaret. Ymmärsin olevani yksi heistä tai heidän myöhäinen sisarensa. Pääni päällä oli kruununa kuun sirppi. Ympärilläni oli naisen kaltaisia hahmoja, papittaria ehkä. Tällainen mystisyys, joka oli tempaissut minut mukaansa, hieman pelotti minua.

Mielikuvat vaihtelivat nopeasti. Kuun sirppi siirtyi kehoni sisälle ja tulvahdin täyteen sen hopeista loistetta. Loiste oli sulaa paksua nestettä. Sulaa hopeaa kai. Se oli epämukavan painavaa, painavinta päässäni joka ei olisi jaksanut pitää sitä sisällään. Painon tunne oli niin voimakas, että toivoin lievitystä olooni. Toivoin että kuun painava valo tihkuisi ulos ruumiistani. Jotenkuten onnistuin hieman keventämään oloani. Kehoni ulkopuolella hohti kuun hopeavaloa, mikä helpotti minua, ei kuitenkaan päätäni.

Palasin vähitellen tajuisuuteen. Kehoni oli väsynyt ja päätä särki. Tuntemukset kehossani olivat todellisia.

Mitään samankaltaista en ollut milloinkaan aiemmin elänyt. Ensin putoaa kuu taivaalta ja pian sen jälkeen se tai sen hopea täyttää minut. Miksi piilotajuntani panee minut elämään tällaisia kokemuksia? Uumoilin, että olin menossa kohti uutta. Olin hämmästynyt ja hämmentynyt. Ymmärsin, että minun piti hiljentää vauhtia. Olin neuvoton, koska kuu ei enää ollut turvanani. Minulle oli kuitenkin annettu sen energiaa.

Olen aina suhtautunut epäillen yliluonnollisiin ilmiöihin, kuten ennakkoaavistuksiin, mutta nyt vankka asenteeni horjui. Minut oli puhtaasti tiedostamattoman ja tunteen tasolla asetettu aavistettavan uuden tilanteen eteen, ottamaan vastaan elämän muutos. Oli pohdiskelun ja hiljentymisen aika.

Tapaturma ja rintasyöpä

Totaalinen pysähtyminen tapahtui vajaan kahden kuukauden kuluttua. Minut oli passitettu mammografia- ja rintojen ultraäänitutkimukseen. Lääkäri löysi oikeasta rinnastani pienen kyhmyn ja otti siitä ohutneulanäytteen. Lääkäri jätti minut lepäämään tutkimuspöydälle, mielestäni niin pitkäksi aikaa, että tulin levottomaksi ja halusin nousta.

Nousin. Toinen jalkani sotkeutui toisen jalan housunlahkeeseen. Menetin tasapainoni ja kaaduin vauhdilla vatsalleni päin suljetun oven pieltä. Kasvot säilyivät ehjinä mutta päähän tuli melko iso vuotava haava. Ja mikä pahinta, taitoin niskani. Sairaalassa kävi ilmi, että kaksi ylintä kaulanikamaani olivat murtuneet. Minut suljettiin Töölön sairaalassa vähän yli kolmeksi kuukaudeksi Halovest-merkkiseen tukiliiviin, johon pääni kiinnitettiin ruuveilla, kaksi ruuvia otsaan ja kaksi korvien taakse. Minut jäykistänyt Halovest ulottui vyötäisille saakka. Tunsin itseni traagiseksi. Halovestin pitäminen oli enimmäkseen kivuliasta. Koska kaula ei liikkunut, päätä ei saanut käännetyksi asentoon jossa olisi ollut vaivatonta lukea ja kirjoittaa ja maata. Nukkuminen oli kuin selän alla olisi ollut suuri juurakko. Pysyttelin sisällä ja kuljin asunnossamme edestakaisin rollaattoriin itseäni tukien. Ulkona oli liian vaikeaa. Pentti laittoi ruokaa, hoiti minut ja orkideat ynnä muun talouden.

Tutkimus, jonka jälkeen olin kompastunut, ei ollut turha, sillä minulta löytyi rintasyöpä, sen pieni alku. Paha uutinen, mutta sitä en juuri ajatellut, sillä minulla oli täysi tekeminen Halovestin kanssa olemisessa. Yksi asia kerrallaan: ensin kaularanka ja vasta sen jälkeen syöpä. Leikkaus siirtyi neljän kuukauden päähän, sillä jäykistetyn kaularangan takia minua ei ollut turvallista nukuttaa. En hätääntynyt.

Mieluiten olisin ollut kotona kuin matkustellut Naistenklinikalle Helsinkiin, jossa minua tutkittiin ja lääkittiin, vaikka veitseen ei vielä voitu tarttua. Muutaman kerran kävin myös Töölön sairaalassa missä seurattiin kaularangan paranemisen edistymistä. Aikataulut eivät aina oikein pitäneet ja oli tukalaa istua odotustilassa häkkyrään suljettuna. Muille vuoroaan odottaville ja minua tuijottaville sanoin "Ufo tulee". Hankaluuksista kuitenkin selvittiin.

Leikkaus ja sytostaatit

Helmikuussa 2009 minut vihdoin leikattiin. Ensin tehtiin ns. säästävä leikkaus ja muutaman päivän päästä poistettiin koko rinta ja oikean kainalon imusolmukkeet. Sairaus ei ihmeemmin kauhistuttanut minua, vaikka ajatukseni ja tunteeni pyörittivät mieltäni. Olin tyynellä mielellä. Olin tavallaan siirtynyt ajatuksissa itseni ulkopuolelle. Olin jopa niin naiivi, että pidin syöpää läpihuutojuttuna. Lääkäri katseli minua kummasti, kun lausuin tämän ajatuksen. En näet osannut edes kuvitella, miten rankkoja leikkauksen jälkeiset syöpähoidot ovat ja miten paljon ne määräävät elämää.

Tieto syövästä ei ollut šokki, sillä niskavaivalta en ennättänyt diagnoosiin eläytyä. Toisenlainen on tilanne niillä naisilla, joiden kanssa juttelin Naistenklinikan rintarauhassairauksien osastolla, sillä heille kaikki tapahtui äkkiä ilman henkisen valmistautumisen mahdollisuutta: diagnoosi – leikkaus – hoidot.

Sairauden vakavuuteen tutustuin siirryttyäni Naistenklinikalta Syöpätautien klinikan potilaaksi. Minua alkoi pelottaa, kun kävi ilmi, että rintasyöpäkasvaimeni oli ärhäkkää laatua ja että oli tarpeen tehdä lisää tutkimuksia laitteilla, joiden nimiä en ollut koskaan kuullut tai en muista kuulleeni. Tarkoituksena oli selvittää, onko minulla etäpesäkkeitä ja onko se levinnyt muualle kehooni. Minun ei vielä ollut aika kuolla, ajattelin. Tein kuvia, jotka paljastavat miten kovasti pelkäsin. Piirustuksissa seisoin kuitenkin Elämän veneessä, en Kuoleman veneessä. Huokaisin helpotuksesta saadessani tietää, että sairautta oli vain rinnassa ja imusolmukkeissa. Kuvistani tuli nyt valoisampia. Oli aika aloittaa sytostaatti- eli solunsalpaajahoidot eli kemoterapia. Sairastin niitä raskaasti.

Olin ryhtynyt tämän käsikirjoituksen tekemiseen kuvaillakseni piilotajuntansa kanssa seurustelevan ihmisen mielenliikkeitä. Sairauskertomuksesta tulee pitkä.

En kirjoita tätä osoittaakseni miten erityinen mielikuvitus minulla on, vaan osoittaakseni, millaista saattaa olla, kun mielikuvat täyttävät elämän. Ne ehkä auttavat ymmärtämään itseä. Samalla ne etäännyttävät ihmistä siitä, mitä hän kokee, vähentämättä kuitenkaan vaikkapa fyysisen kärsimyksen todellisuutta. Katson olevani psykologinen esimerkkitapaus. Tämän sairauskertomuksen voi jättää lukematta, jos asia ei kiinnosta tai alkaa pelottaa. Kronologiaa on vaikea noudattaa. Sen vuoksi olen sijoittanut mielikuvat omaksi luvukseen.

Loppukevät, kesä ja vielä alkusyksykin 2009 kuluivat solunsalpaajahoitojen rytmittämänä. Huomasin, että sytostaatit vaikuttavat ihmisiin eri tavalla, juuri niin kuin olin ymmärtänyt. Toiset eivät ole paljon moksiskaan ja jaksavat jopa käydä töissä, toiset kuten minä, taas ovat hyvinkin kipeitä. Jotkut osaavat olla välittämättä kivuista. On tietenkin vaikea mitata kivun voimakkuutta. Onneksi en enää ollut työelämässä.

Ensimmäinen kerta oli epäonninen, sillä puolet tippapussin sisällöstä ei mennyt suoneen vaan ihon kudokseen. Luulin, että pistävä tunne kanyylin kohdalla kuuluu asiaan. Ei kuulu. Vahinko oli tapahtunut. Kättäni ei pelastanut sytostaattitipan siirtäminen toiseen käteen. Onnettomuuskäsi turposi ja muuttui punaiseksi ja minulle nousi kuume. Sairastin Porvoon sairaalassa antibioottitiputuksessa viikon ja lisäksi sen jälkeen kävin muutamana päivänä päiväosastolla. Valkovuokot puhkesivat kukkaan päivinä, jotka olin sairaalassa ja Pentti toi niitä minulle. Huoneeni ikkunasta näin lintukosteikolle, jossa oleskeli joutsenia. Vappukin ehti mennä antibioottitiputuksessa. Kädessäni oleva punainen turvotus oli ruusu, joka sitten paljastui kudoksen sisäiseksi palovammaksi. Sitä hoidettiin kotona voiteella ja siteellä, mitä jatkui melkein kesän lopulle saakka, kunnes käteen oli kasvanut uusi iho.

Solunsalpaajahoitoja ei toviin päästy jatkamaan korkeiden tulehdusarvojen takia. Huonoa tuuria: sain *Clostridium difficile* -bakteerin aiheuttaman antibioottiripulin, mutta selvisin siitä verraten pian ja sytostaatteja päästiin jälleen antamaan. En halunnut kieltäytyä niistä, jotten ehkä joutuisi katumaan, jos tauti uusiutuisi.

Pentti oli nyt ollut eläkkeellä jo muutamia kuukausia, mutta emme voineet asettautua mökille, koska minulla oli aika tiuhaan laboratoriokokeita Porvoossa ja syöpähoitoja Helsingissä.

Sairastin solunsalpaajalääkkeitä. Mielessäni minua jäytivät nävertäjät. Ne olivat pyöreitä 4–5-senttisiä punaisia lihaklönttejä, jotka ruumiinsa alapuolella olevilla terävillä hampaillaan purivat minua. Niitä tuntui olevan kaikkialla kehollani. Ne ilmestyivät heti ensimmäisen sytostaattikerran jälkeen. Ne olivat hirveitä. Niitä oli vaikea ikuistaa kuvaan, koska niiden purijahampaat olivat niiden alapinnalla. Automaattisesti syntyi kipukuvia – myös ilman nävertäjiä – kädestäni ja kehostani, jotka hehkuivat tulipunaisina. Nävertäjiä lakkasin piirtämästä mutta punainen väri jäi mielikuviini kivun merkkinä.

Toipumista

Oloni oli kurja fyysisesti ja psyykkisesti, mutta iloitsin kuitenkin kesästä Puolukkarannassa, kukkien kauneudesta ja järvestä, jossa en nyt kuitenkaan voinut uida, koska käteni oli paketissa. Oli sellainen kesä, jolloin puutarhan istutuksilla vieraili joukoittain perhosia, joita ihailimme ja valokuvasimme. Se ei ole ihan helppoa, sillä siivekkäät ovat tarkkanäköisiä ja huomaavat varovaisestikin liikkuvan valokuvaajan. Liihottelevat äkkiä pois, rakastettavat luojanluomat.

Aktiivisimmillanikaan en juuri jaksanut muuta kuin istua pihapöydän ääressä päivänvarjon alla ja vasenkätisenä yrittää vaivalloisesti kirjoitella oikealla kädellä. Katselin miten vastavalo toi esille kukkien herkkyyden ja tunsin sydämessäni kiitollisuutta elämälle, vaikka kehooni sattui, kun lihaani olivat pureutuneet terävähampaiset nävertäjät ja jäytiäiset. Olin hyvää vauhtia muuttumassa entistäkin itsekeskeisemmäksi persoonaksi.

Puolisoni jatkoi huvilan rakennustöitä ja sai paljon valmiiksi. Minusta ei ollut mihinkään hyödylliseen toimeen, koska sairastin kättäni ja olin muutenkin järkyttynyt. Päiväkirjaani ilmestyi pitkiä ruikutuksia ja kipujen innoittamia piirustuksia, joille piilotajuntani oli antanut muodon. Säälin itseäni, jota jäytiäiset näversivät ja jonka pää oli melkein kalju hiusten lähdettyä ja jolla oli rinnan paikalla iso arpi ja uutta ihoa päälleen kasvattava aristava käsi. Joka paikkaan sattui. Uuvutti.

Kivut olivat pahimmillaan solunsalpaajalääkkeen saantia seuraavan ensimmäisen viikon aikana. Kun helpotti, olin myös iloinen ja nautin kesästä. Se vain suretti, kun en jaksanut oikein mitään. Koska olen vasenkätinen ja käsi oli paketissa, oli kirjoittaminen ja piirtäminen sillä jokseenkin mahdotonta. Käytin oikeaa kättä, mutta se oli kömpelö. Syntyi harakanvarpaita, kiharaisia viivoja ja jäykkiä muotoja. Käteni ei pysynyt ajatusten vauhdissa.

Vaikka olin sairas ja vaikka enimmäkseen tunsin itseni onnettomaksi, eivät elämäni eivätkä mielialani koko aikaa olleet lohduttoman synkkiä, vaan jopa optimistisia. Erilaisia tunteita oli sisäkkäin.

Päiväkirjoistani huomaan, että minulla oli myös tervettä järkeä ja ymmärrys, ettei minun pidä olla sairauden vanki – mitä käytännössä oli vaikea toteuttaa. Tuskin muuten olisin jo ensimmäisen, epäonnistuneen, solunsalpaaja-annoksen saatuani piirtänyt kuvia, joissa luovun irti leikatusta rinnastani: olen asettanut sen Kuoleman aurinkoveneeseen pois kuljetettavaksi. Halusin hyväksyä tosiasian. Voi kuvan toki tulkita niinkin, että asia oli pakko hyväksyä.

Mielikuvitukseni, jota tunteeni ja tuntemukseni ruokkivat, oli hyvin kekseliäs ja eloisa. Se loi mielikuvia joista minulla ei ollut pienintäkään tietoa, ennen kuin piilotajuntani antoi niille näkyvän muodon kädessäni olevalla kynällä. Osa oli vanhoja aiheita, jotka heräsivät uuteen eloon, usein mielestäni kypsempinä.

Jos en sitä jo tiennyt, niin viimeistään nyt tiesin, että minulla oli paitsi fyysinen myös psyykkinen kriisi päässäni: aivan liian paljon mielikuvia yhtyneenä kipuihin. Mielikuvat täyttivät pääni sekavassa järjestyksessä, kaaoksena. Mielialani vaihteli herkästi ahdistuksesta kohtalaiseen sisäiseen tyyneyteen, riippuen siitä miten tuskastuttavan sairas kehoni oli. Piirsin päälaelleni lisäpäitä, koska yksi pää oli liian vähän. Ilmeeni oli hämmentynyt. Joskus voin päätellä, että olin tyytyväinen itseeni. Mikä oli hymyillessä silloin, kun mihinkään ei sattunut. Vilkkaalta oli päässäni tuntunut jo kauan ja samanlaisena tilani jatkui. Siellä kihisi mielikuvia ja ajatuksia.

Aprikoin silloin tällöin, menetänkö psyykkisen terveyteni. Minun olisi pitänyt varmaan sulkea päiväkirjani joksikin aikaa, mutta en malttanut. Lokakuussa kirjoitin erään omakuvan yhteyteen näin: "Ajattelin ja tunsin, etten halua piirtää tällaisia kuvia ja ettei kukaan normaali ihminen sellaisia piirtele. Silti en millään muotoa halunnut jättää kuvaa kesken. Päähäni laitoin omituisen ison keltaisen pääkoristeen, joka näyttää hiukan intiaanien sulkapäähineeltä. Kädessä on kultainen säteilevä valopallo. Ylimalkaan minusta tuntui surkealta, joten lohdukseni ikuistin Onnen linnun itseäni suojelemaan. Lintu tuntui vaativan värejä, joten väritin linnun ja sitten vähän muutakin." Kuvalla oli vaatimuksensa, joita tottelin.

Tämänkaltaisia mietteitä minulla oli ajoittain ollut viimeistään siitä pitäen, kun syöpähoidot alkoivat. Kesän 2009 edetessä kohti loppuaan, kun päivissä oli jo syksyn aavistusta, jaksoin varovasti puuhailla muutaman kukkapenkin kimpussa puutarhassa ja se tuntui hyvältä. Käteni oli vapautunut kääreestä. Ajattelin kaikenlaista. Mietteet kypsyivät syksyn mittaan. Ilman päiväkirjojani en tietenkään muistaisi, miten täysi pääni oli. Ajattelin myös Ruusunlehdelle lupaamiani artikkeleita.

Viimeisen kerran olin sytostaattihoidossa lokakuun alussa. Sädehoidot alkoivat pian sen jälkeen. Se ei tehnyt kipeää, mutta matkustaminen Porvoosta Syöpätautien klinikalle (viiden viikon aikana 25 kertaa) oli aika väsyttävää, vaikka taksi vei ovelta ovelle ja takaisin. Samaan aikaan alkoi syöpälääketablettien syöminen. Niillä oli koko kehoni kipeäksi tekeviä sivuvaikutuksia, joita kehotettiin hoitamaan hermosärkylääkkeellä, joka ei kuitenkaan auttanut.

Sairauden aikana elin, kuten syöpäpotilaat yleensä, ennakolta laaditun ja sädehoitojakson aikana aivan erityisesti, tiukan aikataulun mukaan. En voinut itse päättää kaikista tekemisistäni. Olin melko avuton, oikeastaan lapsi. Elämäni olisi ollut hyvin ankeaa ilman avuliasta puolisoani, joka kannatteli minua ja antoi turvaa, jota kaipasin. Sädehoitojen viimein päätyttyä vuoden 2009 lopulla ei enää ollut aikataulua joka määräsi elämästäni. Se oli suuri helpotus, sillä en enää väsynyt yhtä paljon ja aikaa jäi enemmän kaikenlaiseen tekemiseen.

Elämä alkoi hymyillä sen jälkeen, kun juhannuksen alla 2010 syöpälääkkeeni vaihdettiin sellaisiin tabletteihin, joista kehoni ei enää tullut kipeäksi. Silti olin tietoinen siitä, että minulla on ollut vakava sairaus, joka saattaa uusiutua ja tehdä etäpesäkkeitä. Lääkkeen vaihtamisen jälkeen ruumiini voi hyvin. Mieleni sen sijaan oli yhä myllerryksen ja jonkinlaisen järkytyksen tilassa. Olin sairastunut vakavaan tautiin, joka muutti suhtautumiseni elämään ja kuolemaan, jota en sentään pelännyt. Ajattelin olevani toistaiseksi terve, en parantunut.

En ollut tottunut pitkäaikaiseen sairasteluun. En osannut ulkoistaa sitä. Se pyöri mielessäni ja huomaamattani orjuutti minua. Ajattelin sairauttani paljon, tai oikeammin piilotajuntani ajatteli sitä. Se puki tunteeni kuviksi: käteni piirsi kuvia, joissa minulla oli yksi rinta ja toisen paikalla pitkä arpi. Minun tuli ymmärtää, ettei yksirintaisuudella ole suurta merkitystä. Tosiasiassa toisen rinnan puuttuminen suretti minua aika lailla. Minusta kaksi rintaa on olennainen osa naisen identiteettiä.

Vaikka kuvissani Kuoleman vie rintani pois aurinkolaivallaan, itse seison elämän veneessä, tosin kivusta punaisena. Melko pian luovuin kuvissa myös arvestani. En kuitenkaan tunnetasolla ollut pitkään aikaan valmis hyväksymään vajaata ulkomuotoani. Tuskin koskaan sitä hyväksyn. Olen hyvin tietoinen siitä, että toinen rintani on korvattu arvella.

Suuri siunaus on ollut hyvä kuvittelukykyni ja taitoni saada kuvien ja näkyjen avulla yhteys sisimpääni. Tämä osaltaan lienee säästänyt minua pahimmalta pelolta ja muulta henkiseltä tuskalta. Ne ovat purkautuneet ulos aisteilla ja tunteilla koettaviksi. Tuskani on enimmäkseen johtunut kehoni kivuista, ei niinkään tiedosta, että minulla on hyvin mustan maineen saanut sairaus.

Arjessa ja toisessa todellisuudessa

Oleminen oli sairauden aikana varsinkin aluksi vaikeaa ja tunteita riepottavaa, eikä minua todellakaan naurattanut. Pohjimmiltani lienen kuitenkin ollut optimistinen, mikäli tulkitsen kuviani oikein. Ne näet eivät synkistele. Ellei alitajuntani sitten ollut sitä mieltä, että tarvitsen lohdutusta ja rohkaisua. Arki ja sen takana oleva, mielikuvien ja piilotajunnan esittelemä todellisuus, olivat minulle jokseenkin yhtä tärkeitä; yhdessä tilanteessa oli päähuomioni yhdessä, toisessa tilanteessa taas toisessa todellisuudessa. Elin tavallaan rinnakkaisissa maailmoissa, eikä niitä aina voi selkeästi erottaa toisistaan.

Onnen lintu

Sisäolioni eli alitajuntani pani käteni loihtimaan paperille lohtukuvia. Solunsalpaajahoidot eivät olleet vielä edes päättyneet (elokuussa 2009) kun luokseni lensi kaunishöyheninen Onnen lintu. Se oli iloisinta mitä minulle pitkään aikaan oli tapahtunut. Lintu oli vieraillut päiväkirjani sivuilla jo kesäkuussa, mutta en silloin sitä vielä tunnistanut. Kun se näyttäytyi elokuun lopulla, ymmärsin kuka se on. Tiesin ettei Onnen lintua saa vangita: "Jos linnun vangitsee, se on onneton ja ihminen kadottaa onnensa". Alitajuntani lienee muistellut vanhaa satua, etenkin Peter Fedorin ja Veronica Leon kuvakirjaa

Satu Onnenlinnusta. Siinä tapahtuu juuri näin. Tämä on yleinen satujen aihe.

Onnen lintu on mielestäni lohdun ja turvan vertauskuva, kuten kuvieni linnut ehkä muutenkin. Ne ovat yhteydessä henkisyyteen. Se joka on lukenut tai kuunnellut satuja tietää, että on olemassa taika- ja muita ihmelintuja, jotka auttavat ihmisiä joilla on hyvä sydän.

Vaikka Onnen lintu oli istahtanut käsivarrelleni, menin syksyllä mukaan Leena Myllyksen taideterapiaryhmään, sillä arvelin saavani siellä maalatessani järjestystä sisäiseen myllerrykseeni. Kipu asui kehossani Leenan luona maalatessani, mutta mielialani oli melko valoisa ja välillä tunsin itseni jopa terveeksi. Suurella pensselillä suurelle paperille maalatessani eläydyin tekemiseen fyysisesti voimakkaasti. Muulloin yleensä piperrän värikynillä tai lyijykynällä.

Terapiassa ja myös kotona tein tunnelmaltaan sekä raskaita että keveitä kuvia, ja sellaisia jotka suorastaan järisyttivät minua. En tiennyt mitä paperille alkoi tekeytyä. Saatoin nähdä rankan aikaansaannokseni sellaisenaan, mutta kun kuvia katsottiin yhdessä ja niistä keskusteltiin, paljastui asioita joita en ollut tiedostanut.

Eräänä iltana Onnen lintu saapui jälleen luokseni. Päässäni soi Igor Stravinskyn Tulilintu-baletin musiikki, vaikka Leena oli pannut soimaan jotain muuta. Tulilinnun musiikki tenhoaa aina. Imen sitä sisälleni, siinä on vangitsevaa sadun henkeä: "Olipa kerran ..." Hetkittäin tunsin olevani näyttämöllä tanssimassa ballerinan ihmeellisen taikalinnun roolia. Kehoni nautti. Tiesin, että lintu oli piilossa vihannan kasvillisuuden sisällä, josta se väläytteli minulle koreaa höyhenpukuaan. Välillä olin itsekin sisällä satumetsässä, sillä enhän muuten olisi tulilintua nähnyt.

Luomisvoiman energiaspiraali

Onnen lintu oli uusi tuttavuus. Useat vanhat aiheeni tekivät paluun tai jatkoivat entistä katkeamatonta eloaan. Loppukesällä näin paperilla jo 1984 syntyneen rakkaan aiheen, luomisvoiman energiaspiraalin, ja nyt se oli yhtä juhlava ilmestys kuin kauan sitten. Sama muoto joka sisäisyyteni mielestä osoittaa, että sen piirtäjä ei ole mitätön, vaan – kuten nimikin osoittaa – monin tavoin luomisvoimainen ihminen. Niin olen sen aina tulkinnut. Tällä kertaa se oli tähti-taivaalla näköjään irrallaan leijuva vihreä verso. Kuvan selitys panee kuitenkin miettimään, olenko sittenkään kovin ansiokas. Automaattisesti liikkuvalla kynäl-läni nimittäin kirjoitin päiväkirjaan itselleni itseltäni paljastavia totuuksia.

Luomisvoiman energiaspiraali ei ole irrallinen. Siksi teit sille juuret mutta mihin se on juurtunut? Missä on sen elomulta? Kas siinä kysymys. Jos se ei ole kiinni juurillaan missään, se näivettyy ja kuolee. Sinun pitää juurruttaa se. Nyt se ei ole kiinni missään. Tällaisena sinulla ei ole paljon iloa kauniista spiraalistasi, jonka sirkkalehtien sisältä kurkistaa valoa säteilevä nuppu. Maarit Maarit! Asiasi taitavat olla huonolla mallilla!

Kuu

Kuu, planeettamme uskollinen kier-tolainen, asuu taivaalla. Sille on ominaista jatkuvat muodonmuu-tokset, jotka ovat ravinneet ihmisen mielikuvitusta. Siihen liittyy luke-mattomia uskomuksia ja myyttejä. Osoittauduin ainakin melkein yhtä kekseliääksi kuin muinaiset ihmiset.

Kuvieni kuussa alkoi muodonmuu-tos, joka täydellistyi sitä mukaa kun automaattisesti toimiva kynä, mie-leni jatke, synnytti kuvia. Suuri muu-tos alkoi elokuun lopulla (2009), melkeinpä vuosi sen jälkeen, kun kuu oli pysähtymistäni enteillen pu-donnut taivaalta. Kuusta tuli nyt sangen henkilökohtainen, sillä sii-hen liittyi paljon tunnetta. Tosin se lienee ollut henkilökohtainen aina, sillä tuskin minun olisi muuten ollut pakko sijoittaa sitä lähestulkoon kaikkiin ku-viini. En vain ollut selvittänyt itselleni sen merkitystä.

Nyt sille – pitäisi ehkä sanoa: hänelle – ilmestyivät rakastavat kädet tai kirkkaat säteet minua kohti ojentuneina. Hän oli Äiti Kuu, joka suojelee minua. Pian

174

mieleni teki hänestä Kuuttaren. Hänen hahmonsa ei aina ole samanlainen. Toisinaan mieleni on esittänyt hänet vähenevän kuun sirppinä, jolla on kasvot profiilikuvana. (Vanha tai vanheneva nainen, kuten minä, elää vähenevän kuun vaihetta.) Usein hänellä on pyöreät kasvot niin, että sirpin vieressä on himmeänä näkyvä osa kuun kiekosta. Aina hän kuitenkin on sinertävän kalvakka ja hopeanhohtoinen säteiden ja tähtien ympäröimä. Olennaisia ovat Kuuttaren hyvää valoenergiaa lähettävät säteet ja toisinaan niiden lomassa olevat kädet, jotka hellivät ja suojelevat minua ja varmasti muitakin, jotka kaipaavat turvaa ja lohtua. Ikuistin hänet yleensä vaaleansinisellä värikynällä ja hopeaa loistavalla tussikynällä. Hän on etäistä sukua Yön Valon Jumalattarelle, jolla ei juuri ole äidillisiä ominaisuuksia. Hän kun on varsin eroottinen.

Pidän Kuutarta metaforana tunteelle, jota turvaa toivova ihminen jossakin elämänsä vaiheessa kaipaa. Hän on Äiti. Minulla hän syntyi tiedostamattomasta äidin kaipuusta, jota ilmeisesti tunsin kaukaisessa lapsuudessani sotalapsena Ruotsissa. Hänestä kerron enemmän toisaalla.

Tähtien tarhoissa

Joulun alla 2009 Leena Myllys oli taideterapiassa pyytänyt meitä sulkemaan silmämme ja pitämään ne koko ajan kiinni. Hän antoi meille laskoksille taitettua "materiaalia", jota saimme ruveta hypistelemään. Tunnistin sen ohueksi muovikalvoksi. Rutistelin sitä. Siitä lähtevä ääni kuulosti rätinältä. Se sai minut vaipumaan muuntuneeseen tajunnantilaan. Pelkään, etten osaa oikealla tavalla kuvailla euforista tunnelmaa ja tunteita, jotka sain elää tämän elämyksen aikana. Yritän kuitenkin.

"Materiaali" rätisee käsissäni. Kylläpä se rätisee ja rapisee. (En kuule musiikkia joka soi äänilevyltä.) Kuulen vain ihmeellistä rätinää ja säkenöintiä, kun rutistelen muovikelmua tarmokkaasti. Silmieni edessä kaikki on tummansinistä ja sinisyydessä tähdet pitävät rätinäänsä samalla kun ne säihkyvät. Ääni kuuluu ihan yläpuoleltani, ellei suorastaan sormistani.

> Olen järven rannalla. Ei, vaan pitkällä keskelle järveä ulottuvalla laiturilla. On kuulaan kirkas syysyö. Yläpuolellani hyvin korkealla on tähtitaivas, ja tähtiä on myös joka puolella ympärilläni, mutta ei kuitenkaan alapuolellani. Järvi on kesäpaikkamme järvi, mutta isompi kuin se. Tähdet tummassa sinisyydessä ihan käsieni ulottuvilla ritisevät, kun rapisutan käsissäni olevaa materiaalia. Oikeastikaan tähdet eivät varmaan ole hiljaa, ajattelen.

Äänilevyn musiikista nappaan lintujen ääntelyä. Linnut nousevat ilmaan, varmaan järven pohjoispäästä, ja lentävät maiseman poikki. Samalla ne huutavat. Koska on pimeää, onhan yö, en niitä näe. En muista kuulostivatko ne joutsenilta vai kuikilta. Saattoivat olla muitakin. Siivet läpsyivät voimakkaasti, joten eivät ne olleet mitään pikkulintuja.

Linnut menivät menojaan, eikä enää kuulunut muuta kuin tähtien rätinä. Pääni yläpuolella ritisee ja tuikkii tähtisumu tai galaksi. Se on pieni, sen levyinen kuin käsivarteni levällään. Hyvin lähellä minua, melkein kiinni sormissani. Samalla kun se tietenkin on valtavan suuri ja hyvin kaukana. Yläpuolellani on suunnaton, syvä tähtitaivas. Tähdet ritisevät ja rätisevät. Kauempaakin kuuluu niiden ääni. (Muutkin kuin minä rapistelevat saamaansa "materiaalia") Tähdet rätisevät. Ymmärrän: avaruudessa, tähtitarhoissa on myrsky.

Järvi on jäätynyt ja jää on kirkas ja kiiltävä kuin peili. Ennennäkemättömän kir-

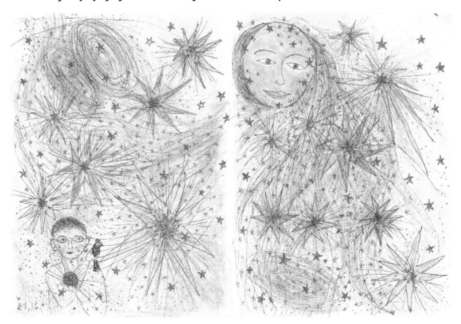

kas peili. Tähtitaivas kuvastuu jäähän. Se kahdentuu nyt, kun sillä on myös peilikuva. Olen jäällä tähtien keskellä. Niitä on pääni päällä ja nyt myös jalkojeni alla ja siellä tähtitaivas jatkuu kauas syvyyksiin.

Revontulet pyyhkivät yli taivaan. Myös jäisessä peilikuvassa. En ole aiemmin kunnon revontulia nähnytkään, mutta nyt näin. Niiden kajossa horisontissa, rantaan laskevan metsän edessä juoksee kettu. Vähän myöhemmin mietin, ettei ketun vilahtaminen mikään kumma juttu ole, sillä kettu eli repo on yhtey-dessä revontuliin, mutten muista, millä tavalla vanha kansa asian selittää.

Yönsininen kirkas taivas ja säihkyen tuikkivat tähdet. Olen hurmiossa. Olen on-nellinen tähtiteltan alla. Kuu, kuin keltainen suuri kiekko, on noussut taivaalle. Se on melko alhaalla vastarannan metsän yläpuolella, samanlaisena kuin sen näkee Puolukkarannassa alkusyksyn pimenevänä iltana. Säteillään se luo kel-lertävää kajoa ympärilleen. Leveä kuunsilta yltää jalkojeni juureen. Näky kuusta ja kuunsillasta häviää. Taivaan tähdet ja jalkojeni alla oleva tähtitaivas huumaa-vat minut. Kohoan ylöspäin!

Huomaan istuvani näköjään tummanruskealla jakkaralla, jonka jalat venyvät venymistään yhä pidemmiksi. Vähän kyllä pelottaa, mutta ei sillä väliä, sillä pääsen entistä lähemmäs tähtiä.

Olen nyt tähtitarhan sisällä. Tähtiä on valtavasti kaikkialla ympärilläni. Jakkara nostaa minut vieläkin ylemmäs. Näytän mustalta istuvalta hahmolta tähtien valoa vasten, ajattelen. Tähtien räiske, avaruuden myrsky ja tuuli ovat vaimen-neet. On vain tähtien hiljaisuus ja kauneus. Ja äärettömyys. Ja minä kaiken kes-kellä...

Leena palautti meidät huoneen todellisuuteen. Olisin halunnut jäädä tähtitaivaan autuuteen. Vain ruumiillinen osa minua tuli sieltä pois, mieleni ei kunnolla. Per-soonallisuuteni sisäinen puoli ei laskeutunut kokonaan maan päälle, koska en halunnut niin tapahtuvan.

Ekstaattinen, suorastaan euforinen tunne säilyi muutaman päivän. Onneksi mi-nulla ei ollut ihmeempiä jouluvalmisteluja. Suunnittelin näkyjeni kuvittamista tai-deterapiakirjaani. En halunnut edes yrittää piirtämistä ja värikynämaalausta, koska taitoni ei siihen riittäisi. Päätin käyttää oikeaa tähtitaivasta esittävien väri-kuvien valokopioita. Olin nähnyt tähdet tummansinisellä taivaalla välkkyvinä kirk-kaina valontuikkeina, vaikka todellisuudessa avaruudessa on paljon värejä.

Elämyksellinen kokemukseni sai jatkon. Pari päivää myöhemmin, kun yhä olin näkyni tunnelmissa, päätin kokeilla, onnistuisinko jatkamaan siitä, mihin olin jää-nyt: istumaan korkealla jakkaralla maailmankaikkeudessa. En muista, ajattelinko, etten voi sinne jäädä ikuisiksi ajoiksi. Joka tapauksessa paluu maan kamaralle oli uuden näyn pääasiallinen sisältö.

Onnistuin yrityksessäni, vaikka entinen ekstaasi oli paljon laimentunut. Istuin sänkyni reunalla silmät kiinni. Oli työlästä vaipua muuntuneeseen tajunnantilaan. Siihen piti keskittyneesti pyrkiä. Mutta sitten:

Istun korkealla jakkaralla tähtien keskelle. Minua ympäröi tumma sinisyys. Tähtiä on valtavan paljon ja silmieni edessä näkyy heikkoa valkoista valon kajastusta. En halua olla tähtien keskellä. Haluan takaisin maan päälle, mutta miten sinne pääsen?

Toivoin että karhu auttaisi minua. Ei se voi, koska sillä on tärkeä paikka omassa tähtisikermässään Otavassa. Näin lasiset tikkaat nojaamassa jakkaraan. En halua laskeutua niitä myöten maahan, sillä jalkani alkavat aina tutista tikapuilla. Taivaalta laskettiin viereeni köysikeinu, joka olisi kuljettanut minut alas, mutta koska en keksinyt missä kohtaa köydet olivat kiinni taivaalla, hylkäsin tämän mahdollisuuden.

Jalokivien ja tähtien lailla kimalteleva suuri käärme, joka on vihreän ja sinisen ja turkoosin värinen ja jonka selässä on kultaisia tähtiä, liu'uttaa itseään yläoikealta luokseni. Se haluaa viedä minut alas maan päälle. Se antaa minun ymmärtää, että se on hyvä ja että voin luottaa siihen. Näen, ettei käärme ole vihamielinen vaan hyvin lempeä. En kuitenkaan oikein luota siihen. Silloin käärme menee menojaan. Palaa varmaan johonkin tähtikuvioon, jossa sillä on paikka.

Haluan välttämättä pois. Tähtiavaruudessa on turhauttavan yksinäistä. En keksi miten menetellä. Silloin näen edessäni salamanterin. Tämä harvinainen tarueläin tarjoutuu ratsukseni.

Hämmästyin niin kovasti, että meditatiivinen tilani haihtui pois. Ei se järin syvä ollutkaan. Arvattavasti nousin salamanterin selkään ja se kantoi minut pois taivaalta, koska olin nyt kotonani.

En ollut aiemmin tavannut salamanteria enkä ikimaailmassa kuvitellut olevani joskus sen kanssa tekemisissä, mutta nyt alitajuntani etsi sen aarrearkustaan oikein hyvään tehtävään. Tunsin liskon nimeltä ja olin nähnyt sen kuvissa. Sen tuntevat parhaiten alkemistit ja muut salatieteiden harjoittajat sekä tietysti eläintieteilijät. Mytologian mukaan salamanteri asuu tulessa, jonka se saa myös sammumaan. Myös vesi on sille tuttu elementti. Paracelsuksen mukaan se ei elä "materiaalisessa tulessa", vaan pikemminkin "luonnon henkisessä tulessa", mikä viitannee ihmisen henkiseen puhdistumiseen; alkemia oli muutakin kuin kullan tekemistä.

Salamanterin esikuvana ovat olleet vesiliskot, etenkin alppivesilisko, jonka vatsa on punainen tai oranssi, tai alppisalamanteri, jonka vatsa on kelta- tai punatäpläinen.

Vasta jälkeenpäin muistin, että kansanuskon mukaan suuresti kunnioitettu karhu laskettiin taivaallisesta syntykodistaan Otavasta kultaisessa kehdossa, ja tämän suurenmoisen kuljetusvälineen minä tyhmyyksissäni hylkäsin. Oikein hävettää. Kansanrunon mukaan karhu on synnytetty

Luona kuun, tykönä päivän,
Otavaisen olkapäällä.
Sielt on maahan laskettuna
Kultaisessa kätkyessä,
Vitjoissa hopeisissa.

Häpeäntunne voi johtua siitä, että minun olisi jo opintojeni perusteella pitänyt muistaa kultakehto ja hopeavitjat. Olen kiinnostunut karhusta, jota en onnekseni ole koskaan nähnyt luonnossa. Karhu ei ole minulle pelkästään vaarallinen peto, vaan ennen muuta myyttinen eläin. Lapsuudessani rakastin erityisesti teddykarhuja, Nalleja. Ne olivat leikin aikana eläviä olentoja, mutta erilaisia kuin oikeat karhut, joita ehkä olin nähnyt kuvassa.

Kuvailin edellä esittelemääni näkyä varsin seikkaperäisesti, sillä se oli mielestäni upea ja sen tunnelataus oli vahvan elämyksellinen. Ja olihan käärmekin mukana, joskin sivuroolissa.

***

Alkoi vuosi 2010. En enää ollut ihan kalju. Taideterapia jatkui. Elämässämme ei ollut paljon tapahtumia. Edellinen vuosi oli ollut täynnä syöpähoitojen määräämää ohjelmaa, mutta nyt saimme viettää rauhallista kotielämää. En olisi jaksanutkaan olla aktiivinen, sillä sairastin yhä lääkkeen haittavaikutuksia. Minulla oli paljon, liian paljon, aikaa olla omissa mietteissäni, mikä vahvisti itsekeskeisyyttäni ja uppoutumistani sisäänpäin katseluun.

Päiväkirjaani ilmestyi melko myönteisiä kuvia, kuten rakastettavia Kuuttaria, mutta myös pessimismin sävyttämiä mietteitä ja kivun kuvia. Helmikuussa tein raskaan oloisen kuvan, jossa sentään on mukana toiveikkuutta. Sen oheen kirjoitin:

Masennuksen musta pilvi sulki minut sisäänsä. Ajatuksen ja mielen keveyttä ilmentävä ilmapallo on karannut ja sisäisen eheyden pallo on pudonnut. En kuitenkaan halua uskoa, että olen pimeyden ja varjon kätkössä. Oikeastaan tiedän, ettei olotila ole lopullinen. Niinpä lähelleni leijuu onnen linnun sulka, mutta kuvassa en sitä vielä tiedä. Onnen linnun sulka on taikasulka, joka on minulle suureksi avuksi. Ilman sulkaa kuva olisi liian murheellinen.

Käärme uudessa valossa

Sairastuminen ei saanut minua unohtamaan käärmettä, vaan se oli yhä aktiivinen osa sisäistä olemistani, koska halusin tehdä välini sen kanssa selviksi itseni takia. Ja onhan se erittäin mielenkiintoinen uskomuksellinen eläin kaikkialla maailmassa, arvattavasti arktisia alueita lukuun ottamatta.

Vuoden 2010 paikkeilta lähtien käärmeet ovat enimmäkseen nukkuneet, paitsi ne jotka asuvat myyteistä ja symboleista kertovissa lähdekirjoissa, joita olen tutkiskellut selvittäessäni niiden merkillistä elämää ihmiskunnan kekseliäissä uskomuksissa.

Tavassani suhtautua käärmeeseen tapahtunut hienoinen muutos käy hyvin ilmi *Tähtien tarhoissa* -näystä. En pelännyt sitä ja huolettomana annoin sen kiemurrella tuolinjalkojen ja nilkkojeni ympärillä. Olin tietävinäni, että siihen voi luottaa, mikä oli ehkä järjen vakuuttelua. Sittenkään en siihen oikein luottanut. Ihmisen kyvyllä ajatella järkevästi ja kuvitella ei taida olla erottavia rajoja. Sydämeni oli kuitenkin varovainen. Itsekasvatustani ajatellen käärmeen kohtaaminen oli tärkeää. En ollut kauhuissani enkä kiihdyksissä. Jättiläiskäärme oli hyvin kaunis. En vain tahtonut laskeutua sen kyydissä alas maan päälle.

Harvoin matelijoita enää ilmestyi näkösälle ollessani muuntuneessa tietoisuuden tilassa. Ne jotka näin, eivät olleet pahoja. Kuvapäiväkirjaani niitä putkahteli, mutta ne eivät olleet pelottavia synkän alisen maan eläjiä vaan taivaan käärmeitä. Jos ne eivät näyttäneet ihan ylisen maailman eläimiltä, niin eivät ainakaan olleet samannäköisiä kuin maan pinnalla – tai kuvitellussa maanalaisessa maailmassa – matavat esikuvansa.

Toisinaan piirsin ja väritin matelijan sinisen, vihreän ja turkoosin väriseksi ja asetin sen päähän kruunun tai kultaisen pallon. Se tuntui juhlalliselta ja jopa pyhältä, ei vähääkään pelottavalta. Ihania paperille ikuistettuja satuolentoja.

Vaivihkaa käärmemielikuva kumminkin luikerteli tekemääni ruusukuvaan ja alkoi kiertyä violetinvärisenä saniaisen lehtenä, joka ei vielä ollut ojentautunut suoraksi. Mutta koska kuvan aiheena oli sininen ruusu, jonka väri symboloi sellaista mitä ihminen ei voi saada, en toisessa kuvassa enää antanut itselleni lupaa panna saniaisen lehteä kasvamaan sen juurelle. En halunnut piirtää matelijaa.

Vuoden 2012 lopulta lähtien mielikuvakäärmeet alkoivat hiljalleen olla lähes taakse jäänyttä elämääni. Muutos oli alullaan. Meditaatioon keskittyminen muuttui työlääksi. Olin kai siirtymässä uuteen vaiheeseen elämässäni. Tarkkaa ajankohtaa en pysty sanomaan.

Vaikuttaa siltä kuin olisin päässyt käärmepelostani, joten määrätietoinen itsekasvatus, mielikuvat ja pohdiskelut, olivat tehonneet. Menetelmä epäilemättä auttaisi muitakin, mikäli kanava alitajuntaan on auki. Tietoisesti en kuitenkaan ole pyrkinyt näkemään käärmeitä. En ollut ymmärtänyt, että tietoisesti mutta sittenkin salaa voi ohjailla ajatteluaan ja eläytyä siihen. (Tarkemmin ajatellen olen kyllä toisinaan tainnut menetellä niin.) Siedätyshoitoni tapahtui sekä järjen tasolla että ottamalla vastaan itsestään ilmaantuvia kokemuksia muuntuneessa tietoisuudentilassa. Uskalsin katsoa mitä piilotajuntani pani minut näkemään ja käymään sen lävitse, sillä tiesin että voin, mikäli tuntuu pelottavalta, palata todellisuuteen avaamalla silmäni. Tämä koskee erityisesti käärmeitä.

Vaikka mielestäni suhtaudun käärmeisiin asiallisesti, en ole varma, että suostuisin olemaan huoneessa, jonka lattialla kiemurtelee matelijoita. Mahtaako kukaan käärmefobiaa hoitava psykoterapeutti ehdottaa potilaalleen näin väkevää siedätyshoitoa? Ben Furman ei kirjassaan *Perhosia vatsassa* kerro esimerkkiä siitä, miten pelkääjän voi totuttaa matelijoihin.

Pystyn rauhallisesti tarkkailemaan kyitä, vaikka niiden äkillinen ilmaantuminen maastossa silmien eteen hätkähdyttää. Se on varmaan luontaisen itsesuojeluvaiston mukaista, huolimatta siitä, että tiedän, ettei kotoinen kyy edes ole kovin vaarallinen. Jos eläisin maassa, jossa on paljon isoja vaarallisia matelijoita, minua varmaan yhä vaivaisi käärmefobia.

Televisiossa esitettiin dokumenttielokuva intialaisesta kuningaskobrasta, suuresta myrkkykäärmeestä. Kuvaruutu oli täynnään suunnattoman pitkiä raskaalta näyttäviä käärmeitä ja minä istuin turvallisesti kotisohvalla. Kuningaskobra on eri laji kuin tunnetumpi silmälasikäärme eli intiankobra. Se on uhanalainen laji, jota halutaan suojella. Näytettiin, miten joihinkin kiinniotettuihin ja tainnutettuihin otuksiin asennettiin radiolähetin, jotta niitä luontoon vapauttamisen jälkeen voitaisiin seurata. Katselin touhua tyynenä ja kiinnostuneena. Hyvin inhottavalta kuitenkin näytti, kun pari yksilöä tappeli raivokkaasti keskenään, voittaja nieli vastustajansa ja lisäksi tappoi naaraan jota se ei ollut päässyt hedelmöittämään. Olihan se vastenmielistä. Silti katselin, koska kasvatin itseäni. Käärmekammoinen ei tällaista elokuvaa edes yrittäisi katsella.

Pari kesää sitten kyy oli luonut nahkansa rantapolkumme viereen puolukkavarvikon reunalle. Tyhjä kuori jäi siihen koko kesäksi. En halunnut koskea siihen, mikä on naurettavaa, sillä eihän se ollut käärme. Tällainen reagoiminen panee arvelemaan, onko fobia sittenkin vielä jäljellä.

Mielikuvitus täytyy pitää kurissa, sillä kuvittelun puolelle on tietoisuudesta lyhyt matka. Ellei pidä varaansa, saattaa olla siellä missä pelko asuu. Sen vuoksi voi olla epäviisasta astua ilman pitkävartisia saappaita korkeiden sananjalkojen kasvustoon, koska suurten lehtien välistä ei näe maahan. Siellä heinien ja karikkeen seassa kenties lymyilee kyy, joka ei ole ennättänyt luikerrella ihmistä pakoon. Sademetsään en suostuisi jalallani astumaan. Käärmenäyttelyn esittelijän pitelemää käärmettä uskaltauduin varovaisesti koskettamaan, mutta sitä kannattelemaan en suostunut, vaikka se oli vaaraton, siro ja kaunis.

Olen ruvennut suorastaan kaipaamaan kesämaisemani kyitä, pieniä myrkkymatelijoita. Jos sellaisen näen, kieltämättä hieman säpsähdän, mutta jo ennen kuin olen sitä ennättänyt edes kunnolla katsella, se on livahtanut peloissaan piiloon. Kolealla säällä käärme ei ole kovin vikkelä, joten sitä voi onnistua katselemaan. Alkukesällä 2015 rantapolkumme vieressä auringossa lepäili monena päivänä Rantavahti Kainoksi nimittämämme kyy kerälle kiertyneenä vanhan muurahaispesän päällä. Jalkojen töminä sai sen aina nopeasti piiloutumaan varvikkoon. Pian sitä ei enää näkynyt. Tähystelin myös rantaveteen, olisiko joku käärme lähtenyt uimaan. Ei ollut.

Näkykäärmeitä ilmaantui näiden vuosien aikana sisäisten silmieni katsottavaksi ani harvoin. Kun näin tapahtui, minusta tuntui juhlalliselta ja hyvin myyttiseltä, turvalliselta ja epätodelliselta. Tunsin jopa kasvaneeni viisaammaksi ihmiseksi, joka ymmärtää elämän peruskysymyksiä. Jälkeenpäin ajatellen en ole yhtä varma henkisestä edistymisestäni. Säpsähtäminen ja pelästyminen kun arkajalka kohtaa kyyn, ovat syvällä mielessä olevaa muistumaa niiltä ajoilta, jolloin esivanhempamme elivät maailmassa, jossa heitä ympäröivät monet vaarat. Yksi vaaroista olivat vaaralliset matelijat. Käärmeen väistäminen oli viisasta. Käärmeen pelkääminen yleistyi ihmisten perimässä, koska käärmeitä pelkäämättömät kuolivat jälkeläisiä saamatta.

Uusi vuosikymmen

Kun juhannuksen edellä 2010 olin saanut uuden lääkkeen ja kivut lakanneet, en enää rintasyövän takia ollut entiseen tapaan tuskainen. Tunsin itseni jopa terveeksi ja työkykyiseksi. Varsin pian jouduin kumminkin huomaamaan, että kehoni alkoi olla vanha ja sen seuraksi ilmestyi uusia vaivoja. Muutos surettaa minua.

Olen koettanut oppia asennoitumaan kipuihin niin, etten välitä niistä. En ole kuitenkaan oikein onnistunut. Puolisoni on sairauteni aikana kaularangan murtumasta lähtien huolehtinut minusta ja asioistani, eikä käytäntö enää muuttunut vaikka niin kuvittelin tapahtuvan. Olen siis avuton tai laiska kuin joku prinsessa, mikä aiheuttaa minulle syyllisyydentunteita.

Kukkafilosofia

Mietin paljon kukkafilosofiaani: kukkien myönteistä vaikutusta ihmisten mieleen. Jatkoin vuosien takaisia pohdintojani. Nyt tulin ajatelleeksi aiempaa enemmän kukan katsetta. Se on tärkeä. Jos kukan muoto on nuokkuva tai muuten huomiota herättämätön, sen katsetta on vaikea nähdä. Erittäin kerrannainen ruusu on melko umpinainen, jopa umpimielinen, ilman katsetta ja pienintäkään hymyn häivää. Monet ruusut, etenkin ne joilla on yksinkertainen terälehtien kehä, "katselevat keltaisella keskustallaan suoraan ihmistä, hänen sydämeensä joka iloitsee ja täyttyy rakkaudesta, hyvistä ajatuksista ja tunteista", kirjoitin päiväkirjaani elokuussa 2009.

Ilman kukkia elämäni olisi vaillinaista. Tarvitsen niitä. Tarkoitan tavallisia kukkia ja myös niitä, joita piilotajuntani minulle lahjoittaa. Ne rohkaisevat ja antavat energiaa sille, joka on niihin kiintynyt. Ne heijastavat pyhyyttä. Elokuun lopulla tekemässäni omakuvassa sydämeni kohdalla on ruusu, ohimoillani ja otsallani kasvaa valoa säteilevät lootukset, arvestani kurkottaa ylöspäin kaipauksen sinikelloja. Näin toivoisin olevan. Päiväkirjassani olevat rivit elokuulta 2008 kuitenkin osoittavat, ettei toiveeni toteutunut:

> Sinä olet kaikkine kipuinesi ja huolinesi toivoa täynnä. Sellainen haluaisit olla, että valokukat versoisivat sinusta niin että sinusta tuntuisi hyvältä. Se on toivekuva. Et sinä kuki kuin kuvassa. Sinä et kuki. Toivoisit kukkivasi ja olevasi terve ja iloinen. Toivot että kuu antaa sinulle voimaa, mutta mitä on energia? Et sinä tiedä etkä itsessäsi tunne.

Seuraavan vuoden huhtikuussa ruusufilosofiani täydentyi tuoksulla. Päiväkirjastani:

> Odotan kukkiani. Odotan kesäöitä! Haluan hengittää ruusujen tuoksua. Haluan tietää, leijuuko tuoksu kukkia ympäröivässä ilmassa. Kesäyön hämyssä! Haluan tietää, koenko lumouksen. Onko tuoksu vaaleanpunaista. – – Kun on yhteys ruusun sisimpään, sen kullankeltaiseen keskukseen, imee itseensä ruusun hyvyyden, ja tuoksu tehostaa tuota hyvyyden tunnetta, joka on myös sydämen tietoa ja kokemusta. En tiedä mikä siinä tuoksussa tenhoaa. Eteerisistä öljyistä tuoksu on lähtöisin. Että niin konkreettinen asia kuin eteerinen öljy voi tuottaa lumouksen ja ihmeellisen yhteyden kukkaan ja sen keskustaan, joka vetää ihmistä puoleensa.

Vielä piti odottaa ruusunkukkia.

Sininen ruusu

Keväällä 2010 aloittelin artikkelia Ruusunlehdelle sinisestä ruususta, ja mitä enemmän siihen paneuduin, sitä salaperäisemmäksi se muuttui. Sinisiä ruusuja ei ole olemassa, sillä sinistä väripigmenttiä ei ole onnistuttu siirtämään *Rosa*-suvun kasveihin. On kyllä siniseksi värjättyjä ruusuja, jotka tavallaan osoittavat ihmisen osaavan tehdä mahdottoman mahdolliseksi. Ne ovat arkipäiväisiä, eivät mysteereitä kuten alkemistien sininen viisauden ruusu (*flos sapientae*) tai romantikkorunoilija Novaliksen haaveksima kaipauksen sininen kukka, jonka on joskus ajateltu olevan ruusu.

Artikkelin kirjoittaminen ei minulle ole pelkkää selvittämien faktojen panemista paperille, vaan ajaudun syvällisiin filosofisiin pohdiskeluihin. Piilotajuntani tunkeutuu mitä ilmeisimmin mukaan. Pohdin alkuaan konkreettista aihetta eläytyen ja tunteella. Juuri tämä kuvastaa persoonallisuuttani ja sävyttää henkistä elämääni paljon, ja joka kerta liian kauan. Maistelen sanoja, sillä en halua yhden-kään niistä erottuvan tekstistä vääräntyylisenä.

Yhtä paljon kuin ruusuun, en vain olemattomaan siniseen, eläydyin ruusunkuk-kien tuoksuun. Tuoksut voimistuvat illalla, kun puutarhan ylle auringonlaskun ai-kaan taivaalta laskeutuu hento purppuranpuna, jota tosin ei aina huomaa. Tuoksu on näkymätöntä. Kuvittelen sen olevan vaaleanpunaista. Romanttisesti voi kysyä, onko tuoksu ruusun sielu, sen sisin olemus? Se on eteerisen vaalean-punaista ruusupensaiden yllä väräjävää purppuraa. Tällaisia kuvia tein. Mieleni liihotti korkeissa sfääreissä. Tällaisia mietin: "– – juuri tuoksu tekee ruususta ruu-sun, kukan joka lumoaa ja luo ihmisen sisimmän halun, salatun halun luoda itsel-leen ruusutarha. Tuoksu herkistää mielen. Se herättää muistoja ja vie ihmisen 'si-niseen rakkauden kryytimaahan' ".

Taideterapiassa saimme maalata paperiarkin haluamallamme yhdellä värillä. Sen jälkeen se rutistettiin ja siitä revityistä paloista alettiin koota kuvaa. Saimme pyy-tää palasia toistemme papereista ja myös kollaasin täydentäminen väreillä oli sallittua. Olin kauan miettinyt sinistä kukkaa ja sen mysteeriä, joten on ymmär-rettävää, että käsissäni syntyi sininen kukka ympärillään vaaleanpunainen tuok-sun kehä. Olin melkein tärisevän tyytyväinen ja annoin työlleni nimen Kesäyö. Se onnistui aika hyvin, joskin kukka olisi saanut olla isompi. Päiväkirjaani kirjoitin: "Odotan kesäöitä. Haluan hengittää ruusujen tuoksua. Muutenkin aion keskittyä ruusujen haisteluun sieraimet avoinna. Haluan tietää, leijuuko tuoksu kukkia ym-päröivään ilmaan. Kesäyön hämyssä. Haluan tietää, koenko lumouksen todella. Onko tunne vaaleanpunainen."

Tuoksu on näkymätöntä mutta kuitenkin aineellista. Se on lähtöisin eteerisestä öljystä, mutta se luo lumouksen, joka herättää ihmisen rakastamisen ja ilon tun-teen. Tunnetta, jonka kuvani herätti, en osaa älyllä ymmärtää. Se ei perustunut ainoastaan hajureseptoreihin.

Ruusunlehti-jutun teko jatkui kesällä, sillä en pitänyt kiirettä, jotta siitä tulisi oi-kein hyvä. Käytin useita lähdeteoksia. Tarkoitukseni ei suinkaan ollut kirjoittaa hurmoksellisesti vaan asiallisesti. Onnistuin aika hyvin. Kirjoittajan kyky eläytyä aiheeseen saa silti mielestäni näkyä siellä täällä.

Vuonna 2011 en enää kirjoittanut Ruusunlehteen tutkielmiani ruusujen innoitta-mista myyteistä ja niihin aikojen kuluessa liitetystä rikkaasta symboliikasta. Olin silti luullut antavani yhdistyksen jäsenille helmiä paneutuessani ruusun filosofi-aan ja kulttuurihistoriaan. Erehdyin: ne, jotka päättävät lehden sisällöstä, olivat tyytymättömiä. Juttuni eivät olleet käytännönläheisiä eivätkä tarpeeksi lyhyitä. Fi-losofoin liikaa. Sähköpostikirjeenvaihdosta ymmärsin saaneeni potkut vapaaeh-toistyöstäni. Sinisestä ruususta kirjoittaessani taisin tosiaan ajautua kauas konk-retiasta, vaikkei juttu vaikuta omituiselta jälkeenpäinkään luettuna.

Artikkelien laatimiseen meni minulta kohtuuttoman paljon aikaa lähdekirjallisuu-den lukemisineen, miettimisineen ja lopuksi käsikirjoitusten tiivistämisineen nel-jän liuskan mittaan. Oli myös hyvin vapauttavaa, kun ei enää tarvinnut tunnistaa ruusulajikkeita ja -lajeja, mitä pidetään ruususeuralaisten hyveenä.

***

Ruusunlehti-aikakauden onneksi päätyttyä otin esille käärmekammosta alkunsa saaneen, kauan lepäämässä olleen käsikirjoitukseni. Luulin, että pääkohdat olivat valmiit, loppurutistusta vailla. Eivät olleet. Se mitä olin vuoteen 2007 mennessä kirjoittanut, puhtaaksikirjoittanut (tai Pentillä puhtaaksikirjoituttanut) ja paperille saanut, ei enää tyydyttänyt minua: sisällöltään liian heppoista ja tyyliltään huonoa.

Ryhdyin korjaamaan ja kirjoittamaan uudelleen. Käsikirjoituksen lepoaika oli sille hyväksi, sillä ymmärsin nyt monia asioita paremmin ja ehkä syvällisemmin. Lisäksi olin löytänyt kirjoista ja lehtikirjoituksista lisää tietoja, jotka ilahduttivat minua ahaa-elämyksen lailla ja sain ne mukaan käsikirjoitukseen. Olin innostunut ja enimmäkseen melko ahkera, joskin kehon kivut ja ajoittainen depressio haittasivat työtäni.

***

Olin ties kuinka kauan halunnut saada tietää mitä aivoissa tapahtuu meditaation ja muuntuneen tietoisuudentilan aikana. Arvelen, että aivoneurologia edistyi tai sen tulokset tulivat yleisemmin tunnetuksi käsikirjoitukseni ensimmäisten versioiden jälkeen. Tarve kirjoittaa teksti yhä uudelleen ja uudelleen, lisäysten tekeminen sekä tarpeettomien kohtien poistaminen on usein tuskastuttavasti aikaa vievää ja raskasta, varsinkin kun ei halua käyttää tietokoneen tekstinkäsittelyohjelmaa. En oikein osaa hahmottaa tietokoneen ruudulla olevaa tekstiä enkä kokonaisuutta, kun muut sivut eivät näy. Tekstin hiominen on kuitenkin entiselle toimittajalle piintynyt tapa, ja se toki onnistuu näyttöruudun ääressäkin. Aina en tiedä, tuleeko se edes paremmaksi. Työstäminen on silti kiellämättä hyvää aivovoimistelua. Käsikirjoituksen kirjoitan nykyisin aina käsin.

Äidin kaipuu

Käärmepelon lisäksi minulla on ollut ja on toinen trauma, nimittäin äidin kaipuu. Sairastuttuani vakavasti tunsin itseni poloiseksi, joka kaipasi äidillistä turvaa. Piilotajuntani oli tästä selvillä nopeammin ja paremmin kuin tietoinen minä. Niinpä sairauteni surkeudessa vuoden 2009 lopulla mieleni loi lohdukseni hopeanhohtoisen lempeäkasvoisen Kuuttaren, jonka ikuistin päiväkirjani sivuille. Kiinnyin Kuuttareen, joka tuntui hyvin elävältä myös silloin kun en ollut kuvieni maailmassa. Tarvitsin häntä. Rakastin häntä ja hän minua. Hän ei ollut sama kuin Yön Valon Jumalatar.

Kävi sitten niin, että olin syksyllä 2011 hyvin empaattisen lääkärin vastaanotolla. Kun hän astui askelen virkakäyttäytymisen ulkopuolelle, hän huomasi minut ja kiinnyin häneen melkein suin päin. Hämmästyin, tulin iloiseksi, mutta myös järkytyin. Tunne oli voimakas. En olisi halunnut 75-vuotiaana ihastua kehenkään äitihahmoon, sillä käsitin, että tunteeni jäisi yksipuoliseksi. En liioin halunnut menettää rauhallista oloani rakkaan puolisoni rinnalla.

Tunteille en mitään voi. Olin luullut, ettei ei-toivottu vahva kiintymisen tunne enää häiritse minua. Toisin kävi. Oli selvä, ettei terveyskeskuslääkärini halua olla äitini eikä liioin ystävättäreni. Ikäni puolesta voisin olla hänen äitinsä. Kun olin tutustunut häneen, Kuutar vähitellen himmeni ja vähitellen väistyi. Jumalattaren paikan otti minua hoitava lääkäri, jota en kuitenkaan ensi vuosina sijoittanut kuviini.

Henkinen ja ruumiillinen tuska

Masennus ja ahdistuneisuus piinasivat minua. Äiti-asia oli onnettomuus. Se oli hyvin uuvuttava tunnetila. Traagisen tunteen vallassa tein onnettomia mutta myös toiveikkaita kuvia. Tunsin olevani kuin orpo haavoittunut eläin.

Marraskuussa 2011 tein lohtukuvan, jolle annoin nimen *Peili*. Tälläkään kertaa piirtämään ryhtyessäni en tiennyt mitä käteni loihtii paperille. Piirsin luultavasti ensin olennon ja sen jälkeen kuun säteineen. Eläimen kaltaisen hahmon käsiin piirsin sisäisen eheyden pallon. Alusta lähtien oli selvä, että kuva haluaa väriä. Vaaleanpunaista. Kuulle syntyivät kasvot. Vaaleanpunaista värittäessäni minussa heräsi tieto siitä, että minun tulee laittaa tähtiä kuun säteisiin. Ja eläinihmisestä tulee tehdä keltainen. Ihan heti. En pitänyt kuun kalseasta hopeasta. Päiväkirjaani kirjoitin:

> Kysyin sisäolioltani, miksi tein tällaisen kuvan. Se vastasi: Se

kuvastaa haluasi ja toivettasi olla hyvien voimien suojeluksessa. Et ole pitkään aikaan tehnyt näin hyvältä tuntuvaa kuvaa. Se lohduttaa sinua, nyt kun ruumiisi on kipeä ja sinulla on paljon työtä, kirjoittamista. Sinun on tehtävä lisää tällaisia kuvia. – Kysyn, olenko minä kuvan eläinihminen? – Sisäolio vastaa: Olet. Haluat olla yhtä hyvä kuin se. Se on sinun peilisi. Olet vihdoin, vuosikymmenten jälkeen, ymmärtänyt että piirrät peilisi tai sen heijastuman sellaisesta minkä toivot itsellesi. Tulevien vuosien mittaan minusta tuntui yhä selvemmin siltä, etten enää jaksa elää sisäinen tuska seuralaisenani. Välillä epäilin, että minulla on tapana heittäytyä täysin sen valtaan. En ehkä ole tosissani koettanut irrottautua siitä. Helmikuussa 2014 keskustelin asiasta piilotajuntani kanssa. Se arveli minun tehneen depressiosta itselleni jonkinlaisen turvapesän ja että tuijotan aina omaa napaani. Sain kuulla sen sanovan – siis kirjoittaa päiväkirjaani: "Olet pahan mielesi orja!" Sen jälkeen piilotajunta jatkoi:

Oletko oikeasti surkea ja surkeassa jamassa? Et ehkä ole. Sinulla on vain huono tapa mennä pahan mielen pesään ja hautoa siellä asioita, joita ei kannata hautoa. Riittää, että ne toteaa. Niin pitää elää. Ei surkutella itseään eikä uskoa, että iso hyökyaalto valtaa sydämesi. Sitä on vaikea torjua ja kyllä sinä tänään yritit.

Joskus ahdistus oli – ja on – niin paha, ettei se tunnu mahtuvan sisälleni. Syynä oli äidin ikävä ilman toiveen täyttymystä. Tai sitten se jää sisälleni mutta laantuu onneksi vähitellen.

Viisi vuotta leikkauksesta

Keväällä 2014, viiden vuoden jälkeen leikkauksesta, minut julistettiin terveeksi. Iloinen uutinen. Oli kuin olisin saanut kiitettävän arvosanan suoritettuani vuosia jatkuneet opinnot. Tuo laudatur kuuluu kuitenkin heille, jotka pitivät minua tärkeänä, hyvän hoidon ansaitsevana potilaana, sekä yhteiskunnalle joka kaiken maksoi.

Syventyminen kulloisiinkin kipuihin – ja syöpähoitoja edeltäneet kuukaudet Halovest-liivin sisällä – olivat estäneet minua pelkäämästä kuolemaa. Enemmän kuin kuolemaa pelkäsin kipuja. Ajattelin että loppujen lopuksi on yhdentekevää, milloin ja miten kuolee ja mikä sen aiheuttaa. Kuolema on osa elämää, sen päätepiste. Minuun ei ollut mahtunut muita tunteita kuin fyysinen ja sen aiheuttama psyykkinen kipu.

Sädehoito-osastolla sanoin eräälle sairaanhoitajalle, että koska kuitenkin joskus kuolee, yhtä hyvin voisi kuolla syöpään. Hän oli toista mieltä: mukavampaa olisi kuolla kauniina kesäpäivänä, maata metsäaukealla ja nukkua siinä pois. Hän oli tietenkin oikeassa.

Kuolema henkilöitymänä oli alusta asti ollut läsnä kuvissani ja näyissäni. Meidän välillämme on yhteys Tuonelanjoen rannalla ja silloin, kun matkustan yhdessä hänen veneessään, eikä se tunnu ollenkaan pahalta. Vaikea sanoa, olenko yhtä rohkea kuoleman hetkellä.

Tähän loppuun sopii kuvaus sairaiden rintojen viimeisestä matkasta, niiden matkasta Tuonelaan. Siitä välittyy lohdullinen kuva tapahtuneen hyväksymisestä ja elämän jatkumisesta. Näin sen vuoden 2009 lopulla. Se on siinä mielessä poikkeuksellinen, että olen pelkkä katselija.

> Oli hiljaista ja tyyntä. Oranssinpunaisena hohtava aurinkolaiva lipui peilikirkkaalla elämänmerellä, joka sijaitsee maanpinnan yläpuolella ilmassa, kohti läntistä horisonttia, seutua jossa elävien ihmisten maa loppuu. Laivaan oli koottu leikkauksissa poistettuja rintoja, joissa oli syöpä. Ne olivat sairaita rintoja.
>
> En huomannut katsoa, ohjasiko joku venettä. Se saapui tuonelan rantaan. Rantapenkalla oli iso avoin hauta, johon tuodut rinnat asetettiin, ja myös palat, jotka säästävissä leikkauksissa oli otettu pois. Hauta luotiin umpeen. Näin tapahtui, vaikkei näkynyt ketään maata lapioimassa. Huomasin, että alue on laaja, sillä rintasyöpäpotilaita on aikojen saatossa ollut paljon ja on vastakin oleva.
>
> Tiesin, että aurinkoveneet purjehtivat jatkuvasti elämän maan ja tuonelan väliä. Tuonelassa oli hautaosastoja myös muita sairauksia varten.
>
> Suurella hautakedolla kasvoi iloisennäköisiä kukkia ja aurinkokin paistoi sinne, joten tunnelma ei ollut sellainen kuin yleensä ajatellaan – synkkä, varjoisan tienoon varjoisa hämäryys, "tuonen lehto, öinen lehto" jossa on "hieno hautakehto".
>
> Näkyni tapahtumapaikka vaihtui. Katselin elävien maailmaa, jossa ihmiset välillä sairastavat ja sitten paranevat. He olivat iloisia. Heillä oli kukkia käsissään ja myös ilmapalloja, jotka kohosivat kohti taivasta mutta eivät päässeet karkuun, sillä he pitivät naruista hyvin kiinni. Ihmiset olivat iloisia, koska pahaa joka heidän läheisellään oli ollut, ei enää ole.

Psykosomaattinen sairastaminen

Vihdoin vuoden 2014 lopulla aloin ymmärtää, että kehon kipuihin voi suhtautua niin, ettei antaudu niiden valtaan. Olin ostanut Vidyamala Burchin kirjan

Mielekkäästi irti kivusta ja sairaudesta. Kotona huomasin sen olevan yksi tietoista läsnäoloa (mindfulness) käsittelevästä kirjallisuudesta, ja että se saa paljosta kiittää buddhalaisuutta. Yllätyin. Burchin mukaan paranemisen tai kipujen sietämisen lähtökohtana on Sakyamuni Buddhan opetus kahdesta nuolesta: Kun sairastut tai loukkaannut, sinuun osuu ensimmäinen nuoli. Kun kipu ja huoli täyttävät mielesi, sinuun iskeytyy toinen nuoli. Se lisää kärsimystäsi entisestään. Sinun ei pidä antaa valtaa toisen nuolen aiheuttamalle tuskalle vaan asennoitua siihen järkevästi, viileästi ja etäännyttää se ulkopuolellesi. Tämä ei ole ihan helppoa, jos on hyvin sairas ja jos pelottaa.

Ihmisen tulee olla tietoisesti läsnä elämässään. Burch tarjoaa asennoitumisen oppimiseksi myötätuntoa lisääviä buddhalaisia harjoituksia. Buddhalaisuudessa puhutaan takertumisesta, mikä pätee myös kipuihin. Tiesin että näin on, mutta en kuitenkaan ollut muistanut tai jaksanut tehdä mitään muuttaakseni suhtautumistani, vaan olin täysillä kiinni kiintymyksissäni, mikä aiheutti todellista kärsimystä.

En tyrkytä buddhalaisuutta, josta itsekin olen loitontunut, mutta kahden nuolen ja takertumattomuuden opetukset ovat viisaita. Niistä eivät Helsingissä vierailleet lamat koskaan puhuneet, mitä ihmettelen.

Edellä olevasta käy ilmi, että toisen nuolen kärsimys on laadultaan ennen muuta psyykkistä. Kun se esiintyy yhdessä ruumiillisen kivun kanssa, sairastaminen on psykosomaattista. Psykosomaattinen on sellainen fyysinen oire tai vaiva, jolle ei ole ruumiillista syytä. Minulla oli vuosien 2013 ja 2014 vaihteen molemmin puolin ilkeä vatsakatarri, vanha tuttu joka poltti sisuksiani. Oli muutakin samankaltaista vaivaa. Päiväkirjassa mietin helmikuussa 2014 tällaisia:

> Ahdistus aiheuttaa ruumiillista kipua. Psyykkisesti vaikeat asiat sairastuttavat vatsani ja fyysiset vaivat sairastuttavat mieleni. Psykosomaattisesta kiputilasta johtuu mielen sekasorto tai umpi. Vaikea selittää. Kokonaisvaltainen olotila, josta ehkä juontaa minua vaivaava saamattomuus.

Kipujen tärkeä syy oli tunne, jonka kohdistin lääkäriini. Tapasin psykiatrini Leenan harvoin. Hän ei enää pitänyt vakituista yksityisvastaanottoa. Olisin toivonut jatkuvampaa hoitoa, mutta olin hyvin epäileväinen sellaisen saamisen mahdollisuudesta. Hän oli lähivuosina siirtymässä eläkkeelle eikä Leena Myllys ei enää pitänyt taideterapiaa.

Käteni piirsi kuvia, joissa Pelko tai Kuolema leikkii elämänlangallani. Helmikuussa 2014 ihana terveyskeskuslääkärini vakuutti minulle, että minun kaltaiseni sangen herkkä, psykosomaattisesti reagoiva ja depressiivinen ihminen kyllä saa hoitoa Porvoossa.

Niin pitkällä ei vielä oltu. Joulukuun alussa lähetin molemmille lääkäreilleni hätä-huudon, koska en enää jaksanut olla masennukseni ja ahdistukseni kanssa. Tein lohduttavia kuvia. Sisälläni vapisin. Pari viikkoa myöhemmin kirjoitin päiväkirjaani toteamuksen, joka oli noussut alitajunnastani:

On hyvä, että teen kuvia valo-olennoista koska olen sisältä myllertynyt ja myller-rys on epätarkka ja sitä ympäröi lisäksi sankka hämärä, ei ehkä kuitenkaan säkki-pimeys. Olet sekä henkisesti että fyysisesti sekaisin. Miten niin on päässyt käy-mään. Se kai johtuu siitä, että olet huono kokemaan mielen ja ruumiin kivut yh-dessä.

Olin hyvin onnellinen, kun terveyskeskuslääkärini keväällä 2015 laittoi toivomani lähetteen Porvoon Psykiatriselle poliklinikalle ja pääsin syksyllä sen potilaaksi. En-nen lähetteen perillemenoa käyttäydyin kuitenkin ahdistuneena lääkäriäni koh-taan hysteerisen huonosti ja jouduin sitten kirjeitse esittämieni anteeksipyyntö-jeni sotkuun. Olin varmaan oikea kiusanhenki. Oli tullut kiusalliseksi tavata häntä ja varmasti myös hänen minua. Vaikka teki kipeää, lopetimme potilas–lääkärisuh-teen sopuisasti syksyllä 2015. Minua kyllä itketti ja kadulla sitten itkin: Kuinka saatoit hylätä minut? Olin itse ehdottanut, että eroaisimme, mikä ikään kuin antoi minulle ryhtiä.

Toivon, etten enää tapaa kovin hellätunteista lääkäriä tai sairaanhoitajaa tai muuta naishenkilöä, joka herättää minussa, ikäihmisessä, lapsellisen kiintymyk-sen tunteen. Sellaista en toivo kenellekään toisellekaan. Ihminen, joka on kasva-nut aikuiseksi myös henkisesti, on varmaan turvassa. Mutta "on vaikea kasvaa ja vaikea tulla aikuiseksi, aina on piilemässä kiusaus etsiä lopullista hyvää äitiä tai isää, jotakuta joka tekisi päätökset ja ohjaisi elämää." Näin kirjoittaa John Snelling kirjassaan *Buddhalaisuus*. Hän tarkoittaa suhtautumista hengelliseen opettajaan. 'Vanhemman' tilalla voi olla kuka hyvänsä ystävällinen luottamusta herättävä henkilö.

Lohdutin itseäni tekemällä kuvia Valon Jumalattaresta, joka ehkä onkin enkeli. Olin saanut jouluenkeliä esittävän pienen maalauksen Raini Hallamalta. Ajattelin että olisi ihanaa, jos sellaisia oikeasti olisi olemassa. Epäilin hieman, onko sellaisia korkeamman todellisuuden olentoja oikeasti. Sitten jouluaattona välähti:

Enkeleitä on. He ovat rakastavia ihmisiä, jotka tekevät hyviä tekoja epäitsekkäällä tavalla. He ovat niitä, joilla on valokukka, sydämen kukka, rinnassaan. Kukka on symboli. Myös siivet ovat symboli. Onnellinen se jolla on enkeli vierellään. Enkeli on kuva hyvästä ihmisestä.

Mielestäni hyvin kauniin kuvan tein loppiaisena 2014. Kuvailin sen syntyä näin:

> En etukäteen ollut suunnitellut mitään, kuten en yleensäkään tee. Alkoi hahmottua naispuolinen olento, enkeli tai Valon Jumalatar. Valon Jumalatar minua saapui tervehtimään, sydämestäni. Ystävällinen tuuli hulmuttaa hänen hiuksiaan ja helmojaan. Onnen lintu on istahtanut hänen käsiensä päälle. En tiedä ympäröikö häntä – onko hänen takanaan – täysi kuu vai jokin muu valonlähde.

Entä nyt

Meditaatio ei ole pitkään aikaan oikein sujunut. Pyrin opettelemaan taidon uudelleen, koska se on hyväksi mielenterveydelleni. Onnistuminen vaatii suotuisaa asennetta, myönteistä mielentilaa, jota voi kehittää itsessään meditoimalla. Tämän opin Rick Hansonin ja Richard Mendiusin teoksesta *Buddhan aivot*. Jos ei ole oikeassa mielenvireessä, on mietiskelyyn ryhdyttävä vaikka pakolla ponnistellen.

Kokeilin meditaatiota pitkästä aikaa 2016. Pääsin laimeaan meditatiiviseen tilaan. En mennyt syvälle. Se tuntui päässäni hyvin vaimeana huminana, ja oli kuin pään sisällä, varsinkin otsan ja päälaen alueella, tapahtuisi jotakin, mikä tuntui lievänä kirvelynä. Ei tuntunut kivalta. Tunsinko hermosolujen kytkeytyvän mietiskelylle ominaiseen asentoon? Ainahan voi kuvitella. Yritin purkaa päässäni olevaa kaaosta.

Buddhan aivot -kirjan mukaan ahdistus ja pelko sekä niiden aiheuttama depressio saavat alkunsa aivojen mantelitumakkeessa. Näiden psyykkisten tilojen estämiseksi sitä pitää siis stimuloida sopivilla keinoilla, kuten liikunnalla ja toimimalla yhdessä ihmisten kanssa. Useimmat masentuneet varmaan kokemuksesta tietävät, etteivät nämä keinot ole helppoja.

Depressio ja ahdistus – tietenkin myös alitajunnan kanssa seurustelu – ovat asioita, joista en voi juuri kenellekään puhua, koska ne eivät välttämättä edes sivua muiden kokemuksia tai kiinnostuksen kohteita. Onko pöyhistelyä, jos sanon olevani jotenkin erilainen nainen? Jos tuon esille asioita, jotka olen itselleni ajan mittaan kerännyt, pelkään että vaikuttaa kuin haluaisin briljeerata ja osoittaa fiksuuttani. Parempi olla hiljaa. Se mitä tiedän, on kovin suppea-alaista ja vailla yleistä merkitystä.

Olen löytänyt itselleni käsitöitä tekevien naisten ryhmän, mukavia ihmisiä. Kokoontumisessa joku lukee, vaikka novellia. Juttelemme niitä näitä, emme kuitenkaan järin syvällisiä. Siitä mitä meille on sattunut, tietenkin lapsista ja lastenlapsista, sairauksista. Päivittelemme hallituksen edesottamuksia ja yhä pahemmaksi käyvää maailman menoa ym. ym. Ja teemme käsitöitä. Parasta on, että olen saanut uuden ystävättären, Liisan.

Vaikka olen pohjimmiltani puhelias, olen usein vaiti, jos mielipiteeni poikkeaa muiden mielipiteistä tai pelkään, etten osaa pukea ajatuksiani sanoiksi. Tällaisia komplekseja! Voisi sanoa, että alemmuuskompleksi saa minut tuntemaan itseni ulkopuoliseksi ja muita huonommaksi. Kuten puolisoni kerran leikkisästi sanoi: "Ethän sinä ole kuin filosofian lisensiaatti!"

Kanava sulkeutuu

Meditaatio on hiljalleen käynyt työläämmäksi ja näkytilaan pääseminen ei oikein ota onnistuakseen. Jutellessani muutoksesta psykiatrini Leena Geagean kanssa hän totesi, että vuosikymmeniä jatkunut intensiivisen piilotajunnan kanssa seurustelun jälkeen elämäni oli normalisoitumassa, piilotajunta jää piiloon eikä kiihota mieltäni entiseen tapaan. (Panin merkille sanan 'normaali'. Olin siis melkein

30 vuotta ollut 'epänormaalissa' tajunnantilassa, tosin en koko aikaa. Se tuntui kummalliselta, sillä olin pitänyt itseäni 'normaalina'. Sanalle ei kannata antaa liian suurta painoa.) Ymmärsin olevani palaamassa tavalliseen, vain tietoisuuden ohjaamaan todellisuuteen, mikä tuntui hyvältä ja mieltä tasapainottavalta. Kylläpä helpottaa!

Silloin kun keskustelin lääkärini kanssa, depressioni ja ahdistukseni eivät olleet pahoja. Yleensä tuskaista oloa ei ole, kun tapaan jonkun lääkärin, koska saatu vastaanottoaika sinällään on hyvin myönteinen asia. Vaikutin Leenan luona varmaan tasapainoiselta. En ole ihan varma, oliko mieleni asettumassa normaaliuteen. – Psyykkinen paha olo nosti pian päätään häiritsemään mielenrauhaani. Minuun ei mahtunut muuta kuin masennus ja ahdistuneisuus. En kyennyt murtautumaan ulos vaikeista tunteistani. – Päivät ovat erilaisia. En toki ole koko aikaa ollut depression vankina.

On vaikea sanoa, milloin yhteys piilotajuntaani alkoi vaikeutua. Että näin oli tapahtumassa, kävi selväksi jo vuoden 2012 alkupuoliskolla. Muutosta voitaneen nimittää kanavan sulkeutumiseksi. Jo silloin oli vaikeaa keskittyä mietiskelyyn. Oli vaikeaa päästä meditatiiviseen tilaan ja lopulta se oli 99-prosenttisesti mahdotonta. Samalla hävisi kykyni nähdä näkyjä. Kuvia osaan onneksi toistaiseksi tehdä. En usko, että syövän sairastaminen lääkkeineen on vaikuttanut asiaan, vaan muutos on mieleni aiheuttamaa.

Kuvittelen, että aivoni olivat saaneet minusta tarpeekseen eivätkä enää viitsi tai jaksa keksiä minulle mielikuvaseikkailuja ja muita korkealentoisia elämyksiä. Minua ne eivät liioin enää edes juuri kiinnostaneet. Ne kiihdyttivät minua ja niiden muistiin kirjoittaminenkin vei melko paljon aikaa.

Ennen yhteyden totaalista pimenemistä näin sentään pientä kaunista. Olin kesällä 2012 ystävättäreni Maijan kanssa onnistuneella kylpylämatkalla Haapsalussa. Olimme konsertissa, jossa kontratenori Ka Bo Chan lauloi taivaallisen ihanasti kirkkaalla äänellään. Kun kuuntelin,

Laulu resonoi päässäni, korvissani ja vatsassani. Sellaista en ole ennen yhtä selvästi kokenut. Sisälläni näin valkoista ja välillä hopeisia säkeniä, ja sydämen kohdalla, säteiden ympäröimän keskuksen kohdalla valkoista. Tällainen kuunteleminen, kuuleminen, on fyysisesti aika raskasta. Konsertin jälkeen meillä molemmilla oli hyvä mieli.

Näkyjen loppuminen oli helpotus, sillä niiden vastaanottaminen – usein haltioituneena – on henkisesti ja ruumiillisesti raskasta. Tällainen on minun kokemukseni. Joku toinen kokee asian ehkä toisella tavalla. Olemme kaikki yksilöitä omine eläytymisen tapoinemme. Valitettavasti olen kadottanut myös halun meditoida, ja meditaation jääminen pois rutiineistani ei ole tainnut olla hyväksi mielenterveydelle. Sen onnistuminen riippuu siitä, onko mieliala sille suotuisa. Jos masennuksen musta pilvi viipyy pään ympärillä, on ainakin minun tavattoman vaikeaa keskittyä mietiskelyyn.

Yritin helmikuussa 2014 tehdä ruumiintuntemusharjoituksen. Kehoni oli hyvin kipeä, nyt kaiketi fibromyalgian takia. Mielialani oli matalalla, päässä jyskytti eikä se ollut kovin vastaanottavaisessa vireessä. Se mitä pinnistellen sain näkyviin, oli sangen pimeää ja mustaa, josta sentään erottui jotakin:

> Visualisoin sydänchakran ja vesielementin tummansinistä valoa. Olin sisältäni kauttaaltaan tumman sininen mutta oliko se valoa? Makasin sängylläni tummansinisen pallon tai kapselin sisällä. Aika pimeää oli. Muistin että oli olemassa kultaista valoa. Eteeni ilmestyi tummansininen pallo, johon onnistuin hehkuttamaan hiukan kultaista loistetta.

> Leijuin sänkyineni keveässä ilmassa, joka nosti meitä ylöspäin. Pelkäsin menettäväni yhteyden maahan ja myös etteivät sänkyä kannattavat köydet kestä. Ilma nosti ylemmäs avaruuteen tähtien ja galaksien luo. Ne olivat mielestäni yhdentekeviä. Pelkäsin että sänkyni lähtee ajelehtimaan avaruudessa, mikä oli hyvin epämiellyttävä tunne.

Päätin lopettaa meditaation. Mutta en niin vain osannutkaan ohjata näkyjäni pois taivaan korkeuksista takaisin huoneeseeni. Ahdistavaa! Ajattelin, että minulla pitäisi olla lamppu yöllä palamassa, jottei olisi säkkipimeää. Onneksi keksin avata silmäni. En enää ollut oudossa paikassa.

Luultavasti masennus ja ahdistus vaikuttavat meditaatioon ja olemiseen muuntuneessa tietoisuudentilassa. Edellä olevasta esimerkistä käy ilmi, että kurja olo tunkee mustana mukaan kokemukseen. Depressio ja ahdistuneisuus saavat alkunsa ihmisen arkielämässä kokemista psyykkisistä ongelmista eivätkä ne hevin jaksa innostaa mietiskelyyn. On kuitenkin huomattava, että koska ihmiset ovat yksilöitä omine tunteineen, jotkut kenties pystyvät oikein hyvin keskittymään meditaatioon ja sillä tavalla vähentämään tuskaansa.

Päiväkirjaan ilmestyy kuvia nykyisin melko harvoin. Silti pidän kuvien tekemistä mieluisana keinona saada kurkistaa sisälleni ja nähdä miten luova olen.

Tavallisesti panen tietoisesti itseni piirtämään. Joskus minulla on kuvan tekemisen halu mutta toimeen tarttuva mielen vire on heikko. Toisinaan päätän tietoisesti, mikä aiheeni on, mutta sisäolioni ei siitä innostu, joten en sitten minäkään välitä aiheesta. Voi myös käydä päinvastoin.

Tietoisuus on tekemisessä aina vahvasti mukana, esimerkiksi värien valinnassa, mutta tiedostamaton lausuu viimeisen sanan ja viimeistelee kuvan hengen mieleisekseen – ja myös minun mieleisekseni. Tyylini on tietenkin ajan oloon muuttunut. Varsinkin ensimmäisten vuosieni kuvat olivat hyvin naivistisia ja paljastivat, miten harjaantumaton käteni oli. Ne olivat oikeita symboliryppäitä ja sommittelultaan kehnoja, mutta nehän olivatkin syntyneet niin, etten nostanut kynää paperilta, jos ei ollut välttämätön pakko. Käteni on aina ollut kömpelö, eikä vikaa suinkaan parantanut ensimmäisellä sytostaattihoitokerralla sattunut tapaturma. Jo kauan sitten huomasin, että väreillä voi onneksi kätkeä epätyydyttävän viivan.

Olen ruvennut suunnitelmallisesti maalaamaan värikynillä hyvälaatuisille A4-kokoisille paperilehdille. Aikaansaannokseni ovat mielestäni aika onnistuneita; olen niihin jopa niin tyytyväinen, että arvelen parhaimpien olevan näyttelykelpoisia. Edellisestä kerrasta onkin parikymmentä vuotta.

Toivon oppivani uudelleen meditoimaan, sillä se olisi hyväksi aivoilleni ja mielelleni, sillä se siirtää minut persoonallisuuteni tummista varjopaikoista valoon ja iloon ainakin joksikin aikaa. Se on siis terapeuttista. En kuitenkaan haikaile näkymaailmaan. Minulla on buddhalaisuutta harjoittaessani opittu metodi, joka pitää vain saada itseni ottamaan uudelleen käyttöön. Ajatteluni taitaa tuntua ristiriitaiselta.

En tarkoita uskonnollista mietiskelyä. Ajattelen meditaation muuta hyötyä. Meditaatiota harjoittaessa hermoradat kytkeytyvät toisiinsa myönteisyyttä lisäävällä tavalla. Näin kuulemma tapahtuu.

Lännen puhtaassa maassa

Vielä ennen kuin menetin helpon kykyni päästä näkytodellisuuteen, minulla oli muutamia merkityksellisiltä tuntuvia elämyksiä, joilla uskoakseni oli persoonallisuuttani, minuuttani, vahvistava ominaisuus. Ne antavat myös ymmärtää, että olin viisastunut – vai onko se väärä luulo? Haluan elämäkertani päätteeksi kertoa lähes viimeisen Puhtaan maan kokemukseni, joka osoitti minulle, mikä on ihmisen osa elämässä ja (buddhalaisittain ajatellen) kaiken elävän kiertokulussa. Toistan sen muistiinpanojeni mukaan. Siitä käy hyvin ilmi ihmismielen kyky yhdistellä erilähtöisiä ja itse keksimiään aiheita toisiinsa sekä luoda niistä uusia kokonaisuuksia. Elämys lisää myönteisiä tunteita kokijan sydämessä.

Joulukuun alussa 2010 tein Puhtaan maan harjoituksen. Sen loppuosa yllätti minut kertakaikkisesti. Liisa oli opettanut sen ryhmällemme, joka kokoontui kerran viikossa Vasrassa, buddhalaisuudelle omistautuneessa pienessä kaupassa Helsingin Kasarminkadulla. Olen usein itsekseni tehnyt harjoitusta ja matkannut buddha Amitabhan maahan, sillä sitä tehdessäni, hengittäessäni sitä sisälleni, tietoisuuteni kohoaa vaivatta kauneuden ylimaallisiin sfääreihin. Sydämeni täyttää autuaallisuus.

Länteen hehkuvana laskevan auringon tavoin Amitabha on iholtaan ja vaatetukseltaan kirkkaan punainen, punaisuudessa hieman kultaa. Sen, joka uskoo Amitabhaan, sanotaan syntyvän hänen puhtaaseen maahansa lootuksen kukassa. Hän on vapaa jälleensyntymien ketjusta. Harjoitusta voi tehdä, vaikkei siihen uskoisikaan. Amitabha ja hänen valtakuntansa ovat silkkaa mielikuvituksen luomusta, jonka visualisoiminen tekee mielen rauhalliseksi ja iloiseksi.

Amitabhan valtakunta, joka buddhalaisesti ajatellen on – näin arvelen – jälleensyntymän mutta ei kuoleman maa, sijaitsee lännessä, johon aurinko laskee. Muinaisessa Egyptissä ja entisaikaisten skandinaavien keskuudessa ajateltiin, että aurinko (auringon jumala) purjehti sinne aurinkolaivalla aloittamaan matkansa halki kuoleman valtakunnan, kohti auringonnousua ja uutta laivamatkaa.

Harjoitus noudattaa tiettyä kaavaa – jokainen tietenkin näkee yksityiskohdat omalla tavallaan eikä välttämättä joka kerta samalla tavalla. Harjoitus jatkuu siihen kohtaan saakka, jossa mietiskelijä syntyy lootuksen kukassa Lännen puhtaassa maassa. Tapaan jatkaa näkyäni. Seuraavassa matkakertomukseni suunnilleen sellaisena kuin sen päiväkirjaan kirjoitin.

Aurinko laski punaisena meren taa. – Oli kuin kauan sitten Tanskassa, jossa katselimme auringonlaskua Pohjanmeren rannattoman ulapan taakse. – Näin auringon punaisena pallona, joka vähitellen vajosi näkymättömiin.

Taivas loimotti vähän aikaa. Pienten laineiden liplatus pani veden meren pinnalla väreilemään, mutta tyyntyi sitten. Tuli pimeä ja hieman vilu. Vesi jäätyi. Oli kova pakkanen ja kuulin miten tuuli vinkui. Pian jäästä kohosi esille kristallimaa, joka laajeni, varmaan niin pitkälle kuin kirkasta lumetonta jäätä riitti. Oli pimeä, joten en nähnyt kunnolla. Kristallimaa kimalteli.

Korkealla yläpuolellani kaartui valtava taivas täynnä tähtiä. Tähtien kuvajaiset tuikkivat kristallimaan kovalla lasikamaralla. Taivaalla loisti kelmeä täysikuu. Hiljaisuus oli rikkumaton. Jotkut tähtikuvajaiset välkehtivät jalokivinä sateenkaaren väreissä. Taivaan yli pyyhkivät värikkäät revontulet.

Oli hyvin kylmä. Milloinkaan aikaisemmin ei Puhtaassa maassa ollut ollut pakkasta. Jalokivipuut seisoivat pitkissä suorissa riveissään. Tällä kertaa kaikki olivat timanttipuita. Oli hyvin kaunista. Sinertävässä hämyssä näytti kuin ne olisi kuorrutettu kimaltelevilla timanteilla. Hiljaisuus oli täydellinen. Puut asettuivat kristallimaan ympärille, ja niitä oli niin paljon, että kehä oli aukoton.

Oli työlästä visualisoida jää sulamaan ja saada pimeys väistymään valon tieltä, mutta onnistuin sentään valaisemaan maiseman. lootusjärvet olivat jäässä, mutta kukkia oli kuitenkin, niin kauas kuin silmät näkivät. Enimmät olivat nupulla ja niiden sisältä kajasti heikkoa valoa. Myös jään alla kuulsi valo. Mutta kukat olivat paleltuneet; niin ei pitänyt olla. Kun oikein keskityin, sain auringon nousemaan ja sulattamaan lootusjärvistä jään. Kukkien varret kasvoivat ihan silmissä. Kukat olivat melkein auki ja ne tuoksuivat hyvälle. Enimmät olivat vaaleanpunaisia, mutta joukossa oli myös valkoisia, ja valo säteili niiden sisältä.

Avaruudesta kantautui korviini kaunista musiikkia. Se oli kuin Beethovenia, samaa jota olen meditoidessani ennenkin kuullut, kuin jonkin sinfonian hitaasta osasta, mutta ei se ole aitoa Beethovenia, vaan kuvittelemaani musiikkia. Se soi päässäni ja haltioiduin. Lepäsin onnellisena, kunnes siirryin harjoituksen huippukohtaan, syntymään Amitabha-buddhan Puhtaaseen maahan lootuksen kukassa.

Olin nupun sisällä. En ollut vielä aineellistunut, vaan olin hauras ja läpikuultava – kuten myös kultainen jakkara, jolla kukan sisällä istuin. Minulla oli kuitenkin tietoisuus, joka tarkkaili minua ja katseli terälehtiä ympärilläni. Nupun sisällä oli hämyisää ja siellä tuoksui aika vahvasti lootukselle. En tosin tiedä, mille lootus oikeasti tuoksuu, ehkä samalta kuin lumpeen kukat. Katselin nuppuani ulkopuolelta ja näin, miten terälehdet aukenivat ympärilläni yksi kerrallaan, ensin alimmat ja kohta muutkin. Kun sisimmät raottuivat, kukan sisälle virtasi raikasta ulkoilmaa. Hengitin sitä.

Kun lootus oli avoinna, valo aineellisti minut. Se tapahtui vähitellen mutta silti melko nopeasti. Näin tapahtui myös jakkaralle. Minulla oli kaksi rintaa – ei vain yksi – ja muutenkin olin terve. Lisäksi olin hoikistunut, sillä vatsani oli kutistunut. Kaikkein parasta oli, että olin saanut suuret valkoiset siivet, samanlaiset kuin enkeleillä on. Juuri sellaisia olin lapsena toivonut itselleni. Olin hyvin onnellinen ja harras.

lootusten valosta rakentui vankka korkea perustus satumaisen kauniille palatsille. Se kylpi valossa ja sen seinillä väreili vaaleiden värien kajo. Se oli Amitabha-buddhan koti. Nousin kukalta siivilleni ja lensin hänen luokseen palatsiin. Amitabha istui hymyilevänä lootusvaltaistuimellaan. Polvistuin hänen eteensä ja kiitin häntä siitä, että olin saanut tulla Puhtaaseen maahan ja että olin saanut siivet. Hän astui alas valtaistuimeltaan, tuli luokseni ja auttoi minut pystyyn.

Buddha oli sitä mieltä, ja itse asiassa myös minä, ettei aikani ollut vielä jäädä Puhtaaseen maahan vaan minun tulee palata elävien ihmisten elämään, maailmaan.

Eteeni Amitabhan ja minun väliin ilmestyi kolme kultaista maljaa, joissa oli hedelmiä, joista minun pitäisi valita itselleni yksi. Tämä kävi niin nopeasti, etten ennättänyt kiinnittää kaikkeen huomiota. Maljat olivat varmaan pöydällä, sillä lattialla ne eivät olleet eivätkä liioin ilmassa. Pöytää kai peitti valkoinen liina. Tunnelma oli juhlallinen, oikeastaan raamatullinen. Vasemmalla olevassa kulhossa oli Raamatun luomiskertomuksessa mainitun elämänpuun hedelmiä. Se oli se kuolemattomuuden puu, jonka hedelmät oli tarkoitettu vain Jumalalle. Päätin, että ne olivat siunauksellisia runsassiemenisiä granaattiomenoita. Äärimmäisenä oikealla olevaan vatiin oli laitettu kuolemattomuuden persikoita, joita kiinalaisten myyttien mukaan saivat syödä ainoastaan kuolemattomat eli jumalat. Keskimmäisessä maljassa oli omenoita, hyvän ja pahan tiedon puun hedelmiä. Koska en tavoitellut kuolemattomuutta, otin omenan ja ryhdyin syömään sitä. Samalla kiittelin mielessäni käärmettä, koska se oli kehottanut Eevaa ja Eeva Aatamia maistamaan kiellettyä hedelmää ja sillä tavalla ottamaan tiedon itselleen ja tulemaan henkiseltä laadultaan oikeiksi ihmisiksi. Pöytä hedelmämaljoineen hävisi näkyvistä. Olin valinnut kuolevaisen ihmisen osan, vaikka siihen kuuluu paljon vaivoja.

Minun oli aika palata maan päälle, läpi valtavan avaruuden. Vaikka minulla oli suuret siivet, en jaksaisi lentää niin pitkää matkaa. Niinpä Amitabha-buddha ehdotti, että käärme veisi minut. En epäröinyt, sillä tiesin että voin luottaa siihen.

Käärme saapui. Se oli valtava, varmaan pidempi kuin suurin anakonda. Minua jännitti matkanteko käärmeen selässä ratsastaen. Yritin ensin istua sievästi sivuittain, mutta ymmärsin, että oli turvallisempaa asettua hajareisin sen selkään, vaikka se oli noloa, ja pitää käsillä lujasti kiinni sen vartalosta. Lensimme ulos

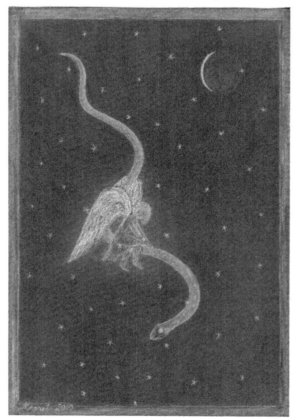

palatsista. Olimme ilman varassa. Käärme mutkitteli rauhallisesti eteenpäin ja otti sitten melko jyrkästi suunnan alas kohti maata. Olimme tähtitaivaan sisällä. Se kuvastui kristallimaassa, kunnes ohitimme sen enkä sitä enää nähnyt.

Katselin käärmettä. Se oli jadenvihreä ja jaden tavoin hiukan läpikuultava. Sen ihossa oli siellä täällä hopeisia suomuja, jotka välkehtivät tähtien valossa. Matkanteko oli tasaista. Saavuimme lumen peittämän maan yläpuolelle. Oli pimeää niin kuin joulukuussa tapaa olla. Korkealta näki jouluvalot kaupungin kaduilla ja ikkunoissa ja valot heijastivat keltaista lämmintä hohtoaan kaupungin ylle. Oli hyvin kaunista. Satoi hiljalleen lunta. Olin sanomattoman onnellinen matkatessani lempeän käärmeen selässä hiljaisen lumisateen läpi kohti kotiani.

Käärme laskeutui asuntomme portaan eteen. Kehotin sitä ottamaan häntänsä pois kadulta, jottei kukaan aja sen päälle. Meidän oli nyt erottava toisistamme. Kun käärme asetti päänsä kämmenelleni, huomasin, että sillä oli päässään kultainen kruunu, hyvin matala niin että sen sakaratkin näkyivät vain vaivoin. Hän oli kuningas- tai kuningatarkäärme! Erosimme. Katselin, kuinka hän nousi taivaalle, kunnes lumisade ympäröi hänet ja hän oli poissa.

Naputtelin ovikoodin numeron ja sitten soitin kotini ovikelloa. Rakas puolisoni avasi oven. Mukanani tulvi sisälle valoa, sillä minussa oli valoa sekä kehoni ulkopuolella että sen sisällä. Halasimme. Pentti sai minulta itseensä valoa. Kysyin häneltä: "Ovatko siipeni hyvin?" Hän vastasi: "Ovat. Ainahan ne ovat." Hän oli iloinen, koska minulla oli nyt lavoissani kauniit valkoiset siivet, samanlaiset sulka- ja höyhensiivet kuin enkeleilläkin on.

Koska olen kiinnostunut symboleista ja myyttisistä aiheista, en malta olla kertomatta hedelmistä, joista minun oli valittava yksi itselleni. Ne ovat kaikki symbolisilla ja psykologisilla merkityksillä latautuneita. Myyttisen ajattelun mukaan ne viittaavat kaikki hedelmällisyyteen, seksuaalisuuteen. Näyssäni pääpaino oli ehkä kuitenkin valinnassa kuolevaisuuden ja kuolemattomuuden välillä.

Myös käärmeellä ratsastaminen oli tärkeää: en pelännyt sitä. Nyt kyseessä oli mielikuvakäärme, todellista käärmettä en haluaisi koskettaa, vaikkei esimerkiksi pieni suomalainen kyy enää kauhistuta minua. Alitajuntani oli viisaasti valinnut ratsukseni kiinalaisen jadekäärmeen, hyvän taruelämän. Alitajunta tietää paljon enemmän kuin ihminen tietoisuudessaan.

Joulukuussa 2018

Olen selvittänyt välini käärmeen kanssa. Uskon, etten ole niin paha ja syntinen ihminen, ettei minulla voisi olla ihanat siivet.

Vaikeampi trauma on äidin ikävä. Se ei ole minnekään kadonnut eikä varmaan katoakaan. Mitä vanhemmaksi ja sairaammaksi tulen, sitä enemmän ehkä – valitettavasti – kaipaan äitiä.

Piilotajuntani suosikkiaiheita

Olen psykologinen esimerkki siitä, miten ihminen saattaa tulla tietoiseksi piilota-juntansa kyvystä noutaa sen syvistä varastoista alitajuisia sisältöjä tajuttavaan muotoon. Kyseessä on yleisinhimillinen, joskaan ei kaikille paljastunut taipumus. Jokaisella tiettävästi on omanlaisensa alitajunta omine mieltymyksineen ja elä-mänkatsomuksineen. Minun kokemuksiani ei voi yleistää. Periaate, tietoisen ja tiedostamattoman yhteys, on kuitenkin aina sama.

Mielenkiintoni on kiinnittynyt symboleihin ja myytteihin, mikä leimaa tämän jak-son kirjoituksia. Minua ei lakkaa hämmästyttämästä, miten on mahdollista, että tiedän enemmän kuin tiedän, ja että kuviin ilmaantuu ikivanhoja myyttisiä sisäl-töjä. Ehkä se johtuu siitä, että kiinnostuin niistä viimeistään 1970-luvun alussa ryhtyessäni tutkimaan Mona Leon nukketeatteria, kauan ennen kuin annoin ky-nälleni luvan raapustaa päiväkirjaani ensimmäisen kuvan. Loppukesästä 1984 lähtien on kuvia kertynyt paljon. Näyt tulivat mukaan vuonna 1993.

Analysoin tässä toistuvasti esille tulleita, pidemmäksi aikaa vakiintuneita teemoja ja lisäksi joitakin harvinaisempia aiheita, jotka tuntuvat tärkeiltä. Piilotajuntani suosii vakiintuneita aiheita, joita se kuitenkin voi halutessaan muunnella. Lisäksi se keksii paljon omia. Kuvia olen valinnut kuvitukseksi. Näyt jätän kuvituksessa vähemmälle, sillä ne ovat aineettomia ja ovat tallella muistiinpanoissa. Niiden sa-nallisia kuvauksia on elämäkerrassa.

Esittelen kokemuksiani artikkeleissa, jotka olen nimennyt kulloisenkin pääaiheen mukaan. Se osoittautui vaikeammaksi kuin oletin. Mitä enemmän otsikossa osoi-tettuun teemaan perehdyin, sitä laajemmalle se näytti hajoavan: samoja aiheita ja teemoja oli muidenkin teemojen yhteydessä. Yritän parhaani mukaan välttää päällekkäisyyksiä. Ajatellessani yleisiä vertauskuvallisia taruaiheita, joita mieleni on omaksunut, minusta tuntuu kuin olisin helmi pitkässä symbolien ja myyttien ketjussa.

Piilotajunnasta lähteneet mielikuvani ovat saaneet ilmiasunsa ns. automaattisesti syntyneinä piirustuksina – joskus myös maalauksina – ja meditatiivisessa tilassa ilmaantuvina näkyinä. Nämä kokemisen tavat ovat tuottaneet erilaisia tuloksia. Paperille syntyneitä kuvia on helppo tarkastella, kun taas nopeasti etenevät näyt ovat ohikiitäviä, monesti juonellisia kertomuksia, joissa seikkailen epätodellisissa ympäristöissä. Kokemuksina ne ovat elämyksellisempiä kuin piirustukset. Ne ovat maalauksellisia, mutta taitoni ei ole riittänyt niitä kelvollisesti kuvaamaan.

Olen toisinaan kirjoittanut kuvien oheen lyhyitä itsestään syntyneitä selostuksia siitä mitä niissä tapahtuu. Esimerkiksi kuvapäiväkirjasta numero 6 vuoden 1985 lopulta käy ilmi, että ajattelin paljon tytärtäni Rainia, joka oli aloittamassa omaa aikuisen elämäänsä. Piirsin kuvia hänestä ja niiden alapuolelle kirjoitin tällaisia: "Raini purjehtii rohkeasti elämän merellä", "Hän seisoo elämänpuiden reunustamassa valinnan tienhaarassa", "Hänen tulee valita elämänpuusta oma omenansa." Äidin sydäntä huojensi se, että kuvassa Yön Valon Jumalatar oli hänen rinnallaan ja että hänellä oli kädessään opastähti, kompassi. Olin pukenut lapseni Pierrot'n, valkoisen klovnin, pukuun ja pannut hänen päähänsä mielikuvituksellisesti muotoillun hatun, jonka sisällä hyvät ajatukset kypsyvät.

Edellä olevien esimerkkien vertauskuvallisuus on hyvin helppo ymmärtää. Piilotajunnasta on noussut piirustuksiini ja näkyihini myös aiheita, joiden merkityksen itselleni aavistan tai sitten en. Niissä on salaperäistä myyttistä tuttuutta. Piirtämisen ja näkemisen aikana minusta tuntuu tavattoman hyvältä, joskus taas pahalta. Tunnetta on vaikea sanoin kuvailla. Eihän se kielellinen olekaan. Sisäinen pakko panee minut piirtämään linnun istumaan henkilöhahmon kädelle tai asettamaan hänen kämmenelleen sipulin tai lootuksenkukan. Selvemmin kuin kynä, vie näky minut kuitenkin mennessään.

***

Seuraavien sivujen artikkelit ovat kaksiosaisia. Ensin kerron millaisina aiheet ilmenevät kuvissani ja näyissäni. Näin hahmottelen omakuvaani. Jälkimmäisessä osassa, jota nimitän taustaksi, esittelen aiheen esiintymistä yleisessä, usein yleismaailmallisessa, mytologiassa ja symboliikassa. Ne ovat kuin peili, joista näkee, minkä verran omaani heijastuu koko pinnasta. Taustat ovat usein suppeita ja joskus pinnallisiakin, kun ajattelee niissä esiteltyjen aiheiden monivivahteisuutta ja niille mytologiassa annettua suurta merkitystä. Taustojen selvityksissä päädyn kauas muinaisiin aikoihin. Mieleni on selvästi vanhakantainen. Lähimmäs nykyaikaa se pääsi ottaessaan omaksikuvakseen 1600-luvulta lähtien suuren suosion saaneen ns. valkoisen klovnin Pierrot'n sellaisena kuin hän oli 1900-luvun alussa.

Haluan osoittaa, miten laajasta ja ihmissukupolville merkityksellisistä teemoista on kysymys. Kuvani tosin vain ovat, enkä niitä välttämättä ymmärrä. Samojen aiheiden toistuminen panee uumoilemaan, että ne ovat minulle jo muutenkin tärkeitä. Taustoja opiskelemalla ymmärrys lisääntyy ja myös halu kertoa aiheista, jotka eivät suoranaisesti liity piirtävän mieleni aivoituksiin. Pyrin pysyttelemään siinä, mihin piilotajuntaa hyödyntävä kynäni ja näkysilmäni ovat keskittyneet.

Olen silti sallinut itselleni joitakin kevyitä syrjähyppyjä. Eritoten myyttisessä maailman ja ihmisen olemassaoloa koskevassa ajattelussa melkein kaikki liittyy kaikkeen.

Artikkelien loogiseen järjestykseen laittaminen on ollut vaikeaa. Ei puhettakaan kronologiasta. Eniten tilaa olen antanut käärmeelle sekä naiselle, myös jumalattarelle. Ne kiedottiin jo ammoisina aikoina yhteen toistensa kanssa, eikä käärme vielä tänä päivänäkään ole päästänyt naista kokonaan vapaaksi syleilystään. Myyttiperäiset ajatustavat istuvat lujassa. Näille aiheille suomani arvosija johtuu siitä, että piilotajuntani on tutustuttanut minut jumalattariin, mikä on suurenmoista. Käärmeellä on ollut, ei erityisen miellyttävä, rooli omassa mytologiassani ja psykologiassani.

Symbolimerkityksiä on äärettömän paljon sen mukaan mitä asia tai esine kullekin kertoo. Vertauskuvien viidakossa on vaikea kulkea, jos ei ymmärrä mihin uskoa. Käsitys merkityksestä voi olla selvä, mutta myös kuin pelkkä aavistus, tunne siitä että se on tärkeä mutta mieli ei tavoita sen sisältöä. Vakiintuneet ja arkkityyppiset symbolit on melko helppo huomata.

Symbolikirjojen kirjoittajat ovat yksilöitä omine ideologioineen ja tutkimusperiaatteineen. He korostavat eri asioita tai pyrkivät ottamaan mukaan kaiken ja tästä aiheutuu hämmennystä lukijalle. Teksteissäni olen hyödyntänyt Kirjallisuutta-luettelossa mainittuja kirjoja, mutta mukana on myös omia aatoksiani.

Kypsä omena tuoksuu hyvälle ja myös maistuu hyvälle. Se miellyttää silmää. Ei ole ihme, että siitä jo kaukaisessa menneisyydessä tuli tarinoiden aihe ja alkoi tarkoittaa muutakin kuin maukasta hedelmää. Siitä tuli monimerkityksinen symboli. Mielikuvissa yhdistyivät maku ja tuoksu vertauskuvallisesti merkitykselliseen pyöreään muotoon.

Ensimmäisenä omenasta mieleen muistunee kristinuskon opettama syntiinlankeemus ja viettelys sekä eroottinen rakkaus. Erään symboleista kertovan kirjan mukaan omena Neitsyt Marian ja Jeesuksen yhteydessä tarkoittaa pelastusta. Mutta muissa kuin kristinuskon leimaamissa kulttuureissa se voi olla muun muassa hedelmällisyyden, tiedon ja viisauden sekä kuoleman ja kuolemattomuuden vertauskuva.

Tunnetuimpia omena-aiheisia myyttisiä tarinoita lienee se, jossa Troijan kuninkaan poika Paris lahjoittaa omenan Afroditelle, kolmesta jumalattaresta kauneimmalle; tämä oli luvannut Pariille maailman kauneimman naisen Helenen

(Spartan kuninkaan Menelaoksen puolison), mikäli hän saisi omenan. Paris ryösti Helenan. Myytin mukaan tämä aiheutti Troijan sodan.

Toisinaan symboleita luodaan tietoisesti myyttien pohjalta. Uudessa yhteydessä ne voivat yllättää. Ajateltakoon vaikka Euroopan unionin lippua. Sininen pohja-väri on lainattu Neitsyt Marian harteilla lepäävästä viitasta ja kaksitoista keltaista tähteä ympäröivät hänen päätään sädekehän tavoin. Silti elämme varsin maallis-tuneessa maailmassa.

Ja mitä pitäisi ajatella maanosamme nimestä? Tarun mukaan muinaisen Kreikan ylijumala, naisiin menevä Zeus, ryösti foinikialaisen kuninkaan tyttären Europan ja vei tämän Kreetalle. Ryöstön jumala toteutti muuttamalla itsensä lempeäksi häräksi, jonka selkään neito uskaltautui. Silloin härkä lähti laukkaamaan kohti Kreetaa, ja sinne Europa jäi.

Eurooppa sai nimen tämän foinikialaisen prinsessan mukaan. On selitetty, että nimen pohjana on assyriankielinen sana 'ereb', joka tarkoittaa auringonlaskua ja lännen maita, missä Eurooppa sijaitsee Lähi-idästä katsottuna. Nyt 2010-luvulla Lähi- ja Keski-idästä katsotaan toiveikkaasti kohti Eurooppaa, mutta jumalansyn-nyttäjä-äidin viitan suojaan ei haluta muukalaisia, varsinkaan ei toisennimiseen jumalaan uskovia.

Symbolit

Myytit luovat symboleita. Kaikki symbolit eivät kuitenkaan ole lähtöisin taruista ja uskonnoista. Jokin aistein havaittava esine muotoineen ja käyttötarkoituksi-neen, sen herättämä mielikuva, synnyttää sen vertauskuvallisen sisällön. Symbo-lin suomenkielinen vastine 'vertauskuva' on osuva. Sigmund Freud ja Carl G. Jung lienevät yhä 2010-luvulla symbolien pätevimpiä asiantuntijoita Euroopassa. He ottivat teorioissaan huomioon ihmisen psykologian, sen miten mieli toimii. Jun-gin määritelmää kannattaa siteerata.

"Symbolilla tarkoitetaan sellaista termiä tai nimeä tai kuvaa, joka saattaa olla tuttu jokapäiväisessä elämässä mutta jolla sovinnaisen tai ilmeisen merkityksensä ohella on erityisiä lisämerkityksiä." Määritelmä on peräisin Mirja Rutasen suo-mentamasta Jungin teoksesta *Symbolit. Piilotajunnan kieli*. Jung tarkoittaa tällai-sia esimerkkejä: puu, jolla on tärkeä symbolinen merkitys monissa kulttuureissa, on kuitenkin puu; kristinuskossa risti on keskeinen merkityksillä kuormattu vertauskuva, mutta henkilönnimen yhteydessä se kertoo ainoastaan, että henkilö on kuollut. (Kuolinilmoituksessa se myös viittaa uskontoon, johon hänet on liitetty.)

Jungin mukaan on kahdenlaisia symboleita. On, jos ei aivan koko ihmiskunnalle, niin ainakin suurelle osalle ihmisiä yhteisiä ns. kollektiivisia symboleita. Ne, jotka ovat samankaltaisimmat eri puolilla maailmaa, ovat Jungin mukaan arkkityyppejä. Lisäksi on kunkin omia, henkilökohtaisia vertauskuvia. Minulle sellaisia ovat kaipauksen sininen kellokukka, sisäisen harmonian pyörötemppeli, sisäisen eheyden täydellisen pyöreä pallo. Niihin olen tutustunut antaessani kynäni piirtää itsestään. Ne ovat mielelleni tärkeitä.

Myytti ja vertauskuva ovat ehkä syntyneet tällä tavalla: on kaunis hyvälle tuoksuva valkoinen liljankukka, joka ihastuttaa ja herättää mielikuvan Neitsyt Mariasta. Maria-kultti syntyi keskiajalla. Valkoinen lilja on viattomuuden ja puhtauden symboli. Maalauksissa madonnanliljoja (*Lilium canditum*) kasvaa hänen lähellään tai niitä on maljakossa; Marian ilmestystä esittävissä kuvissa jumalallista viestiä tuovalla Gabriel-enkelillä on kädessään valkoisia liljoja. Merkitys voi kuitenkin arkipäiväistyä ja muuttua lähestulkoon vastakohdakseen. Aiheen maallistuneesta käytöstä on esimerkkejä Akseli Gallen-Kallelan maalauksissa: valkoisia liljoja saattaa olla nuorta tyttöä tai naista esittävien muotokuvien rekvisiittana. Sen sijaan jossain määrin kyyninen näkemys puhtaudesta eli siveellisyydestä paljastuu *Démasquée*-maalauksessa, jossa alaston nainen istuu sohvalla julkean rentoutuneena vierellään valkoisia liljoja korkeassa lasimaljakossa. Teoksen katsotaan henkivän 1800-luvun lopun pariisilaista dekadenssia.

Vertauskuvien ymmärtäminen on 2. maailmansodan päättymisen jälkeen ollut melko vähäistä ja käynee yhä vähäisemmäksi, epäsuositummaksi. Ei ole aikaa eikä asia kiinnosta. Merkitykset muuttuvat ja uusia syntyy. Tiede on saavutuksillaan selittänyt järjelle tajuttavaksi asioita, jotka aikaisemmin olivat suuria mysteereitä. Silti on olemassa sellaista joka on säilynyt, ei ehkä selkeänä tietona vaan intuition kaltaisena tunteena.

Edellä oleva Jungin muotoilema symbolin määritelmä jatkuu: "Symboli viittaa johonkin aavistuksenomaiseen, tuntemattomaan tai meiltä kätkettyyn." Jung mainitsee sanan ja kuvan, mutta se voisi olla myös jokin ääni, kuten kirkonkellojen soitto tai musiikkikappale, mökille vievä tie, kevään ensimmäinen leskenlehti. Ne ovat sellaisia, joille ihminen on elämänsä aikana antanut erityismerkityksen, vaikkei sitä tule juuri ajatelleeksi.

Esimerkki symboliikan aavistuksenkaltaiseen kätkettyyn henkilökohtaiseen sisältöön on siinä, miten musiikkikriitikko Hannu-Ilari Lampila ja minä tulkitsimme *Pelléas ja Mélisande* -oopperan (1902) loppukohtauksen Suomen Kansallisoopperassa 2012. Miljöönä oli bunkkerin raunioiden muodostama suljettu paikka, jossa oli paljon vettä. Mélisande on kuollut; hänen sielunsa on näyttämöllä toimiva hahmo, mutta hänen kuollut ruumiinsa katafalkilla ylemmällä näyttämötasolla, niin korkealla, etten sinne piippuhyllypaikaltani kunnolla nähnyt; käsiohjelmassa sentään oli kuva. Valkoisiin pukeutunut Mélisanden sielu lähtee valkeassa veneessä veden yli kohti laskevaa aurinkoa ja avointa merta, kohti tuonpuoleista. Vedessä kahlaavat nuoret kukikasmekkoiset naiset kuljettavat venettä. Koska taivas on kirkas ja korkea ja aurinko kultaa pilvet, ajattelin hyvin vaikuttuneena, että Mélisande siirtyy tuonpuoleiseen valon maailmaan. Lampila taas ajatteli, että Mélisande "herää henkiin" ja on kuin "uudelleen synnyn kokenut Jumalatar." Mélisanden vapautuminen umpiosta, jossa hän oli elänyt, herätti meissä siis erilaisen mielikuvan. Ohjaajalla saattoi olla kolmas mielikuva.

Tästä pääsemme näppärästi 1800-luvun viimeisiin vuosiin, jolloin taiteessa alkoivat puhaltaa uudet tuulet – tai ehkä ne pikemminkin asettuivat ja näkösälle tuli se mikä oli ollut piilossa. Eurooppalaisessa taiteessa heräsi pyrkimys henkisyyteen. Tuolloin varsinkin Pariisissa, joka veti taiteilijoita puoleensa, vaikutti monia spiritualistisia aatesuuntia, jotka korostivat ihmisen sisäisen maailman merkitystä. Tämä ilmeni realismin hylkäämisenä. Kurkotettiin "toiselle puolelle", kohti sitä mikä oli piilotajuista. Siellä koettuja totuuksia esitettiin taideluomissa, olivat ne sitten kuvataidetta, kirjallisuutta, musiikkia tai näyttämötaidetta. Maalauksessa sai kernaasti "kuulua" musiikkia ja musiikissa "näkyä" kuvia. Aikakauden taiteilijoita tavataan nimittää symbolisteiksi, sillä töiden sisältö ja tyyli suosivat vertauskuvallisuutta. En osaa edes arvata, minkä verran luovan työn kimmokkeena oli tietoinen itsensä saattaminen muuttuneeseen tietoisuuden tilaan, esimerkiksi meditaatiossa. Tiedän, että "toiselle puolelle" pääsemiseen riittää vaikkapa kynän ottaminen käteen ja kuvien piirteleminen omia aikojaan. Sellaistahan harrastettiin 1800- ja 1900-luvun vaihteen molemmin puolin.

Edellä olevat taidetta koskevat mietteet kirjoitin omien kokemusteni pohjalta, sillä symbolistitaiteilijoiden mielenliikkeitä en tunne. Minunkin elämyksissäni ilmenee eri aistimusten samanaikaisuutta. En ole taiteilija, joten mieleeni ei edes tullut ajatus jalostaa omat näkykuvani taiteeksi.

Myytit

Myytti on kertomus. Sitä on vaikea määritellä täsmällisesti. Teoksessaan Itämerensuomalaisten mytologia folkloristiikan professori Anna-Leena Siikala toteaa, että määritelmiä on yhtä paljon kuin määrittelijöitä. Hän on tiivistänyt käsitteen tällaiseen muotoon: "Myyttinen ajattelu hahmottaa aistein havaitsematonta, ajan ja paikan tuolla puolen olevaa. Sen tunnusmerkkejä ovat arkilogiikan hylkääminen ja metaforinen kieli. Myyttien erityisyys piilee niiden kyvyssä sisällyttää itseensä sekä aikaan sidottuja välittömästi läsnä oleva että ikuinen ja tuonpuoleinen. Myytit ovat uskontojen rakennustarpeita, uskontoihin liittyviä uskomuksia. Niitä ei voi ajatella erillään myyteistä vaikka myytit ovat tarinoita, kertomuksia, ne kertovat uskonnoista ja niiden oppikappaleista."

Itseäni viehättää se, miten kirjailija ja antiikin Kreikan tuntija Kirsti Simonsuuri aloittaa ensimmäisen luvun teoksessaan *Jumalat ja ihmiset*: "Myytit kertovat ajasta, jota ei ole, mutta erilaisissa tehtävissään ihmisten ja yhteisöjen elämässä ne ovat mitä suurimmassa määrin olemassa. Ne kertovat alkuajoista, jotka ovat etäisyydessä, hämärän peitossa; ja kuitenkin tämä kaiken alku on kouriintuntuvalla tavalla läsnä myyttiä kerrottaessa."

Simonsuuren mukaan myytit ovat ensisijaisesti kirjallisuutta. Ne ovat tarinoita, joita on kerrottu viihdyttämismielessä, joten niitä ei tarvitse ottaa turhan vakavasti. Joutavia eivät kuitenkaan liene uskonnon osana kerrotut tarut maailman ja kaiken olevaisen, myös jumalien syntymisestä. Myytti pysyy elävänä, kun se toistetaan: kerrotaan tai esitetään rituaalinäytelmässä. Simonsuuri panee suuren painon ihmisen kyvylle luoda sanallisia ja myös kuvataiteeksi luettavia teoksia. Hän pohtii luomisen hetkeä entisinä ja nykyisinä aikoina. Luomisesta ja esittämisestä on kysymys myös kalevalaisen runouden yhteydessä. Mitä muuta saatettiin pimeinä syys- ja talvi-iltoina tehdä kuin kertoa ja kuunnella tarinoita, elettiin sitten Välimeren rantamilla tai Suomen salomailla.

Arjessa myytillä on tai sillä on ollut käytännöllinen merkitys. Folkloristiikan tutkija Kaarina Koski kirjoitti minulle sähköpostiviestissään, että myyttiä käytetään kun sitä tarvitaan. Esimerkiksi "raudan syntyrunoa on käytetty, kun on parannettu raudan aiheuttamia haavoja".

Kaikkia tarinoita ei tosiaan liene tarkoitettu vakavasti otettaviksi, vaikka voihan niihin uskoakin. Ne on tarkoitettu viihdyttämään kuulijoita ja lienee makuasia, pitääkö jonkin ilmiön tai muun asian tai ominaisuuden synnystä kertovia tarinoita myytteinä, jos esimerkiksi selvitetään miksi maantiessä ja joessa on paljon mutkia, miksi punatulkun rinta on punainen, miksi muurahainen on keskikohdasta ohut ja miksi hämähäkillä on leikissä lankakerä. Tällaisia "syntyjä syviä" ovat suomalaiset tienneet, ja varmaan muutkin kansat. Luojaolentona näissä on usein Jumala, mutta myös paholaisella on sormet – tai sorkat – pelissä tai ainakin kavala taka-ajatus. Esimerkiksi 1930-luvulla tähän tapaan:

> Kun Jumala oli luomassa maata, pyysi piru häneltä seipään reiän verran maata. Jumala antoi. Kun piru löi siihen seipäällä reiän, alkoi siitä tulla käärmeitä, matoja ja kaikenlaisia konninkaisia niin hirveästi, että pian olivat kaikki pahat elukat maassa.

Toistan tässä hieman mukaillen afrikkalaisilta joruboilta peräisin olevan luomiskertomuksen, joka on julkaistu Sinikka Tarvaisen teoksessa *Ennen syntiinlankeemusta*:

> Ylijumala Oloddumare, joka ei ole mies eikä nainen, vaan elämänvoiman ilmentymä, lähetti jumala Obatalan luomaan maailman. Tämän juovuttua palmuviinistä ja hukattua luomistyössä tarvittavia aineksia sisältävän pussin ylijumala antoi tehtävän Odudua-jumalalle, joka pussin oli löytänyt.

> Odudua laskeutui rannattoman veden päälle ja tyhjensi pussin sisällön veteen. "Se oli maata. Odudua asetti mullan päälle viisivarpaisen kanan, joka kuopi sitä ja levitti sen maaksi. Odudua ja muut jumalat laskeutuivat ketjua pitkin maan päälle.

> Obatala sai ylijumalalta sentään tehtäväkseen muovata savesta ihmiset, joille ylijumala niiden valmistuttua puhalsi hengen. Mutta koska Obatala oli perso palmuviinille ja humalassa, jotkut ihmiset epäonnistuivat. Heistä tuli rampoja, kyttyräselkäisiä, albiinoja tai muuten epämuodostuneita."

Myyttisten tarinoiden pohjalta ei ole mahdollista laatia esimerkiksi jonkun jumaluuden elämäkertaa. Huomasin sen takavuosina yrittäessäni koota yhteen Afroditea koskevia kertomuksia. Mitään elämäkertaa ei koskaan ole ollut, vain erillisiä tarinoita.

Alkuperäisestä yhteydestään irrotetut kertomukset, etenkin niiden aihelmat: toistuvat ainekset eli myteemit, sekä vertauskuvat elävät uudessa yhteydessä uutta elämää osana uutta tarinaa. – Kertomuksen muotoon hakeutuvat näkyni toimivat samalla tavalla. Niistä saan kiittää mielikuvitustani ja eläytymiskykyäni sekä auennutta yhteyttä piilotajuntaani, joka liittää minut suuren kokonaisuuden osaseksi.

Myytit eivät Siikalan mukaan (s. 67) ole mitä tahansa kertomuksia, sillä myyttiset perikuvat, kiteytyneet motiivit, symbolit, metaforat ja mielikuvat ovat myyttisyyden tunnusmerkkejä, joiden erityinen merkityksellisyys takaa niiden säilymisen pitkiäkin aikoja. Ne ovat eri-ikäisiä ja niitä syntyy jatkuvasti. Jotkin kertovat hyvin vanhoista ajoista ja ovat syntyneet varhaisina aikoina. Niiden pohjana on kertojien kotiseutu, sen maantiede, ilmasto ja luonto eläimineen ja kasveineen. Tarut voivat olla yhteydessä historiallisiin tapahtumiin. Joissakin taruissa selitetään yhteiskunnallisia oloja, esimerkiksi ihmisten eriarvoisuutta. Eräiden kansojen, kuten joidenkin aasialaisten ja germaanien (islantilaisten) tarustoon ovat vaikuttaneet heidän elinympäristössään tapahtuneet luonnonmullistukset, kuten tulivuorenpurkaukset. Germaanien mytologiassa luonnon aiheuttama uhka on johtanut ajatukseen, ettei maailma ole pysyvä eivätkä edes jumalat ole kuolemattomia, vaan kaikkeus tuhoutuu ragnarökin lopun taistelussa. Ragnarök merkitsee myös alkua lopun jälkeen, uuden elämän ja maailman syntymistä. Hindulaisen mytologian mukaan maailmankaikkeus tuhoutuu ajoittain ja syntyy sitten uudelleen. Näin uskoivat myös mayat olevaisen kiertokulussaan.

Suomessa kehitettiin 1800-ja 1900-lukujen vaihteen tienoilla tutkimusmetodi, joka perustui kansanrunoissa ja niiden toisinnoissa ja myös myyttien sisällöissä sekä ihmisyhteisöissä ja kulttuureissa ilmenevien yhtäläisyyksien vertailuun. Sitä nimitettiin maantieteellis–historialliseksi. Se on ainakin osittain säilyttänyt arvonsa nykyaikaan saakka.

Jonkin aiheen lainautuminen kansalta toiselle on uskottavaa, mutta se ei mielestäni kuitenkaan sulje pois mahdollisuutta, että yhtäläisyys voisi perustua ihmisten psykologiseen samankaltaisuuteen. Elinympäristöt voivat olla hyvinkin erilaisia ja eri seuduilla kehittyneet kulttuurit omine käsityksineen voivat suuresti poiketa toisistaan. Elämän asettamat vaatimukset ovat kaikkialla kumminkin pohjimmiltaan samat: ihmiset tarvitsevat ruokaa ja turvaa.

Afrikasta oletettavasti satatuhatta vuotta sitten lähteneiden, vaelluksensa eri puolille aloittaneiden nykyihmisten jälkeläisinä olemme eroavuuksista huolimatta pohjimmiltaan varsin samanlaisia. Meillä on kyky ajatella ja puhua, myös tunteemme ovat samanlaiset: rakastamme, vihaamme, pelkäämme. Lisäksi geenimme mahdollistavat kyvyn vilkkaaseen mielikuvitukseen ja suuren taipumuksen kuvitteluun. Se, että šamanismia näyttää esiintyneen kaikkialla ja että se on monin paikoin yhä elinvoimaista, on mitä selvin osoitus ihmismielen samankaltaisuudesta. Käytetään samanlaisia keinoja kun etsitään yhteyttä arkimaailman takana oleviin ulottuvuuksiin, joissa asuvia suuria mystisiä voimia omaavien olentojen toivotaan auttavan ihmisiä.

Tärkeät kaiken olevaisen synnystä kertovat myytit lienevät aina hyvin vanhoja, perimmäistä tietoa, vaikka niitä olisi talletettu muistiin vasta parin kolmen viime vuosisadan aikana. Kirjoitustaidon jo vuosituhansia sitten keksineiden kansojen mytologiaa tunnetaan melko hyvin säilyneiden tekstien ja kuvien ansiosta. Ne kertovat jumaluuksista ja muista yliluonnollisista olennoista sekä luonnonilmiöistä. Tekstit ja kuvat pohtivat ihmisen maanpäälliseen ja varsinkin tuonpuoleiseen elämään liittyviä kipeitä kysymyksiä.

Ei ainoastaan ns. korkeakulttuurissa vaan myös alkuperäiskansojen piirissä ovat ihmisiä kiinnostaneet maailmankaikkeuden ja kaiken siihen kuuluvan synty, maan, kasvien ja eläinten, ihmistenkin, hedelmällisyys ja sen edistäminen, valmistautuminen kuoleman jälkeiseen elämään. Henkiolentojen suopeus varmistettiin oikein suoritetuilla riiteillä ja rituaaleilla.

**

En malta jättää kirjani ulkopuolelle esivanhempiemme käsityksiä siitä, miten maailma on syntynyt. Tosin niillä ei ole mitään tekemistä niiden aiheiden kanssa, joita piilotajuntani on nostanut tajuntaani, sillä se toimii – voi kai sanoa – jo valmiissa maailmassa. Suomalaisen kansanrunouden kertoma luomismyytti on nuoruusvuosistani saakka kiehtonut mieltäni; 'kiehtoa' on oikea verbi kuvaamaan tunnettani, joka kohdistuu myyttiin, jonka mukaan maailmankaikkeus on saanut alkunsa munasta. Kun yliopisto-opintojeni alkuaikoina opiskelin suomalaista ja vertailevaa kansanrunoudentutkimusta (nykyisin folkloristiikka), oli yhtenä tenttikirjana professori Martti Haavion teos *Väinämöinen*. Siinä hän tarkasteli suomalaisilta runonlaulajilta talteen saatua luomismyyttiä, mutta osoitti sitten saman teeman esiintyvän myös muualla, kaukanakin: Välimeren itäosan muinaiskulttuureissa, Intiassa ja Tiibetissä, Kaakkois-Aasian ja Tyynenmeren saarilla sekä Perussa.

Kalevalansa lukenut tietää, että historian aamuhämärissä oli ilma ja vesi ja hyvin autiota, kunnes alkoi tapahtua: Luonnotar, Ilmatar, ilman impi, laskeutui meren selälle ja uiskenteli laineilla pitkät tovit, kunnes tuli raskaaksi tuulesta ja vedestä. Veden päällä lenteli sotka (ehkä telkkä), joka etsiskeli pesäpaikkaa. Ilman impi, veen emonen, nosti polvensa merestä, ja sille lintu teki pesänsä ja ryhtyi hautomaan. Kun Luonnottaren polvea alkoi kuumottaa, hän liikautti jalkaansa. Pesä vieri veteen ja munat särkyivät. Niiden siruista syntyivät maa ja sen yläpuolelle taivas. Kalevalan ensimmäisen runon mukaan

munasen alainen puoli

alaiseksi maaemäksi,

munasen yläinen puoli

yläiseksi taivahaksi;

yläpuoli ruskeaista

päiväseksi paistamahan,

yläpuoli valkeaista,

se kuuksi kumottamahan;

mi munassa kirjavaista,

ne tähiksi taivahalle,

mi munassa mustukaista,

nepä ilman pilvilöiksi.

Suunnilleen näin. Kun Luonnotar oli synnyttänyt Väinämöisen, tämä ryhtyi kylvämään.

On lukuisia runoversioita, joiden mukaan meren selällä uiskentelikin Väinämöinen, joka nosti polvensa linnulle pesäpaikaksi. Haavio ei mainitse lainkaan Ilmatarta eikä Kalevalan 1. runoa. Se ei tietenkään kiellä sitä, että runojen mukaan Ilman impi synnytti Väinämöisen. Siikala kirjoittaa, että kansanrunouden maailma on naissyntyinen, unohtamatta silti Väinämöistäkään.

Se, että Elias Lönnrot sijoitti Kalevalan alkuun Ilmattaren, teki siitä mielestäni hienolla tavalla erityisen myyttisen. Siinä on maailmankaikkeuden alku: ilma ja vesi, myös tuuli. Maailmaa ei vielä ollut. Tähän alkumaisemaan ilmaantui alkuäiti. Miten hän oli syntynyt, en tiedä.

Haavion kirjaa lukiessani vaikutuin myytin universaaliudesta, ja myöhemminkin olen sitä usein miettinyt paljolti C. G. Jungin kollektiivinen piilotajunta -teorian hengessä. Mielestäni ei ole kovin kummallista, että tällainen myytti on saanut alkunsa. Munasta syntyy elävä poikanen, joten on aika luonnollista, että munan voi nähdä uuden elämän symbolina missä päin maailmaa tahansa. Mielikuva munasta syntymisestä syntyy helposti, kun näkee auringon laskevan oranssinpunaisena, hieman litistyneenä kiekkona horisontin taakse merellä tai aavikolla. Ja aamulla se nousee takaisin taivaalle, mutta muuttuu pian silmiä sokaisevaksi värittömän valon kirkkaudeksi. Sen muotoa ei pysty tarkasti näkemään.

Havainto, näkyvä todellisuus, lienee useimmiten myytin alkuna. Kertomuksissa maailman tai maailmankaikkeuden synnystä on alkumaisemana taivas ja vesi, monesti myös muna sekä jokin yliluonnollinen luojahahmo, ellei alkusynty sitten tapahdu itsestään. Lisäksi tarvitaan mielikuvitusta, jota ei ihmisiltä puutu.

Piilotajunta

Kaikkia myyttejä ja symboleja tuskin voidaan tutkia ja ymmärtää ottamatta huomioon piilotajuntaa ja muuntunutta tietoisuuden tilaa. Piilotajunta voi paljastaa kokijalle vertauskuvallisia ja myyttisiä sisältöjä, joita hän ei useinkaan tiedä tietävänsä. Näin ajattelen kokemusteni perusteella.

Piilotajunta on yksilön mielessä oleva tietolähde, joka aina kertoo hänestä itsestään. Se toimii koko ajan eikä siitä yleensä ole tietoinen. Se vain on. Lienee yleisesti hyväksytty näkemys, että piilotajunta puhuu symbolien ja myyttien sanatonta kieltä. Tuon kielen ymmärtäminen edellyttää, että ihmisellä on yhteys piilotajunnan kuvastoon.

Piilotajunnan käsitteen loivat Sigmund Freud ja Carl Gustav Jung. Perinteen, kuten folkloristiikan, tutkimuksessa yhtäläisyydet sen sijaan selitetään kernaasti suorana lainautumisena ihmisryhmältä toiselle, vaikka naapureilta naapureille. Muinaisinakin aikoina ajatukset ja tavat siirtyivät myös kielitaitoisten matkalaisten mukana hyvinkin kauas. Voisi kuitenkin ajatella, että tarinoissa ilmeneviä yhtäläisyyksiä voidaan selittää sekä kulttuurivaikutteilla että ihmisen kollektiivisella piilotajunnalla.

Teoksessaan *Samaanit* uskontotieteen professori Juha Pentikäinen selittää oivallisesti henkilökohtaisen ja kollektiivisen piilotajunnan laadun: Šamaanit ovat asiantuntijoita, jotka tietävät enemmän kuin muut kulttuurinsa syvimmistä perustoista. "Kaikille yhteisen ja julkisen kollektiivisen tiedon rinnalle nousee samaanien 'persoonallinen mytologia'; Jungin ajatuksia seuraten aina jossain määrin henkilökohtainen kieli, folklori, elämänhistoria ja -tapa, joka on dogmeja enemmän käytäntöä sekä rituaalien että eettisten koodiensa kautta." (s. 22)

Esimerkki myyttisestä ja vertauskuvallisesta tulkinnasta

Arkisen käsitteen symbolinen merkitys voi olla oma tai se on yleiseen perinteeseen vakiintunut. Toisinaan se on selvästi lähtöisin käsitteen tavallisesta merkityksestä. Sen syvempi alkuperä voi silti olla myyttinen. Vertauskuvallisuuden syvällinen ymmärtäminen saattaa olla vaikeaa. Onko se edes tarpeen?

Esimerkkinä olkoon mielikuvien kuormittamat näkymatkani Paratiisisaareen. Saari oli aluksi kuin matkailumainos hiekkarantoineen ja lempeässä tuulessa

216

huojuvine palmuineen. Hiljalleen tuli muutos. Piilotajuntani teki mahdolliseksi mieltäni vavisuttavat kokemukset. Tässä lyhentäen:

> On saari, jonne olen ilmeisesti saapunut laivalla tai veneellä yli suuren meren. Kuulen kaunista huilunsoittoa. Lähden rannalta musiikin houkuttelemana kulkemaan puron ylittävää siltaa pitkin ja saavun varjoisaan sademetsään jossa en ole aiemmin käynyt. Nousen vuoren seinään hakattuja portaita pitkin kohti vuoren huippua. Ylhäällä on luola. Astun sisälle. Huilua soittava Krišna ei tule mukaani. Luolassa on hyvin syvältä näyttävä kaivo, jonka reunalle on ripustettu veteen vievät tikkaat. Käsitän, että minun on määrä laskeutua kaivon pohjalle. Siellä aukeaa...

Meren, kaukaisen saaren, laivan ja matkan sanotaan viittaavan alitajuntaan. Matka on matka itseen. Saari voi olla onnela tai kauhujen paikka, yleensä kuitenkin onnela. Se on usein lumottu. Puro erottaa toisistaan tutun ja tuntemattoman maailman. Puro ja silta ovat tietoisen ja tiedostamattoman raja. Siltaa pitkin pääsee siirtymään sinne, missä sankari tai sankaritar koettelemusten jälkeen löytää elämänsä tarkoituksen. Saduissa erottavan veden asemesta rajana voi kotia (linnaa) ympäröivä puutarhan aita tai muuri, jossa on portti. Sen ulkopuolella on maailma, jossa sadun sankarin tai sankarittaren, ihmisen, tulee elää ja löytää itsensä. Portaat ja tikkaat viittaavat siirtymiseen tietoisuuden tasolta toiselle, aliseen maailmaan tai ylös taivaisiin. Kaivoon ja luolaan ei päivän valo ulotu. Ne osoittavat, että kokija on siirtynyt yhä kauemmas arkitodellisuudesta.

Ja mitä minä vuoren sisällä temppelissä, pyhässä tilassa kohtaan, on kaikkein tärkeintä. Siellä ovat jumalatar, valoa säteilevät valkoiset lootukset sekä musta ja valkoinen käärme, jotka asettuvat ouroboroksen, ikuisuutta tarkoittavan ympyrän muotoon. Vuoret ovat uskomuksissa erityisen tärkeitä maastonkohtia, joita henkien uskotaan asuttavan ja joita sen vuoksi lähestytään kunnioittaen. Usein myyttisiin paikkoihin menevällä on opas tai saattaja. Näyssäni Krišna on opas, joka ei kuitenkaan tule perille asti, vaan vaellukseni jatkuu yksin.

Monesti ajatellaan, että paratiisissa on käärme, mikä lienee muistumaa Raamatun luomiskertomuksesta. Se ei välttämättä ole läsnä. Se on pikemminkin uhkaava tunne. Varhaisten myyttien käärmeet sen sijaan ovat hedelmällisyyden jumalattaren seuralaisia ja asuvat maan alla, joskus veden alla tuonpuoleisessa. Varhaisina aikoina ajateltiin, että jumalattarilla – ja heidän malleinaan olevilla naisilla – oli kaiketi juuri käärmeen vuoksi yhteys näkymättömään maailmaan, koska heillä on ihmeellinen kyky synnyttää, luoda uutta elämää.

Paratiisisaaren näkyni eivät siis olleet pelkkiä seikkailukertomuksia, vaan ne kertoivat vertauskuvallisella kielellä tiestäni kohti henkisyyttä, mihin näkyjen ilmaantumisen aikaan vakavasti pyrin. Lisäksi ne pakottivat minut kosketukseen käärmeiden kanssa, jotta vapautuisin käärmekammostani. Veivätkö saariseikkailuni paratiisisaari-aiheista musiikkia kuunnellessani todella minut tietoisuuden alkuhämärään?

Synnin käärme, hännän purija

Pelkäsin lapsena käärmeitä. Ehkä niitä oli Ruotsin Skinnskattebergissa enemmän kuin Suomen Korsossa, jossa oikea kotini oli. Mieleni kehitti fantasioita, jotka piinasivat minua enemmän kuin todelliset käärmeet. Nehän jopa uhkasivat nousta lattialta sänkyyni, joten en uskaltanut sulkea silmiäni ja yrittää nukahtamista. Kaikki tuo piina vaipui ajan oloon unholaan. Kun aikuisiällä olen nähnyt käärmeen, olen pelästynyt ja säpsähtänyt epämiellyttävää näkyä. Mielikuvamatelijoita olen nähnyt vain ollessani meditatiivisessa tilassa. Sen jälkeen, kun ryhdyin kasvattamaan itseäni eroon pelostani, on kammo hyvin paljon lieventynyt.

Pian sen jälkeen, kun olin ruvennut automaattisesti toimivalla kynällä tekemään kuvia, ilmaantui muistikuva jatkosodan aikaisesta olemisesta Ruotsin-kodissani. Olin kehottanut mieltäni tekemään Lapsuus-nimisen kuvan (s. 17). Kuva järkytti minua. Oliko minulla todella ollut Ruotsissa niin paha olla kuin mitä kuva paljasti? Värikynämaalauksessani oli käärmeitä – ymmärsin heti: osoittamassa syntisyyttäni, joka esti minua saamasta enkelinsiipiä ja kelpaamasta Jeesukselle. Kuvassa olen kahtena hahmona, vuolaasti itkevänä pikkutyttönä ja piirtämisen aikaisena minänäni, jolle olen uhmakkaasti antanut siivet.

Ruotsin-kodissani minusta tuli uskovainen. Anderssonien uskonto ei muistamani mukaan ollut laadultaan kiihkeää. Vai oliko? Ehkä se oli niin itsestään selvää, ettei sitä tarvinnut ihmeemmin teroittaa mieleen. Oltiin vain uskossa. Olin herkkä lapsi omaksumaan kristillisen ideologian syvästi ja vakavasti.

Heti Lapsuus-kuvan jälkeen kuvapäiväkirjaani ilmestyi saman aiheisia lyijykynäpiirustuksia. Olin 48-vuotias. Seison niissä mustan ristin juurella yhdessä Nalleni kanssa, joka oli paras ystäväni ja varmaan yhdysside oikeaan kotiini. Minua kohti matelee käärmeitä. Kaikkia kuvia en uskaltanut piirtää valmiiksi. Toisinaan

vaikuttaa siltä kuin kuva ja sen oheen ilmaantunut teksti kertoisivat piirtämisen aikaisista tunteistani eivätkä ahdistuksesta, jota ehkä – tai kaiketi – tunsin. Asia jää hämäräksi, kun kuvien syntymisestä ja niiden oheen kirjoittamistani kommenteista on nyt kulunut reippaasti yli 30 vuotta.

Myöhemmin aloin ymmärtää, että matelijan ja pikku Maaritin kuvat kertovat riittämättömyyden ja syyllisyyden tunteista, myös huonosta omastatunnosta, jotka ovat minua paljon kiusanneet. Niitä aiheuttivat ties mitkä kaikki syyt, myös kaikin puolin pätevä ja minulle hyviä tekoja tekevä äitini. Hän arvattavasti halusi teoillaan korvata sen, että oli "hylännyt" minut Ruotsiin sotaa pakoon. En tuntenut itseäni kyllin hyväksi ottamaan vastaan hänen hyvyyttään. Ei kai pitäisi syyttää äitiään, jos ei yhtä aikaansaava kuin hän.

Käärmeet ja myös siipien kaipuu kertovat itsestäni totuuksia, jotka olivat ennen Lapsuus-kuvaa lähes unohtuneet, mutta joiden epämääräisesti tiesin itsessäni olevan. Kuvat kertovat vertauskuvin minua vielä aikuisiälläkin piinanneista traumoista. Kuvat ovat opettaneet minua ymmärtämään psyykeäni paremmin: synnintunto ja -pelko sekä äidin ikävä traumatisoivat minua.

Kun olin 1990-luvun alkuvuosina oppinut meditaatiossa siirtymään muuntuneeseen tietoisuudentilaan ja saamaan yhteyden piilotajuntaani, näin monenlaisen muun ohessa tietenkin myös käärmeitä. Näyissä ei ehkä ollut kysymys synnistä, vaan muunlaisista käärmepeloista tai ei peloista lainkaan. Tai ehkä kumminkin peloista, sellaisista joita elämän todellisuus aiheuttaa. Piilotajuntani käytti matelijasymboliikkaa uudella tavalla ja itse keksimäänsä mielikuvakieltä.

En tiedä, oliko piilotajuntani ruvennut nostamaan meditoivien silmieni eteen käärmeitä, jotta voisin niiden avulla ruveta kasvattamaan itseni irti käärmepelosta. En tiedä, onko piilotajunnalla tietoinen tahto. On miten on, mutta järkeilen, että jos piirustuksillani ja näyilläni oli jokin tarkoitus, niin se voisi olla yhteydessä siihen, että lisäksi halusin päästä eroon syyllisyydentunteesta. Ajattelin, että minun piti muuntuneen tietoisuudentilan aikana kohdata kuvittelemani käärmeet jopa fyysisesti, tuntea ne kehollani. Ne olivat hyvin tungettelevia. Koska ne olivat pelkkiä mielikuvia, minulla ei todellisuudessa ollut hätää, vaikka siltä tuntui. Näkykäärmekokemuksillani ei havaintojeni mukaan juurikaan ole vastineita yleisessä käärmesymboliikassa, paitsi Ouroboros, kruunupääkäärmeet ja tietenkin synnin käärme.

Olen muuntuneessa tietoisuudentilassa nähnyt ja joskus myös piirtänyt kauniita käärmeitä, jotka tuntuvat myönteisellä tavalla merkityksellisiltä – en siis tarkoita traumakäärmeitäni. Niiden päähän, ihon alle kajastamaan, mieleni on asettanut kruunun tai jalokiven. Näihin mielikuvakäärmeisiin tutustuin kahdessa vaiheessa.

Tehdessäni Tarab Tulkun mandalaharjoitusta näin, miten vienossa tuulessa kevyesti huojuvat silkkinauhat alkoivat näyttää käärmeiltä. Pian mandalanäkyihin ilmaantui "oikeita" hyvin kauniita kruunupäisiä käärmeitä. Nämä käärmeet lienevät saaneet virikkeensä saduista ja tarinoista.

Tähtien tarhoissa -näyssä tähtitaivaalta saapui luokseni iso käärme, jonka selkää koristivat tähdet. Sen kyytiin en ensin rohjennut lähteä. Toisella kertaa luottamukseni oli lisääntynyt siinä määrin, että uskalsin ratsastaa taivaalta takaisin maahan jadenvihreällä suurella käärmeellä. Nautin matkasta. Nämä tähtitaivaan käärmeet näin siinä vaiheessa, kun olin jo melkoisesti tehnyt työtä itseni kanssa vapautuakseni käärmepelostani.

Varhainen virikkeen antaja oli myös melodialtaan ja rytmiltään tenhoava Kuningaskobra-iskelmä, joka oli nuoruusaikanani hyvin suosittu. Siinä esiintyvät käärmemyyttien kliseiset teemat. Viimeinen säkeistö kuuluu näin:

On kobrien kuninkaan
aika nyt luopua kruunustaan.
Kobra vanha, valkoinen
tanssii kauas kadoten,
niin viidakko peittää sen. (suom. sanat Saukki)

Silmälasikäärmeiden kuninkaan kruunu on tietenkin kultainen.

Olin oppinut tietämään, että myyttisessä maailmassa elää kummallinen omaa häntäänsä pureva käärme, joka merkitsee ikuisuutta. Se teki minuun suuren vaikutuksen. Se oli mielestäni mystinen olento, joka asettautuu täydellisen pyöreäksi renkaaksi ja ottaa hännän suuhunsa. En kuuna päivänä kuvitellut, että siitä tulisi piilotajuntani asukki, joka näyttäytyy minulle näyissä ja paperille tehdyissä kuvissa. Sen nimi on ouroboros.

Vuonna 1993 meditaationäyssä kohtasin ouroboroskäärmeet Paratiisisaaren salaperäisessä luolatemppelissä. Ne asettautuivat renkaan muotoon minun ja Jumalattaren ympärille ja ottivat hännän suuhunsa. Hämmästyin mutta ymmärsin, ettei niitä tarvitse pelätä, sillä ne ovat symboleita, mielikuvia, eivät todellisia eläimiä. Niiden näkeminen oli merkittävä kokemus, joka osoitti että minulla on yhteys myyttiseen maailmaan. Symbolisuutta lisäsi se, että toinen käärme oli musta ja toinen valkoinen. Olin ylpeä kyvystäni nähdä vaikuttavia näkyjä. En kumminkaan ymmärrä, miksi ikuisuuden symbolikäärmeet ympäröivät minut ja mitä ne tarkoittivat.

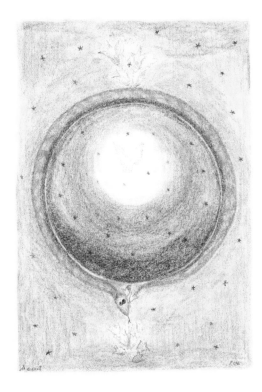

Piirtelin ouroboroksia vuosien mittaan. En tiedä, mitä ne kertovat ikuisuudesta minulle. Niiden syvällisestä merkityksestä olin kuitenkin epämääräisellä tavalla tietoinen. Jatkuuko elämäni entistä rataansa loputtomiin? Kertovatko ouroborokseni traumaattisesta itseeni käpertymistä, siis psykologiastani? Joka tapauksessa vuonna 2016 olin niin edistynyt, ettei käärme kuvassani enää suostunut puremaan häntäänsä, vaan käteni jätti raon hännän ja pään väliin. Pidin sitä hyvänä merkkinä: Olin ehkä asiaa erityisemmin merkille panematta lakannut jauhamasta käärmetraumojani, niin etteivät ne entiseen tapaan mustaa elämääni. Ei ole estettä sille, että saisin – tai olen saanut – vertauskuvalliset ihanat valkoiset siivet selkääni, sillä en ole ihmeemmin syntinen.

Taustaa

Synnin käärme

Luomiskertomukseen, Genesikseen (1. Mooseksen kirja, luku 3) liittyvä syntiinlankeemustaru on niin tuttu, ettei se tarvinne erityisemmin esittelyä. Se herättää kuitenkin ajatuksia, jotka pohdittavat. Kristinuskon käsityksen mukaan nainen ei totellut Jumalaa ja on sen vuoksi syyllinen ja syntinen. Raamatusta käy ilmi, että käärme keskusteli Eevan kanssa hyvän ja pahan tiedon puun hedelmistä ja niiden antamista hyödyistä. Se selitti naiselle, että tämä ja mies olisivat vapaita Jumalan ohjauksesta ja ettei tieto siitä pitäen enää olisi Jumalan yksinoikeus. Hedelmän syömisen on selitetty tehneen ihmisen tietoiseksi seksuaalisuudestaan.

On spekuloitu, miten on mahdollista, että paratiisissa oli käärme, eläimistä kavalin. Oliko Jumala luonut sen, paholaisen kaltaisen eläimen? Raamatun mukaan se oli katalin eläin jonka hän oli luonut. Jotkut kuitenkin epäilevät. Entä jos se kuitenkin oli olemassa jo silloin kun hän aloitti luomistyönsä? Se voisi olla uskottavaa, sillä monien myyttien mukaan käärme uiskenteli alkuvesissä silloin kun muuta ei vielä ollut; se olisi noussut maalle sitten, kun se oli luotu. Vanhan testamentin mukaan se oli syntiin viettelevä matelija.

Kirkon käsityksen mukaan käärme oli ja on yhä paha ainakin katolisen kirkon teologiassa. Siitä tehtiin naisen syntisyyden ja myös seksuaalisuuden symboli, ja muutenkin naisen symboli: naiset ovat käärmeitä ja käärme on paholainen. Seksuaalisuus ja nainen ovat alusta saakka kuuluneet ikävällä tavalla yhteen. Juutalaisuuden suhtautumisesta en tiedä. Jyrkästi tulkitun islamin naiskuva lienee monille tuttu uutisista. Muissa kulttuureissa on naisesta ja seksuaalisuudesta myös paljon myönteisiä käsityksiä, sillä seksuaalisuus osana naisen hedelmällisyyttä ja äitiyttä on elämää ylläpitävä voima. Näin siitä huolimatta, että naisen yhteiskunnallinen asema on huono esimerkiksi monin paikoin Intiassa.

Kristillisessä taiteessa käärme esitetään usein puussa. Tiedonpuuhun kiertyneenä se on paholaisen (Lusiferin) ja pahuuden symboli, mutta elämänpuussa se edustaa viisautta ja siunausta. Ristillä se viittaa Kristukseen. Kristilliseen taiteeseen omaksuttiin myös aihe, jossa Neitsyt Maria murskaa kantapäällään käärmeen eli paholaisen. Suomen kirkoissa on käärmeen roolin joskus saanut Lalli, joka on Pyhän Henrikin jalkojen alla. Yleisesti käärme kuvaa pahuuden valtaa, joka ihmisen on voitettava itsessään.

Syntiinlankeemus-aiheisissa taideteoksissa käärme on toisinaan esitetty seka-sikiönä, jolla on käärmeen ruumis ja naisen pää tai yläruumis. Näin kuvasi para-tiisin käärmeen esimerkiksi renessanssitaiteen mestari Michelangelo Vatikaanin Sikstuksen kappeliin tekemässään maalauksessa: uhkea käärmenainen ojentaa Eevalle viikunapuun hedelmiä.

Michelangelon Syntiinlankeemus

Olen miettinyt Genesistä. Vaikuttaa siltä, kuin siinä olisi kaksi tarinaa: ensimmäinen kertoo maailman luomisesta, jälkimmäinen syntiinlankeemuksesta. Ne sopivat hyvin peräkkäin. Se, joka liitti syntiinlankeemus-aiheen Mooseksen 1. kirjaan, taisi olla moralisti ja realisti, jonka mielestä Jumalan luomat ihmiset piti saada pois paratiisista, jotta ihmiskunnan tarina voisi jatkua. Hän ehkä halusi selittää, miksei ihmisten elämä todellisuudessa ollut paratiisillisen helppoa ja auvoista. Se oli hyveellistä, kuten sen alun perin oli tarkoitus olla. Ehkä kirjoittajat ja tekstin toimittajat eivät uskoneet idylliin.

Ajatus luomiskertomuksen kahdesta tarusta on oman päättelyni tulosta. Ehkä se ei ole kristinuskon perusteiden mukaan virheellinen. Kiinnostukseni kristinuskon myyttejä ja muita aiheita kohtaan juontuu varmaan siitä, että lapsuudesta saakka olen kamppaillut mieltäni jäytävää synnin ja syyllisyyden tuntoa vastaan. Niin syvään varhaislapsuuden uskonnollinen kasvatus on vaikuttanut muutoin torjuvaan näkemykseeni kristinuskosta. Se teki minulle pahaa.

Syntiinlankeemusmyytti paljasti, mikä on ihmisen todellinen luonto: hän on vaikutuksille altis, utelias, tiedonhaluinen ja tottelematon. Ajan mittaan ihmiskunta osoittautui sangen huonotapaiseksi. Jumalan, auktoriteetin, mielestä ihminen

223

ansaitsi rikkeidensä vuoksi ankaran rangaistuksen. "Pahuus yltyy maan päällä" todetaan Raamatussa. Vedenpaisumusmyytin kertojat olivat siis tietoisia siitä, millaisen moraalisen suunnan ihmislaji oli evoluutionsa aikana ottanut. Ihmiset saivat luojajumaluuden kertakaikkisesti suuttumaan.

Jumala päätti hävittää luomansa maailman, lukuun ottamatta kuuliaista Nooaa ja tämän perhettä sekä eläimiä, pari kutakin lajia, joiden oli määrä asettua Nooan rakentamaan arkkiin. Sen jälkeen hän antoi valtavan sateen hukuttaa kaiken alleen. Laiva keikkui laineilla, kunnes päätyi korkealle Araratvuorelle.

Tästä kertoo vedenpaisumusmyytti. Mooseksen 1. kirjassa (luvut 6–8) siihen riittää muutama rivi. Käärmettä ei mainita. Myytti tunnetaan kaikkialla Lähi- ja Keski-idän kulttuureissa laajempana ja yksityiskohdiltaan erilaisina toisintoina, mutta myös Havaijilla, mayoilla sekä hindulaisuudessa. Syynä on aina jumaluuden halu hävittää vedenpaisumuksella huonotapaiseksi ja kiittämättömäksi osoittautunut ihmiskunta. Taru on hyvin vanha. Sen syntyyn ovat uskoakseni vaikuttaneet liian rankat sateet ja niiden aiheuttamat tulvat. Se sisältyy 3000-luvulta eaa. säilyneeseen sumerilaisen *Gilgameš*-eepoksen katkelmaan. Käärmeellä on siinä toisenlainen rooli: se estää Gilgamešta saamasta kuolemattomuuden yrtin ja nappaa sen itselleen.

Kun vesi oli laskenut ja matkalaiset olivat astuneet maihin, Jumalalle epämieluinen syntinen meno jatkui ihmisten keskuudessa. Moraalista huolestuneiden jumaluusoppineiden piti keksiä selitys huonolle asiantilalle: syntyi tarina, joka täydentää vedenpaisumusmyyttiä. Se ei sisälly Raamattuun eikä ole muutenkaan kovin tunnettu. Siinä on jälleen pääosa kavalaksi osoittautuneella käärmeen edustamalla paholaisella, jonka kuiskutuksille etenkin nainen on altis.

Martti Haavio kirjoittaa tästä tarusta *Suomalainen mytologia* -kirjassaan halutessaan osoittaa, että Väinämöisen veneen veistämisestä kertovalla runolla on siihen sisällöllinen yhteys. (Hänen hypoteesinsa oli sangen mielikuvituksellinen pitääkseen paikkansa.) Vedenpaisumusta täydentävä kertomus tunnetaan etenkin itäisessä Euroopassa. Haavio ei tainnut tietää, että se on tuttu myös Kaukasuksen ja Araratvuoren eteläpuolella. Mielestäni tarina vaikuttaa melko nuorelta sepitteeltä verrattuna ikivanhaan vedenpaisumusmyyttiin.

Tapahtui näin (Haavion selostusta mukaillen): Nooa rakensi vuorelle arkkia Jumalan toivomuksen mukaisesti salassa. Paholainen halusi tietää, mitä Nooa teki. Hän tiedusteli asiaa tämän vaimolta, joka ei kuitenkaan tiennyt. Paholainen kehotti tätä juottamaan miehelleen päihdyttävää juomaa ja sitten kysymään. Ollessaan humalassa Nooa varmaan paljastaisi salaisuutensa. Niin tapahtui ja Nooan vaimo kertoi mitä oli tekeillä. Paholainen halusi mukaan arkkiin, mutta se onnistuisi vain, jos Nooa lausuisi hänen nimensä. Sen vuoksi vaimon tuli viivytellä laivaan astumista niin pitkään, että Nooa hermostuu ja vaimoaan hoputtaessaan tulee kiroilleeksi eli lausuneeksi paholaisen nimen. Paholainen pääsi mukaan arkkiin, ilmeisesti käärmeenä. Arkkiin ilmaantui reikä, johon käärme asettui tapiksi ja pelasti näin laivan uppoamasta. Kun arkki rantautui ja matkustajat astuivat maihin, myös synti, synnin käärme ja paholainen, pääsivät Jumalan puhdistamaan uuteen maailmaan. Se oli typerän naisen vika, mutta ei Nooakaan mikään välkky ollut.

Pohjois-Irakin Mosulista pohjoiseen asuvien jesidien – jotka ovat kurdeja – mielestä jumala on luoja, joka ei enää ole läsnä maailman tapahtumissa. He tuntevat vedenpaisumusmyytin ja sitä täydentävän tarinan käärmeaiheineen. Jesidit katsovat, että käärme pelasti ihmiskunnan pistämällä päänsä reikään, joka oli tullut arkin pohjaan. Sen vuoksi jesidit ovat kiitollisia käärmeelle. Ennen kuin he astuvat sisälle pyhässä kaupungissaan Lalishissa olevaan temppeliin, he suutelevat oven pielessä olevaa mustaa käärmettä esittävää kohokuvaa. – Tiedot ovat niukat ja perustuvat sanomalehtiartikkeliin, joten en uskalla sanoa, onko heidän vedenpaisumusmyyttiä täydentävä kertomuksensa samankaltainen kuin se, jonka Haavio tunsi. Olennaista on, ettei käärme ole paha vaan hyvä.

Jesidien mielestä käärme ei ole syyllinen ihmisten pahuuteen, vaan ihmisessä itsessään on sekä hyvää että pahaa. Jumala ei mitenkään ole voinut luoda paholaisen kaltaista olentoa. Yhdessä Riikinkukkoenkelin kanssa hän pitää huolen ihmisistä. Jesidien Riikinkukkoenkeli Melek Taus ei ole saatana, kuten varsinkin islamilaiset saattavat väittää.

Olen viime vuosina mieheni kanssa katsastanut 16 keskiajalla rakennettua eteläsuomalaista kirkkoa maalauksia katsellen. Yllättävää on, ettemme nähneet yhtään kuvaa, jossa olisi käärme; tosin esimerkiksi 1700-luvulla tehdyn Paltaniemen kuvakirkon syntiinlankeemus-maalauksessa se on. Sen sijaan paholaisia ja piruja on enemmänkin. Nämä työt kuvaavat vedenpaisumuksen jälkeistä syntistä elämänmenoa. Maalareiden oli ehkä ollut vaikea keksiä miltä synnin vertauskuvaoliot näyttäisivät. Mallia ei ollut.

Suomen kirkollisen taiteen vaikuttavin käärme on varmaan se, jonka Hugo Simberg maalasi Tampereen Johanneksen kirkon, nykyisen tuomiokirkon, kattoon. Se on synnin, peräti perisynnin, käärme. Kun kirkkoon astuu ja sen näkee, sitä ei voi olla katselematta ja miettimättä. Holveissa olevat siipien parvet sulkevat käärmeen ympyränsä sisään ja paholainen on toimintakyvytön.

Kavaluus ja viha ovat kielteisiä tunteita ja syntiä. Kristinuskon symboliikka on syynä siihen, että käärmettä pidetään kavalana ja petollisena luontokappaleena. Käsitys on peräisin Mooseksen kirjojen eli juutalaisten pyhän kirjan Tooran syntyajoilta, eikä se suinkaan ole muuttunut myönteiseksi yli kahden kristillisen vuosituhannen aikana. Käärme on alusta saakka ollut väkevä Raamattuun perustuva symboli; "kavalin kaikista eläimistä" jotka Herra Jumala on luonut, ja se meni viettelemään Eevan syntiin ja Eeva sitten Aadaminkin!

Katalan synnin käärmeen merkitys vakiintui kielenkäyttöön varhain, suomessakin. Profeetta Jesaja (59.4–5) suomii Jumalaa vastaan rikkoneita sanomalla heistä mm. näin: "Kaikki kantavat kohdussaan pahaa ja synnyttävät turmion. Myrkkykäärmeen munia he hautovat, hämähäkin seittejä kutovat. Jos niitä munia joku syö, hän kuolee. Jos niistä jokin särkyy, siitä kuoriutuu kyy." Ja Jeesus (Matteus 23:33) fariseuksista ja lainopettajista: "Te käärmeet, te kyykäärmeitten sikiöt! Miten te voisitte välttää kadotustuomion?" Käärme tulee murskata jalan alla, kuten tekee Neitsyt Maria taideteoksissa toisinaan.

Juutalaisten asuinalueen ulkopuolella suhtautuminen ei ollut yhtä kielteinen. Eevaa pidettiin jopa jumalattarena, joka yhdessä käärmekumppaninsa kanssa edesauttoi ihmisten, eläinten ja maan hedelmällisyyden säilymistä.

Hartaat kirkossakävijät omaksuivat uskonnollisen kielenkäytön ja vertauskuvat, ja niistä tuli osa jokapäiväistä puheenpartta, myös kaunokirjallista kansankuvausta. Esimerkkinä olkoon Aleksis Kiven Nummisuutarit-näytelmässä syvästi loukkaantuneen Eskon repliikki, jossa on kaikua Jeesuksen huudahduksesta: "Vaimo, sinä olet minun pettänyt ja täyttänyt poveni kyykärmeillä, sisiliskoilla ja sammakoilla, kaikenlaisilla elävillä, jotka maassa matelevat tahi loiskivat."

Voi tässä uumoilla kaikuja myös William Shakespearelta, jonka teoksia Kivi tunsi. Shakespeare on hyvä esimerkki eurooppalaisen kulttuurialueen yhteisestä uskonnollisia vertauksia käyttävästä kielenparresta. Shakespearen teoksissa pahoja ihmisiä verrataan hyvin usein käärmeisiin.

Kavaluus ja petollisuus ovat myös vihan ilmauksia. Othello-näytelmän Jagoa luonnehditaan toistuvasti käärmeeksi. Empivää puolisoaan usuttaa lady Macbeth olemaan "päältä kuin kukkanen mutta alta kuin käärme".

Vihainen ihminen on "käärmeissään" ja voi uskoa, että joku suutuspäissään päästää suustaan käärmeenkielellään myrkyllisiä ilkeyksiä. Symboli lienee tänäkin päivänä käyttökelpoinen. En tosin ole kuullut kenenkään sanovan jotakuta käärmeeksi maallistuvassa luterilaisessa Suomessa. Kirjoissa, jotka käsittelevät kansojen uskomuksia ja taruja, ei käärmeiden yhteydessä juurikaan käsitellä niiden osakseen saamaa vihaa tai niiden herättämiä muita hyvin kielteisiä ajatuksia ja tunteita. Suuria ja vaarallisia käärmeitä ei erityisemmin ole rakastettu, mutta koska ne saattavat olla jumalolentoja, niitä vältellään ja samalla rukoillaan.

Tiibetinbuddhalaisessa elämänpyörässä on käärme vihan vertauskuvana. Elämänpyörän sisimmässä ympyrässä on käärme, kukko ja sika, kullakin suussaan edessä olevan häntä. Ne kuvaavat vihaa, halua ja tietämättömyyttä (välinpitämättömyyttä, typeryyttä) sekä niiden keskinäisestä riippuvuudesta syntyvää harhaluulojen noidankehää. Elämänpyörä on neljästä samankeskisestä ympyrästä ja niiden sisäpuolella olevista alueista muodostuva kaavio, jossa esitetään ihmisen osa, jälleensyntymän jälkeinen olotila. Elämänpyörää pitelee Yama, joka on kuoleman ja pysymättömyyden jumaluus. Elämänpyörä on hänen peilinsä.

Hyvä Garuda-kotka pyydystää vaarallisia käärmeitä ja syö ne. Se kuuluu hindulaiseen ja buddhalaiseen kuvastoon. Tiibetiläisellä Garudalla on miehen ylävartalo ja kädet, mutta muuten se on linnun muotoinen. Hindulaisessa tarustossa Garuda on Višnu-jumalan ja tämän Lakšmi-puolison ratsu. Käärmeen ja kotkan myyttinen yhteys perustuu todellisuuteen, sillä kotkat ja haukat pyydystävät käärmeitä. Kotkaa ja käärmettä pidetään toistensa vihollisina. Amerikan intiaanien taruissa se on Ukkostuuli-kotka. Monien valtioiden vaakunassa on tavallinen tai kaksipäinen kotka.

Kruunupääkäärmeitä, voimaa ja aarteita

Suuret myrkylliset käärmeet tekevät majesteettisen vaikutuksen. Ei ole yllättävää, että niihin suhtaudutaan – pakostakin – vavisten ja että entisaikaan niistä tehtiin jumaluuksia. Maalliset vallanpitäjät samastivat itsensä, tai heidät samastettiin niihin. Näin heistäkin tuli jumalia tai ainakin melkein jumalia. Filosofoitiin, että valta on lähtöisin käärmeen salaperäisestä jumalallisesta voimasta.

Tunnetuimmat esimerkit ovat muinaisesta Egyptistä, jossa oli lukuisa määrä käärmejumaluuksia. Ihmishahmoisten jumalolentojen otsalle, otsaripaan, oli usein kuvattuna kobra pää iskuvalmiina koholla. Oli käärmekuninkaita ja -kuningattaria. Kobra tai kaksi ympäröi kuvissa auringonkiekkoa; aurinkohan oli jumala.

Faraon kruunussa oli egyptinkobra-aiheinen koriste, jota nimitetään ureukseksi. Se esittää Wadjet-käärmejumalatarta, joka oli Ala-Egyptin ja myös faraon suojelija. Sen jälkeen, kun Ylä-Egypti oli liitetty valtakuntaan, myös sen suojelija korppikotkajumalatar Nekhbet sijoitettiin usein kruunuun. Tutankhamonin sarkofagin muotokuvassa ne ovat rinnakkain.

Kysymys oli valtapolitiikasta. Jotkut faraot ikuisuttivat itsensä istumassa Isiksen, Osiris-jumalan sisaren ja puolison sylissä, jopa tämän rintaa imemässä, ikään kuin olisi näiden Horus-lapsi. Myytin mukaan Horus oli Egyptin muinainen laillinen hallitsija ja lisäksi välittäjä ihmisten ja jumalien välillä.

Vielä yksi esimerkki: Väli-Amerikassa elävien mayojen sulkakäärme Quetzalcóatl oli puoliksi jumala, puoliksi ihminen, aurinkojumala ja sivilisaation luoja, joka piti huolta yhteyksistä ihmisten ja jumalien välillä. Hallitsijat mielellään samastivat itsensä siihen. Mielikuvat hallitsijoista käärmeenä luovat vaikutelman vallasta, joka sai alamaiset tuntemaan kunnioituksen sekaista pelkoa. Käärmeen voima on valtaa.

Antiikin maailmassa käärmeet näyttävät enimmäkseen olleen jumaluuksien seuralaisia, joskin tunnetaan myös taru Laokoon-papista ja hänen pojistaan, jotka kaksi käärmettä määrätietoisesti tappoivat. Länsimaisen kulttuurin piirissä käärme sai juutalaisuuden ja kristinuskon vaikutuksesta pelkästään kielteisiä, pahuuden ominaisuuksia. Käärmeessä ei yleisesti ottaen nähty mitään hyvää. On kuitenkin myös käärmevoimaa, joka on toisenlaista ja jota joskus voidaan luonnehtia suorastaan henkiseksi. Toisinaan käärmettä on pidetty viisaana ja viisauden symbolina.

Se, että käärme on hirmuinen elukka, tiedettiin myös pohjoisilla seuduilla. Kyy vaikuttaa kuitenkin melko mitättömältä verrattuna saamaansa pelottavan demoniseen rooliin. Käärme voi olla hyvä tai paha tai samanaikaisesti hyvä ja paha tarkastelukulmasta riippuen, mutta sen voima eli väki oli hyvä asia. Suomalaisessa suullisessa kansanperinteessä käärme oli noitien ja loitsijoiden voimaeläin esimerkiksi tautia parannettaessa. Tohmajärvellä muistiinpannuilla "kipusanoilla" manattiin ihmispoloisista kivut "kipuvuoren kukkulalle, / käärmeen kirjavan kittaan, / kiven kirjavan sisään."

Käärmevoima suojeli šamaaneja ja loitsijaparantajia. Käärme oli noidan apueläin, jona hänen uskottiin matkaavan tuonpuoleiseen tarvittavaa tietoa saamaan. Suojaksi kateutta vastaan manataan suojapiiri, johon tarvitaan käärmeitä: "aian

rautasen rakennan / ympäri minun kotoni, / kahen puolen kartanoni, / jonka kää-
rin käärmehillä, / sikaliskoilla sitelen."

Noita piti uumallaan erityistä vyötä, jossa oli väellä latautuneita taikaesineitä. Sel-
laisia olivat käärmeen kallo ja nahka, samoin kuin mm. linnun siipi, langanpätkät
ja erilaiset metalliesineet. Tiedetään, että vyön sisällä saattoi olla jopa kokonainen
käärmeenraato. Samantapainen käärmeen voimaan perustuva pahalta suojaava
esine on perak-niminen pääkoriste, jota Intian Ladakhissa elävät tiibetiläisnaiset
käyttävät. Se on pitkänomainen koristeltu laite, joka roikkuu selkää pitkin joskus
maahan saakka, jos niin komeaan on varaa.

Joogateorian mukaan kundalinikäärme makaa kerälle kiertyneenä ihmisen varta-
lon sisällä sukupuolielimen kohdalla sijaitsevan chakran eli energiakeskuksen
kohdalla. Herätettynä se nousee vartalon sisällä kulkevaa energiakanavaa pitkin
aina otsachakraan, joskus päälaella olevaan energiachakraan saakka. Käärme-
energiaa luonnehditaan elämän energiaksi, jota intialaislähtöisessä filosofiassa
nimitetään pranaksi.

Irma Korten *Samaanin sampo* -kirjan mukaan šamaani ja parantaja–loitsija näke-
vät muuntuneen tietoisuudentilansa aikana sinisiä ja kirjavia kiviä ja käärmeitä,
mikä on osoitus joogalle ominaisen käärme- eli kundalinienergian kokemuk-
sesta. – Omien meditaatiokokemusteni kaunis sininen valo, jota voisi kuvailla lä-
hinnä koboltin- tai sähkönsiniseksi, ilmestyy melko nopeasti näkyviin. Ilman kää-
mettä. Sen muoto elää ja sen sisällä on usein musta alue ja kirkkaita valonväläh-
dyksiä, ympärillä sininen "rengas". Koska joogameditaatio ei ole kuulunut harjoi-
tuksiini, olen kokenut pelkän valon, en kundalinin kohoamista energiakanavaan
enkä myöskään energiakanavaa. – Kyseessä lienee keskittymisen tilassa silmät
suljettuina syntyvä sisäisen näköaistin luoma sininen väri-ilmiö. Siniset käärmeet
voivat olla muistumia todellisista matelijoista (nahanluonnin jälkeen kyyn uusi
iho on sinertävä).

Monilla tarinoiden ja satujen käärmeillä on muitakin rikkauksia kuin päässä oleva
kruunu. Afrikkalainen käärmejumala Da asuu meressä aarteita suojelemassa. Hän
on ystävällinen ja voi palkita ihmisiä antamalla näille onnea tai esimerkiksi hyvän
kalasaaliin tai työpaikan. Da on myös sadekäärme, joka kohoaa sateenkaarijuma-
lana taivaalle ja antaa ihmisille sadetta. Da on hyvin vanha jumala (vodu), esivan-
hempien edustajana yhtä aikaa mies ja nainen sekä sukupolvien välinen linkki.

Oshumarella, joka muistuttaa paljon Da:ta, on suussaan mystinen kivi, jonka hänen pyton-ilmentymänsä sylkee ulos sitten, kun hän on vanha ja sokea. Kivi valaisee pimeimmänkin paikan ja tuo löytäjälleen onnea ja rikkautta.

Hindulaisen ja buddhalaisen mytologian nagat ja naginit, joilla on käärmevartalo ja ihmisen kaltainen pää ja ylävartalo, asuvat loisteliaissa vedenalaisissa palatseissa kukkien ja kauniin musiikin keskellä. He suojelevat vedenalaisia jalokiviä ja heidän hallussaan on salattua tietoa, kuten viisautta sisältäviä kirjoja, joita he luovuttavat asiaa ymmärtäville ihmisille; tällainen ihminen oli Nagarjuna. Nagojen esikuvana on intiankobra, joskin sillä voi olla monta päätä. Se joka on matkaillut Kaakkois-Aasiassa, kuten Thaimaassa, on tuskin välttynyt näkemästä Buddhan patsaita, joissa jumaluus näyttää istuvan monipäisen käärmeen muodostaman päivänvarjon alla. Käärmeen kerrotaan suojelleen valaistunutta, suurta opettajaa auringon paahteelta, tai sateelta ja kylmältä.

Kiinalaisilla lohikäärmeillä – käärmeen myyttisillä lajitovereilla – on hallussaan isoja helmiä. Tarueläimillä on helmi käpälissään. Lohikäärme helmineen on suosittu koristeaihe. Näyttää siltä kuin lohikäärmeet leikkisivät palloilla. Helmet eivät kuitenkaan ole aineellisia vaan symbolisia. Niitä nimitetään kallisarvoisiksi, leimuaviksi ja säihkyviksi helmiksi. Taolaisuuden toiveet täyttävä helmi tarkoittaa valaistumista.

Se, että Intiassa suhtaudutaan seksuaalisuuteen enimmäkseen myönteisemmin kuin länsimaisessa kulttuurissa, ilmenee uskomuksissa, jotka kertovat jumalattaren ja käärmeen sekä naisen ja käärmeen välisestä intiimistä yhteydestä. Kuukautisveren on selitetty saaneen alkunsa yhdynnästä yliluonnollisen suuren käärmeen kanssa. Ehkä sen vuoksi mytologian kaikilla suurilla käärmeillä arvellaan olevan päässään kuolemattomuuden verenpunainen rubiini. Erään Pohjois-Amerikassa elävän intiaanikansan tarun mukaan suurella kalkkarokäärmeellä on jalokivi päässään, varsinkin uimassa olevalla käärmeellä.

Köyhä ei ole myöskään Uralvuorten Vaskivuoren emäntä, joka näyttäytyy milloin kauniina naisena, milloin sinisenä käärmeenä. Hän asuu säihkyvin jalokivin koristellussa palatsissa vuoren sisällä. Kaivosmiehiä ja näiden lapsia hän auttaa löytämään jaloja kaivannaisia, jotka turvaavat näiden elannon. Pahantahtoisista pohatoista hän ei pidä.

Käärmeet ja niiden rikkaudet on kiehtova aihe, joka on löytänyt tiensä kansansatuihin ja -tarinoihin. Voi huoletta sanoa, että satujen ja tarinoiden käärmeaiheet ovat varsin kansainvälisiä. Sellaisia tunnetaan myös Suomesta, kuten satu neidosta, joka elää onnellisena käärmepuolisonsa kanssa hienossa vedenalaisessa linnassa. Tämän sadun käärmeellä on kruunu päässään. Aineellista puutetta ei ole myöskään neidolla, joka elää lumotussa maanpäällisessä linnassa. Isäntä on käärmeeksi noiduttu hyväsydäminen prinssi, jonka tunnetumpi vastine on Kaunotar ja hirviö -sadun hirviö. Kun neito määräaikaan mennessä oppii rakastamaan käärmettä, taika lakkaa ja käärmeen tai hirviön tilalla on ihana nuorukainen.

Lohikäärme ja muita sadekäärmeitä

Ihmiset toivovat käärmeiltä onnea ja maallista hyvää, myös sadetta turvaaman pellon kasvun. Koska käärmeet suosivat kosteita paikkoja, joskus suorastaan vettä, niiden on uskottu vaikuttavan sateentuloon. Eri puolilla maailmaa tunnetaan uskomuksia ja tarinoita, jotka osoittavat, että näin on. Lohikäärme on tuttu merkillinen tarueläin, jonka ruumiissa voi nähdä esimerkiksi liskoa muistuttavia piirteitä. Eivät "oikeat" sadekäärmeet ole vähemmän outoja. Sateentuojalohikäärmeestä on helppo aloittaa.

Kiinalaisen mytologian lohikäärmeet lepäävät passiivisina vesien syvyyksissä, josta ne ponkaisevat voimalla taivaan korkeuksiin. Ne symboloivat varsinkin luonnonvoimien muutosta. Sateenjumalolentoina ne asustavat pilvien ympäröiminä, sumuisten vuorten huipuilla, ja jyrisevät ajoittain ukkosena. Niiden tärkeänä tehtävänä on valuttaa maahan sadetta, mutta vain sopivan verran, ettei synny tulvia tai vedenpaisumuksia. Kerrotaan, että kerran kun vettä tuli hyvin paljon, lohikäärme ohjasi vesivirrat vuorten rotkoja pitkin maan pinnalle ja loi tällä tavoin Kiinan suuret joet. Järjestettiin seremonioita, joiden uskottiin miellyttävän lohikäärmeitä, niin että ne olisivat suopeita ihmisten toivomuksille. Ne olivat filosofien ratsuja. Lohikäärmeiden uskottiin omistavan hohtavia helmiä.

Lohikäärmeentappaja Sauvon kirkossa

Oma kulttuurimme tuntee ulkonaisilta ominaisuuksiltaan melko samanlaisen lohikäärmeen, joka Lähi-idässä syntyneissä yksijumalisissa uskonnoissa on paha ja ainakin kristinuskossa synnin ja saatanan vertauskuva. J. C. Cooperin mukaan lohikäärme on "siivekäs käärme", jossa yhdistyvät lisko ja käärme: henki ja aine. Lohikäärmeellä on toisinaan monta päätä ja kitaa.

Kristillisessä taiteessa, ehkä runsaimmin ortodoksisissa ikoneissa, kuvataan arkkienkeli Mikael ja pyhä Yrjänä tappamassa lohikäärmettä eli saatanaa. Legendan mukaan Yrjänä pelasti prinsessan, joka oli luovutettu lohikäärmeelle. Hattulan kirkossa on aihetta kuvaava ns. Yrjänä-ryhmä, jollainen on myös Sauvon kirkossa. Monin verroin upeampi on Tukholman Storkyrkanissa oleva veistosryhmä, jota olen tavannut käydä ihailemassa Tukholmassa käydessäni. Lohikäärmeentappaja-aihe on lainautunut satuihin, joissa prinssi tai aivan tavallinen köyhä nuori mies osoittaa kelpoisuutensa surmaamalla lohikäärmeen. Hän on sankari, joka saa palkintona omakseen kuninkaan tyttären.

Kiinalainen sateentuoja ja länsimaalainen, Vanhan Testamentin ja Ilmestyskirjan hurja lohikäärme ovat samankaltaisesta ulkomuodostaan huolimatta toistensa vastakohtia. Niille on etsitty yhteistä esikuvaa, jollaiseksi on ehdotettu babylonialaista Tiamat-jumalatarta, joka oli "alkuvesien lohikäärme". Sen surmasi Marduk-jumala, joka taruissa kuvataan suureksi soturiksi ja pedon tappajaksi. Kristillisen kulttuurin lohikäärmeen tyyppiä käsitys voi hyvinkin tukea. Mitä tulee Kiinan kulttuuriin, ei yhteys ole ihan varma. Myös kiinalainen lohikäärme on hurja, mutta se ei ole paha. Ainakin se on vanha. Xishuiposta (Henan) on tehty kivikaudelle (n. 4000 eaa.) ajoitettu hautalöytö, jossa vainajan luurangon itäpuolella on lähes kaksimetrinen simpukankuorista sommiteltu lohikäärmehahmo.

Myöskään Kiinan keisarit eivät olleet tavallisia kuolevaisia. Heidän, "taivaan poikien", esi-isä kuuluu olleen lohikäärme. Tarinan mukaan Han-dynastian perustajan Gaozun (hallitsi 206–195 eaa.) tuleva äiti Liu lepäili järven rannalla, kun taivas tummeni, ukkonen jyrisi ja salamat sinkoilivat. Keisarin etsiskellessä puolisoaan hän näki lohikäärmeen leijailevan vaimonsa yllä. Liu tuli raskaaksi ja synnytti Gaozun. Keisarillista arvovaltaa korostamaan suunniteltiin kallisarvoinen koristeltu kirkkaan keltainen puku, jota lohikäärmeet koristavat.

Ulkomuodoltaan "tavalliset" sadekäärmeet ovat yhtä ihmeellisiä kuin lohikäärmeet – ellei sitten niitäkin ihmeellisempiä. Samankaltaisia mielikuvia tunnetaan jokseenkin kaikista kulttuureista. Tällaiset käärmeet ovat joko jumalolentoja tai taivaan ja sateen jumaluuden apulaisia. Niiltä toivotaan sadetta, mutta vain sopivan verran. Lohikäärmeiden tavoin taivaan käärmeet, myös lohikäärmeet, olivat toisinaan salamia, jotka ukkosmyrskyssä välähtävät näkyviin.

Väli-Amerikassa asuvat mayat uskovat – tai ovat uskoneet – Tlaloc-nimiseen sateen ja salaman jumalaan, joka pitelee käärmeitä käsissään. Niillä, taivaan käärmeillä, on vatsa täynnä vettä. Kuuluu olevan toinenkin sadetta antava jumaluus, Ixchel-jumalatar. Hänellä on kuvassa käärme päänsä päällä. Hänen kerrotaan aiheuttavan vedenpaisumuksen kaatamalla suuresta ruukusta rankkasateen maan päälle.

Sadekäärmeet oleskelevat taivaalla, ainakin sadetta antaessaan, vaikka muuten lienevät maaeläimiä. Erityisesti ne kuuluvat yhteen sateenkaaren kanssa. Ne ovat taivaalle ojentautuvia sateenkaarikäärmeitä. Näin ajatellaan ainakin Afrikan vodou-uskonnossa, Australian alkuperäiskansan ja Tyynenmeren saarten kulttuureissa. Sateenkaari voi olla pilvissä lymyävien käärmeiden heijastuma. Sateenkaaren uskotaan enimmäkseen olevan lupaus maata ravitsevasta sateesta, mutta esimerkiksi Pohjois-Amerikan hopi- ja pueblointiaanit ovat sitä mieltä, että se estää sadetta tulemasta. Kuivana vuodenaikana oli heidän mielestään kuitenkin hyvä järjestää kaksiviikkoinen käärmetanssi. Sillä juhlistettiin käärmenuorukaisen (taivaan hengen) ja käärmeneidon (maan hengen) yhtymistä. Neitoa ja nuorukaista esittivät heimoon kuuluvat nuoret.

Kalaharin aavikon reunamien pensaikkoa kasvavassa karussa ympäristössä metsästyksellä ja keräilyllä elävät, tai eläneet, samit (bushmanit) ovat aina olleet riippuvaisia sateesta. Jos sitä ei näytä muuten olevan tulossa, turvaudutaan sateentekoon. Pyritään saamaan taivaalle ilmaantuneet, lupaavilta vaikuttavat pilvet satamaan. Suotuisassa paikassa se voi onnistua. Tällainen paikka on sopiva puu tai kallion alaosassa oleva onkalo tai rako, joka ulottuu kallion laelle. Se on siis hormi. Kun tuli sytytetään, ylös nouseva savu "vetää" sadepilvet satamaan. Sataminen varmistetaan transsitanssilla, jonka aikana tanssijoiden mielessä esille nouseviin sade-eläimiin ammutaan nuolia ja heitetään keihäitä, niin että niiden sisuksista alkaa sataa vettä. Tätä on kuvattu kallioihin tehdyissä maalauksissa.

Myös Australian alkuasukkaat yrittävät tehdä sadetta. He asuvat laajalla alueella, joten menetelmiä lienee useita. Yhden mukaan šamaani koettaa laulamalla saada veteen upottamansa ja tappamansa käärmeen nousemaan sateenkaarena taivaalle, ja tällä tavalla saada yhteyden sateenkaareen, joka on lupaus sateesta. Myyttisen pytonkäärmeen Yurlungurin uskotaan elävän syvissä lähteissä sekä tekevän pitkiä matkoja ja jättävän maastoon jälkiä. Aboriginaalien taiteessa ne kuvataan samankeskisinä ympyröinä. Yurlungur pitää huolta vesivaroista, jotka ovat alkukäärmeen virtsaa. Ainakin yhden tarun mukaan se aiheuttaa suutuspäissään pahoja tulvia.

Ouroboros, häntäänsä pureva käärme

Abstraktein, tai melkein abstraktein, lienee käärmeen tehtävä ajan jatkumisen, ikuisuuden ja kuolemattomuuden vertauskuvana. Häntäänsä pureva ouroboroskäärme on filosofinen käsite, jota en edes yritä analysoida.

Ouroboros (myös uroboros) on ikivanha ikuisuuden eli kuolemattomuuden symboli. Se on käärme, joka ympyrän muotoon asettautuneena puree omaa häntäänsä. Ouroboros kuvaa ajan kulumista, sen syklisyyttä: yksi kosminen ajanjakso kestää niin kauan kuin tähdiltä kuluu aikaa palata lähtöpisteeseensä. Tämän jälkeen aika kääntyy ja kuluu päinvastaiseen suuntaan. Kristinuskon mukana

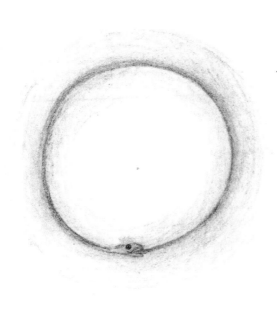

siirryttiin lineaariseen aikakäsitykseen: aika alkoi maailman luomisesta ja päättyy viimeiseen tuomioon. Tämä pätee myös juutalaisuuteen ja islamiin.

Ouroboros on tarkoitteensa vuoksi ehkä enemmän ympyrä kuin käärme. Käärme hylkää nahkansa sen käytyä pieneksi ja saa sen tilalle uuden, jolloin matelija on kuin uudelleen syntynyt. Jatkuvan uusiutumisensa ansiosta se ei kuole koskaan.

Ouroboros-sanalle on esitetty kaksi etymologiaa: ouro on koptin kielen 'kuningas', ob heprean 'käärme' ja loput kaiketi kreikkaa, siis 'kuningaskäärme'; tai kreikan oura 'häntä' ja boros 'syödä' eli 'hännänsyöjä'

Sininen valo hakeutuu renkaan muotoon ja an sisältä tulee näkyviin ouroboros. Annoin sille kultaisen kruunun päähän. 26.6.2011

tai 'hännänpurija'. Lisäksi on sana ureus, joka tarkoittaa 'kobraa' yleensä ja faraon kruunussa olevaa kobrafiguuria, joka kuvaa valtaa ja voimaa. Ureus-sanan loppuosa vaikuttaa latinalta. Uroboros-muodon ja ureuksen ensimmäinen u-vokaali lienevät ou:n toisenlainen ääntämis- ja kirjoitustapa. Pidän hyvin todennäköisenä, että edellä esitellyt nimitykset ja niiden käärmeeseen liittyvät merkitykset ovat peräisin tai tulivat yleisemmin tunnetuiksi ajalla, jolloin Egypti oli 300-luvulta eaa. lähtien ensin Kreikan ja sitten Rooman vallan alla.

Egyptissä oli viimeistään 1500-luvulta eaa. alkaen toinen ikuisuutta tarkoittava sana shen. Shen ei ole käärme, vaan renkaaksi taivutettu köydenpätkä, jonka päät on sidottu narulla renkaaksi, niin että narunpäät törröttävät sivuille päin. Kuvissa se esiintyy ainakin Horus-haukan, Meretseger-käärmejumalattaren ja Isiksen, oikeuden ja totuuden jumalattaren, yhteydessä. Muinaisassyrialaisissa, -babylonialaisissa ja -persialaisissa reliefeissä, jotka luultavasti esittävät hallitsijoita, on monella hahmolla kädessään rengas ja sauva, jotka yhdessä muistuttavat shen-rengasta. Ovatko ne shenejä, en tiedä. Ikuisuuden merkitys varmaan sopisi valtiaan pitelemään esineeseen.

Ouroboros sai Euroopassa melko suuren suosion renessanssiajan Italiassa, jossa ylhäisö mieltyi kuvioon sivistyksensä sekä poliittisen tai moraalisen maailmankatsomuksensa symbolina. Ovenkolkuttimissa on usein leijona, jonka suussa on ouroboroskäärme. Alkemistit suosivat ouroborosta, sillä se kuvasi heidän mielestään suljettua prosessia, jossa epäjalo aine muuttuu jaloksi, kullaksi siis. Yhden ouroboroksen tilalla on usein kaksi toistensa häntää purevaa eläintä, kernaasti käärme ja siivekäs lohikäärme.

Suomeen ei ouroboros ole kotiutunut. Pyhtään ja Sipoon keskiaikaisten kirkkojen saarnatuolien jalustoissa sellainen kuitenkin on. Maailmalla tunnetaan ouroboroksen kaltaisia esineitä, joiden merkitystä en kuitenkaan tiedä. Vilkaisu internetiin osoittaa, ettei ouroboros ole länsimaissa sukupuuttoon kuollut taruelän vaan elää yhä alakulttuureissa.

Suomalaisen satuperinteen tunnettu matelija on valkoinen kuningas- tai haltijakäärme, jolla on kruunu päässään. Se ei ole lumottu prinssi vaan matelija. Aleksis Kivi antaa Seitsemässä veljeksessä Aapon kertoa tarinan veljilleen: Käärmeet ovat kokoontuneet käräjille. Kaikki sujuu hyvin, kunnes paikalle saapuu ratsumies, joka miekallaan sieppaa puhetta johtaneelta valkoiselta käärmeeltä kruunun ja lähtee pakoon. Käärmeet vanteiksi kiertyneinä lähtevät takaa-ajoon, mutta kuolevat lopulta palavassa kaskessa, jonka yli ratsukko kiitää. Rosvo sai pitää kruunun.

Siitä, kun Aleksis Kivi kirjoitti romaaninsa, on noin 150 vuotta, mutta uskomus elää yhä. Etelä-Savon luonnonsuojeluyhdistyksen puheenjohtaja Timo Luostarinen kertoi useaan kertaan kuulleensa, että "kyy ottaisi hännän suuhunsa ja jahtaisi ihmistä pyörimällä renkaana". (Itä-Savo, 2.7.2013)

Vaikea sanoa miten suuri levinneisyys on uskomuksella vanteena vierivästä käärmeestä. Se tunnetaan muualtakin kuin Suomesta, ainakin Pohjois-Amerikan intiaanien ja Ural-vuorten seuduilta.

Valkoisilla haltijakäärmeillä näyttää olevan omituinen suhde tuleen, sillä joissakin tarinoissa ne menevät vapaaehtoisesti liekkeihin kuolemaan. Miksiköhän? Kerrotaan myös, että kun syö valkoisen käärmeen lihaa, oppii ymmärtämään lintujen kieltä, mitä pidetään arvokkaana taitona. Tätä aihelmaa käytti Richard Wagner oopperassaan *Siegfried*.

Käsitys käärmeen päässä olevasta jalokivestä tai kruunusta on saattanut syntyä sen pohjalta, että pään väritys poikkeaa toisinaan silmänpistävästi muun ruumiin värityksestä tai kuvioinnista. Esimerkiksi rantakäärmeen päässä on keltaista väriä, mikä eläimen vilahtaessa ruohikossa voi näyttää kultakruunulta, jos niin haluaa nähdä. Pään erikoiset merkit herättävät muutenkin huomiota. Kobrilla on leveä pää. Intiankobralla eli silmälasikäärmeellä on ikään kuin silmälasit niskassaan. Sarvikyyllä on poskillaan tai oikeastaan korvillaan sarvia tai kaulusta muistuttavat ulokkeet.

Tuonpuoleisen käärme

Koska käärmeet suosivat pimeitä koloja ja kosteita paikkoja, myyttisen ajattelun mukaan oli luonnollista, että ne edustavat maan- ja vedenalaisia maailmoja, joihin elävillä ihmisillä ei ole pääsyä. Niillä seuduilla on pelottava tuonpuoleinen.

Luolat ovat mytologioissa saaneet tärkeän ja syvällisen merkityksen. Näin näyttää olevan kaikkialla, mikä on osoitus ihmislajin yhteisestä piilotajunnasta. Sen, minkä kuviteltiin oleilevan luolassa, oli mystistä ja sitä piti lähestyä kunnioittaen. Luolat olivat usein kulttipaikkoja, eivät asuinpaikkoja. Syvälle luolan pimeisiin onkaloihin maalatuilla kuvilla oli uskonnollinen tehtävä.

Luolat johtivat rajan yli toiseen maailmaan, elleivät sitten jo olleet sen tienoilla. Maatamme kivikaudella idästä päin asuttaneiden suomensukuisten kansojen uskomuksista tiedämme, että jyrkästi veteen putoavan kallion alla aukeaa reitti aliseen maailmaan. Šamaanin arvellaan transsin aikana käärmeenä sukeltavan veden kautta tuonpuoleiseen tietoa kysymään. Suomesta löytyneissä kalliomaalauksissa on käärmeeksi tulkittavia kuvia. Pyhät kalliot ovat metsästäjien kultti- ja uhripaikkoja.

Käärme on ihmisten maailman ja alisen maailman välinen yhdysside. Lintu taas on viestinviejä maan päältä yliseen maailmaan, ei vain suomensukuisia kieliä puhuvien kansojen mielestä. Oma mytologiamme liittyy monessa kohdin yleiseen tapaan kohdata tuonpuoleinen. Kun siirrytään Suomesta kauemmas, erityisen huomion ansaitsevat Jumalattaren ja naisen rooli ja mystinen yhteys käärmeeseen. Luola oli eräiden eteläintiaanikansojen myyteissä elämää synnyttävän kohdun vertauskuva. Tällaiset uskomukset vievät kauas nykyihmisen tavasta käsittää asiat. Paikoin on uskottu, että jumalat ja sankarit syntyvät luolassa; kristillisen ikonografian Jeesus syntyi luolassa, ei tallissa.

Saduissa kerrotaan, että vuorten luolissa asuu kääpiöitä tai muita henkiolentoja. He vartioivat suurenmoisia jalokiviä ja muita rikkauksia ja saattavat joskus näyttäytyä käärmeenä (esimerkiksi Vaskivuoren emäntä).

Enimmissä mytologioissa käsitys kuoleman jälkeisestä elämästä tuonpuoleisessa on synkkä. Haadekseen päästäkseen vainajan on selvittävä ohi Kerberoksen, jolla on kolme päätä ja jokaisessa päässä kolme käärmettä. Antiikin kreikkalaiset pitivät käärmeitä kuolleiden henkien ruumiillistumina.

Myös suomalaisen kansanrunouden Tuonela, jota toisinaan nimitetään Pohjolaksi, oli kolkko paikka josta ei matelijoita puuttunut. Vuoteessa oli "peitto kyistä, käärmehistä, tuonen toukista kuottu", aidan vitsaksina oli käärmeitä ja myös olueen niitä oli käytetty.

Toisaalta olon vainajalassa on arveltu olevan suunnilleen samanlaista kuin elämän aikaisessa kodissa. Tuonpuoleisessa enimmäkseen elettiin varjon kaltaista elämää, joskin siellä saattoi olla fyysistäkin kärsimystä. Kristinusko muutti tuonpuoleisen. Siitä tuli helvetti, jossa ihmisiä rangaistiin julmasti heidän tekemiensä syntien vuoksi. Siellä palaa ikuinen tuli. Saatana on helvetin johtaja, mutta siellä on muitakin kiduttajia, kuten demoneja ja tunnistamattomia olentoja, joukon jatkona arvattavasti käärmeitä.

Ihmisten mielikuvissa kuolema ja käärme ovat alituisia kumppaneita. Kanadan ja Yhdysvaltain välistä uutta öljyputkea vastustetaan ankarasti, koska se voi pilata juomaveden ja tuhota arvokkaita luontokokonaisuuksia ja intiaanien pyhiä maita. Yksi haastateltava totesi Hesarin toimittajalle: "Emme vain osanneet arvata, että se [kuoleman musta käärme] tulisi öljyputken muodossa."

Käärmeuskomuksia

Tuskin mihinkään muuhun eläimeen liittyy yhtä paljon uskomuksia kuin käärmeeseen, ja tuskin mistään muusta aiheesta on sepitetty yhtä paljon myyttejä, tarinoita ja satuja. Tämä eläin on ruokkinut mielikuvitusta aina ja kaikkialla missä ihmisiä on asunut.

Käärmeen uskomuksellisuudesta, uskonnollisuudesta ja vertauskuvallisista merkityksistä on mahdotonta kirjoittaa lyhyttä esittelyä samaan tapaan kuin muista esittelemistäni aiheista. Aihe on hyvin runsas ja vivahteikas, samalla kuitenkin yleismaailmallisesti ihmeen yhdenlainen. Ei ole pienintäkään epäilyä siitä, että käärme on madellut syvälle ihmiskunnan yhteiseen, kollektiiviseen piilotajuntaan.

Tässä luvussa on omien käärmekokemusteni jälkeen melko laajalti taustoja. Esittelemäni käärmeteemat eivät kaikki ole kuuluneet mielikuviini, mutta ne ovat käärmemytologian tärkeitä osia.

Vanhoissa mytologioissa käärmeeseen tuntuu liittyvän salaperäinen myönteinen aspekti, joka liittää sen maahan ja maanalaiseen maailmaan. Esimerkiksi koti-käärme voi silloin edustaa esivanhempien sielujen siunausta. Ne ajatellaan joskus kruunupäisiksi käärmeiksi, joille tarjotaan maitoa. Näin Hans Biedermann kirjas-saan *Symbollexikonet*. Käärmeen tulkinnan kompleksisuus paljastuu Jean C. Coo-perin teoksesta *An Illustrated Encyclopaedia of Traditional Symbols* (joka on mi-nulla ruotsinnoksena). Jollakin vakiintuneella merkityksellä on toisissa filosofi-oissa uudenlainen vivahdus tai se on päinvastainen. On joko–tai tai sekä–että.

Käärme voi, kirjoittaa Cooper laajassa artikkelissaan, tarkoittaa miestä tai naista. Joskus se synnyttää itse itsensä. Se on milloin aurinko, milloin kuu, valo tai pi-meys, viisaus tai sokea kiihko; vaarallisuutensa takia kuolema, mutta uusiutumis-kykynsä vuoksi elämä; laadultaan säilyttävä tai tuhoava; elämänvoima ja paran-taja, fallos, maanalaisten voimien edustaja, Saatana ja Kristus. Silloin kun se on yhdessä kotkan kanssa, se on pimeyden edustaja; kotka merkitsee aurinkoa ja näkyvää valoa. Käärme on maailmankaikkeuden kolmen kerroksen (maanalaisen, ihmisten ja taivaaseen ulottuvan kerroksen) välinen yhdysside. Tässä oli muuta-mia esimerkkejä.

Biedermann ja Cooper ovat laatineet hankalasta aiheestaan keskenään yllättävän erilaiset hakusana-artikkelit. Antero Järvinen joutui luullakseni kamppailemaan samankaltaisten asioiden kanssa kirjoittaessaan teostaan *Käärme. Jumalattaresta paholaiseksi*. Pulmitta ja valinnan vaikeuksitta en ole minäkään selvinnyt. Joku toinen valitsisi ehkä toiset teemat.

Käärmeellä on myyttisessä maailmassa lukuisia tehtäviä ja merkityksiä, jotka pe-rustuvat sen fyysisiin tai kuviteltuihin ominaisuuksiin Ne vaikuttavat salaperäi-siltä, ehkä eivät kuitenkaan kaikkien mielestä. Biologialtaan käärmeet ovat varsin alkeellisia, mutta uskomusten ja tarujen mukaan ne ovat viisaita ja mahtavia olen-toja, eivät mitään tomussa matelevia halveksittavia maan otuksia.

Kristillisen mytologian käärmeellä on vain yksi merkitys, synti. Synnin pelko, syn-nin käärme paholaisen edustajana on vuosituhansien aikana värittänyt kristinus-kon vaikutuspiirissä eläneen ihmisen tietoista ja tiedostamatonta maailmankuvaa vaikka hän olisi hylännyt uskonnon. Se asuu syvällä hänen mielensä pohjalla ja antaa toisinaan merkkejä itsestään tunteena, jota välttämättä ei edes tiedosta. – Tätä näkemystä ei ehkä voi yleistää.

Vanhan myyttipohjaisen "alkukantaisen" maailmankuvansa säilyttäneiden kansojen hengellisyydessä käärmeellä näyttää olleen ja olevan paljon monipuolisempia rooleja. Se ei suinkaan aina ole paha eläin. Siihen suhtaudutaan jopa myönteisesti. Lähdekirjallisuus, jonka olen saanut käsiini, kuvailee käärmeisiin liittyviä uskomuksia ja palvontarituaaleja ottamatta kantaa siihen, uskotaanko niihin vai ei.

Mielikuvitus panee ihmisen pelkäämään ja myös liioittelemaan. Käärmeistä tuli fyysisiltä ja myös otaksutuilta henkisiltä ominaisuuksiltaan oikeita hirvityksiä, sellaisia kuin esimerkiksi Tuhannen ja yhden yön tarinoissa kiemurtelee. Ja koska oikeaa tietoa merenkulusta ja meren vaaroista ei juuri ollut, keksittiin laivoja nielevät merikäärmeet ja muut vesipedot.

Keksittiin sellainenkin olio kuin pieni basiliski, jonka katse kuulemma tappaa. Se on kukko, jolla on pyrstön tilalla käärmeen ruumis. Elukka kuuluu syntyneen käärmeen munasta, jonka rupikonna oli hautonut ja jonka voima oli peräisin paratiisista. (Keski- ja Etelä-Amerikan sademetsissä elävä pieni ja vikkelä basiliski-lisko, *Basiliscus*, lienee saanut nimensä tästä taruolennosta.) Koska ihmiset osasivat kuvitella jopa tällaisia otuksia ja uskoa niiden olemassaoloon, ei ole yllättävää, että pidettiin järkevänä kunnioittaa myös käärmeitä, vaikka korottamalla ne jumaliksi ja jumalattariksi. Lienee myös ymmärrettävää, että jotkut faraoiden kaltaiset maailman mahtavat halusivat näyttäytyä yhtä voimakkaina kuin suuret vaaralliset käärmeet, joiden oletettiin olevan hyvin viisaita.

Käärmemielikuvien lähtökohtana oli matelijoiden herättämä pelko ja niiden muista luojanluomista poikkeava ruumis ja tapa kiemurrellen mataa eteenpäin. Käärme näyttää päättäväiseltä liu'uttaessaan itseään maata tai puunrunkoa pitkin. Se on outo olento, joka kaiken lisäksi vaikuttaa kuolemattomalta, koska se hylkää vanhan nahkansa ja on sen jälkeen kuin uudestisyntynyt. Käärme voi olla pieni tai suuri, mitättömän värinen tai loistavan korea. Aina se kuitenkin on käärme. Kauneimpiin kuulunee taruolento, jota mayat ovat nimittäneet sulkakäärmeeksi ja Quetzalcóatl-jumalaksi ketsaali-linnun (quetzal) mukaan. Kun linnun pyrstö heilahtaa, se näyttää äkkiseltään lentävältä käärmeeltä, jonka höyhenpuku on vihreä ja punainen. Se on sekä lintu että käärme. Quetzalcóatl on sekä kuoleva että jälleensyntyvä jumala, suuri kuningas ja kulttuurin alkuunpanija, myyttinen mutta samalla oikea ihminen.

Se, että käärmettä pitää varoa, opittiin tietämään jo ihmiskunnan alkuhämärissä, jolloin oltiin suojattomina elinympäristön armoilla. Vaarallisia matelijoita luultavasti tapettiin, mutta heräsi myös varovaisuuteen pohjautuva tarve olla käärmettä kohtaan huomaavainen. Eläin tuntui ihmistä mahtavammalta, onhan se elämän ja kuoleman herra. Mitä isompi, vaarallisempi ja salaperäisempi käärme on, sitä suuremman roolin se lienee saanut sekä reaalisessa että myyttisessä todellisuudessa. Suomesta talteen saatu kansanperinne osoittaa, että varsin pientä kyytä on pidetty aivan hirmuisena elukkana. Toisinaan kirjallisuudessa todetaan, että käärme on viisas, mutta maininnat ovat siinä määrin ylimalkaisia, että ne lienee paras unohtaa, vaikka ajatus pitäisikin paikkansa muidenkin kuin roomalaisten Minerva-jumalattaren yhteydessä. Älykkyyden vaikutelma johtunee käärmeen silmistä, joissa ei ole silmäluomia, joten sen katse on alati valpas ja tuijottava.

Syntiinlankeemusmyytistä tiedämme, että käärme tiesi – ja neuvoi Eevalle – miten ihminen saa haltuunsa tiedon. Myös Amazonin sademetsissä elävä huni kuin -kansa on sitä mieltä, että käärme (boa) lahjoitti heille tiedon. Näin kertoi lehtihaastattelussa taiteilija Ernesto Neto huni kuin -kansan käärmemytologiasta innoituksen saaneen näyttelynsä yhteydessä 2016. Avulias oli myös Kreetalla elänyt käärme, joka neuvoi parantavan yrtin Asklepiokselle, jota ruvettiin kunnioittamaan lääkintätaidon jumalana.

***

Käärme on erottamattomalla tavalla sidoksissa jumalattareen ja naiseen. Vaikuttaa siltä kuin mytologioissa vallitsisi käsitys, että kaikenlainen hedelmällisyys saa kiittää käärmeen ja naispuolisten olentojen mystistä yhteyttä. Nämä naiseuteen liittyvät ihmismielen syvyyksissä elävät salaisuudet esittelen jumalattaren ja naisen mytologian yhteydessä. Jumalatar ja nainen sekä käärme kietoutuvat toisiinsa monin tavoin. Se on länsimaisessa kulttuurissa yhä elävä ajattelutapa, joka on säilynyt taru- ja satuperinteen ansiosta. Ja ennen muuta Sigmund Freudiin yhdistettävän käsityksen vuoksi: käärme on naisen seksuaalisuuden vertauskuva.

Pierrot, valkoinen klovni

Olin katsellut Alice Kairan klovni-aiheisia maalauksia ja mieltynyt hahmojen kasvoihin, jotka kätkivät ihmisen klovnin naamion taakse. Tätä olin miettinyt. Olin nähnyt Marcel Carnén elokuvan *Paratiisin lapset* ja eläytynyt traagisen valkoisen Pierrot-klovnin pantomiimiin.

Kesällä 1985 Kuhmon kamarimusiikkijuh-
lilla piilotajuntani otti omakseen Pierrot'n.
Hän onkin ainoa historiallisesti melko uusi
hahmo aiheitteni joukossa. "Valkoinen
klovni" on ainoalaatuinen kaikkien käyttä-
mieni symbolien joukossa historialtaan ja
ehkä muutenkin.

Kuhmossa kuulin laulusarjan, jonka Ar-
nold Schönberg oli säveltänyt Albert Gi-
raud'n runoihin, melodraaman *Pierrot
Lunaire* (Kuuhullu Pierrot), jonka ensiesi-
tys oli ollut 1912. Se on siis nyt yli sata-
vuotias vanhus, mutta sen atonaalinen sä-
velkieli kuulostaa yhä sangen modernilta.
Se meni suoraan tajuntaani. Tekstin sak-
santaja oli hyvin saanut esille kauhun vä-
reet; ajateltakoon esimerkiksi, miltä sana
'Bratsche' kuulostaa verrattuna suomen
sanaan 'alttoviulu'.

Kohta esityksen jälkeen kynäni piirsi kuvapäiväkirjaani Pierrot'n kuvan ja kirjoitti
puoliautomaattisesti oheisen selostuksen, jota siteeraan hieman lyhentäen:

> Pierrot – – seisoo kauhun valtaamana kuun paisteessa ja näkee lähteessä omat
> kasvonsa, jotka välillä saavat kuun ukon merkityksen hänen mielessään. Pierrot
> pelkää yön haamuja, jotka kuu paisteellaan maalaa esille. – – Hän on poiminut
> kuutamon kalpean kelmeän kukan, joka on kuin viesti kuolleiden maasta ja
> joka samalla huumaa hänen mielensä. Sen saa aikaan mielikuvitus, joka vää-
> ristelee muodot kuutamon kelmeässä valossa.

Melko pian kuvia piirtävästä mielestäni haipui Schönbergin teoksen "karmean
hullu, kuuhullu tunnelma, sen valot ja varjot ja värit." Tunnelma muuttui koko-
naan. Aloin esittää itseni Pierrot'na. Piilotin klovnihahmon taakse itseni, niin että
ikään kuin vain näyttäisi siltä kuin olisin murheellinen. Tosiasiassa tunsin itseni
hyvin traagiseksi ihmiseksi niinä 1980-luvun vuosina kun Pierrot oli suosikkikuva-
aiheeni. Onneksi syntyi myös iloisia kuvia. Kuvasin myös puolisoni ja tyttäreni
Pierrot'n hahmossa.

Piilotajuntani mielestä oli myös luontevaa antaa valkoisen klovnin, siis itseni, puolisoni ja tyttäreni, Pierrot'na tehdä sirkuksesta tuttuja temppuja, kuten kävellä korkealle pingotettua köyttä pitkin tai taiteilla palloilla. Lomamatkan Samarkandiin ja Buharaan syksyllä 1985 tekivät piirroksissani kaksi Pierrot'a, tietenkin lentävällä matolla.

Kuvieni Pierrot on pukeutunut esikuvansa mukaiseen valkoiseen pukuun. Lisäksi hänellä on usein myllynkivikaulus. Olen piirtänyt hänen päähänsä mielikuvituksellisen, joka kerta erilaisen hatun. Se ei kuitenkaan ole mikä tahansa päähine, vaan aivan erityinen, jota luonnehdin kerran näin:

> Hatun sisässä sikiävät monenlaiset ajatukset. Hattu on eräänlainen hautomo – – ihmisen oivallusten varasto, suuri ja mielikuvituksellinen. Se, mikä ihmisen mielessä sikiää, vaihtelee alati vaikka perusperiaatteet voivatkin säilyä muuttumattomina. Se näkyy Pierrot'n hatusta. Hatun yleisluonne on aina sama, niin kuin ihmisen persoonallisuus on yleensä sama mutta detaljit kuvastavat ajatusten vaihtelevuutta. Mutta hattu on kuin hautomo, jossa hyvät aivoitukset saavat ilmaisunsa.

Taustaa

Ihmiset haluavat nauraa. On klovnit ja nukketeatterin Kasperit, kussakin maassa omannimisensä. Sen vuoksi varmaan kaikkialla, tai melkein kaikkialla, yleisöä huvitetaan komedioilla ja muilla esityksillä, joissa roolihahmot edustavat koomisia ihmistyyppejä. Roolia esittävien kasvoja saattaa peittää naamio tai tyypittelevä kasvomaalaus. Länsimaisen kulttuurin piirissä tällaisia hauskuuttajia oli jo viimeistään kreikkalaisen ja roomalaisen antiikin aikaan.

Euroopassa vuosisatoja myöhemmin suositut tyyppihahmot ovat lähtöisin Italiassa 1500-luvulla syntyneestä improvisaatiota ja pantomiimia käyttävästä teatterin muodosta, commedia dell'artesta. Tämä koominen teatterimuoto saavutti valtavan suosion muuallakin, varsinkin Ranskassa ja Englannissa. Henkilöhahmojen nimet muuntuivat kotoisempiin muotoihin ja ne saivat myös uusia ominaisuuksia.

Eräästä palvelijatyypistä tuli vähitellen Antoine Watteaun maalausten tyylikäs Pierrot, ja 1800-luvulla lemmensairas murhemielinen Pierrot oli monen tunnetun näyttelijän suosikkihahmo. Hänellä oli valkoiset kasvot, valkoinen päähine, valkoiset kengät ja väljät housut, niiden päällä polviin ulottuva väljä valkoinen paita ja siinä valkoisten tai mustien pampuloiden rivi. Tällainen oli myös minun Pierrot-hahmoni. Hän ei mielestäni ole lainkaan koominen.

Valo ja pimeys

Kuvien tekemisen alusta saakka piilotajuntani näyttää olleen sitä mieltä, että psyykeni tarvitsee paljon valoa. Valo, jolle olen piirustuksissa antanut kuvallisen muodon erilaisina valonlähteinä, on merkitykseltään symbolinen. Olen halunnut kuvata ja vahvistaa haluani saada elämääni sisäinen ja ulkoinen selkeys. Koska tämä toivomus on aina läsnä, on valo kuvieni ja näkyjeni pysyvä aihe, jos ei muuten niin ainakin tähtinä. Niiden ikuistaminen on sisäinen välttämättömyys. Opiskellessani buddhalaista meditaatiota valo tuli entistäkin tärkeämmäksi.

Piilotajuntani on ollut minua kohtaan lempeä. Pelottavia pimeyden kokemuksia ei kuvissani ja näyissäni ole juuri tullut esille, hämäryyttä, pelkoa ja ahdistuksen tunteita kylläkin. Harvoin on sakeaa pahaa pimeyttä, mutta jos sitä on ympärilläni, se ei tunnu kovin pelottavalta. Pimeys on näkymättömänä läsnä piirustuksissa, joissa olen antanut muodon masennuksen ja ahdistuksen tunteilleni: istun surkeana esimerkiksi eräänlaisen kapselin sisällä tai verkko eristää minut ympäristöstä, mutta mitään pimeää ei kuvissa ole. Ne kun olen tehnyt valkoiselle paperille lyijykynällä. Olisin tietenkin voinut sutata mustaa väriä, mutta en ole niin tehnyt. Pimeys on muutenkin läsnä. Kuoleman hahmo on musta, mutta se ei tee olennosta pahaa. Suu auki pimeässä luolassa kyyhöttävä Pelko sen sijaan on hyvin ikävän tunteen vertauskuva. Nämä ovat allegorisia hahmoja, kuten myös harvinainen Murhe.

Valosta on enemmän kirjoitettavaa kuin pimeydestä. Ihmiset, muut eläimet ja kasvit kurkottavat valoon, joka on elämän edellytys. Puhdasta valoa ei näe, se vain on. Pimeyttäkään ei näe, mutta sitä voidaan valaista. Mielikuvien valo on aina jumalallista ja pyhää. En osaa sanoa, mistä se on lähtöisin. Tunnen sen hyvää tekevän läsnäolon, kun keskityn tuntemuksiini. Tosin se ei aina saa pilviä haihtumaan mielen taivaalta. Koska piirrän lyijykynällä valkoiselle paperille kuviini tarkoittamaani valoa, sitä ei ole helppo nähdä ilman kuvittelua. Toisinaan sen kyllä näkee säteinä, kuten Jumalattaren pään ympärillä tai kukan yläpuolella.

Mitä mielen luoma valo on? Se on ehkä "mielen kirkasta valoa", mielen olemus, sen peruskirkkaus, joka buddhalaisuuden mukaan asuu ihmisen sydämessä. Se voi olla vaikka Jeesus, Neitsyt Maria, Buddha tai symbolimerkityksen saanut säteilevä kukka. Alitajuisesti syntyneissä kuvissani ja näyissäni tuota valoa tuntuu olevan niin muotoina kuin tunteena.

Mieleni oli vuoden 1984 kevätpuolelta lähtien myllerryksessä. Jos asian hienosti sanoisi, olin tavallaan hylännyt tieteen, joka orjuutti minua. Jokin uusi veti minua puoleensa. Tästä olen kirjoittanut elämänkerrassani. Myllerryksen ja kriisin takia tarvitsin paljon valoa. Ensi alkuun kuvissani oli paljon konkreettisia valonlähteitä, kuten aurinko ja kuu, majakka, myöhemmin ainakin kynttilöitä ja lyhtyjä. Vähitellen mukaan tulivat tähdet. Kynäni pyöräytti paperille valokukkia, etenkin lootuksia, joiden kehälehtien sisältä säteilee kirkasta valoa ulos. Niitä kasvaa lammikoissa ja maalla hahmojen ympärillä.

Valon Jumalatar ja hänen Valon lapsensa ovat valo-olentoja. He saapuivat luokseni hyvin varhain. Alkuaikoina kuvasin lapsen äitinsä kohdussa kuin röntgenkuvassa, pian myös maailmaan syntyneenä. Yön Valon Jumalatar on yöllisen taivaan valtiatar; hänkin on varhainen tuttavuus. Jumalattarista tarkemmin kohdassa "Jumalatar".

Valo-olento on myös Buddha, joka ihmeekseni ilmaantui aiheistooni jo syksyllä 1984. Syynä saattoi olla, että eräässä tilaisuudessa koin, että minulle tuputetaan kristillistä jumalallista kirkkautta, mikä nosti pintaan lapsuudenaikaisen trauman. Piilotajuntani muisti Buddhan, eikä tätä enää koskaan unohtanut. Asetin hänet istumaan lootuksenkukalle ja ympäröin hänet valolla. Tutustuttuani buddhalaisuuteen valo lisääntyi: Meditaatioharjoituksia tehdessä se, mikä sisäisten silmien eteen ilmaantuu, kylpee kernaasti lempeässä valonkajossa.

Valon lapsi ja Yön Valon Jumalatar

Buddhalaisuudessa valon kokemukset ovat hyvin tärkeitä. Niitä ovat myös mieli-kuvien aineettomat pallot, jotka ovat kauttaaltaan valoa, valopalloja. Ne ovat kul-lanhohtoista tai värillistä tai väritöntä kirkkautta. Enimmäkseen niillä ei ole ääri-viivoja vaan ne ovat pehmeäpiirteisiä pallovaloja. Asetan pallon piirtämäni tai vi-sualisoimani hahmon käteen tai molempiin käsiin, joskus otsalle. Valopallon nä-keminen meditaation aikana omalla kämmenellä tai sydämen kohdalla on elä-myksellisen ihanaa.

Majakka, kynttilä, soihtu ja lyhty ovat yleisiä symboleita, joten niiden piirtäminen ei edellytä ihmeempiä vaikutteiden antajia. Valoa säteilevät kukat ovat oman mielikuvitukseni luomuksia. Lyhtytytön hahmossa, jonka piilotajuntani loihti pa-perille 1980-luvun puolivälin tienoilla, yhdistyvät lyhty ja valokukka: lyhtytyttö seisoo rantakalliolla, väljät housut tuulen pullistamina, näyttämässä elämän me-rellä purjehtijalle valoa lyhtykukallaan, joka on liljan avautunut kukka. Omia luo-muksiani ovat myös edellä mainitut Valon Jumalatar lapsineen ja Yön Valon

Jumalatar. Edellisessä näen kuitenkin yhteyden Neitsyt Mariaan ja Jeesus-lapseen. Yön Valon Jumalatar on ulkoisesti yhtä upea ilmestys kuin Mozartin Taikahuilun Yön Kuningatar mutta lempeämpi. Yön Valon Jumalattaren hahmo on osoittautunut muuntuvaiseksi.

Vaikutteita olen ilman muuta saanut Mona Leon runollisen romanttisista maalauksista – niin hyvin kuin niitä muistan, enhän ole niitä vuosikausiin nähnyt kuin muutamassa diakuvassa. Niissä on henkilöiden ympärillä toisinaan valon hohdetta, eikä se ole voinut olla vaikuttamatta minuun. Taiteilija maalasi valokukkia ja sydämen kukkia. Ja palloja, joita satuaiheisten maalausten henkilöt pitävät käsissään. Kuvittelenko, vai hohtavatko pallot tosiaan salaperäisesti Monan töissä? Silloin, kun vierailin hänen luonaan, en tullut kysyneeksi häneltä mikä pallojen, ja ylimalkaan valon, tehtävä hänen taiteessaan on. Ehkä hän ei sitä itsekään tarkasti tiennyt, vaan hänen kätensä vain maalasi mitä piti maalata. Hän luotti intuitioonsa.

Valopallojen visualisoiminen on oppimistani harjoituksista päätellen hyvin buddhalaista. Ne otetaan sisälle kehoon energiakeskusten eli chakrojen kautta, esimerkiksi sydänchakran kohdalta. Myös kädet, ainakin minun käteni, ovat herkkiä ottamaan vastaan energiavaloa. Mitä tuo energia on, en osaa sanoa. Kun visualisointi on voimakasta, voi kehossa tuntua kipua. Kuviin ja näkyihin ilmaantuva valo, valopallot ja -kukat, merkitsevät mielen tasapainoa ja sisäistä eheyttä, toivetta elää harmoniassa itsensä ja ympäristönsä kanssa.

Meditaationäyissä on erittäin usein vaaleiden pastellivärien kaltainen keveän kuulas valaistus, joka miellyttää aisteja ja tunteita. Kun iltataivaalla on punahohtoisia pilviä, maiseman ylle laskeutuu purppurainen, vaaleanpunainen valaistus. Ajatuksissani se on kukkaistuoksujen paras hetki.

Taustaa

Myyttien mukaan aikojen alussa ei ollut mitään. Kaikkeus oli pelkkä kaaos. Oli pimeää ja alkumeri velloi taivaan alapuolella. Mielikuvitus alkoi täyttää tyhjyyttä. Maailman luominen pääsi alkuun, kun vesilinnun muna särkyi tai kun joku jumala lausui painavat sanansa. "Synty syntyi" kuten Anna-Leena Siikala kirjoitti. Monenlaiset luomismyytit kertovat, miten se tapahtui.

Valo ja pimeys olivat ensimmäisiä asioita, jotka syntyivät. Tuli päivä ja yö ja vuodenajat, joiden mukaan valon ja pimeän määrä vaihtelee. Valo ja sen antama lämpö ovat kaikelle elämälle välttämättömiä. Se antaa turvaa, koska valoisassa näkee mitä silmien edessä on.

Uskontojen ja uskomusten mukaan valo on pyhää ja se ympäröi kirkkaudellaan jumalolentoja. Se käy ilmi taiteesta, kuten tavasta esittää Neitsyt Maria ja Jeesuslapsi ja vastaavasti Buddha ja kaikki bodhisattvat sädekehä ja loistava valo pään ympärillä. Kristinuskon vakiinnuttua – ja siellä mihin oli kerääntynyt varallisuutta – kirkkojen koristelemiseen alettiin tuhlailevasti käyttää kultaa, valon väriä. Valo ja kulta ovat jumalallisuuden merkkejä.

Pimeässä ei näe, joten sitä pidetään pahana ja pelottavana. Näin ajattelivat antiikin kreikkalaiset ja roomalaiset, eri puolilla maailmaa eläneet ja elävät kansat, myös suomalaiset. Pimeä ja yö olivat uhkaavien ja salaperäisten voimien, jumaluuksien ja demonien kaltaisten olentojen aikaa. Noidat ja hirviöt sekä tuonpuoleisen väki olivat liikkeellä eikä niitä aina voinut edes nähdä. Mielikuvitus antoi niille muodon ja ominaisuudet.

Suomessa hautausmaiden luona asusti kirkonväkeä melko äskettäisinäkin aikoina. Äärimmäisen pelottava oli pimeyden valtakunta, Tuonela, jonne kaikkien ihmisten tiedettiin joutuvan maallisen elämän päätyttyä. Melko yleinen on ollut käsitys, että siitä miten on elämänsä elänyt – moraalisesti hyvin vai toisista piittaamatta – riippuu, millaiseen paikkaan kuoltuaan pääsee: valoon vai pimeyteen.

Aurinko, kuu ja tähdet

Omassa mytologiassani taivaankappaleet ovat kietoutuneet uskomuksellisiin käsityksiin valosta ja pimeydestä. Mieleni luomat olennot esiintyvät enimmäkseen vain kuvissa. Piilotajuntani suosikkeja ovat Valon Jumalatar ja Yön Valon jumalatar, kumpikin lapsineen. Ilman valaisevia taivaankappaleita heitä ei olisi olemassa. Enemmän he kuitenkin ovat valon ja pimeyden hyviä olentoja. Heillä ei ole suoranaista yhteyttä maailman eri kulttuureissa palvottuihin taivaankappaleiden jumaluuksiin. Tästä on enemmän kohdassa "Jumalatar".

Auringolla ei mielikuvieni maailmassa ole ollut isoa roolia. Alussa piirsin kyllä aurinkoja ja melko pian myös Äiti Auringon, jolla on pyöreät kasvot ja pään ympärillä runsas hiusten kehä, mutta hän sulautui pian aiemmin syntyneeseen Valon Jumalattareen, jolla on valon hohtoisten kasvojensa ympärillä samanlaiset kultaiset hiukset. Hän ei kuitenkaan ole auringonjumaluus vaan nimenomaan kirkkaan valon jumalatar. Vastaavasti Yön Valon Jumalatar on yöllä näkyvän himmeän valon jumalatar, jolla lienee yhteys Kuuhun.

Kuu on kuvienteon alusta saakka ollut alitajuntani mielestä tärkeä, minulle läheinen aihe. Se on esiintynyt Maata kiertävänä todellisena taivaankappaleena, useimmiten sirppinä, kasvavana tai vähenevänä. Sen jälkeen, kun olin sisäistänyt sen tosiasian, että vähenevä kuu on vanhan naisen symboli, siis minunkin, aloin piirtää sirpin toisinpäin. Tämä ei aina tapahdu spontaanisti, koska kynää pitelevä käsi eikä ehkä mielikään ole siihen tottunut.

että kuvaamani hahmot ovat osa kaikkeutta, universumin lapsia. Tähtiä voi olla myös hahmojen otsalla vaihtoehtona kuunsirpille ja pienelle keltaiselle valopallolle. On tähdillä koristeltuja viittoja, jopa tähtihousut. Olen melkein ylpeä, kun kynäni antoi jonkun, esimerkiksi tyttäreni, käteen opastähden, niin ettei hän joudu eksyksiin.

Tähtiä ja kuita on vain useimmissa piirustuksissani ja värikynämaalauksissani. Kun kuva on lyijykynäpiirustus, täytyy kuvitella miltä se näyttäisi värillisenä yötaivaan tähtien ja kuun hohteen kietoessa tienoon ja sen asukkaat lempeään valoonsa. Näkyjen aikana sen sijaan tähdet ja kuu pysyvät harvaa poikkeusta lukuun ottamatta piilossa. On varmaan niin, etten muuntuneen tajunnantilan aikana jouda kiinnittämään taivaaseen huomiota, koska tapahtuu paljon muuta, johon keskityn. Poikkeus on se kerta, kun kohosin korkealle galaksien ja tähtisumujen äärelle, niiden joukkoon. Olin osa maailmankaikkeutta, pieni mutta onnellinen. Euforiaa riitti melkein kolmeksi päiväksi. Tästä kerron enemmän elämäkerran kohdassa "Tähtien tarhoissa".

Kuvissani pitää ehdottomasti olla tähtiä. Ilman tähtiä kuva on keskeneräinen. Tähtien ansiosta piirtävälle itselleni tulee hyvä olo. Tähtiä on paitsi taivaalla ja henkilöhahmojen ympärillä myös heidän etupuolellaan, siis päällä, osoituksena siitä, että kuvaamani hahmot ovat osa kaikkeutta, universumin lapsia. Tähtiä voi olla myös hahmojen otsalla vaihtoehtona kuunsirpille ja pienelle keltaiselle valopallolle. On tähdillä koristeltuja viittoja, jopa tähtihousut. Olen melkein ylpeä, kun kynäni antoi jonkun, esimerkiksi tyttäreni, käteen opastähden, niin ettei hän joudu eksyksiin.

Tähtiä ja kuita on vain useimmissa piirustuksissani ja värikynämaalauksissani. Kun kuva on lyijykynäpiirustus, täytyy kuvitella miltä se näyttäisi värillisenä yötaivaan tähtien ja kuun hohteen kietoessa tienoon ja sen asukkaat lempeään valoonsa. Näkyjen aikana sen sijaan tähdet ja kuu pysyvät harvaa poikkeusta lukuun ottamatta piilossa. On varmaan niin, etten muuntuneen tajunnantilan aikana jouda kiinnittämään taivaaseen huomiota, koska tapahtuu paljon muuta, johon keskityn. Poikkeus on se kerta, kun kohosin korkealle galaksien ja tähtisumujen äärelle, niiden joukkoon. Olin osa maailmankaikkeutta, pieni mutta onnellinen. Euforiaa riitti melkein kolmeksi päiväksi. Tästä kerron enemmän elämäkerran kohdassa "Tähtien tarhoissa".

Onnelliselta tuntuu seistessä todellisen tähtitaivaan alla katsomassa sen ihmeelliseen syvyyteen. Syksyllä 2009 oivalsin, että yläpuolellani näkyvät tähtitarhat merkitsevät turvaa ja pysyvyyttä. Katsellessani kesäpaikassamme tähtitaivasta ja miettiessäni jälleen kerran elämyksen antamaa tunnetta, asia kirkastui entisestään. Onko mikään vakaampaa kuin nähdä Otava tutulla paikallaan, Seulaset ja Orion samaten – ja Linnunrata. Hyvä tunne. Kuvissani olen melkein aina luonut näkymiä tai tunnetiloja, joissa on harmoniaa, onnea ja turvallisuutta, toivetiloja, kaipuuta. Sen vuoksi paljon tähtiä. Turvan antajia.

Taustaa

Taivaankappaleet aurinko, kuu ja tähdet näkyvät taivaalla sen mukaan onko valoisaa vai pimeää, onko päivä vai yö. Ne ja niiden liikkeet olivat esivanhemmille suuri arvoitus. Ne elollistettiin jumaluuksiksi. Näiden, kuten myös taivaankappaleiden, katsottiin vaikuttavan ihmisten ja koko luomakunnan elämään, paitsi konkreettisesti valoa antavina kappaleina taivaalla, myös osana uskontoa. Kirjasta opin, etteivät suomalaisen kansanrunouden Päivätär ja Kuutar, jotka edustavat taivaanvaloja, kuitenkaan ole jumalattaria.

Auringon jumaluuksista tunnetuimpia lienevät muinaisten sumerien Šamaš, persialaisten valonjumala Mithra ja egyptiläisten Ra. Ra ei ollut egyptiläisten ainoa auringonjumala; heitä oli ainakin neljä. Myös muun muassa muinaiset skandinaavit, japanilaiset, mayat ja Amazonin seudulla asuvat intiaanit ovat palvoneet aurinkoa. Auringon nousu aamulla itäiselle taivaalle, kulku yli taivaan kannen kohti

länttä, painuminen horisontin taakse ja yöllinen näkymätön paluu itään synnytti-vät mielikuvan auringonjumala Ran matkasta. Matka tapahtui hyvin usein laivalla, aurinkolaivalla. Laivalla matkusti myös skandinaavien auringonjumala. Kreikka-laisten auringonjumala Helios – joka yhdistettiin valonjumala Apolloon – sen si-jaan ajoi taivaan yli länteen neljän hevosen vetämillä vaunuilla.

Eräät maalliset vallanpitäjät pönkittivät valtaansa nimeämällä itsensä auringon jälkeläiseksi tai peräti auringoksi. Näin tekivät jotkut faraot, roomalainen Marcus Aurelius, Ranskan Ludvig XIV (Aurinkokuningas) sekä Josef Stalin (Isä Aurinkoi-nen), varmaan vielä joku muukin. Japanissa oltiin toisen maailmansodan päätty-miseen saakka sitä mieltä, että keisarit ovat Auringonjumalattaren poikia. Kristil-lisessä symboliikassa Kristusta verrataan aurinkoon.

Muinaisten auringonjumalien mallina on taiteessa yleensä ollut ihminen. Ih-misenkaltaiseen hahmoon on lisätty tunnuksia, jotka osoittavat kenestä on kysy-mys. Egyptiläisissä kuvissa aurinko voi myös olla hahmon päälaella kiekkona, jonka ympärille on kietoutunut käärme. Aurinkoa voi edustaa siipiparilla varus-tettu kiekko. Sellainen tavataan esimerkiksi Kaksoisvirranmaan taiteessa.

Kuu loistaa valjua valoa ja kietoo kaiken varjoihinsa. Maalliset valtiaat eivät ilmei-sesti ole halunneet olla yötaivaalla kulkevan kuun jumaluuksia. Se edustaa sala-peräisiä, pelottaviakin, voimia joita ei näe, mutta jotka ovat olemassa. Jo varhain kuu yhdistettiin feminiinisyyteen: yön jumalattariin ja naisiin.

Tähtiä lienee aina katseltu. Ne ovat tärkeitä, kartan ja kompassin kaltaisia apuja merenkulkijoille ja niille, jotka ratsastavat yli hiekka-aavikon – ja tietysti tähdistä ennustajille ja tähtitieteilijöille. Tähtitaivaasta tuskin kukaan on vaikuttumatta, sillä se on mykistävän suuri ja meistä kaukana. Aukealta paikalta katsottaessa tähtitaivas näyttää kuvulta, jonka reunat koskettavat maan ääriä. Islamin – tai ehkä sitä vanhemman mielikuvan – mukaan tähdet ovat Jumalan taivaalle ripus-tamia lamppuja.

On helppo ymmärtää, että yksittäiset tähdet ja monet tähtikuviot jumalallistettiin, varsinkin kun ne lisäksi tuikkivat ja näyttävät siksi eläviltä. Tällainen vaikuttaa mie-leen jolla on luontainen taipumus kuvitella. Hyvin näkyviä tähtiä nimitettiin ju-maliksi tai jumalattariksi ja tähtien muodostamille kuvioille annettiin nimiä esi-merkiksi urotoilla ansioituneiden sankarien ja myyttisten eläinten mukaan. Eri-tyishuomion sai aamulla ja illalla selvästi näkyvä tähti. Aamutähti (kointähti) ja iltatähti oli omistettu muun muassa Ištarille, Lähi-idän rakkauden ja hedelmällisyyden jumalattarelle. Eurooppalaisessa kulttuurissa tähden nimi on Venus.

Pohjoisella pallonpuoliskolla hyvin tärkeä on keskellä taivasta sijaitseva Pohjantähti, joka suomensukuisten kansojen uskomusten mukaan eli pylvään päässä kannattaa taivasta, kirjokantta. Taivas pyörii sen ympäri. Karhun tiedettiin syntyneen Ison Karhun tähdistöön kuuluvassa Otavassa, josta se laskettiin kultavitjoilla maan päälle. Linnunrataa pitkin muuttolinnut, kuten joutsenet, lensivät keväällä pohjoiseen ja syksyllä takaisin talvehtimispaikkaansa.

Jossain määrin erilainen mielikuva tavataan tiibetinbuddhalaisuudessa: Buddhaa visualisoitaessa istuinlootuksen päälle ajatellaan punainen auringonkiekko eli aurinkomatto, sen päälle vielä valkoinen kuunkiekko, minkä jälkeen istuin on valmis suurta opettajaa varten. Bodhisattvoille riittää kuunkiekko.

Muinaisegyptiläisten hautakammioiden katoissa on runsaasti tähtiä, joten vainaja lepää tähtitaivaan alla. Samanlaisia tähtitaivaita on kristikunnan kirkoissa. Myöhemmin, etenkin klassismin aikaisessa arkkitehtuurissa suositut sisäkattoja koristavat rosetit eli ruusukkeet kuvaavat nekin tähtitaivasta. Jonkin lähteen mukaan nouseva aurinko on Kristus ja kuu kirkko. Kuu ja aurinko yhdessä merkitsevät kuolemaa ja ylösnousemusta, aurinko kuvaa Kristusta ja kuu Jumalan äitiä.

Elämänmeri, elämänvesi ja elämänpuu

En tiedä, miksi elämän-alkuiset vertauskuvat ovat olleet minulle niin tärkeitä, että itsestään liikkuva kynäni on mieluusti antanut niille näkyvän hahmon paperilla. Minulle on ollut sisäinen pakko piirtää niitä. Ne ovat vain ilmestyneet. En ole antanut niille selviä merkityksiä. En osaa sanoa mitä ne tarkoittavat. Niiden piirtäminen tuntuu hyvältä. Ne kenties ilmaisevat toivettani olla hyvä ja henkisesti tasapainoinen, mikä jää usein pelkäksi haaveeksi. Olen melko idealistinen ihminen.

Elämän-alkuisiin käsitteisiin liittyvä symboliikka kuvastaa ensisijaisesti kristillistä elämänkatsomusta, joka ei kuitenkaan ole minun elämänkatsomukseni. Vertauskuvat ovat, voisin ajatella, pohjimmiltaan hyvin itsestään selviä ja perustuvat kaikelle elämälle välttämättömän veden olemassaoloon. Silti kristillinen perinne ilman muuta on vaikuttanut piilotajuiseen tietämykseeni. Arvelen, että sitä ravitsi sota-aikainen Ruotsin-kotini, joka oli vakaumuksellisen uskonnollinen. Vaikka sittemmin maallistuin, Ruotsin-kodin henkinen, uskonnollinen, perintö elää minussa.

Matkustaminen Kuoleman ohjaamalla laivalla tai veneellä elämänmerellä on mielikuvieni kaikkein rakkaimpia aiheita. Matkustamisen aurinkolaivalla olen varmaan omaksunut egyptiläisestä myytistä, venematkat kohti Tuonelaa taas on hyvin suomalainen aihe.

Piilotajuntani ja mielikuvitukseni ovat suuresti mieltyneet elämänveteen, joten olen piirtänyt lähteitä, joissa sitä on. Ja kernaasti solisevia suihkukaivoja. Lähteiden ja suihkukaivojen piirtäminen on tuntunut välttämättömältä. Myös suihkukaivojen näkeminen muuntuneessa tietoisuudentilassa tuntuu suurenmoisen hyvältä, pyhältä. Teemaan liittyy maljassa oleva elämänviini, joka saattaa olla muistuma ehtoollisviinistä; sehän on niin kristillinen symboli, että maallistunutkin ihminen sen tuntee. Samaan yhteyteen kuuluu kaikelle elämälle välttämätön elämänneste, jota mieleni luoma Häkkyröiden Jumalatar tarjoaa tarvitseville häkkyröistään. Se on tietenkin olemukseltaan vettä.

Omat elämänpuuni eivät ole suuria puita vaan pikemmin lähes taimia, joiden latva ja oksat taipuvat. Nämä pikkupuut ovat olevinaan isoja oikeita elämänpuita. Niissä on, kuten pitääkin, samanaikaisesti hedelmiä – omenia kaiketi – ja kukkia, ja niiden latvustossa istuu usein lintuja. En osaa niitä tulkita. Ne vain ovat tärkeitä. Piilotajuntani ei ole kertonut minulle, onko sillä ollut jokin merkitys pannessaan minut näitä aiheita piirtämään aavistuksellisesti tuntemani kristillisen mallin mukaan. Elämänpuun äärellä on syväksi tietämäni lähde ja yleensä minä itse seison kuvassa sen partaalla. Siinä on turvallista. Mukana on ripaus ehdottomuuden tuntua.

Elämän-alkuisia yhdyssanoja ja sanapareja on paljon ja yhä uusien keksiminen näyttää olevan helppoa. Sopii kuvaan, että 1980-luvulla keksin elämänpuuron, joka "ravitsee ihmisen henkeä ja sielua ja on peräisin sydämen hyvyydestä". Piirsin isoja kauhoja, joissa oli tätä tuhtia, suurenmoista ruokaa. Aihe jäi melko pian pois valikoimastani.

Taustaa

Vesistöt, meret ja joet, ovat kulkureittejä. Elämän ja ajan kulumisen symboliksi sopii luontevasti matkanteko elämän merellä. Ei ollut vaikeaa ymmärtää, että elämän ylläpitäminen vaatii vettä. Jo varhain syntyi vertauksia kuvaamaan elämän ja veden yhteyttä, vertauskuvallisia sanapareja jotka on helppo ymmärtää. Niiden synty ulottuu kauas kristinuskoa edeltävään aikaan. Osa lienee saanut alkunsa kristillisellä ajalla, jolloin vanhat käytänteet on mukautettu uuden uskonnollisen ajatusmaailman mukaisiksi.

Vesi on kaiken elämän edellytys. Elämänvesi tai elävä vesi virvoittaa ja, kuten monesta sadusta tiedämme, jopa herättää kuolleen eloon. Idea on vanha. 3000-luvulta eaa. tunnetaan esimerkiksi sumerilainen taru Inannan (Ištarin), hedelmällisyyden ja rakkauden jumalattaren, käynnistä kuolleiden valtakunnassa. Siellä hänet surmattiin julmasti, mutta hänen jo mädäntynyt ruumiinsa saatiin herätetyksi eloon elämänvedellä ja elämänheinällä. Hän palasi maan päälle.

Elämänvesi sopii hyvin kristinuskossa käytettäväksi vertauskuvaksi. Vesi virvoittaa ja puhdistaa myös sielun. Niinpä se huuhtoo pois ihmisen synnit. Se pulppuaa elämänlähteestä, joka on muun muassa ikuisen elämän ja uudestisyntymisen vertauskuva. Kasteessa "vanhan ihmisen tilalle nousee uusi" ja lapsi liitetään Jumalan perheeseen.

Kristillisessä kielenkäytössä ihminen purjehtii elämän merellä, uskoo ja toivoo pääsevänsä perille, taivaaseen kuolemansa jälkeen, kunhan luottaa Jumalaan. Meri mainitaan Raamatussa 244 kertaa, lisäksi siinä on muuta merenkulkusanastoa osoituksena vilkkaasta merenkulusta Välimeren maihin Vanhan Testamentin syntyajalla. Raamatussa mainitaan muun muassa purje, masto ja ankkuri, ja tietenkin laiva. Jeesus ohjaa laivan turvallisesti satamaan niin että Jumalaan uskovat pelastuvat ja pääsevät onnellisesti taivaaseen, paratiisiin.

Elämänmerelle vastakkaisia sisällöltään ja alkuperältäänkin ovat matkat tuonpuoleiseen laivalla tai veneellä. Vesitse sinne matkasivat vanhat egyptiläiset ja kreikkalaiset, germaanit ja mayat, pakanallisen ajan suomalaiset ja monet muut. Siinä on ehkä syvimmiltään kyse elämänmerellä tai joella purjehtimisesta; onhan kuolema osa elämää, sen päätesatama. – Tai ehkä tämä ajatus on omaa mytologiaani ja silkkaa mielikuvitusta.

Elämänpuu on toinen kahdesta puusta, jotka Jumala oli istuttanut Eedenin puutarhaan. Usein se sekoitetaan hyvän ja pahan tiedon puuhun, jonka hedelmän Aadam ja Eeva söivät. Sen vuoksi heistä tuli kuolevaisia. Genesiksen eli luomiskertomuksen mukaan Jumala karkotti heidät Paratiisista, etteivät he "nyt vain ota elämän puusta hedelmiä ja syö ja niin elä ikuisesti". Toisinaan taiteessa on kuvattu Jeesus ristiinnaulittuna elämänpuussa; esimerkiksi Hattulan ja Lohjan kirkoissa on tällaiset maalaukset. Pelkkä ristikin voi olla elämänpuu.

Lohjan kirkon elämänpuu eli Iisain juuri. Pyhät istuvat kukan päällä.

Elämänpuu on yleinen Lähi-idän kulttuurialueella, johon juutalaisten asuma maa kuului. Mesopotamia oli kaikkien alueella tunnustettujen uskontojen koti. Elämänpuun, uskonnollisen symbolin, historia ulottuu sumerilaiseen korkeakulttuuriin vuoden 3000 paikkeille eaa. Sieltä se levisi kaikkialle Lähi-itään. 800–600-luvulta eaa. on Assyrian vallan aikaisia reliefejä, joihin kuvatut elämänpuut ovat siinä määrin tyyliteltyjä, ettei niitä hevin tunnista puiksi vaan pikemminkin pienehköiksi kasveiksi, varsinkin koska ne eivät ole ympärillään olevien ihmisten kaltaisia hahmoja korkeampia. Ei sen tarvitse olla todellisen puun näköinen, koska se on filosofinen käsite. Esko Parpolan mukaan elämänpuu "ei ollut ainoastaan malli kosmisesta harmoniasta, vaan samalla myös malli täydellisestä ihmisestä ja tiestä elämään." Ja: "maailmankaikkeudessa vaikuttavien voimien tasapainoa, jumalallista harmoniaa, kuvattiin elämänpuuksi nimetyllä esoteerisella kaaviolla".

Elämänpuu oli abstraktio eikä todelliseksi käsitettävä hedelmäpuu. Myyteissä se yleensä ajatellaan todelliseksi hedelmiä kantavaksi, ihmisille ravintoa antavaksi puuksi. Samalla sen hedelmiä syömällä saattoi tulla kuolemattomaksi. Egyptissä on tehty maalauksia, joissa sykomoriviikunapuuhun kiivennyt Nut-jumalatar imettää joitakuita tai ojentaa kuolleiden sieluille vettä ja kuolemattomuuden leipää. Välimereen rajautuvissa maissa tällaisia todellisia malliksi sopivia puita ovat oliivipuu, viikunapuu, jokin palmu – varmaan taatelipalmu kuten Mesopotamiassa – ja suomensukuisten kansojen keskuudessa tammi ja paikoin koivu.

Elämänpuuta ei mytologioissa aina voi erottaa maailmanpuusta, jonka arvellaan kasvavan maailman keskikohdassa ja olevan niin korkea, että se hipoo taivasta. Se ei ole mikään hedelmäpuu. Se on kosmosta, maailmaa kannatteleva puu, maailmanpatsaan veroinen. Uskon, että elämänpuu on syvällä ihmisen mielessä elävä mielikuva. Minulla joskus olleen kirjan mukaan se on näet yksi ensimmäisistä kuva-aiheista, joita lapset piirtävät. Joulukuusi ja juhannussalko ovat elämänpuita. Maailmassa kasvaa paljon puita, joita pidetään pyhinä ja joita kunnioitetaan.

Elämän-alkuiset sanaparit ja käsitteet kuvaavat tämänpuoleisessa eläville tärkeitä toiveita ja maailmankaikkeuden rakennetta luonnehtivia totuuksia. Näihin sisältyvät myös muissa kuin kristillisessä symbolikuvastossa esiintyvä yleinen haave ikuisesta elämästä ruumiin kuoleman jälkeen. Sumerilaisessa Gilgameš-eepoksessa pohditaan kysymystä syvällisesti. Gilgameš ei saa haltuunsa kuolemattomuuden yrttiä.

Lintu, muita siivekkäitä ja siivet

Lintu osaa lentää, koska sillä on siivet. Siivillä on tärkeä asema omassa mytologiassani ja muutenkin elämässäni, tietenkin pelkkänä tunteena. Lintu on yksi kuvieni kaikkein tavallisimmista aiheista. Se istuu piirtämieni hahmojen kädellä tai lentää, toisinaan parvessa, hahmon lähettyvillä. Sen piirtämiseen liittyy myönteisiä tunteita, turvassa olemisen ja hyväntahtoisuuden tunteita, mutta pelkästään aavistuksellisina koska ne ovat tiedostamattomia. Piilotajunnan mielestä se, jolla on erottamaton yhteys lintuun, on hyvä ihminen tai hän toivoo olevansa hyvä. Lintuaiheisissa piirustuksissani varmaan kuvaan itseäni ja sisimpäni tuntoja. Kuvapäiväkirjassani luonnehdin (1985) lintua hyvinkin ylevästi:

> Piilotajunnassa uinuvan viisauden seuralainen on lintu, sielu ja suojelija, ihmisen hyvä seuralainen ja viisauden ääni, joka asuu ihmisen sydämessä.

Miksi linnut istuvat kädelläni, en tiedä. Lintuni on säilynyt samanlaisena vuosikymmenien ajan. Syöpähoitojen aikana se muuntautui koreahöyheniseksi Onnen linnuksi, joka lensi satujen maailmasta istumaan käsivarrelleni tai muuten kynäni piirrettäväksi. Kuvat, joissa se on kanssani, ovat lohtukuvia.

Jossakin vaiheessa linnuista oli tullut melkein osa minua ja lähes joka kuvassa siivekäs istui kädelläni. En ole kuitenkaan ainoalaatuinen. Suorastaan tärisin, kun Kyproksella Larnakan arkeologisessa Pierides-museossa vuonna 2008 näin veistoksen, joka esittää nuorukaista lintu kädessään. Kauan ennen minua hellenistisellä ajalla elänyt kuvanveistäjä on tuntenut ja ajatellut samalla tavalla kuin minä! Veistoksen nuorukainen näyttää hyvältä ihmiseltä. Myöhemmin olen nähnyt kaksi kuvaa, joissa rakkauden jumalatar Astarte eli Ištar pitelee lintua samalla tavalla kädellään kuin minun hahmoni. Ja Meksikon Teotihuacanissa maanviljelyn temppelissä on kuva palvovasta miehestä, jolla on kädellään lintu, ehkä papukaija, Auringon symboli.

Siipiä alitajuntani pitää tärkeinä. Varsinkin Valon Jumalattarella oli hyvin usein hartioillaan kauniit keijuille ominaiset siivet. 1980-luvun puolivälin paikkeilla mieleni loi hyvän ihmisen Kyllikki Ilmoisen, jolla oli perhosen siipien kaltaiset siivet ja hänen puolisollaan Kalevilla samanlaiset. Reaalisesti ajatellen niillä ei olisi päässyt edes kohoamaan maasta, sillä ne olivat melko mitättömät läpsyttimet. Siivet piti peittää vaikka isolla huivilla, sillä niitä ei sopinut näyttää ulkopuolisille. – Myöhemmin panin merkille, että minulla oli Kyllikki Ilmasen aikaan aina ollut selän peittävä huivi harteillani. Muutoin mielikuvatodellisuudessani en ole välttämättä lainkaan tarvinnut siipiä, koska olen osannut lentää ilmankin niitä.

Sota-aikana Ruotsin-kodissani olin alitajuisesti ymmärtänyt, etten kelpaa Jeesukselle enkä voi saada siipiä. Toivoin saavani siivet, mutta en saanut. Niistä tuli kuitenkin symboli. 1984 piirtämässäni lapsuus-aiheisessa kuvassa laitoin uhmakkaasti siivet itseäni kuvaavan hahmon selkään.

Eläytymiselle keijuna liihotteluun ei ollut esteitä. Keijuista tehdyt kuvat, joita on lasten kuvakirjoissa, olivat kauniita. Keijuutta saattoi myös olla myöhempi mieltymykseni balettiin, joka oli tavattoman kaunista. En itse päässyt balettikouluun.

Mielikuvien lintu ehkä merkitsee sitä, mitä yleensä tarkoitetaan sielulla eli buddhalaisesti ajatellen tietoisuudella, mutta en tarkalleen tiedä, mikä se on. Vai ilmentääkö lintu sitä, mikä minussa on henkisyyttä, ehkä hengellisyyttä, jos minun kaltaiseni epäilijä voi olla hengellinen?

Taustaa

Monet siivekkäät eläimet ovat sielun symboleita. Lintu-aihe on hyvin syvällä ihmisen mielessä. Koska ihmiset eivät osaa lentää, irtautua maan pinnasta vaikka miten kovasti haluaisivat, he ovat uskomuksissaan ja tarinoissaan antaneet linnuille suuren arvon. Lintu on henkisyyden ja jalojen henkisten pyrkimysten symboli. Lintu on se osa ihmisestä, joka ei ole hänen ruumiinsa vaan se mikä on näkymätön ja aineeton, hänen henkensä, hänen sielunsa. – Puhuttakoon siis sielusta, vaikka käsite ei ole ihan selvä. Länsimaisen kulttuurin piirissä se ja sitä merkitsevät sanat ovat kristinuskon värittämä, siinä määrin, ettei tule juuri ajatelleeksi muita mahdollisuuksia ymmärtää, mikä sielu on. Ihmisellä katsotaan olevan sielu eikä esimerkiksi psyyke. Varhaisissa ja nykyisissä ns. luonnonkulttuureissa sielu voi olla jotain muuta. Lähteissä mainitut esimerkit ovat usein niin epämääräisesti kuvattuja, ettei niistä saa kunnolla selkoa. Enin osa aineistosta on Lähi-idän mytologiasta.

Muinaisegyptiläisen käsityksen mukaan ihmisellä on tavallaan kaksoisolento ka (henki), joka jää kuolleen hautaan, kun sen sijaan ihmispäisen linnun hahmoinen ba-niminen sielu vapautuu ihmisen kuolinhetkellä hänen ruumiistaan. Indonesialaisen uskomuksen mukaan vainajien sielut voivat muuttua linnuiksi. Esimerkkejä erilaisista linnuista, joilla on yhteys ihmisen sieluun, olisi maailmalla varmaan enemmänkin.

Pyhän hengen kyyhkynen Porvoon tuomiokirkon saarnatuolin katossa

Šamanistisissa kulttuureissa šamaani eli noita huolehtii yhteydenpidosta tämän- ja tuonpuoleisen välillä, silloin kun rituaalin suorittamista pidetään tärkeänä. Hän on usein linnun hahmoisena, pukeutuneena erityiseen lintupukuun ja muutenkin matkii sitä, lintuapueläintään tai apuhenkeään. Lintu on pohjoisissa kulttuureissa hyvin tärkeä myyttinen eläin muutenkin kuin noidan sielueläimenä. Tiedämme sen maailmanmuna-myytistä ja vesilinnun roolista maailmankaikkeuden alkuajan tapahtumissa.

Anna-Leena Siikala kirjoittaa eräästä melko pitkästä myyttiaiheiden ketjusta (etelä – aurinko – äiti – koivu – lintu), josta päästään yleissiperialaiseen ajatukseen, että on olemassa "tuonpuoleinen, syntymistään odottavien lasten sielujen varasto sekä myyttinen lintu sielujen hautojana ja kuljettajana." Näiden myyttiaiheiden ketju tarvitsisi kunnon selostuksen; viittaan Siikalan kirjaan *Itämerensuomalaisten mytologia*.

Ei tarvitse paljon mielikuvitusta keksimään, että muna sopii olemaan elämän syntymisen, myös uuden elämän ja uudelleensyntymisen vertauskuva. Monissa luomismyyteissä kerrotaan, että linnun munasta syntyi koko maailma. Kristillisessä maailmassa muna liittyy pääsiäiseen. Pääsiäismunien varsinainen tarkoitus on kertoa, että Kristus on noussut, tai nousee, kuolleista, uutta elämää sekin.

Linnun tavoin myös perhonen on ollut sielun vertauskuva ilmeisesti antiikin ajan Kreikasta saakka. Sillä on ainakin minolaiseen ja mykeneläiseen kulttuuriin ulottuva historia: On säilynyt pieniä reliefejä, joissa Suurella Jumalattarella on perhosen siivet. On nähty yhtäläisyyttä siinä, miten toukka- ja kotelovaiheen jälkeen perhonen kömpii ulos kotelosta ja siinä, miten hedelmällisyyttä edustavan jumalattaren (ja naisen) kehon pimeydestä syntyy elävä olento. Perhosen symboliikkaan kuuluu ajatus elämästä, kuolemasta ja ylösnousemuksesta. Lisäksi se kykenee ylittämään maailman kerroksien rajat. Mehiläinen on sielun vertauskuva linnun ja perhosen tavoin.

Hahmot ilman siipiä eivät olisi myyttisesti kovin tärkeitä. Monet jumaluudet ja vähäisemmätkin henkiolennot ovat saaneet siivet. Muinaisen Egyptin kuvissa monilla jumalhahmoilla on suuret lintumaiset siivet auki levitettyinä ilmeisesti suojelemista tarkoittavaan asentoon. Isiksellä, silloin kun hänellä on siivet, ne ovat ojennettujen käsivarsien alla. Siivet ovat saaneet myös muun muassa totuuden ja oikeuden jumalatar Maat, haukkana tai haukanpäisenä ihmisenä kuvattu Horus sekä käärmeen kaltainen kobrajumalatar Meretseger ikuisuuden symboli shen jalkojensa alla ja toinen edessään siipien välissä.

Mesopotamiasta Assyrian vallan ajalta 800–600-luvulta eaa. tunnetaan valtavan korkeita reliefejä, joiden profiilissa kuvatuilla kiharahiuksisilla ja -partaisilla hahmoilla on selässään isot siivet, joskus jopa kaksi siipiparia. Ne ovat suojelijahenkiä, jotka suojelevat elämänpuuta tai kuningasta, joka on jumalan edustaja maan päällä. Ne ovat ylimmän jumalan Aššurin symboleita. Niillä on toisessa kädessään käpy ja toisessa ne kantavat pientä ämpärin muotoista astiaa. Ämpärissä on elämänvettä, kävyissä kaiketi puhdistavaa tai maan hedelmällisyyttä lisäävää

261

voimaa, jota ne pirskottavat. Vyössä on aseita pimeyden voimia vastaan. Siipi-hahmot ovat niin raskastekoisia, että on vaikea kuvitella niiden pääsevän lentoon. Aššur kuvattiin usein elämänpuun yläpuolella siivekkään ja pyrstöllisen auringonkiekon keskellä. Persian vallattua maan zarathustralaisuuden viisauden herra Ahura Mazda esitettiin samalla tavalla, mutta hänellä oli kädessään rengas.

On myös säilynyt korkokuvia, jotka esittävät voimakaslihaksisia eläimiä, etenkin leijonia, joilla on petolinnun pää, mutta hartioiden seudulta kohoavat isot siivet. Samanlaiset ovat ihmishahmoisilla suojelijahengillä. Kreikkalaiset omaksuivat aiheen mytologiaansa ja nimittivät tarueläimen griipiksi eli aarnikotkaksi. Kreikan kulttuurilla oli suora yhteys Mesopotamiaan. Niinpä kreikkalaiset antoivat siivet monille tarueläimille ja myös jumalille. Tällaisia ovat muun muassa voiton jumalatar Nike, yön jumalatar Nyks, unen jumala Hypnos, sateenkaaren jumalatar Iris sekä Pegasos-hevonen, jolla jumalaisen innoituksen vallassa oleva runoilija ratsastaa. Siipiolentoja tunnetaan toki muualtakin.

Elämänpuun vartijat ovat enkeleitä, kirjoittaa assyriologi Esko Parpola. Kristinusko ja myöhemmin islam omaksuivat nämä henkiolennot Mesopotamiasta, joka oli vuosisatojen ajan Lähi-idän kulttuurien keskus, Kreikka mukaan lukien. Kristinuskossa ja islamissa enkelit ovat jumalan viestintuojia ja niin siroja, että pystyvät lentämään, toisin kuin esikuvansa. Enkelit mielletään ainakin kristinuskossa myös suojelijoiksi. Niillä on kauniit linnun siipien muotoiset siivet. Enkelit kuuluvat olevan miehiä, mutta ainakaan kuvien perusteella sukupuoli ei ole selvä. Ne on ollut tapana nähdä varsin androgyynisinä tai feminiinisinä. Enkelit ovat hyviä olentoja, mutta maailmassa on paljon pahaa, myös pahoja langenneita enkeleitä. Niistä pahin on Lusifer eli saatana.

Länsimaisen uskomusperinteen olentoja ovat myös keijukaiset eli keijut. Arvattavasti samankaltaisia kevyesti liihottavia, leijuvia ja keijuvia henkiolentoja tavataan muissakin kulttuuriperinteissä. Euroopassa niiden kaltaisia olentoja, luonnonhenkiä, oli jo antiikin aikaan, ehkä varhemminkin. Keijukaisilla on usein perhosen, joskus myös sudenkorennon läpikuultavat siivet, ja voivat ne tulla toimeen ilmankin niitä. Romantiikan aikana 1800-luvulla kirjailijat, kuvataiteilijat ja säveltäjät olivat suuresti mieltyneet eteerisiin keijukaisiin. Niitä pidettiin luonnossa ilmenevän sielun ilmentyminä. Suosittu aihe oli ihmisen ja keijukaisen välinen rakkaussuhde. Keijut olivat kuoleman valtakunnan väkeä. Franz Schubert sävelsi J. W. Goethen Erlkönig-runoon vavahduttavan laulun, jossa keijujen kuningas väkivalloin riistää isältä tämän hourailevan lapsen.

Tällainen rooli on keijuilla myös suomalaisessa uskomusperinteessä, joskin keijukainen-sanalla voidaan useimmissa kielissä tarkoittaa myös siroa kaunista – tai kevytkenkäistä – naista. Kansanrunoudesta kiinnostunut pappi Christfried Ganander mainitsee 1780-luvulla kirjoittamissaan teoksissa, että Kejjuset eli Kejjungaiset ovat "tuhoutuneita elämänhenkiä" (förstörda lifs-andar) jotka viihtyvät hautausmailla ja jättävät jälkeensä kalman hajun. Ganander ei oikein usko niitä todella olevan. Nykyään ajatellaan, että keijut ovat keveästi liikkuvia kaunissiipisiä ja hyväntahtoisia, melkein aina tytön näköisiä olentoja. Niillä ei ole mitään tekemistä Gananderin kuvaamien synkkien esivanhempien kanssa. Keijukaiset alkoivat muuttua viehättäviksi satuolennoiksi 1800-luvun lastenkirjallisuudessa. Keijukaiset ja enkelit ovat uskomusperinnettä, jota hahmojen sympaattinen olemus auttaa pysymään elävänä.

Laiva ja vene

Pian sen jälkeen, kun olin 1980-luvulla aloitellut alitajunnan kuvien piirtämistä, käteni pyöräytti paperille pienen purren elämänmerelle ja myös Tuonelan joen, jonka rannalla seison vastapäätä sen toisella puolella seisovaa Kuolemaa. Minua tämä hämmästytti. Myöhemmin, kun aloin meditaation aikana nähdä "näkyjä", huomasin istuvani Kuoleman, saman Kuolema-hahmon, kuljettamassa veneessä, vaikka en ollut matkalla Tuonelaan.

Kuoleman vesikulkuneuvolla on selvä yhteys egyptiläiseen aurinkolaivaan, niin olen ajatellut alusta lähtien. Ensimmäinen "aurinkolaivani" oli herneenpalko, jossa toisinaan seisoi maailmalle lähtevä tyttäreni. Melko pian herneenpalko vaihtui aurinkolaivaksi, joka ei kuitenkaan ollut järin suuri, pikemminkin vene. Siinä oli perästä keulaan ulottuva oranssinen aurinkokiekko, joka ei onneksi ollut kuuma, joten se ei haitannut matkustajia. Välillä laivan ja veneen kokassa oli eläimen pää, todennäköisesti hirvenpääveistos, joka lienee muistuma viikinkien laivoista.

Vene kulkee elämänmerellä, mutta myös taivaan merellä, joskus kuoleman merellä, mielikuvien todellisuudessa. Mielessäni ei ole ollut kristillinen symbolinen ajatustapa, olkoonkin että se on varmaan antanut piilotajunnalleni tiedon veneestä elämänmerellä, joka on hieno kieli- ja mielikuva. Mielikuvieni laivat ja veneet eivät yleensä purjehdi Tuonelaan.

Eläimenpäällä olen varustanut myös Lapsuus-kuvan veneen. Paitsi että tuo paljon ajatuksia herättänyt spontaanisti syntynyt värillinen kuva on tämän kirjahankkeeni lähtökohta, se on siinä mielessä erityinen, että olen nostanut veneen pääni päälle ja pannut sen sisällön merkitsemään mieltäni, joka on tallettanut aivoihini lapsuudenaikaisia muistojani.

Taustaa

Laivat, veneet, kanootit ja muut vesikulkuvälineet eivät kaipaa selityksiä. Ne ovat laajentaneet ihmisen mahdollisuuksia liikkua kotivalkamasta kauemmas. Kuten suomalaiset kalliomaalaukset osoittavat, näin on ollut ainakin kivikaudesta lähtien. Niihin on kuvattu melko paljon veneitä. Jo varhain maailmalla oli taitavia laivanrakentajia sekä rohkeita ja uteliaita purjehtijoita, jotka ylittivät aavoja ulapoita ja halusivat nähdä, minne joki vie tai mitä suuren veden takana on; oliko siellä ihmisiä, joiden kanssa voi käydä kauppaa. Suomessa kivikaudella tehdyissä kalliomaalauksissa on paljon veneitä.

Tunnetut tarut ja uskomukset sekä säilynyt varhainen taide osoittavat, että ihmiset olivat taipuvaisia syvämietteisyyteen. He pohtivat olemassaolon suuria kysymyksiä. Vesikulkuneuvot olivat muutakin kuin arkea vesireittien varrella: ne kulkivat symbolisesti tuonpuoleisen vesillä. Muinaisen Egyptin asukkaat ja pronssikauden skandinaavit pitivät laivaa auringonjumalan kulkuvälineenä. Jumalat matkustivat laivalla yli taivaan kannen länteen, minne aurinko laski.

Kreikkalais-roomalaisessa tarustossa taivaan jumalat sekä aurinko ja kuu – tai niitä edustavat jumaluudet – sen sijaan ajoivat taivaan yli vaunuilla, joita veti yleensä neljä hevosta. Jumalat olivat kuolemattomia, mutta kuolevaisten ihmisten oli kuolemansa jälkeen mentävä manalaan, joka oli Styks-joen takana. Oikeastaan jokia oli kolme. Perille päästäkseen ihmisen oli astuttava Kharonin veneeseen, joka vei hänet perille. Lisäksi hänen oli maksettava kyytimaksu; sen vuoksi vainajan suuhun laitettiin kolikko tms.

Ajatus, että ihminen kuolemansa jälkeen muuttaa toiseen maailmaan vesiteitse ja että joku vie hänet sinne, on varsin yleinen. Muinaisen Gilgameš-eepoksen sankari ylittää lautalla kuoleman vedet. Länsi-Ruotsissa Bohuslänin rantakallioihin on pronssikaudella uurrettu kuvia, joiden perusteella on selvää, että kuolleet matkustivat tuonpuoleiseen laivalla tai veneellä. Keski-Amerikan mayojen tarussa kerrotaan, että melojajumalat, joita on kaksi, kuljettavat kanootillaan vainajien sielut vedenalaiseen manalaan.

Laivamatka kuuluu myös kristinuskon myyttiseen kuvastoon. Sillä on kuitenkin lähinnä symbolinen merkitys: purjehditaan elämänmerellä. 200-luvulla elänyt roomalainen teologi Hippolytos kirjoitti, että "maailma on meri, jolla kirkko purjehtii kuin laiva, mutta aallot eivät voi sitä tuhota". Laiva ei kulje kohti kuoleman maata vaan Jeesuksen lupaamaa pelastusta. Ankkuri heitetään veteen ja ollaan satamassa. Ajatus näkyy kirkkorakennuksessa, jossa sisääntulo-ovelta kohti alttaria ulottuvaa pitkää tilaa sanotaan laivaksi. Suurissa katedraaleissa pylväsrivit jakavat tilan korkeaksi keskilaivaksi ja matalammiksi sivulaivoiksi. Ristikirkoissa laivamielikuva ei ole yhtä selvä. Suomessa joidenkin keskiajalla rakennettujen kivikirkkojen holveihin on maalattu elämänlaivoja, jotka ovat heittäneet ankkurin.

Pallo

Muodoltaan pyöreä esine, pallo, on ollut minulle hyvin tärkeä vertauskuva. Se on valopallo, joka nousee tajuntaan muuntuneen tietoisuudentilan aikana. En osaa pukea sanoiksi tunnetta, joka liittyy palloon. Buddhalaisissa harjoituksissa visualisoidaan kirkkaiden värillisten energiapallojen ottamista sisälle kehoon, mikä tuntuu tavattoman hyvältä. Näihin palloihin tutustuin aluksi Tarab Tulkun kehittämällä mandalakurssilla.

Ennen valopalloja oli aineellisemmista palloista tullut sisäisen tasapainon ja eheyden vertauskuva, mikä sitten myöhemmin sopi hyvin yhteen buddhalaisen symboliikan kanssa. Usein olen asettanut pallon piirtämäni henkilön käteen osoittamaan, että hän on hyvä ihminen tai että hän haluaa olla hyvä ja myös ehyt ihminen.

Mieltymykseni palloon on kenties saanut virikkeen Mona Leolta, hänen sadunomaisista maalauksistaan, joissa neito pitää palloa kädessään. Olen pitänyt niitä pelkkinä esineinä. Toisaalta hänen maalauksissaan on usein säteilevää valoa ja valonkajoa, myös palloissa. Valtameren syvyyksissä lepäävä helmi on pieni pallo; siihenkin Mona Leo  tutustutti minut. Hän oli nukketeatterissaan esittänyt apokryfiseen Tuomaan evankeliumiin sisältyvän *Helmihymnin*. Sen filosofia jäi minulle hieman hämäräksi, mutta ymmärrän kuitenkin, että helmi on arvokkainta mitä ihmisellä on.

Reilusti yli kymmenen vuotta sen jälkeen, kun olin lisensiaatintyötäni tehdessäni miettinyt Helmihymnin merkitystä, istuin näkytodellisuudessa lammessa kasvavan lootuksen äärellä. Sen lehti kurkotti minua kohti ja sen keskellä oli hohtava helmi. Ymmärsin, että se oli tarkoitettu minulle. Otin suurenmoisen lahjan käteeni ja suljin sen rintaani ilmaantuneen reiän kautta sydämeeni. Olin onnellinen.

Taustaa

Pallo on geometrinen kolmiulotteinen pyöreä esine. Ilman mystiikkaa sitä voi käyttää leluna ja pallopeleissä. Pallo on muodoltaan täydellinen. Se tuntuisi olevan tärkeä myyttinä ja symbolina. Sammakkoprinssi-sadussa se johtaa muodonmuutokseen: sammakko muuttuu prinssiksi, kun prinsessa suutelee sitä. Se ei ole aivan tavallinen pallo.

Myyttiseltä tuntuvaan muotoonsa nähden pallolle on symbolikirjallisuudessa uhrattu kovin vähän huomiota. Tälle on vaikea keksiä syytä. Ehkä siksi, että maan uskottiin olevan litteä ja aurinko ja kuu, joita pidettiin jumalina, kuvattiin kiekkoina. Näin sekä muinaisessa Egyptissä että buddhalaisessa Tiibetissä, jossa pyhät hahmot ajatellaan istumaan lootuksen päällä olevalla kuumatolla eli -kiekolla.

Toisaalta oli muinaisten egyptiläisten pyhä pillerinpyörittäjä, kovakuoriainen, joka pyörittää edessään pallon muotoista lantapaakkua, auringon vertauskuvaa. Vanhaa perua on hallitsijoiden kädessään pitämä valtakunnanomena. Helmihymni ja helmi saavat symbolikirjoissa osakseen melko paljon huomiota. Lainaan Biedermania: Helmi on täydellisen muotoinen pieni pallo. Himmeän loisteensa ansiosta sitä pidetään kuun kaltaisena ja naiselle ominaisena. Antiikin Kreikassa helmi oli omistettu meren vaahdosta syntyneelle Afroditelle. Koska harvinaiset helmet ovat kätkössä simpukoiden sisällä, niistä tuli myöhäisantiikin aikana salatun tiedon ja viisauden symboleita, kristinuskon myötä Kristuksen opin vertauskuvia. Sekä Lähi-idässä että Kiinassa uskottiin, että salama hedelmöittää helmisimpukan.

Ympyrä

Ympyrät ilmaantuivat kuviini hyvin pian sen jälkeen, kun olin alkanut käyttää ns. itsestään liikkuvaa kynää. Ympyrää sellaisenaan, geometrisena kuviona, en kuitenkaan juuri ole piirrellyt enkä meditaatiossa nähnyt, vaan sen erityisen merkityksen omaavina muunnelmina. Näitä ovat mandala, harmonian temppeli, ouroboros ja itse asiassa myös spiraali.

Mietin pitkään, kuuluisivatko ne ympyrä-otsikon alle. Ne ovat minulle tuiki tärkeitä. Päätin sitten kuitenkin käsitellä ne omina lukuinaan, vaikka niillä on osittain samanlainen symbolisisältö tai ne herättävät minussa samantapaisia tunteita. Ne ovat ainakin melkein geometrisen selkeästi ympyröitä. Niillä on pitkä historia mielikuvissani.

Ensimmäisiin ympyröihini kuului kultainen ohjauspyörä eli autonratti, jonka piirtäessäni asetin puolisoni käsiin. Hänen oli määrä ohjata elämäämme. Kylläpä annoin hänelle raskaan velvollisuuden! Aiheen syntyyn varmaan vaikutti ajankohta: kesällä 1984 olleen psyykkisen kriisin jäljiltä oli mieleni epävarma ja arka, ja sapattivuoden jälkeen tuntui paluu töihin vaikealta. En oikein uskonut pärjääväni. Ohjauspyörä aiheena ei jatkunut kauan. Ensimmäisten vuosien aiheita oli myös harmonian temppeli. Kreikkalaistyylisen temppelin pohja oli ympyrä. Piirrokset kuvastivat hyvin mielialaani.

Myöhemmin, kun olin 1990-luvulla ruvennut sisäisillä silmilläni näkemään näkyjä, yllätyin iloisesti, kun mieleni pani minut ympäröimään itseni suojaympyrällä. Huomasin meditaation aikana istuvani maassa vastapäätä Buddhaa keskustelemassa käärmepelostani. Minua nolotti, kun suuri opettaja oli ruvennut hoitamaan minua, sillä mielestäni en ollut hänen huomionsa arvoinen. En tyytynyt yhteen ympyrään, vaan ympärillemme ilmestyi kaksi taikapiiriä, toinen tulta ja toinen vettä, eivätkä ne tuhonneet toisiaan. Toisella kertaa ilmaantui meditaatioharjoitusta tekevän opintoryhmän ympärille pitkä suojelijakäärme.

Taustaa

Ihminen on etevä filosofoimaan ja hänellä on vilkas mielikuvitus. Tämä taipumus tulee selvästi ilmi myös erilaisina ympyrämielikuvina. Ympyrä ja pallo ovat muodoltaan täydellisen pyöreitä. Toinen on kaksiulotteinen, toinen kolmiulotteinen kappale.

Ympyrä on geometrinen kuvio, joka sellaisenaan on tuttu kaikille. Koska se on muodoltaan täydellisen pyöreä eikä sen kehällä ole alkua eikä loppua, se on ennen muuta täydellisyyden ja kokonaisuuden symboli. Ympyrällä on paljon erityismerkityksiä. Se on muun muassa jatkuvan liikkeen, ajattomuuden ja tilattomuuden, mutta myös uudistumisen vertauskuva.

Pyörä, kuten elämänpyörä ja Fortunan pyörä, ovat ympyröitä, joiden kehällä, keskipisteellä ja sillä mitä on keskustan ympärillä, on erityistehtävä. Myös ruusussa ja lootuksessa, joilla molemmilla on paljon vertauskuvallisia merkityksiä, on nähty sama idea: niissä on kehälehtien ulkoreunan muodostama ympyrä, jonka sisällä on heteiden ja emien muodostama keskusta. On makuasia, pitääkö pyörää ja kukkaa ympyränä vai mandalana. Ehkä ne ovat mandaloita, koska ne eivät ole pelkkiä ympyröitä, vaan niillä on täyteinen sisusta.

Ne, jotka lapsena ovat leikkineet noita-akkaa, varmaan muistavat ympyrän, joka piirretään kepillä maahan. Kun noidaksi valittu sai juostua jonkun kiinni, tämä joutui ympyrän sisälle, noidan pataan. E. T. A. Hoffmannin pienoisromaanissa *Kultainen malja* noita-akka ympäröi patansa tulisella renkaalla. Vienalaisissa häissä puhemies eli patvaska piirsi morsiusparin ympärille kepillä suojaavan ympyrän ja loitsi suoja-aidan, joka vitsastellaan "maan maoilla" ja sidottiin "sikiliskoilla". Uus-henkisyyden liikkeen piirissä ihmisen on tietämän mukaan hyvä ajatella suojapiiri ympärilleen. Sama suojauksen idea – väkevistä taikasanoista riisuttuna – on pe-säpallopelissä, jossa pesä, eli maahan merkitty puoliympyrä tai ympyränsektori, on turvapaikka.

On myös ympyräkuvioita, joissa on useita samankeskisiä ympyröitä sisäkkäin. Kun heittää kiven veteen, syntyy ympyröitä, jotka loittonevat keskikohdasta ulos-päin. Esihistoriallisissa haudoissa on tällaisia ympyräkuvioita. Niiden otaksutaan viittaavan vainajien siirtymiseen kuoleman veteen. Samanlaista symboliikkaa on myös spiraalilla.

Mandala

Mandalaan kuuluu ympyrän kehä ja sen sisäpuolella oleva tila. Minulla ei ole kä-sitystä siitä, milloin opin tietämään, että on mandaloita. Ehkä Mona Leo oli siitä puhunut, hänhän oli syvällisesti perehtynyt eri uskontoihin ja niiden kuvastoon sekä C. G. Jungin psykologiaan ja symbolien tulkintaan. Mandala on mystinen ja herättää tunteen, että se on pyhä ja että on hyvä, jos saa olla sen sisällä. Raja ympyrän ja mandalan välillä ei aina ole selvä.

Mandala ei kuulu piirustusten aiheistoon. Tosin, jos annan tietoisuuteni vaikuttaa tekemisiini, voi syntyä mandaloita, mutta ne eivät siis ole spontaanin alitajuisia. Mutta melkein heti, kun olin oppinut siirtämään itseni muuntuneeseen tietoisuu-dentilaan, näkysilmäni alkoivat nähdä mandalan kaltaisia tiloja. Ne olivat vuori-jonojen ympäröimiä tasankoja, joiden keskellä istuin näkysilmilläni katselemassa. Vieraillessani Paratiisisaarella kohtasin mandalakäärmeitä. Ne olivat ouroborok-sia.

Mietiskellessäni Amitabha-buddhan Lännen puhtaan maan harjoitusta olen ke-hitellyt monikehäisiä mandaloita. Olen asetellut pyöreän kristallimaaperän ym-pärille mandalan kehiksi aiemmin visualisoimani laskevan auringon hehkun, ve-den ja jään, ja sitä mukaa kun harjoitus jatkuu myös timantti- ja jalokiviketjut ja komeat jalokivipuut. Kristallimaaperän olen harjoituksen edetessä muuttanut lootusjärveksi: se on siis mandalan sisäosa. Amitabhan palatsin pitäisi kaiketi olla keskellä, mutta visiossani se on enimmäkseen järven reunalla, ikään kuin buddha istuisi vastapäätä minua, joka olen juuri syntymässä puhtaaseen maahan lootuksen kukassa. Vaikka Puhtaan maan harjoitus noudattaa vakiintunutta muotoa, siinä jää omille mielikuville vapaata tilaa.

Tiibetiläisen opettajan Tarab Tulkun mandalaharjoitukset, jotka on tarkoitettu mieltä tasapainottavaksi psykoterapiaksi, ovat toisenlaisia ja melko kurinalaisia. Sen jälkeen, kun on keskitytty tuntemuksiin kehossa, mandala pannaan pyörimään oman energiakeskuksen eli chakran kohdalla ja kun se on pysähtynyt, tehdään kuva. Kurinalaisuudesta huolimatta mandala antoi tilaa omille visioille. Elämyksellisimpiä mandaloita ovat olleet ne, joissa näky on kuin sumun lävitse pehmeästi kuultavaa auringon valoa.

Ruusunkukka on mandala.

Ennen muuttoa Porvooseen 2005 minulla oli ruusutarha. Syvennyin kukkien katseluun. Minusta tuntui yhä selvemmin siltä, että ne vetivät minua puoleensa, kunnes tajusin, että ne ovat pyhiä mandaloita: keltaisena loistavan keskustan ympärillä on terälehtien kehä. Ruusujen katseleminen teki minut iloiseksi, toivottavasti myös aiempaa paremmaksi ihmiseksi. Ehkä muistelin Jungin näkemystä ruususta yhtenä länsimaisen kulttuurin mandalakuviona.

270

Taustaa

Mandala-sana on sanskritia ja tarkoittaa kehää, ympyrää, myös aurinkoa ja kuuta. Buddhalaisuudessa, ainakin tiibetinbuddhalaisuudessa jossa mandala on yleinen käsite, sana tarkoittaa eheyttä. Lisäksi siinä korostetaan keskuksesta ja ympäristöstä muodostuvaa kokonaisuutta. Mandala ei siis ole pelkkä ympyrä. Mandaloita ei juuri ole länsimaisen kulttuurin piirissä. Jos on, ne ovat tavallaan kätkössä.

Mandala-käsite on alkuaan hindulainen, mutta se omaksuttiin buddhalaisuuteen luultavasti viime vuosituhannen ensimmäisestä vuosisadasta lähtien. Tiibetissä se kuuluu tantraperinteeseen. Harjoituksissa edetään uloimman ympyrän kehän kautta keskukseen. Mandalan sisäpuolella on neliön muotoinen 'rakennus' ja siinä neljän ilmansuunnan mukaan sijaitsevat ulostyöntyvät 'erkkerit'. Keskikohta on tärkein. Mandala voi olla abstrakti mutta täynnä symboliikkaa. Mandalassa voidaan myös kuvata buddhamaailmojen olentoja. Minulla ei ole kokemuksia edellä kuvatun kaltaisista monivaiheisista harjoituksista, joiden aikana mandalaa rakennetaan ja ihmisen mieli hakeutuu kohti keskustaa, ydintä. Käsitykseni siitä on heiveröinen.

Mandala, erityisesti sen sisällä oleva neliö, on vaikuttanut arkkitehtuuriin. Mandala voi olla, paitsi kaksiulotteinen kuva, myös kolmiulotteinen rakennelma. Buddhalainen temppeli nelikulmaisine terasseineen ja niiden päällä olevine kulmikkaine "palatseineen" ja pyöreine kupoleineen on suuri kolmiulotteinen mandala.

Itävaltalainen psykologi ja psykiatri C. G. Jung huomasi potilaita hoitaessaan, että mandaloita nousi näiden tajuntaan ja että niiden piirtämistä voitiin käyttää apuna terapiassa. Hänen mukaansa mandala kuvastaa ihmisen tarvetta tuntea itsensä eheäksi. Jung ja Tarab Tulku mandalaterapioineen eivät liene kovinkaan kaukana toisistaan. Jung oli huomannut, että mandaloita esiintyi myös länsimaisen kulttuurin piirissä, jos niitä osasi katsoa. Hän piti mandalaa arkkityyppinä, alkukuvana, josta ihminen on sisimmässään tietoinen ilman että hän olisi sitä mistään oppinut. Näin on itseni kohdalla ilmeistä, sillä mandala on syvällä minussa.

Harmonian temppeli

1980-luvulla kynäni, mieleni jatke, keksi pohjaltaan pyöreän harmonian temppelin. Halusin kovasti päästä sinne ja tuntea itseni ehyeksi ja onnelliseksi, mutta se sijaitsi vaikean matkan päässä, usein vuoren laella. Se oli ympyrän muotoinen, kreikkalaistyylinen, keskustaa ympäröivine pylväineen. Katto oli kupoli, jonka huipulle kynäni asetti taivasta kohti kurkottavan lootuksen kukan.

Temppeliin liittyy syvällisiä ajatuksia. Erään kuvan yhteyteen olen kirjoittanut näin: "Ihmisen pitää pysähtyä miettimään mitä on todellinen onni, joka on vapautumista itsekkyydestä ja hyvyyden omaksumista. Sitten hän pääsee harmoniatemppeliin ja on ehyt." Kuvassa ovat Buddha lootuksenkukka kädessään ja ihminen, minä kaiketi, opastähti kämmenelläni. Harmonian temppeli oli kaunis unelma.

23.2.-87

Sen jälkeen, kun olin ruvennut näkemään visioita ja alitajuntani toimintapiiri oli muuttunut paperia laajemmaksi, pyörötemppeli kattolootuksineen sijaitsi taivaalla, siellä missä myös tähdet olivat. Siellä asui Jumalatar. Minulla oli suuri onni päästä hänen luokseen pylväiden sisäpuolelle kupolin alle. Minut vei sinne

272

veneellään Kuolema. Toisella kerralla ratsastin korkeuksiin valkoisella hevosella, mutta loppumatkan kuitenkin lensin suurilla mustilla siivilläni.

Taustaa

Temppeli on uskonnollista tarkoitusta palveleva rakennus. Lisäksi se on pyhän paikan vertauskuva ja merkitsee myös pyrkimystä luoda hengellinen tila arkiseen maailmaan. Monet temppelit on rakennettu maailmankaikkeuden kosmologisen mallin mukaan. Tämä näyttää pätevän niihin pyhiin rakennuksiin, joiden pohja on mandala, ympyrän muotoinen. Niitä kattaa kupoli, jonka voi ajatella vastaavan taivaankupua kaikkine tähtineen. Pyhätöt edustavat maailmankaikkeuden keski-kohtaan ajateltua keskiakselia, joka ulottuu maan pinnalta taivaan kuvun ylim-pään kohtaan, suomalais-ugrilaisittain Pohjantähteen. Siellä on aukko, josta on pääsy yliseen maailmaan. Uskottiin, että šamaani kykeni transsinsa aikana mene-mään sen kautta. Kupu on kuin nurin käännetty pata maailman yläpuolella.

Italiassa renessanssiaikana tehdyt kastekappelit ovat pyörötemppeleitä, mutta toisin kuin minun pyhätöissäni, niissä on kuitenkin ulkoseinät. Kaikkialla kristi-kunnan piirissä on rakennettu kirkkoja, joissa on kupoli. Kupoleita koristavat usein tähdet sinisellä taustalla. Hyvin usein niihin on sijoitettu kristillisiä aiheita. Islamilaisissa moskeijoissa on upeita värillisillä kaakeleilla koristeltuja kupoleita. On myös maallisia kupolilla varustettuja julkisia rakennuksia, kuten Helsingin yli-opiston kirjasto (Kansalliskirjasto), jonka kupoli on koristettu tyylitellyillä ruu-suilla, ruusukkeilla. Katossa olevat ruusut, ja myös ruusukkeet, viittaavat aina tai-vaan kirkkauteen.

Spiraali

Kun olen antanut kynän vapaasti piirtää kasvinlehtiä, se on tehnyt spiraalimaista viivaa; piilotajuntani suosii kaartuvia viivoja ja niiden piirtäminen sujuu luonte-vasti. Mieleni on toisinaan pitänyt niitä käärmeen alkuna. Joskus ne tuntuivat vas-tenmielisiltä, sillä en aina ole ollut halukas ikuistamaan matelijoita. Spiraaleja piir-täessäni en ajattele matelijoita, ellei mieleni käske tehdä käärmeen kuvaa. Vielä lähes suoriksi avautumattomat saniaisenlehdet ovat spiraaleja – ja ovat tuoneet mieleen käärmeen.

Kysyessäni kuvantekoharrastukseni alkuaikaan automaattikirjoituksella itseltäni, mitä spiraali tarkoittaa, sain vastaukseksi: spiraali on "luomisvoiman energiaspiraali". Se kuulosti hienolta ja sangen syvälliseltä. Selitys miellyttää minua kovasti vielä 2010-luvullakin. Varmaan siitä on tajunnassani tullut eräänlainen jatkuvuuden vertauskuva.

Varsinkin ulospäin aukeavan spiraalin piirtäminen, käden jatkuva pyörteilevä liike, on sekä fyysisesti että psyykkisesti miellyttävää, ulospäin aukeavaa. Kun kuviota piirtää avoimesta, nyt alkupäästä ja kynä etenee sisäänpäin ja lopulta päätyy keskustan pisteeseen, ei koe samanlaista tunnetta, vaan silkkaa sisäänpäin vetäytymistä. Monesti käy niin, että spiraalini syntyy epäonnistuneesta ympyrästä, kun viivan päät eivät kohtaa toisiaan.

Silloin kun muuntuneeseen tietoisuudentilaan vaivuttuani tein kerta toisensa jälkeen Tarab Tulkun mandalaharjoitusta, kävi niin, että visualisoimani hahmon pään ympärillä koristeena olevat silkkinauhat alkoivat tuulenvireessä kevyesti kiemurrella, kunnes piilotajuntani muutti ne käärmeiksi. Ei ollut mukavaa. Spiraali eli kiemura tai serpentiini oli mieleni mielestä käärme. Kerta kerralta harjoitusta tehdessäni käärmemielikuva vahvistui. Vahvistiko tämä muuttuva näkyjen sarja pyrkimystäni oppia suhtautumaan luottavaisesti käärmeeseen? Varmaan se kuitenkin oli yhteydessä traumaani ja fobiaani.

Meditaationäyt ovat 2010-luvun kuluessa hiljalleen jääneet pois elämästäni. Sen sijaan automaattista piirtämistä en ole lopettanut. Siinä ei mennä yhtä syvälle tajunnan tasolle kuin meditatiivisessa tilassa jossa "näkysilmien" eteen ilmaantuu visioita. Kun annan käteni pitelemän kynän vapaasti piirtää, se usein aloittaa spiraalimaisella viivalla, kuin se miettisi mitä sen pitäisi piirtää. Minulla ei silloin vielä tavallaan ole yhteyttä

274

kynään. Toisinaan kaareva aloitusviiva tuntuisi olevan käärmekuvan alku. Mutta katsoessani viivaa uudemman kerran se saattaakin näyttää siiven kaarelta tai ihmisen kaltaisen olennon päälaelta ja toiselta poskelta.

Taustaa

Kun matelija kulkee eteenpäin, sen vartalo liikkuu pyöreästi kaarrellen puolelta toiselle serpentiinin tapaan. Serpentiini-sanan pohjana onkin latinan käärmettä tarkoittava 'serpens'. Serpentiini ei myyteissä kuitenkaan ole läheskään yhtä merkityksellinen kuin spiraali. Sana juontuu keskiajan latinan spirale-sanasta, tämä puolestaan kreikkalaisperäisestä sanasta spira 'rengas, kierre'. Tässä yhteydessä voitaneen mainita myös kivikauteen ajoitetuissa kalliomaalauksissa tavattavat siksakviivat, jotka on tulkittu käärmeiksi. Koska ne melko usein esiintyvät šamaanihahmojen lähellä samalla kuvakentällä, ne eivät esittäne tavallisia käärmeitä vaan noidan apueläimiä, joita hän tarvitsee matkallaan aliseen maailmaan. Niiden on myös arveltu olevan kuvioita, joita muuntuneeseen tajunnantilaan vaipuessa voi ilmaantua näkyviin.

Näillä kolmella kuviolla näyttää todella olevan yhteys käärmeeseen, sen herättämään mielikuvaan, mutta ne ovat paljon muutakin. Merkittävin niistä on spiraali. Kaarevan muotonsa vuoksi spiraali on mielestäni sukua myös ympyrälle, vaikka se ei muodostakaan suljettua viivaa vaan jatkuu avoimina renkaina alkupisteen ympäri. On makuasia, pitääkö sitä ympyrän lajina. Sen mukaan, suuntautuuko spiraali ulos- vai sisäänpäin, sillä voi olla uskonnollinen tai psykologinen merkitys. Spiraali voi myös olla, usein onkin, löyhästi ylös kohoava kaareva viiva.

Spiraali on dynaaminen kuvio. Symbolina se edustaa energiaa. Kädessä oleva kynä saattaa spontaanisti ruveta piirtämään spiraalia. Se vie mukanaan! Spiraalin symbolimerkitykset eivät ole yksinkertaisen selkeitä tai vieterimäisesti kiertyvää kuviota ei osata tulkita, vaikka se on erittäin yleinen. Kirjallisuudessa todetaan vain, että spiraali on ikivanha ja että se tunnetaan laajalti eri puolilla maailmaa.

Spiraali on monen arkisen esineen, kuten vieterin, tarkoituksenmukainen muoto. Se tavataan usein luonnossa: kissa ja koira nukkuvat kerälle kiertyneinä. Ylöspäin kohoava muoto saattaa muodostaa spiraalin, kuten kotilon kuori tai rento pitkäksi venähtävä kasvi, joka tuen varassa kiertyen kurkottaa korkeuksiin; sanaisen spiraalin kaltaiset nuoret lehdet, jotka kasvaessaan vähitellen oikenevat suoriksi; tuuli saattaa pöllyttää hiekkaa pyörteillen tai vuolaasti virtaavassa purossa voi syntyä vesipyörteitä. Todella suuria spiraaleita esiintyy pyörremyrskyissä.

Käärmeet voivat kiertyä tuen ympäri. Kreikassa sellainen näyttää eläneen; taruston matelijoita ovat sauvaa pitkin kiipeilevä Asklepioksen käärme ja viestinviejä Merkuriuksen sauvan kaksi käärmettä. Käärme, jota ei aistein voi nähdä, on joogan kundalini, joka nukkuu ihmisen vartalon alimmassa chakrassa sukupuolielimen kohdalla. Henkisellä harjoituksella se voidaan herättää, jolloin se nousee selkärangan vieressä olevaa energiakanavaa pitkin päälaella olevaan energiakeskukseen, mikä merkitsee tietoisuuden korkeinta astetta.

Spiraalille on ominaista ylöspäin ja ulospäin suuntautuva liike, mutta se voi suuntautua myös sisäänpäin. Jos jossakin kuvassa tai vaikka kivipaadessa näkee spiraalikuvion, siitä ei voi päätellä viivan suuntaa. Joka tapauksessa sitä pidetään luovan energian vertauskuvana, mikä tarkoittaa samaa asiaa kuin luomisvoiman energiaspiraali. Piirtäminen on aina dynaaminen tapahtuma.

Spiraaleja esiintyy tuhansia vuosia sitten tehdyissä monumentaalisissa hautarakennelmissa, ainakin Irlannissa ja Maltalla, joten ne viittaavat mitä ilmeisimmin tuonpuoleiseen. Biedermann arvelee, että veden liike kohti pyörteen keskustaa on vienyt ajatuksen "kuoleman veteen".

J. C. Cooper kertoo maorien pitävän spiraalia miehisenä ja peniksen vertauskuvana, joten sillä on yhteys hedelmällisyyteen. Ajatus ei liene yllättävä, koska ihmisellä on hyvä mielikuvitus ja seksi kiinnostaa. Muualla päin maailmaa on päätään koholla pitävä käärme herättänyt samantapaisia mielikuvia, varsinkin kun sitä on uskomuksissa pidetty jumalattaren seuralaisena ja – freudilaisittain – naisen seksuaalisuuden vertauskuvana.

Spiraalin yhteyteen kuuluvat myös jatulintarhat, joita on Suomessakin sommiteltu kivistä laakeille kallioille. Niiden merkityksestä voidaan esittää vain arvailuja. Ne saattavat olla yhteydessä hedelmällisyyden palvontaan. Niitä on myös maalattu joidenkin keskiaikaisten kirkkojen seiniin. Jatulintarha on myös labyrintti; sen sisälle tulee yrittää mennä ja päästä sieltä pois. Samaa ideaa on jatulintarhassa. Ja onhan myös spiraali eräänlainen labyrintti.

Kukkia, puita ja eläimiä

Pidän kukista. Ruusu on niistä ehkä tärkein, sillä se on todellinen mutta samalla mielen sisäinen, voisi ehkä sanoa: idea kukasta, jolla on sielu. Mitä sielulla sitten tarkoitetaankin. Toisaalla olen maininnut ruusufilosofiani. Ruusu on valokukka ja sydämen kukka, hyvyyden ja rakkauden vertauskuva. Olen meditaatiossa nähnyt ruusuja. Harvemmin olen piirtänyt niitä, mikä johtuu ainakin osittain siitä, etten osa kunnolla piirtää ruusua ja tietoisuuden jossain määrin ohjaama piilotajuntani tietää sen.

Piilotajuntani pitää hyvin paljon lootuksesta, joka säteilee ympärilleen valoa. Mieleni on pitänyt lootuksia tärkeinä siitä saakka kun käteni alkoi automaattisesti piirtää kuvia, kauan ennen kuin minulla oli edes hämärä mielikuva hindulaisuudesta ja buddhalaisuudesta kaikkine lootuksineen, saati että olisin ymmärtänyt miten suuri merkitys niillä oli oleva minulle. lootuksien kuvat olivat 1980-luvulla melko yleisiä henkisen kasvun liikkeen kuvastossa. En osaa sanoa, miten syvälle lootuksen kuvat ovat mieleeni juurtuneet. Pidän niitä ruusujen tavoin sydämen valokukkana. lootukset ja niiden valo vakiintuivat kuvastooni, sekä paperille että näkysilmieni eteen, hyvin luontevasti kuin ne olisivat olleet entisestään tuttuja. lootuksen vastaanottamisen helppouteen varmaan liittyy se, että olin kesästä 1984 lähtien melko kauan psyykkisesti herkässä tilassa. lootuksen kukat olivat varmaan lohtukukkia.

Olen ikuistanut moniin kuviin Buddhan ja muita hahmoja – myös itseni – istumassa lootuksen päällä. Tätä on tapahtunut istuuduttuani tyynylle mietiskelemään. Se, että joku istuu kukan päällä tai sisällä tai jopa syntyy kukasta, on aihe joka miellyttää minua tavattomasti.

On vielä yksi kukka, jolla on pitkä historia kuvissani. Se on sininen kellokukka, kaipauksen kukka, joka kurkottaa kohti sitä, mitä kuvan henkilö ikävöi. Kukka on avoinna ylöspäin, toisin kuin todelliset kellokukat. Olen viime aikoina pannut sen loistamaan valoa, mikä lienee virhe, sillä kaipaus ei ruusun ja lootuksen valon tavoin ehkä ole pyhää. Toisaalta, onhan se omana symbolikukkanani pyhä. Mielikuvaan on varmaan vaikuttanut kuvaamani kukan torvimainen kapea muoto, jonka pohjus ei hevin paljastu. Kaipaajan tunne on siellä piilossa sydämen syvyydessä, josta se nousee kaipuun kohteen luo. Sen esikuva on ilmiselvästi ollut saksalaisen romantikkokirjailijan Novaliksen "kaipauksen sininen kukka", josta tuli 1700-luvun henkeen sopiva symboli. Se on jäänyt elämään myös minun sinisenä kukkanani.

Eläimistä linnut ja käärmeet ovat olleet tekemieni kuvien ja näkemieni visioiden vakituisia aiheita. Linnut ovat hyviä, tavalla jota en osaa tarkemmin selittää. Käärmeet taas ovat kauhistuttavia. Muilla eläimillä on kuvastossani ollut melko vähäi-

nen tehtävä. Alkuaikoina syntyi kuvia kultasarvisesta peurasta, sieluelaimestäni, joka ilmaantui luokseni kaikkein ensimmäisissä piirustusyritelmissäni. Oli suorastaan maagista, kun se ilmestyi paperille. Seikkaillessani näkymatkalla Saharassa sain turvakseni leijonan, joka aluksi kulki rinnallani näkymättömänä.

Eläimistööni kuuluu lisäksi Hyvin Herkkä Eläin, jolla on kultainen rakastava sydän. Se on ulkonäöstään päätellen pitkähäntäinen ja suurikorvainen hiirulainen. Sen esikuvana on tyttäreni Rainin yrttiteesekoitukseensa piirtämä etiketti: "hyvin herkän eläimen teetä".

Taustaa

Kasvien ja eläinten myyttisyys, niiden uskomuksellinen ja tarina-aines, vaihtelee sen mukaan mitä missäkin kasvaa ja mitä eläimiä missäkin elää ja millaiset luonnonolot missäkin ovat.

Monien myytti- ja symbolimerkitys ulottuu kauas menneisyyteen ja ne ovat yleensä syvällisiä. Niiden synnystä kerrotaan taruja, myös esimerkiksi ihmisen ja jonkin eläinlajin yhteenkuulumisesta. Ne ovat toteemieläimiä, kuten karhu ja antilooppi. Yhtä erottamaton suhde ihmisyhteisöllä voi olla viljelykasviin, joka antaa pääasiallisen osan jokapäiväisestä ravinnosta. Tällaisia kasveja ovat ruis, vehnä, maissi, riisi, taateli ja oliivi. Monille kukille on annettu symbolimerkityksiä tai niistä on tullut osa myyttiä ja omistettu jollekin jumaluudelle tai vähäpätöisemmälle olennolle, vaikka jollekin ihmiselle.

Siellä, missä jumalattaret ja nymfit käyskentelevät, on kukkia. Lisäksi on erityisiä kukkien suojelijajumaluuksia, kuten roomalainen Flora. Väli-Amerikan kansojen Xochiquetzal oli kukinnan ja hedelmällisyyden jumalatar. Tiibetinbuddhalaisuudessa kunnioitetaan Tara-bodhisattvaa, jonka yhden ilmenemismuodon erityistehtävänä on pitää huolta kukista. Euroopassa taiteilijat aikoinaan maalasivat memento mori ('muista kuolevasi') -aiheisia teoksia, joissa kuihtuneet kukat esimerkiksi pääkallojen kanssa muistuttivat katsojia elämän katoavuudesta.

On tuskin yhtään kukkaa, joka ei olisi sopinut Neitsyt Marian kukaksi. Merkitys syntyi sen perusteella, millainen on kasvin muoto, väri, tuoksu ja muut ominaisuudet sekä millaisen assosioivan vaikutelman siitä saa. Suomessa tällaisia kasveja ovat "Neitsyt Marian sänkyheinä" eli hyväntuoksuiset heinät kuten tuoksumatara (tai keltamatara) ja niittymaarianheinä. Jos kukka herättää ajatuksia ja tunteita, merkitykset ovat usein uskonnollisia, mutta eivät nykyisin suinkaan aina.

Eniten huomiota annan ruusulle ja lootukselle, jotka ovat omassa mytologiassani saaneet tärkeän aseman. Ruusu ja lootus eivät ole ainoastaan minulle tärkeitä, vaan myös yleisesti ajatellen kaikkein monimerkityksisimpiä.

Länsimaisen kulttuurin piirissä tuskin millään toisella kukalla on yhtä paljon vertauskuvallisia merkityksiä kuin ruusulla, siis *Rosaceae*-heimon *Rosa*-suvun lajeilla ja lajikkeilla; tämä käy selville symbolikirjoista. Kukan kauneus, värit ja tuoksu – myös piikit – ovat tuottaneet liudan vertauskuvallisia merkityksiä.

Ruusuista kerrotaan paljon tarinoita. Vaikea sanoa, missä määrin niihin on uskottu. Yksi liittyy kauneuden ja rakkauden jumalattareen Afroditeen (roomalaisten Venukseen). Kun hän syntyi meren vaahdosta, syntyivät myös valkoiset ruusut, jotka ympäröivät hänet kuin verhoten, sillä syntyessään hän oli alaston. Simpukan kuorella seisten jumalatar matkasi Kytheran saarelle ja astui maihin. Välimerellä on muitakin saaria, joihin hänen uskottiin saapuneen. Yksi näistä on Kyproksella Pafoksen luona oleva ranta.

Kirkko omisti erityisesti puhtaan valkoiset ja vaaleanpunaiset ruusut Neitsyt Marialle. Kirkkaanpunaiset lienee mielletty syntistä hekumaa edustavan Venuksen kukiksi. Dante runoilee *Paratiisissa* Neitsyt Mariasta istumassa valkoisen ruusun sisällä taivaan kirkkaudessa. Mielikuva (rosa mystica) ei enää ollut pelkkä symboli, vaan siitä oli tullut uskonnollista mystiikkaa, joka vaikutti myös kirkkoarkkitehtuuriin: suuret katedraalit värillisestä lasista sommiteltuine pyöreine loisteliaine ruusuikkunoineen oli omistettu Neitsyt Marialle.

Lisää ruususymboliikkaa: Ruusutarhalla on toisinaan ravintolan tai kievarin nimenä tarkoitettu porttolaa, jossa ruusut olivat prostituoituja. Ritarien taistelussa saamia haavoja saatettiin nimittää ruusuiksi ja sotatannerta ruusutarhaksi. Se, että kansainvälisen työväenliikkeen tunnukseksi useassa maassa otettiin 1800-luvun lopulla kirkkaanpunainen ruusu, perustunee ajatukseen taistelusta ja uhrautumisesta, jotta yhteiskunta saadaan muutettua köyhälistölle paremmaksi, rakastavammaksi. Onhan etenkin punainen ruusu rakkauden vertauskuva.

Islamilaisessa maailmassa ruusut ovat varhaisista ajoista saakka olleet suosittuja ja niillä on myönteinen symbolimerkitys. Niitä viljellään puutarhoissa ja suotuisilla seuduilla niitä kasvaa vuorten rinteillä. Niiden tuoksuvista terälehdistä tislataan ruusuöljyä ja ruusuvettä, jolla lienee perimmiltään uskonnollinen puhdistava merkitys, joskin sillä voidaan maustaa myös ruokaa.

Persia, nykyinen Iran, oli ja lienee yhä erityisen kuuluisa puutarhoistaan ja niissä kasvavista ihanasti tuoksuvista kauniista ruusuista. Paljon meitä ennen eläneet runoilijat, kuten Omar Khaijam ja Hafez, kirjoittivat ruusuista ja muista kukista. Kuten ruusun ja satakielen rakkaudesta kertovassa runossa, aihe oli pohjimmiltaan uskonnollinen, mystinen: ruusu on Jumala ja ruusuun rakastunut satakieli ihminen. Painautuessaan ruusua vasten lintu saa surmansa piikeissä ja ihminen antautuu Jumalalle. Hän tulee yhdeksi Jumalan kanssa.

Lootus kasvaa mudassa veden pohjalla, josta se kauniina kohoaa veden pinnan yläpuolelle. Se symboloi sielua, joka vapautuu aineen kaaoksesta kohti valaistunutta kirkkautta. Lootus on pyhä kukka hindulaisuudessa ja buddhalaisuudessa. Pyhä se oli myös muinaisessa Egyptissä ja Assyriassa. Egyptin lootukset kuuluvat lummekasveihin. Niitä oli kahta lajia, valkokukkainen *Nymphaea lotus* ja sinikukkainen *N. coerulea*. Intian lootus, padma (*Nelumbium nelumbo, Nelumbo nucifera*) kuuluu eri heimoon. Intiassa kasvaa myös lumpeiden (*Nymphaea*) sukuun kuuluvia kasveja.

Egyptin taiteessa, hautojen seinämaalauksissa ja papyrukselle tehdyissä kuvissa, on kuvattu kasvavia kukkivia lootuksia sekä ihmisiä ja jumalia, jotka näyttävät haistelevan kädessään pitämiään lootuksenkukkia. lootuksessa on psykoaktiivista alkaloidia, apomorfiinia, joka aiheuttaa hyvänolon tunteen. Ehkä sen takia lootus oli pyhä. Pyhyyttä lisäsi se, että lootus avaa kukkansa aamunkoitteessa ja sulkee ne hämärän aikaan. Se siis noudatti auringon ja auringonjumalan päivärytmiä. Etenkin sinistä lootusta pidettiin jälleensyntymän vertauskuvana. Se lienee poimittu sukupuuttoon. Tyylitellyillä lootuksenkukilla on koristettu rakennusten pylväiden kapiteeleja.

Hindulaisuudessa lootus yhdistetään erityisesti Lakšmiin, kaikessa ja kaikkialla läsnä olevan Višnun puolisoon. Hän on äiti, kauneuden ja rakkauden jumalatar. Hänet kuvataan lootuksen päällä lootuksen kukka kädessään. Erään tarinan mukaan Lakšmi syntyi Afroditen tavoin meren vaahdosta, toisen myytin mukaan hän ajelehti maailman luomisen aikaan lootuksen kukan päällä meressä. Hän ei ole ainoa jumaluus, johon lootus Intiassa yhdistetään.

Buddhalaisuus sai alkunsa hindulaisuuden sisällä Pohjois-Intiassa, joten ei ole outoa, että siinä on piirteitä muista Intian uskonnoista. Niinpä Buddha ja myös muut pyhät hahmot on tavattu esittää lootuksen päällä istumassa. Joillakin on kädessään lootuksen kukka. Tiibetiä eteläisimmissä buddhalaisissa maissa lootus on kuvissa lootuksen näköinen, joskin joskus hieman liioitellun leveä, jotta se paremmin soveltuisi jalat ristissä istuvan hahmon istuimeksi. Sen sijaan Himalajan vuoriston takana sijaitsevassa Tiibetissä ei lootus kasva, joten uskonnollisen taiteen tekijät ovat joutuneet kuvittelemaan kasvin ulkomuodon. Kukan malliksi on valittu pioni. Istuimissa "lootusten" terälehdet ovat pionin terälehtiä ja maalauksissa on usein myös pionin lehtiä. Tiibetissä kuitenkin tiedettiin, että lootus on vesikasvi, joten "pionilootukset" on tarvittaessa maalattu kasvamaan lammikossa.

Minua viehättää ajatus siitä, että joku syntyy kukan sisällä. Nimitän näin syntyneitä olentoja kukkasyntyisiksi. H. C. Andersenin *Peukaloinen*-sadun pikkuruinen tyttö on tällainen, kuvista päätellen jotkut keijukaiset niin ikään. Brittein saarilla heitä ilmeisesti on erityisen paljon. Keijut näyttävät muutenkin viihtyvän siellä missä on kukkia. Koska he ovat pieniä ja hentoja, he voivat istuskella lumpeiden päällä ja lennellä kukissa. Else Beskowin klassikkokuvakirjoissa, jotka olivat ikäpolveni suosikkeja, on ihastuttavaa kukkaiskansaa inhimillisine ominaisuuksineen. Ihan varmasti he ovat kukkasyntyisiä.

Sanotaan, että kukasta syntymällä ovat saaneet alkunsa jotkut jumalat. Erään egyptiläisen myytin mukaan alkumerestä kohoavalla kukkulalla kasvoi lootus, jonka lehtien avautuessa esiin tuli nuori luojajumalatar Nefertem. Lapsi-Horus istuu lootuksessa peukaloa imemässä. Luojajumala Brahma syntyi lootuksen sisältä: kukka kohosi meressä monikaulaisen käärmeen päällä lepäävän Višnun navasta. Tiibetinbuddhalaisen myytin mukaan suuresti kunnioitettu Padmasambhava syntyi lootuksen kukasta. Hän oli todellinen henkilö, joka saapui 700-luvulla Intiasta Tiibetiin opettamaan buddhalaisuutta. Tekemällä Amitabha-buddhan Puhtaan maan harjoituksen kuka hyvänsä Amitabhaa rukoillut ja häneen uskova syntyy lootuksen kukassa Lännen puhtaan maan paratiisillisen miellyttävään olotilaan. Siellä on valtavat lootusjärvet.

Eläinten mytologian selvittelyn jätän vähälle, vaikka monilla eläimillä on maailman uskonnoissa, taruissa, saduissa ja tarinoissa oma suuri roolinsa. Monet niistä ovat antaneet aiheen vertauskuvalle. Leijona on väkevä, kettu ovela, muurahainen ja mehiläinen ahkera, ja niin edelleen. Joidenkin eläinten, jumalien ja ihmisten välillä on uskottu olleen mystinen yhteys. Eläinten mytologiassa tärkeimpiä lienevät lintu ja käärme. Niihin olen saanut piilotajuisen yhteyden. Näiden lisäksi laajemman esittelyn ansaitsisivat tunnesyistä karhu ja hirven sukuinen peura, vaikka piilotajuntani on jättänyt ne vähälle huomiolle. Nalle oli koko lapsuuteni ajan rakkain leluni ja paras ystäväni (s. 14).

Paratiisi ja maailmanvuori

Automaattisesti liikkuvat kynäni eivät ole pyöräyttäneet paperille kuvia paratiisista, vaikka sen kaltaiset onnen tyyssijat muutoin ovat mieleni mielipaikkoja. Ehkä kuvien tekoon usein liittyvä onnen tuntu sentään on paratiisillinen.

Kun 1990-luvun alussa sain oman puutarhan, halusin tehdä siitä maallisen paratiisin. Rakastan kukkia. Näkymatkojen aikana olen vieraillut Etelämeren saarella, joka näyttää maalliselta paratiisilta. Minua tosin häiritsi se, ettei saarella ei kaikki kuitenkaan ollut täydellisen hyvää. Paratiisissa on usein käärme, arvellaan. Niin myös saarella, jolle olin saapunut. Jouduin tutustumaan käärmeisiin ja paratiisisaari muuttui koettelemusten saareksi. Ne edustavat pelkoa, joka minun oli uskallettava kohdata. Minun oli ruvettava suhtautumaan matelijoihin neutraalisti.

Paratiisisaaren kokemukseni tapahtuivat vuoren sisällä. Meditoidessani on mieleni sommitellut ympärilleni vuoriketjuista laajalle ulottuvan mandalan. Sen sisäpuolella, jossa siis meditoin, nähdäkseni jokin vuoristoylänkö. Vuorten keskellä istuessani olen tuntenut olevani eräänlaisessa hyvän mielen paratiisissa.

Maailmaa ei olisi olemassa ilman vettä. Maa ei vihannoisi ja jano piinaisi luontokappaleita. Ei olisi paratiisiakaan ilman merta ja jokia eivätkä vainajat pääsisi pois elävien luota, ellei olisi vesiä, jotka tulee ylittää.

Maailmassa ajatellaan olevan kolme kerrosta. Niissä oleminen ja liikkuminen ei ole tuottanut minulle vaikeuksia. Kaikki on ollut itsestään selvää, etenkin meditaation aikana, kun olen antautunut kuvittelun vietäväksi. Näkymaailmassa ei ole rajoja. Sen sijaan piirtäessäni säilyy lähes poikkeuksetta yhteys maahan, eivätkä kuvaamani olennot lintuja lukuun ottamatta juuri nouse sen pinnalta korkeuksiin eivätkä laskeudu sen alla olevaan maailmaan.

Muuntuneessa tietoisuudentilassa olen noussut (myyttiselle) vuorelle, en kuitenkaan aivan maailmanvuorelle. Olen tummavetisen kaivon kautta laskeutunut mustia rautatikkaita pitkin vuoren sisällä olevaan luolaan, temppeliin jossa on Jumalatar, lootuksia ja käärmeitä. Sieltä, tietoisuuden aliselta tasolta, olen noussut lasitikkaita pitkin vuoren laella olevan aukon kautta kirkkauteen, mieleni sisäiseen valoon, jossa minua oli odottanut iso valkoinen lintu kantaakseen minut pois. Olen lentänyt siivillä ja ilman siipiä, myös lentävällä matolla.

Mielikuvituksella ei ole rajoja. Se kyllä tietää, että maailmankaikkeus on kerroksellinen.

Olen seissyt Tuonelan joen rannalla, elävien puolella. Olen yhdessä Kuoleman kanssa purjehtinut hänen aurinkolaivallaan halki myrskyävän elämän meren kohti auringonlaskun maata, tai sitten hänen veneensä on kuljettanut minua korkealla taivaan tyynellä merellä. Olen istunut suunnattoman korkealla jakkaralla tähtitarhoissa, galaksit käsien ulottuvilla, avaruuden kauneus ympärilläni; erottavaa estettä ei ole ollut.

Taustaa

Maailmankaikkeutta voidaan kuvata sekä vertikaalisesti että horisontaalisesti, toisin sanoen pystysuorana rakennelmana läpileikkauksen tapaan tai kaksiulotteisena vaakasuorana karttana.

Paratiisi ja maailmanvuori sijaitsevat myyttisen maailman kartalla. Ne voi löytää myös todelliselta kartalta, joskaan ei täsmälleen samalta kohdalta kuin taruissa eli maailman keskikohdalta. Myyteissä korostetaan maailman keskikohtaa. Keskellä olevasta lähteestä saavat alkunsa neljään suuntaan virtaavat neljä jokea. Siinä kasvaa maailmanpuu eli elämänpuu. Keskellä voi myös taivaan korkeuteen yltävä maailmanvuori. Tällaiset mielikuvat ovat yleismaailmallisia. Samankaltaisia ajatuksia ja haaveita tavataan monin paikoin, mutta niistä ei saa muodostettua tarkkaa kuvaa, koska tiedot ovat sattumanvaraisia.

Hyvin usein on ajateltu, että taivaankansi lepää maailmanakselin (axis mundi) varassa maailman keskipisteen kohdalla. Se voi olla, kuten suomensukuisilla kansoilla sammas eli pylväs, iso puu (maailmanpuu tai sen variantti elämänpuu) tai korkea vuori (maailmanvuori). Pohjoisella pallonpuoliskolla akseli on Pohjantähden eli Pohjannaulan tai Pohjantapin kohdalla, jonka ympäri taivaan kupu kiertää. Maailman keskikohta voi myös olla saari, tai sen merkkinä voi olla kaivo, lähde siis.

Maailmanpuu 1800-luvun kirjan kuvassa

Raamatussa olevan luomiskertomuksen mukaan Jumala eli juutalaisten Jahve, "suuri puutarhuri", istutti Eedenin puutarhan, jota nimitetään Paratiisiksi. Siellä oli hedelmäpuita sekä lähde, josta saivat alkunsa paratiisin ulkopuolella neljäksi haaroittuvat joet. Paratiisin ajateltiin sijaitsevan maailmankaikkeuden keskikohdassa eli Jerusalemissa. Toisaalta mainitut joet sijaitsevat Kaksoisvirranmaassa.

Mooseksen 1. kirja perustuu tiettävästi perimätietoon. Lopullisen muotonsa se lienee saanut suunnilleen vuoteen 440 eaa. mennessä, liki sata vuotta sen jälkeen, kun Persia oli valloittanut Babylonian ja vapauttanut juutalaiset pakkosiirtolaisuudesta, niin että nämä pääsivät palaamaan kotiseudulleen. Myytin sepittäjillä on ollut omaan aistihavaintoonsa perustuva selkeä käsitys Eufratin ja Tigrisin hedelmällisissä laaksoissa olevista puutarhoista. Kahta muuta Raamatussa mainittua jokea ei nykyisistä kartoista löydy. Ne lienevät hävinneet maan vesiolojen muuttuessa.

Luomiskertomuksessa kuvailtu vehmas tienoo sopii hyvin ihanteellisen hyviksi ajateltujen ihmisten ja muun luomakunnan asuinpaikaksi. Se sijaitsi ehkä keitaalla tai se oli kokonainen keidas, jota ympäröi karu aavikko.

Persialaisessa puutarhassa on vesiallas ja sen kohdalla toisensa risteävät vesikanavat. Kanavien välisiin maalohkoihin on istutettu puita, usein hedelmäpuita ja koristekasveja, kuten ruusuja. Puutarhasta kehittyi sittemmin islamilaisille maille tyypillinen tyyli, jonka kauniita esimerkkejä voidaan ihailla niin

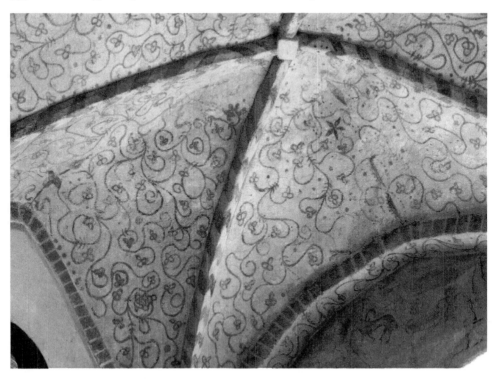

Paratiisin kukkaköynnöksiä Pernajan kirkossa

maurilaisaikaisessa Espanjassa kuin Iranissa sekä islamin omaksuneessa Pohjois-Intiassa. Myös persialaisissa matoissa kukkivat paratiisilliset aiheet vesialtaineen ja kanavineen, joskin kukka- ja muut kasviaiheet taitavat olla tavallisempia. Idea miellyttävästä oleskelupaikasta puun varjossa veden äärellä omaksuttiin myös eurooppalaisiin puutarhoihin.

Toisenlainen mielikuva on mahtava, taivaaseen yltävä maailmanvuori. Maailman-kaikkeuden myyttisellä kartalla paratiisi ja vuori voivat sijaita lähellä toisiaan, vaikka ovat toisistaan erillisiä uskomusten aiheita. Muun muassa muinaispersia-laisista, buddhalaisista, assamilaisesta ja mordvalaisesta perinteestä tunnetaan taruja, joiden mukaan elämänpuu kasvaa maailmanvuoren huipulla ja vuoren juurella on lähde.

Parhaiten tunnettaneen varhaisen hindulaisuuden ja buddhalaisen mytologian ajatus maailmanvuoresta, joka sijaitsee Himalajalla ja jonka nimi on Meru. Se jopa näkyy todellisella kartalla, joskin erinimisenä: Kailaš kohoaa liki 7000 metrin korkeuteen. Siitä etelään on järvi, josta hindut käyttävät nimeä Manasarovan. Kailašvuori on tiibetiläisille pyhä, pyhiinvaellusten kohde. Vuoren eteläpuolella "maailman keskipisteessä" olevan samaisen pyhän järven buddhalaiset tuntevat nimellä Anavatapta.

Täällä on Intian neljän suuren eri ilmansuuntiin virtaavan joen todellinen ja myyttinen alkulähde. Järvestä lähtevät Brahmaputra, Gangesiin yhtyvä Karnati ja Suttej. Indusin alkulähde on Kailaš-illa ja se virtaa aluksi pohjoiseen. Satelliittikuvan mukaan järviä on

Bhutanilainen 1800-luvun thanka, joka esittää Merua ja buddhalaista maailman-kaikkeutta

oikeastaan kaksi, mutta toisella ei taida olla myyttistä merkitystä. Himalaja on suurelta osin pelkkää kivikkoa, joten siellä tuskin kasvaa mitään. Mutta kun joet saavuttavat lämpimän Intian niemimaan, todentuu myyttinen paratiisi Jambudvipa, Ruusuomenasaari, jossa kasvaa ruusulle tuoksuvia ruusuomenapuita. (Niitä on kahta lajia, *Syzygillium jambos* ja *Dillumia indice*). On myös buddhalainen tarina Anavatapta-järveä ympäröivästä viidestä vuorijonosta, joista yksi on Gandhamadana eli "Huumaava tuoksu". Se kuuluu olevan ihanaa, suorastaan paratiisillista seutua. Siellä kasvaa puu, joka tuoksuu erityisen hyvälle. Tarussa myös Merun (eli Kailašin) huipulla kasvaa puu.

Buddhalaisen myytin mukaan jokien väliset maalohkot vastaavat Merua ympäröiviä mantereita, jotka sijaitsevat neljän ilmansuunnan mukaisesti Merun ympärillä. Vuori ja sen ympärillä olevat "mantereet" ovat tavallinen aihe tiibetinbuddhalaisessa taiteessa. Niitä kuvataan kankaalle tehdyissä thangka-maalauksissa sekä rituaalien yhteydessä toteutettavissa hiekkamaalauksissa. "Mantereet" ovat

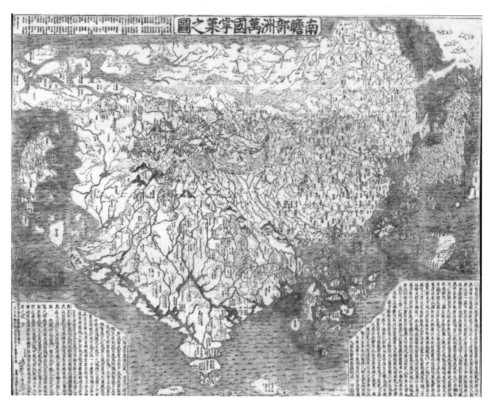

Japanilainen maailmankartta 1710

mandalaympyrän sisällä buddhaolentojen valtakuntina tai vaikka palatseina avaruusilmansuuntaan osoittavan keskustan ympärillä. Keskelle on usein kuvattu buddha tai bodhisattva jolle maalaus on omistettu. Kuvat ovat kaksiulotteisia.

Burmalaisessa 1600-luvulta olevassa vuoristoon sijoitetussa maalauksessa on lootuksia kasvava järvi, josta neljä jokea näyttää saavan alkunsa, kukin jonkin eläimen suusta. Eläinjoet kiertävät järven nelinkertaisena renkaana ennen kuin löytävät ilmansuutien mukaiset uomansa. Seutu on paratiisillisen rehevä ja siellä viihtyvät monenlaiset eläimet, jumalolennot, ilmeisesti myös rukoilevat ihmiset. Kuvan tehnyt taiteilija on kuvannut oman maansa trooppista luontoa.

Samalla tavalla järveä ympäröivinä pyörteinä esitti laatimassaan kartassa jokien alkulähteen kiinalainen munkki, joka 1600-luvulla matkusti Himalajalla. Kartta julkaistiin Japanissa 1710. Ehkä hyvinkin vanhan myytin ovat tunteneet sekä kiinalainen kartantekijä että burmalainen taiteilija. Mitä mahtaa tarkoittaa se, että joet saavat alkunsa eläinten suusta? Burmalaisessa kuvassa eläinten päät on kuvattu selkeästi, mutta tunnistan vain norsun. Jokien muodostaman ympyrän sisäpuolella on lisäksi iso lintu, joka kurkottaa järven yläpuolella. Näkemässäni keskiaikaisessa kuvassa, jossa Jumala ilmeisesti antaa ohjeita Aadamille ja Eevalle, paratiisin neljä jokea purkautuu esille leijonaa muistuttavan eläimen suusta. Mikä on paras selitys samansisältöisille mielikuville? Sattumako?

Joidenkin tarujen mukaan elämänpuu tai muu merkityksellinen puu kasvaa vuoren tai kukkulan laella. Muuan kristinuskon alkuaikana elänyt filosofi arveli, että paratiisin joet saavat alkunsa elämänpuun alla olevasta kalliosta. Ovatko Eedenin puutarhan kalliolla kasvava puu ja Gandhamadan vuorilla kasvava puu muistumaa ihmiskunnan yhteisistä onnela-myyteistä? Tuskin kukaan on missään ja milloinkaan lakannut haaveilemasta elämästä onnellisilla asuinsijoilla. Unelma on puettu toisiaan suuresti muistuttaviksi myyteiksi. Unto Monosen *Satumaa* unelmoi:

Aavan meren tuolla puolen jossakin on maa
missä onnen kaukorantaan laine liplattaa
missä kukat kauneimmat luo aina loistettaan
siellä huolet huomisen saa jäädä unholaan.
Oi jospa kerran sinne satumaahan käydä vois
niin sieltä koskaan lähtisi en linnun lailla pois.

Maisema näyttää olevan samalla kertaa todellinen ja kuvitteellinen. Se sijaitsee kartalla, mutta kartta on myyttisessäkin mielessä topografinen. Se näyttää pinnanmuodot mutta uskonnolliset käsitykset menevät pintaa syvemmälle.

Myyttisen maailman kerrokset

Hyvin yleisesti on ajateltu, että maailmankaikkeus on kolmikerroksinen. Keskellä on se maailma, keskimmäinen maailma, jossa ihmiset ja muu luomakunta elää. Sitä ympäröi meri tai joki. Joidenkin tarujen mukaan sen ympärille on kiertynyt iso käärme, joka pitää sen koossa. Yläpuolella on ylämaailma (ylinen) ja alapuolella alamaailma (alinen). Jumalat asuvat ylisessä eli taivaassa, ihmiset maan päällä ja Tuonelan asukkaat ynnä erilaiset demonit maan alla. Erään lähdekirjan sanoin "Näillä kolmella alueella pystyy kulkemaan ja maailmankaikkeuden monimutkaisuuden käsittämään vain loveen langennut šamaani."

Maailman jako kolmeen kerrokseen tavataan mytologioissa hyvin yleisesti. Antiikin kreikkalaiset arvelivat maailman olevan kolmekerroksinen, samoin muinaiset germaanit ja Väli-Amerikan mayat. Myös kristinuskon mukaan kerroksia on kolme: taivas, maailma jossa elämme, ja helvetti. Tällainen malli jää kristinopillisessa ajattelussa kuitenkin siihen kuuluvan dualismin varjoon: on hyvä ja paha, on taivaan autuus ja helvetin piina. Ne ovat ajankohtaisia vasta viimeisen tuomion jälkeen.

Kolmikerroksellisuus ei ole sääntö. Olisi ehkä oikeampi puhua kerroksellisesta maailmasta, sillä sekä ylisessä että alisessa voi olla useita kerroksia. Esimerkiksi Euraasian pohjoisosien kansoilla, suomalais-ugrilaisilla, taivaita on seitsemän tai yhdeksän. Islaminkin mukaan taivaita on seitsemän, ja vanhassa iskelmässä lauletaan onnen (tai lemmen) seitsemännestä taivaasta.

Keskiajan kristillisessä maailmassa, ehkä ei muuallakaan, ei liene ollut täyttä varmuutta kerrosten määrästä. Mahdollisesti kirjailija Dante Alighieri (k. 1321) vakiinnutti sen laajassa runoelmassaan *Divina Commedia*.

Runoilijan vaellus alkaa ihmisten asumasta kerroksesta. Hän kuvailee matkaansa maailmankaikkeuden läpi. On yhdeksän helvetin piiriä ja yhdeksän kiirastulivuoren piiriä. Maata (jota ei juuri kuvailla) ympäröi yhdeksän taivaan piiriä. Vasta niiden yläpuolella on taivaallinen paratiisi, joka häikäisee runoilijan silmiä. Siellä Neitsyt Maria istuu valkoisen ruusun sisällä, ja vielä häntä ylempänä on pyhän kolminaisuuden paikka.

Myyteissä ylinen maailma, taivas, on varattu jumalille. Kreikkalaisten jumalat ja jumalattaret asuivat Olymposvuorella, jossa he elivät melko lailla ihmisten tapaan ja laskeutuivat välillä maan päälle puuttumaan ihmisten elämään. Hindulaisessa myytissä kerrotaan, että Šiva piti hoviaan maailmanvuorella (Meru / Kailaš). Tarun mukaan myös Buddha kävi Merulla, intialaisperäisen Indra-jumalan taivaassa, opettamassa kuolleelle äidilleen buddhadharmaa.

Ihmiset ovat suurimman osan elämästään olleet sidoksissa maahan. Se on ruokkinut heidät. On kuitenkin pidetty tärkeänä saada yhteys yliseen ja aliseen, ylittää rajat, jotta ymmärrettäisiin mitä niissä asuvat jumaluudet ja muut yliluonnolliset olennot ihmisiltä toivovat. On myös haluttu tietää, millaista omilla vainajilla tuonelassa on ja ovatko he tyytyväisiä siihen, miten elävät ottavat heidät huomioon. Sekä ylisessä että alisessa maailmassa uskottiin olevan elävien tarvitsemaa esimerkiksi parantamiseen liittyvää salaista tietoa.

Jumalia ja muita tärkeitä todellisina pidettyjä yliluonnollisia olentoja on lähestytty rituaaleilla, rukoilemalla, tanssimalla ja laulamalla, antamalla näille todellisia ja vertauskuvallisia uhrilahjoja, polttamalla suitsukkeita. Uhrista nousevan savun ja suitsukkeen hyvän tuoksun uskottiin miellyttävän taivaallisia henkiolentoja. Lisäksi joidenkin on mahdollista muuntuneessa tajunnantilassa kohdata sekä hyviä että pahoja, tuttuja ja tuntemattomia, manalle menneitä sekä yliluonnollisia olentoja. Erityishenkilöillä, kuten šamaaneilla ja arvattavasti etevillä papeilla oli tällainen kyky. Heihin turvauduttiin, jos kiperä asia vaati yhteyden saamista maailmoja erottavien rajojen yli. Pohjantähden kohdalla on taivaassa aukko, josta šamaani, noita, pääsee pujahtamaan yliseen maailmaan, jos tarvittava tieto on sieltä saatavissa. Aliseen hän matkustaa veden kautta.

Ainakin suomalais-ugrilaisen uskomuksen mukaan jyrkästi veteen laskevan kallion alta on väylä aliseen maailmaan. Heti kallion alapuolella veden kalvosta aukeaa tuntematon alinen. Kun kallion luota katsoo ylöspäin, siellä on taivas ja vielä korkeammalla ylinen maailma.

Yhteys maan alle on myös rosoisten karstikallioiden luolista Japanissa ja Guatemalassa. Niissä on onkaloita, joiden pohjalla on puroja ja lampia. Ihmiset uskovat voivansa tällaisten luonnonmuodostelmien äärellä keskustella jumaliensa kanssa. Luolista aukeaa tie tuonpuoleiseen maailmaan. Jos ei ole mahdollista päästä veden kautta matkaan, voi se siperialaisessa uskomuksessa onnistua kodan liepeiden alta. Myös koskien pyörteitä on pidetty reitteinä aliseen maailmaan.

Sateenkaari yhdistää taivaan ja maan. Käärme nousee sateenkaarena taivaalle. Sateenkaaren jumalatar Iris laskeutuu sateenkaarta pitkin maahan toimittamaan emäntänsä Junon antamia tehtäviä. Odin kulkee Valhallan ja keskimmäisen maan väliä sateenkaarta pitkin. Ihmiset eivät tähän kykene.

On eläimiä, joilla uskotaan olevan kyky liikkua maailmankaikkeuden kerroksesta toiseen. Käärme, joka saattoi kiipeillä puissa kohti ylistä maailmaa, oli kuitenkin erityisesti alisen maailman voimakas myyttieläin. Lintu oli tietenkin ylisen maailman luojanluoma ja tärkeä, koska kuolleen ihmisen sielun uskottiin muuttuvan linnuksi. Tällaiset uskomukset, jotka perustuvat eläinten ulkoisiin ominaisuuksiin, ovat yleismaailmallisia. Ei pidä myöskään unohtaa mehiläistä, joka sekin on taivaan ja maan välinen välittäjä, eikä perhosta, jota muodonmuutostensa vuoksi on pidetty uudelleensyntymisen symbolina.

Näiden eläinten yhteyteen kuuluu suomalaisille tuttu metsän kuningas karhu. Se on uskomuksellisesti merkittävä eläin. Sen kerrotaan syntyneen taivaassa "Otavaisen olkapäillä" jossa sitä tuuditeltiin kultakätkyessä ja josta se sitten laskettiin kultavitjoilla maan päälle. Karhu oli tärkeä riistaeläin. Kun se oli kaadettu ja sitä oli peijaisissa kunnioitettu ja lepytelty, kallo ripustettiin honkaan ja luut haudattiin sen juurelle. Karhun uskottiin nyt pääsevän palaamaan taivaalliseen kotiinsa. On saatu talteen loitsuja, joiden mukaan on toinenkin taivaallinen poika, Jeesus, joka saapui maahan samalla tavalla kuin karhu.

Maailman kerroksellinen rakenne ja ihmisellä oleva mahdollisuus saada yhteys eri kerroksissa eläviin olentoihin ja olemassaolon muotoihin näyttää kaikkialla olevan maailmankatsomusten tärkeimpiä osia. Luonnontieteet ovat mullistaneet ihmisten maailmankuvan perusteellisesti: kun tieto on lisääntynyt, kuvitelmat haalistuvat vähitellen olemattomiin.

Vanhoista ajattelutavoista on kuitenkin vaikea kokonaan luopua. Onko se edes välttämätöntä? Niinpä yliseen ja aliseen maailmaan kiinnittyneet uskonnolliset ja vertauskuvalliset merkitykset ovat sitkeästi säilyttäneet paikkansa ihmisten mielessä. Kun katselen loppukesän iltana vastarannan metsän takaa taivaalle oranssina pallona nousevaa kuuta, en ajattele muuta kuin että se näyttää hyvin mystiseltä. Tunnelmaa vahvistaa ympärillä oleva suuri hiljaisuus. Kuu vähät välittää minusta. Avaruuden tutkimus tuloksineen ei ole vähentänyt Maan kiertolaisen salaperäisyyttä. En ole kuuhullu, vaikka piilotajuntani onkin luonut Yön Valon Jumalattaren ja Kuuttaren.

Kuolema ja tuonpuoleinen

Koska olen melko usein piirtänyt ja näyissä nähnyt itseni yhdessä personoidun Kuolema-hahmon kanssa, kuulunen elämän ja kuoleman arvoitusta ihmettelevien ihmisten joukkoon. Pohdintani, joista en ollut päivätajunnassani juuri mitään tiennyt, tapahtuivat ollessani tiedostamattomalla tietoisuuden tasolla. Sieltä ne nousivat ajattelevaan ja tuntevaan mieleeni minua suuresti hämmästyttämään, semminkin kun en vielä ollut juurikaan ajatellut elämäni päättymistä tai tuntenut kuolemanpelkoa.

Vaikea sanoa, miksi ihmiset ovat miettineet kuoleman jälkeistä elämää niin paljon kuin ovat miettineet. Ja miksi uskontojen, sanoisin, tärkein sisältö on valmistaa heitä elämänsä päättymiseen ja siihen mitä sen jälkeen mahdollisesti on. Tietoisesti en kovinkaan paljon ajattele asiaa, mutta alitajuntani tuntuu sen sijaan pohtivan kuolemaa hyvin paljon. En tiedä miksi. Tunnen kai samalla tavalla kuin toisetkin. Kuvani ja näkyni ehkä haluavat herättää valoisia ja lohdullisia tunteita minussa, ahdistuvassa ja huolestuneessa ihmisessä.

Mieleni luoma Kuolema-hahmo on helppo tunnistaa, vaikkei hän olekaan mikään luurankomies eikä kanna viikatetta mukanaan, kuten keskiajan kirkkojen synkissä maalauksissa ja veistoksissa. Oma hahmoni on toki laiha ja hänellä on kaita, kalju pää ja tyhjät silmät, oikeastaan pelkät silmäkuopat. Hän on pukeutunut polven paikkeille ulottuvaan mustaan mekkoon. Hän on mies, luonteeltaan lempeä samaan tapaan kuin Hugo Simbergin teosten luurankomiehet.

Kuvieni Kuolema saattaa seisoa Tuonelan joen rannalla, häntä vastapäätä tämänpuoleisella rannalla olen minä tai joskus joku toinen henkilö. Olen elämänpuun vieressä elämänlähteen

292

äärellä pukeutuneena Pierrot-klovniksi. Joissakin kuvissa Kuolemalla on kädessään tiimalasi. Ymmärrän, että elämäni päättyy, kun ylemmän lasin hiekka on valunut alempaan osaan. Toisinaan joen elämänpuoleisella henkilöllä on kädessään elämänliekki.

Kuvapäiväkirjaani kirjoitin 19.11.1986 näin:

> Ihmisellä on oma määränsä aikaa elää. Kuolema on elämän ajan valtias, mutta Tuonelan joen toisella [tällä] puolella elää hyvin elävä elämänpuu, sillä elämä ei halua antaa kuolemalle periksi. Kuolemaa ei tarvitse pelätä. Se on ystävä.

Kuoleman kohtaaminen Tuonelan joen partaalla on ollut monien piirustusteni aihe. Sen jälkeen kun 1993 olin oppinut muuntuneessa tietoisuudentilassa näkemään visioita eli näkyjä, en enää ole seissyt Kuolemaa vastapäätä joen vastarannalla, vaan aloimme tehdä venematkoja yhdessä. Istuin hänen veneessään jota nimitän Aurinkolaivaksi. Niinpä maalasin näkysilmilläni siihen toisinaan auringon kiekon, joka hehkuu oranssisena. Kuolema, samanlainen hahmo kuin piirustuksissa, oli lautturi joka pitkällä sauvalla ohjasi kulkuneuvoaan kyyditessään minua elämän merellä kohti laskevan auringon maata.

Olin ollut vaikuttunut muinaisen Egyptin uskonnollisesta kulttuurista ja auringonjumalan Ran jokapäiväisistä laivamatkoista yli taivaan kannen. Myöhemmin olen oppinut tietämään, että myös muinaiset skandinaavit uskoivat auringon matkaavan laivalla taivaan yli kohti laskevan auringon tienoota. Mielikuvieni elämän meri sijaitsi yhtä hyvin maan päällä kuin taivaalla.

Minua Kuolema ei vienyt tuonpuoleiseen, vaan matkat olivat pikemminkin huviretkiä tuonpuoleisen tällä puolella. Minua ihmetytti ja ihastutti, kun istuin mieli häikäistyneenä Kuoleman ohjaamassa veneessä taivaan merellä, vene täynnä vaaleanpunaisia ruusuja. Mieheni oli toisinaan mukana.

Olin utelias näkemään, millaista mahtaa olla perillä, auringon takana. Uskaltauduin helmikuussa 1999 kokeilemaan, voisinko tietoisesti vaikuttaa alitajuntaani visualisoimalla matkamatkantekoa aurinkolaivalla sinne minne halusin:

> Istuin veneessä, Kuolema kaiketi lautturina, kulkemassa yli meren tai ehkä egyptiläisen hiekka-aavikon. Vene liukui tulipunaisena hohtavan auringon eteen, ja kun se kosketti aurinkoa, aurinko avautui, niin että syntyi avoin väylä. Tuliset lieskat loimusivat korkeina laivamme kummallakin puolella ja väylää riitti auringon halkaisijan verran. Vene ja minä näytimme mustilta tulta vasten. Vesi kiehui tulisena.

Olin pettynyt kun ei tuntunut miltään. Minä vain matkustin. Enkä palanut. En tuntenut vähäisintäkään lämpöä, joten näky oli epäuskottava. Auringosta päästyäni olin veneessä kirkkaan veden päällä, rannattomalla ulapalla, ja se tuntui suloiselta. Olin muuttunut hahmoltani jonkinlaiseksi henkiolennoksi. Harjoitus jatkui mallikkaasti, mutta vastausta en saanut.

Mielikuvat, joissa Kuolema on kumppanini, säilyivät pitkään piilotajuntani suosikkiaiheina. En ole keksinyt, mistä se johtuu. Mielikuviin ei liittynyt mitään pahaa tai kauhistuttavaa. Ehkä niillä oli osuutta siihen, ettei kuolema ole minulle mikään mörkö. Vai valehtelenko itselleni? Voi olla niinkin, että piilotajuinen minäni kuvasi Kuolema-aiheella kahta ikävää kanssakulkijaani, depressiota ja ahdistusta, niiden aiheuttamia raskaita mietteitä ja tunteita. Kuolema on osa elämää. Sitä ei tarvitse pelätä sen vuoksi, että elämä jatkuisi sen jälkeen. Tajunta on kuoleman jälkeen sammunut, uskon. Sairastuttuani uudelleen olen miettinyt asiaa vakavammin.

Taustaa

Uskonnoista päätellen ihmisiä on aina mietityttänyt, millaista on kuolla, millainen muutos olemisessa se on: onko sen jälkeen, kun keho ei enää elä, edessä kertakaikkinen loppu vai jatkuuko elämä jossakin muodossa toisella tietoisuuden tasolla.

Niille, joiden aika ei ole vielä lähteä, kuolema kaikkineen taitaa olla suurempi kysymys: he jäävät suremaan. He ovat nähneet sen läheltä, joskin ulkopuolelta, ja suuret tunteet ovat valloillaan. He kokevat kuoleman mysteerin, mutta eri lailla kuin se joka on lähdössä tai joka on poissa eikä ehkä koe mitään.

Muinaisessa Egyptissä ihminen valmistautui hyvään kuolemaan koko elämänsä ajan, kristikunnassa ihmisiä pidettiin Herran pelossa kuvailemalla kärsimyksiä helvetissä. Tällainen on varhaisista ajoista saakka ollut keino lujittaa uskonnollista ja myös maallista valtaa.

Ei kuitenkaan kannattanut heittää toivoa. Siltä varalta, ettei ollut elänyt riittävän nuhteettomasti, voi kokeilla taikuutta. Egyptistä on tallella tällainen Kuolleiden kirjaan merkitty loitsu: "Olen pitkäikäinen käärme, kuljen läpi yön ja synnyn uudelleen joka päivä. Olen käärme, joka elää maan äärellä. Yön matkan jälkeen synnyn uudelleen, uudistun ja minusta tulee nuori joka päivä."

Kuolema ja se mitä pois nukkunut ehkä kokee, on yleismaailmallinen ja yleisinhimillinen, galaksien kokoinen uskomusten ja uskonnollisten totuuksien tai oletusten sikermä. Ihmiset pelkäävät suurta tuntematonta eikä kuolemaa haluta hyväksyä. Toiveikas periaate näyttää olevan, että kuolemaa ei ole!

Koska useimmat ihmiset ovat pelänneet kuolemaa, on luonnosta etsitty merkkejä ikuisuudesta. On esitetty, että ajatus ikuisesta elämästä on saattanut syntyä luonnon vuosittaisten vaihteluiden pohjalta. Syksyllä puut menettävät lehtensä ja maassa vihannoineet kasvit kuivuvat ja maatuvat, kuolevat. Luonto on talvella kuoleman valtakunnassa, mutta syntyy keväällä uudelleen ihanana vihantana. Ihminenkään ei kuole lopullisesti.

Jotkut eläimet näyttävät olevan kuolemattomia. Syntyy helposti ajatus: jos tuo perhonen on kuolematon, miksi en minäkin? Eläimiä, jotka pystyvät liikkumaan maailmankaikkeuden kaikissa kerroksissa, pidettiin viestinviejinä ihmisten ja jumalmaailman (ehkä myös esivanhempien) välillä. Tunnetuin tällaisista luontokappaleista on käärme. Lisäksi se luo ajoittain ahtaaksi käyneen nahkansa ja on sen jälkeen kuin uudelleen syntynyt. Sen on ajateltu elävän ikuisesti. Renkaaksi asettautunut käärme, ouroboros, on ikuisuuden symboli.

Mehiläisenkin on uskottu olevan kuolematon. Se on sielun ja kuolemattomuuden vertauskuva, joka kykenee nousemaan yliseen ja laskeutumaan aliseen maailmaan. Valmistamansa hunajan ansiosta mehiläisiä on vaalittu ja tarhattu hyvin kauan kaikkialla missä se elää. Hunajalla on lääkitseviä ominaisuuksia. Niinpä esimerkiksi mehiläisen tuomalla medellä Lemminkäisen äiti sai herätettyä poikansa eloon. Koska mehiläisten talvilepo muistuttaa kuolemaa, ne luontuivat hyvin jälleensyntymän vertauskuvaksi. Muinaisessa Egyptissä ja Kreikassa mehiläistä pidettiin syntymän, kuoleman ja ylösnousemuksen vertauskuvana, elämänantajana.

Linnun ja mehiläisen tavoin on perhonen sielun vertauskuva, ja lisäksi se edustaa kuolemattomuutta ja ylösnousemusta. Ajatus on saanut virikkeensä muodonmuutoksesta, jonka perhonen elämänsä aikana käy läpi: ensin se on toukka, sen jälkeen se on kotelona ja muistuttaa kuollutta, kunnes herää eloon, ikään kuin nousee kuolleista ja syntyy perhoseksi.

Kuolema ja kuolemattomuus ovat niin keskeisiä ja tärkeitä, että niihin liittyy suunnattoman paljon erilaisia taruja ja uskomuksia. On puita, joissa kasvaa kuolemattomuuden hedelmiä. Sellainen on Raamatun elämänpuu, jonka hedelmät Jumala on varannut omaan käyttöönsä. Skandinaavien Asgårdissa kasvoi tarkoin vartioitu omenapuu, jonka hedelmiä syötyään jumalat eli aasat eivät vanhentuneet.

Kiinassa kerrotaan persikkapuusta, jonka hedelmiä nautittuaan Kuolemattomat, jumalat, pysyivät ikinuorina. Tällaisten puiden hedelmiä ei ollut tarkoitettu tavallisille kuolevaisille.

On vielä yks kuolemalta suojeleva ja jopa kuolleista herättävä aine: elämänvesi. Aihe on tuttu, ei vain kristillisessä perinteessä, jossa se on täysin vertauskuvallinen. Saduissa se on konkreettista, parantavaa ja kuoleman voittavaa ihmevettä.

On monia, enimmäkseen hedelmällisyyden jumalattaria, jotka käyvät tuonpuoleisessa vaatimassa takaisin sinne joutuneita puolisoitaan tai lapsiaan. Kun hänen pyyntöönsä on suostuttu, hänellä on jälleen voimia pitää huolta tehtävistään ja saada kaikki kukoistamaan.

Pyhä Margaretan jalkojen juuressa on maalauksen lahjoittajan vaakuna. Kalannin kirkko.

Feeniks on aito taruolento. Se muistuttaa kotkaa ja sillä on punaiset ja kullanhohtoiset höyhenet. Se on tosiaan kuolematon, sillä se syntyy kerta toisen jälkeen uudelleen. Tuntiessaan kuoleman lähestyvän se rakentaa itselleen pesän ja polttaa siinä itsensä. Oltuaan kuolleena kolme vuorokautta se nousee omasta tuhkastaan uutena ja elävänä. Tätä on verrattu Jumalaan. Myös Jeesus nousi kuolleista oltuaan kolme vuorokautta kuoleman valtakunnassa. Kolmella vuorokaudella on yhteys kuun näkymättömissä olevaan vaiheeseen. Tulilintuna feeniks on kuitenkin aurinkolintu, jumala ja kuningas. Se on lempeä eikä se murskaa mitään mihin astuu eikä se syö muuta kuin kastetta. Nimi juontuu kreikankielisestä sanasta, joten feeniksistä kertovat myytit lienevät peräisin antiikin maailmasta. Feeniks symboloi paitsi aurinkoa myös ylösnousemusta (jälleensyntymää) ja kuolemattomuutta. Sen arvellaan asuvan Arabiassa. Feeniks eri merkityksineen sopii hyvin kristilliseen kuvakieleen sielun ja Kristuksen ylösnousemuksen symbolina. Myös Kiinassa tunnetaan feenikslintu, mutta sen merkitys on toinen. Se on feminiininen ja keisarinnan tunnuseläin, kun taas kuningasta edustaa lohikäärme.

Egyptissä feeniksin vastine on Benu. Aurinkojumalana se on yhteydessä Ra-jumalaan. Se kuolee ja nousee kuolleista, mikä tekee siitä jälleensyntymän ja kuolemattomuuden symbolin. Benu oli ensimmäinen elävä olento, joka nousi alkumerestä kohonneelle kukkulalle. Sillä on pitkät raajat kuin haikaralla ja toisinaan päässään kuolleiden valtakunnan valtiaan Osiriksen kruunu.

Jäljelle jäävien tehtävänä on haudata ruumis totuttuja riittejä noudattaen. Riittien noudattaminen kaikissa kuolemaan ja hautaukseen liittyvissä tilanteissa on tärkeää myös siellä missä vanhat ei-kristilliset uskonnot ovat säilyneet elinvoimaisina. Asianmukainen hautaan saattaminen on erityisen tärkeää, sillä yhteys kuolleeseen, joka nyt kuuluu esivanhempien joukkoon, ei aina edes katkea. Hän kuuluu elävien joukkoon. Hänet täytyy pitää tyytyväisenä, jottei hän palaa maan päälle vaikka kummittelemaan. Yleisesti tunnetaan meksikolaisten kuolleiden päivä, joita vietetään yhdessä vainajien kanssa. Kristinusko ja vanha vainajausko ovat iloisen synkronistisesti yhtyneet toisiinsa.

Arkeologiset kaivaukset osoittavat, että muinaisina aikoina lienee uskottu elämän jatkumiseen tuonpuoleisessa. Vainajan päälle siroteltiin, myös Suomessa kivikaudella, punamultaa, sillä punainen väri on elämän symboli. Hautaan pantiin mukaan eväitä ja tavaroita, joilla ajateltiin olevan käyttöä rajan takana. Jos vainaja oli ollut merkittävä henkilö, hänelle tehtiin vaikuttavan kokoinen hauta, kuten pyramidi, korkea kiviröykkiö tai muu nekropoli. Jos olisit ollut muinaisen Kiinan keisari, olisit jo eläissäsi pitänyt huolta siitä, että sinut haudataan komeasti ja hautakumpuusi laitetaan mukaan valtava terrakottakeraaminen sotilaiden armeija. Sen tehtävänä on suojella sinua ja nujertaa tuonpuoleisessa uhkaavat sotajoukot. Mahtihaudat ovat suuria, mutta itse hautakammiot pieniä ja niihin pääsee kapean käytävän kautta. Nykyisin tämän ymmärretään kuvastavan vanhaa käsitystä, että ihminen myös poistuu elämästä kohdun kautta.

Miten kuolleiden valtakuntaan pääsee? Erittäin usein sinne matkataan vesikulkuneuvolla. Näin ovat ajatelleet mm. vanhat egyptiläiset ja kreikkalaiset.

Samanlaisia käsityksiä tunnetaan myös mayoilta, suomalaisilta ja muilta suomalais-ugrilaisilta.

Egyptiläisten mielestä ihmiset voivat välttää kuoleman ja elää ikuisesti haudantakaisessa maassa Jalun hedelmällistä paratiisin kaltaista maata viljellen. He pääsevät sinne, kunhan heidän sielunsa punnitus kuolemanjumalan Osiriksen edessä onnistuu ja osoittaa heidät kelvollisiksi. Jo taas vaakakupit eivät ole tasapainossa, vainaja joutui ikuiseen kadotukseen syntisten nielijän kitaan. Sielu menetti persoonallisuutensa ja palasi kaaokseen.

Antiikin kreikkalaiset uskoivat Styx-joen vastarannalla olevaan Haadekseen, jonne päästäkseen vainajilla piti olla mukanaan kyytimaksu annettavaksi Kharonlautturille. Ennen kuin he olivat lopullisesti perillä, heidän piti päästä käärmeillä aseistautuneen hirmuisen vahtikoiran Kerberoksen ohitse.

Ne, jotka ovat lukeneet Kalevalansa, varmaan muistavat Tuonelan joen, jonka yli Tuonelaan pääsee Tuonen tytön kuljettamalla veneellä. Suomalaisissa kansanrunoissa on säilynyt yhteys pohjoisen Euraasian, oikeastaan koko Arktiksen alueella asuvien kansojen henkiseen kulttuuriin. Tuonela sijaitsee veden vastarannalla, mutta Siperiasta tunnetaan myös hieman toisenlainen uskomus: Vainaja eli hänen sielunsa tai sen osa matkasi suurta jokea pitkin pohjoiseen, missä joki yhtyy mereen. Siellä oli elävien maan ja alisen maan välinen raja. Siellä oli pyörre, oikea kurimus, joka nielaisi tulijan tuonpuoleiseen.

Vainaja pääsi Pohjois-Amerikan intiaanien tuonelaan kulkemalla sateenkaarta pitkin tai ylittämällä kuohuvan joen tai meren. Oli muitakin keinoja päästä perille.

Myyttien meri ja joet eivät ole tämänpuoleisen maailman vesistöjä, vaan ne ovat kulkuteitä, joita pitkin laivat ja veneet kuljettavat kuolleiden sielut tuonpuoleiseen. Lähdekirjat eivät anna vesikulkureiteille juuri muita tehtäviä kuin kristillisen mielikuvan laivamatkasta elämänmerellä.

Tuonpuoleinen sijaitsi maan alla tai veden takana. Yleinen oli myös ajatus, että lähteistä, luolista ja pienistä kallionkoloistakin oli suora yhteys aliseen maailmaan ja vainajalaan, samoin kuin veteen jyrkästi laskevien kallioiden alta. Näin uskoivat kreikkalaiset ja roomalaiset. Samanlaisia tietoja on myös Japanista ja mayoilta sekä Suomesta. Kalliomaalaukset, joita Suomesta on löytynyt, on yleensä tehty kallioihin, jotka laskevat jyrkästi veteen. Siitä on suora tie tuonpuoleiseen.

Astuvansalmen kalliomaalauksiakin vaikuttavampi kivinen hahmo näkyy kunnolla vain veden suunnasta jyrkänteen oikeanpuoleisessa päädyssä.

Kuolema ja toive, että tuonpuoleisessa kuolleiden valtakunnassa olisi edes kohtalaisen hyvä elää, on eri puolilla maailmaa herättänyt ihmisissä joskus hyvinkin samanlaisia ajatuksia. Aina ei ole pahaa paikkaa, jonne moraalisesti väärinkin eläneet joutuvat. Perillä olo on elotonta, varjoisaa ja kaiketi pitkäveteistä.

Pohjois-Amerikan intiaaniheimojen tuonela oli enimmäkseen rauhan ja onnen maa, jossa oli runsaasti riistaeläimiä. Asteekkien tuonelassa vainajat saivat levätä maanpäällisen vaelluksen päätteeksi.

Papualaisten Hiyoyoa-jumala vartioi manalaa, jossa kuolleiden sielut hoitivat vedenalaisia puutarhoja; jotakin tekemistä sentään oli. Myös kreikkalaisten Haadeksessa kasvoi kukkia: ne olivat Hekate-jumalattaren myrkkykasveja, kuten unikko ja valkovuokko. Simbergin luurankomiehet hoivaavat Kuoleman puutarhaansa. Manala ei siis ollut aivan karua seutua.

Mesopotamiassa eli Kaksoisvirran maassa uskottiin pimeään varjojen maahan, josta ei ole paluuta. Elämä ei siis kokonaan sammunut kuolemassa. 3000-luvulta eaa. olevan Gilgameš-eepoksen sankari etsi kuolemattomuutta, mutta menetti

299

kuolemattomuuden yrtin käärmeelle. Toisen, ehkä vanhemman tiedon mukaan Kaksoisvirran maan asukkaat uskoivat kuoleman jälkeiseen elämään taivaassa.

Antiikin aikaan eläneiden kreikkalaisten mukaan kuolleiden valtakunta ei ole mikään helvetti, vaan paikka, jonne kaikki vainajat siirtyvät ja jossa he elävät varjojen kaltaisesti. Jumalien suosikit pääsevät Elysionin kentille, jossa he viettävät onnellista elämää. Kuolleiden valtakunnassa asuvat manalan jumala Haades ja hänen väkensä. Myös suomalaisugrilaisten uskomusten mukaan kuolemanjälkeinen elämä vainajalassa on varjomaista, jokseenkin samanlaista kuin kuolemaa edeltävä elämä. Muinaisten germaanien mytologian mukaan sen sijaan soturit pääsivät kuoleman jälkeen ylisessä maailmassa sijaitsevaan Valhallaan, jossa he viettivät aikansa taistelun ihanassa melskeessä. Germaanien ylijumala Odin asui Valhallassa. Siellä hän hallitsi keskikerroksessa Asgårdissa eläviä jumalolentoja ja ihmisiä. Taistelussa kaatuneet soturit ja lapsivuoteeseen kuolleet naiset joutuivat ankeaan kuolleiden maahan.

***

Entä sitten Kuoleman hahmo? Yleensä se on luurankomies, jolla on mukanaan viikate kuoleman sadon niittämistä varten. Aihe on vanha. Samaan aihepiiriin kuuluvat pääkallot. Vanitas-maalauksissa niiden seurassa on muitakin vertauskuvia osoittamassa elämän turhuutta ja katoavuutta.

Samankaltaista symboliikkaa on varmaan muissakin kulttuureissa. Ainakin tiibetinbuddhalaisuudessa visualisoidaan Kuoleman luurankohahmoja, ja muunkinlaisilla harjoituksilla valmistaudutaan aikanaan koittavaan elämän päättymiseen, jotta kuoleman jälkeisessä välitilassa (bardossa) ei harhaudu väärään suuntaan. Jos on elänyt moraalisesti oikein, ei ole suurta vaaraa siitä, että syntyy huonoon elämään. Pahinta on, jos syntyy helvettiin, uuteen elämään joka on täynnä kärsimyksiä.

Kristinuskon käsitys ikuisesta elämästä ja kuoleman jälkeisestä olinpaikasta eroaa jyrkästi edellä olevista näkemyksistä siitä, mitä kuoleman jälkeen ihmisille tapahtuu. Juutalaisuus ja kristinusko syntyivät Lähi-idässä, monien uskontojen ja kulttuurien kohtauspaikassa. Kristinuskoon vakiintui käsitys paratiisista ja helvetistä. Uuden testamentin mukaan (Matteus 25:36–46) Jeesus palaa aikojen lopussa maailmaan jakamaan elävät ja kuolleet lampaisiin ja vuohiin. Lampaiksi nimitetyt saavat periä heitä varten alusta saakka olemassa olleen taivaan valtakunnan, kun taas vuohet tuomitaan "ikuiseen tuleen". Missä ihmiset odottavat ylösnousemusta ja viimeistä tuomiota, jää vaille vastausta. Monet teologit ovat sitä mieltä, ettei helvettiä ole. Kristinuskosta paratiisi ja helvetti lainattiin islamiin, jonka pyhässä kirjassa Koraanissa on värikkäitä kuvauksia näistä paikoista. Mistä mahtaa olla peräisin ajatus, että kuoleman jälkeen ihmisten kohtalona on jatkuva piina?

Jumalatar

Omat jumalattareni ovat minulle läheisiä siitä lähtien kun aloitin kuvien piirtämisen. Ne ovat myös olleet näkyjeni hahmoja. Meditatiivisissa näyissä yhteyteni heihin on ollut fyysisesti läheinen. Jumalattareni ovat mieleni omapäisiä luomuksia eikä heillä ole vastineita tunnettujen jumalatarten joukossa. Ja kun olin tutustunut buddhalaisiin jumalolentoihin, annoin heidänkin käyttäytyä oman piilotajuisen mieleni mukaan. Henki-maailmani luomukset edustavat jumalattaren ideaa; he ovat piirustusteni ja näkyjeni olentoja. Esittelen heidät siinä järjestyksessä kuin tutustuin heihin.

Valon jumalatar, kura ja pallo

Valon jumalatar

Päiväkirjaani olen kirjoittanut muistiin alla olevan näkykertomuksen, tässä reippaasti lyhennettynä.

> Istun suuren lootuksen sisällä. Valon jumalatar seisoo kukassa edessäni, kädet käsieni yläpuolella. Käsiemme välillä on voimakas valovirta, joka tuntuu tykytyksenä sormissani. Nostan käteni ylös – myös oikeasti – ja huomaan että niiden välillä on keltaisen valon

muodostama valokaari (tämä ei siis tarkoita normaalikielen valokaarta, näkyvää sähköpurkausta). Kun muutan käsieni asentoa, kaari pysyy niiden välissä. Se on hauskaa. Jumalatar ja minä olemme Tiibetissä sinisiä unikoita kasvavalla vuoriniityllä. Nousemme lentoon. Valkoinen valon kaari on ilmaantunut taivaalle ja piilotajuntani mielestä nyt jumalattaren kaltainen myötätunnon bodhisattva Valkoinen Tara tanssii sen päällä käsiensä välissä vaaleanpunainen lootusvalon kaari. Tanssin yhdessä hänen kanssaan. Vaihdamme kaaret keskenämme ja laskeudumme sitten maahan valokaaret laskuvarjoina. Valon jumalatar laskeutuu levittämänsä viitan varassa.

Ensimmäiseksi tutustuin Valon jumalattareen, joka on kaikin tavoin ihana, kaunis ja lempeä. Hän on valo-olento. Hän antaa iloa. Hänen päätään ympäröivät kullankeltaiset hiukset kehänä hieman samaan tapaan kuin Gallen-Kallelan *Ad astra* -maalauksen neitoa, joka kurkottaa kohti taivasta, kohti tähtiä. Näin ajattelin hahmon syntyaikoihin. Toisin kuin Ad astran neito, Valon jumalatar ei ole alasti eikä hän ole teini-ikäinen vaan nuori nainen.

Erittäin usein Valon jumalattaren vatsa tai kohtu näkyy kuin läpivalaistuna. Sen sisällä on Valon lapsi. Aina lapsi ei kuitenkaan ole äitinsä sisällä, vaan hän on erillinen valonhohtoinen pienokainen, kädessään eheyden, täydellisyyden, punainen pallo. Valon lapsi on täynnä valon kirkkautta. Käteni värittää hänet keltaiseksi, mikä on kullan väri ja ainakin kristillisessä taiteessa taivaan väri, mutta halvempaa kuin kulta.

Valon jumalatar on suojelija. Olen usein kuvannut hänet yhdessä turvaa ja kannustusta tarvitsevan ihmisen kanssa. Hän on Jumalan synnyttäjä. Äiti. Mielikuvani Äidistä; hänen syntyessään en vielä kaivannut äitiä. Lähimpänä esikuvana lienevät olleet Neitsyt Maria ja hänen poikansa Jeesus. Valon jumalattaren ilmaantuessa kuviini en vielä tiennyt, että mytologioissa on monta muutakin äitiä. Mona Leo on maalannut pienen työn, jossa on valoa säteilevä

Mona Leon maalaus

302

pienokainen. Käydessäni hänen luonaan katselin sitä usein ja hämmästelin Monan taitoa. Teos on ehkä Valon lapsen esikuva.

Valon jumalatar ja hänen lapsensa edustavat sitä mikä ihmisessä, koko ihmiskunnassa on tai pitäisi olla hyvää. Valon jumalatar rakastaa ja suojelee kaikkia lapsiaan.

Yön valon jumalatar

Yön valon jumalattarella on pitkä historia piirustuksissani. Hänellä on päässään korkea kruunu ja hartioillaan tähdin kaunistettu viitta. Jumalatar heijastaa kuun kalpeaa valoa. – En ole varma, onko Yön valon jumalatar myös Kuun jumalatar vai vain yöllisen kuunvalon jumalatar. Aikojen kuluessa Yön valon jumalattaren ulkoinen hahmo muuttui. Kuu taivaalla ehkä edusti häntä, ja lopulta hän taisi vaihtua aivan toiseksi jumalattareksi, Kuuttareksi.

Myös Yön valon jumalatar on äiti, mutta hänen lapsensa lähti varhain maailmalle. Kuvassa tämä tipsuttaa kuusta maahan laskeutuvaa tietä pitkin. Lapsi on yllättävän näköinen: vaaleanvioletti valkorintainen kettu, jonka harteilla on vaaleansininen kuunsirppikuvioilla somistettu viitta. Toisessa kädessään hänellä on ilmapalloja, jotka merkitsevät ajatusten keveyttä, ja toisessa sisäisen eheyden punainen pallo. En tiedä miksi ja minne hän lähti. Äiti jäi kuunsirpillä olevan kodin kuistille huiskuttamaan.

Muutoin olen kuvissani ja näyissäni tavannut Yön valon jumalattaren enimmäkseen yksin. Hänen hahmonsa on vuosien varrella kovasti muuttunut. Omituisimmillaan hän on yksisarvinen, tähtiviitta hartioillaan. Onneksi piilotajunta lakkasi pitämästä sellaisesta Yön valon jumalattaresta ja palautti hänet yön ja kuun valon jumalattarelle sopivaan muotoon.

Hän lienee Valon jumalattaren sisar. He ovat molemmat kauniita valojumaluuksia. Toisen aikaa on päivä, toisen yö ja kuun vaiheet. Yön valon jumalatar on ennen kaikkea olemukseltaan melko viileä ja etäinen nainen, myös melko sensuelli, niin että meditatiivisissa näyissä on kiusallista olla hänen lähellään. Hänen valonsa on himmeää kuun valoa. Kauneimmillaan hän oli kerran saapuessaan kuun siltaa pitkin luokseni temppeliin, joka oli rakennettu pienelle luodolle. Jumalattarella oli pitkät tummat hiukset palmikolla hänen etupuolellaan. Päässä oli päähine ja hänen yllään oli himmeän sininen maahan ulottuva mekko, hartioilla ilmavalta vaikuttava tähtikoristeinen sininen viitta.

Valon jumalatar saattaa olla aurinkojumaluus, vaikka en ole häntä sellaiseksi ajatellut. Yön valon jumalatar, vaikka on valon jumaluus, tuntuu olevan sukua antiikin ajan kreikkalaisille ja oikeastaan kaikille mytologioiden kuunjumalattarille. Näillä on ollut uskomuksellisia naiseuteen liittyviä tehtäviä.

Näkymatkallani, joka vei minut Paratiisisaarella vuoren sisällä olevaan temppeliin, kohtasin jumalattaren, joka piteli käsissään käärmeitä pelkäämättä ja tottuneesti. Ensin luulin häntä Valon jumalattareksi hyvin kalvakkana ja oudossa ympäristössä. Oli kuitenkin aika helppo huomata, että hän oli jokin käärmejumalatar. Sen koommin en häntä kohdannut. Minulta meni vuosia sen miettimiseen, kuka hän on, kunnes muistin lapsena näkemäni elokuvan *Kivinen kukka*. Se oli satumaisen ihana ja jäi unohtumattomasti koulutytön mieleen. Käärmejumalattareni alkoi mielestäni muistuttaa elokuvan keskeistä henkilöä Vaskivuoren emäntää ja hänen kiveen louhitun temppelinsä jalokivin koristeltuja saleja. Voi olla, että kuvittelemani hahmo on kuitenkin oma luomukseni.

Ei vaadi paljon mielikuvitusta keksiä käärmejumalatar, sillä maailmassa on paljon hänen kanssasisariaan. Jumalatar esiintyy käärmeenä tai käärme jumalattarena. Egyptin mytologioiden kuvissa tunnetuimmat esimerkit ovat olentoja, joissa on sekä käärmeen että jumalattaren piirteitä. Mitä Vaskivuoren emäntään tulee, niin hän osasi muuttaa itsensä käärmeeksi, mutta ei kuitenkaan elokuvassa tehnyt sitä.

Häkkyröiden jumalatar

Häkkyröiden jumalatar ja hänen häkkyränsä syntyivät maaliskuussa 1994 Helenan ryhmän kurssilla. Häkkyrä sai alkunsa visualisoinnista, jossa meidän piti hengitystä seuraillen nähdä kolmio. Sen jälkeen oli määrä ajatella meitä vastapäätä jokin valo-olento – valitsin Valon jumalattaren – ja ottaa chakrojen kautta tämän valoenergiaa ja lopulta sulautua valoon. Harjoitus jatkui monivaiheisena.

Ehkä viikkoa myöhemmin palasin kotona kolmion visualisointiin. Hengitystäni seuraillessa kolmio vaihtui neliöksi; ylhäällä oli yksi kulma, alhaalla toinen ja kahta muuta pitelin hyppysissäni. Kolmioita muodostui tavallaan kaksi, kun hyppysteni välinen neliön halkaisija oli samalla kahden kolmion yhteinen pitkä sivu. Odottamatta kuvio muuttui kolmiulotteiseksi. Kolmioita oli ehkä kahdeksan ja niiden pitkät sivut muodostivat akselin. Häkkyrä pyöri, kun siihen puhalsi. Valon jumalatar istui vastapäätäni. Hän puhalsi ja häkkyrä alkoi pyöriä. Häkkyrä oli tummanpunainen mutta sen akseli oli keltainen, kuin säteilevä valo.

Ei mennyt aikaakaan, kun mielikuvitukseni loi Häkkyröiden jumalattaren ulkomuodon ja vaatteetkin. Kuvasta näkyy miltä hän näytti. Pään päällä hänellä oli kolmio ja sen varassa suuri katseleva silmä, joka liikkui yhtä kevyesti kuin ihmisen silmä. Piilotajuntani oli varmastikin lainannut Jumalan silmä -aiheen kristillisestä kuvastosta.

Häkkyrät eivät olleet mitä hyvänsä lasista tehtyjä avaruusgeometrisia esineitä. Niillä oli vakava tarkoitus. Niistä virtaa voimaa tai voimallista valoa, tarvittaessa elämänvettä – jumalatar synnyttää niitä päälaellaan olevan silmän takana olevan aukon kautta. Hän istuu taivaalla sijaitsevassa temppelissään valtaistuimella synnyttämässä häkkyröitä. Niissä olevaa elämän nestettä hän lahjoittaa tarvitseville ihmisille. Neste valuu tarvitsijan sormen kautta hänen sisälleen virkistävänä humauksena. Sain vierailla hänen luonaan.

Kuutar

Kuu ja lähes kaikki mikä siihen liittyy, on oman mytologiani tärkein aihe, ei ainoastaan aihe vaan sellaista, jota voin sanoa persoonalliseksi. Niin suuresti se on koskettanut minua. Kuvissani, ei kuitenkaan miespuolisia olentoja esittävissä, se on lähes alusta alkaen ja melkein aina ollut läsnä; kuu on mytologioiden mukaan aina yhteydessä feminiinisiin hahmoihin.1§

22.h.

Piirsin ja maalasin kuviini taivaalle nousevan eli alkavan kuun sirpin, ajattelematta tai todella tietämättä sen symbolimerkitystä: alkavan kuun sirppi on sukukypsään ikään tulleen neidon, mielestäni myös nuoren naisen taivaallinen tunnus. Minusta tuntuu siltä, että se on täynnä lupauksia, joten se sopii myös myöhempää ikää elävälle.

Niihin aikoihin, kun olin sairastunut syöpään, opin ettei alkavan kuun sirppi sovi minulle eikä kuvilleni. Olin nimittäin niitä piirrellessäni reippaasti ohittanut keski-ikäisen naisen iän ja täyden kuun vaiheen ja siirtynyt viimeiseen, vähenevän kuun vaiheeseen. Tämä ei ollut vain kuva-asia, vaan psyykkinen järkytys: en ollut laisinkaan elänyt aikuisen naisen ja täyden kuun vaihetta! Olin hypännyt sen ylitse suoraan vanhenevan naisen ikään ja kuun vähenevään vaiheeseen. Tällaiselta tuntui aikoinaan, mutta nyt asia ei tuota minulle ahdistusta. Kuviin olen siitä pitäen piirtänyt vähenevän kuun. – Kuun sirppi osoittaa, että kuu on ollut minulle tärkeä, sekä se joka näkyy taivaalla että se jonka sijoitan kuviini.

Kuu oli ensi alkuun vain kuvien hahmo. Hän oli Äiti Kuu, selvästi äitihahmo. Ja pian tuntiessani itseni hyvin sairaaksi ja surkeaksi ja itsekeskeiseksi piilotajuntani loi lohdutuksekseni Kuuttaren. Hän ei ehkä ole sukua Yön valon jumalattarelle muuten kuin että kuun paiste on kummankin valoa. Kuutar on selvästi jumaluus. Hänellä on kasvot vähenevän kuun sirpin sisäpuolella, joko pyöreinä kasvoina tai profiilina. Hänellä on pitkät hopealle hohtavat hiukset ja suojelemaan ojentautuvat säteet, jotka toisinaan päättyvät säteisiin. Hän oli ihana olento. Kerran meditatiivinen näkyni, jonka aikana tunsin itseni hyvin onnelliseksi, alkoi näin:

> Näin taivaan täynnä tähtiä ja kuun. Kuu huokui minulle kirkasta hopeista valoa ja pian se täytti minut kokonaan. Valo oli hyvin painavaa nestettä joka liikahteli sisälläni. Kuusta astui Kuutar kuunsädettä pitkin ja näköjään oli tulossa minun luokseni. Tällä kertaa hän oli kovasti Yön valon jumalattaren näköinen.

Kuutar pysyi kauan luonani, sillä hän suojeli minua, kuvien piirtäjää, äidillisellä tavalla. Olin jopa mustasukkainen, jos piirsin hänet osoittamaan hellyyttä jotakuta toista kohtaan. Tällainen suhtautuminen piilotajunnan luomukseen oli liian suurta eläytymistä. Lopulta hän lakkasi ilmaantumasta mielikuviini.

Jo lokakuussa 2009 olin analysoinut Kuutar-mielikuvaani tällä tavalla:

> Kuutar ja yhteys häneen on primitiivistä mytologiaa, jota sisäolioni suosii. Piilotajunta on kummallinen. Muutenhan pidän kuuta taivaankappaleena samaan tapaan kuin planeettoja ja tähtiä ja se kiinnostaa minua samaan tapaan kuin kaikki konkreettinen tähtitiede, joka tosin on vaikeaa.

Kun katselen kuuta taivaalla, en tule edes ajatelleeksi, että se olisi yhteydessä minuun salaisella mystisellä tavalla. Kun piirrän, side on luja.

***

Vaikka minulla on ollut näitä jumalattaria, en ole kuitenkaan koskaan kokenut itseäni, tai alitajuntani ei ole pitänyt minua, jumalattarena. Välillämme on silti ollut yhteys, joskus olemme jopa koskeneet toistemme käsiä. Jumalattaret ovat ilmestyneet kuviini ja näkyihini itsestään, ilman että olisin houkutellut heitä näkösälle.

Se, että he ovat varsin helposti nousseet piilotajunnastani osaksi tajuntaani, osoittaa että minulla on ollut kanava auki kohtaamaan ei-todellisen maailman olentoja. Jumalattareni ovat kaikki omia luomuksiani, jotka ovat kuin helmiä jumalattarien pitkässä ketjussa, ehkä myös minä.

***

Minulle on mysteeri, miksi mieleni on ihastunut Jumalattareen. Ryhdyin keräämään aineistoa jumalattarista toistakymmentä vuotta sitten luodakseni kuvieni hahmoille taustaa, josta käy ilmi heidän omintakeisuutensa mytologian suuressa maailmassa. Kuukausia kestänyt intensiivinen pohdiskelu ja takamuksen puuduttava istuminen tuottivat tekstiä aivan liian paljon tähän yhteyteen ja suuri osa piti hylätä. Työ ei kuitenkaan mennyt hukkaan, sillä olin oppinut paljon ja tiesin nyt suunnilleen, mikä on jumalatar. Silti tiedon tiivistäminen sopivampiin mittoihin tuntui ylivoimaiselta. Lohduttauduin muistelemalla edesmenneen teatteritieteen professorin Timo Tiusasen mietteliästä toteamusta: "Taustatyö on kuin pölyä, joka laskeutuu tutkijan harteille".

Taustaa

Usko yliluonnollisiin olentoihin ja voimiin sekä luottaminen siihen, että niihin voi vaikuttaa, on perusinhimillinen ominaisuus. Kivikauden ihmiset halusivat turvata hedelmällisyyden. Hedelmällisyyttä vaalivan henkiolennon – ei ehkä vielä voi puhua jumalattaresta – ajateltiin olennaisilta merkeiltään olevan naisen kaltainen. Niin pitkälle kuin ihmissuvun tunnettu historia ulottuu, on jumalatar ollut merkittävä yliluonnollisen maailman olento. Hän on uuden elämän synnyttäjä, äiti, hedelmällisyyden jumalatar. Häneltä on pyydetty siunausta ja yhä vielä häntä palvotaan siellä missä ihmiset ovat onnistuneet säilyttämään kosketuksensa luontoon. Hän on uskomusten ja tarinoiden hahmo.

Monen nimisten hedelmällisyyden jumalattarien tehtävänä oli huolehtia ihmisten ja eläinten hedelmällisyydestä ja taruista päätellen erityisesti maan viljavuudesta maanviljelykulttuurissa. Miehen osuutta lapsen syntymässä ei ymmärretty ja yhtä suuri mysteeri oli eläinten poikiminen, vaikka ne olivatkin äärimmäisen tärkeitä ilmiöitä.

Vaikka hedelmällisyyden jumaluudet ovat yleensä jumalattaria, niiden joukossa on myös muutama miespuolinen, kuten Vihreä mies ja roomalaisten Priapos, hedelmällisyyden jumala, joka kuvattiin penis erektiossa. Vihreä mies on yksi voimakkaimmista hedelmällisyyssymboleista. Hän edustaa miesenergiaa, joka hedelmöittää maan elämällä, mutta on itse tuhoutumisen ja uusiutumisen ikuisessa kiertokulussa.

Ei oikeastaan ole kummallista, että maailma on monien tarinoiden ja uskomusten mukaan naissyntyinen. Uroslinnut eivät muni eivätkä miehet ja heidän ylimaalliset vastineensa, jumalat, synnytä jälkeläisiä. Juutalaisten ja kristittyjen luojajumaluuteen tämä ei päde, ei myöskään jorubojen juopotteleviin jumaluuksiin. Voitaneen silti puhua feminiinisestä elämän voimasta, vaikka Anna-Leena Siikalan mukaan "naissyntyisyys ei kansainvälisessä mytologiassa ole alkuolentojen välttämätön tai edes tavanomainen piirre". Se poikkeaa indoeurooppalaisten mytologioiden perinteistä ja suomalaisen folkloren lukuisat naishahmot, kuten Ilmatar, Pohjolan emäntä ja tytär, Päivätär ja Kuutar, ovat herättäneet kummastusta. Sen sijaan Suuren jumalattaren kaltaista hedelmällisyyden jumalatarta ei muinaissuomalaisessa ajatusmaailmassa näytä olleen.

Jumalattaren varhaishistoriaa

Laajalta alueelta Euroopasta, Ranskasta ja Espanjasta itään Ukrainaan saakka on arkeologisissa kaivauksissa löydetty tuhatkunta pyylevää naista esittävää luusta tai kivestä veistettyä pienoispatsasta. Nämä seudut olivat jääkauden aikana jäänreunan eteläpuolella. Veistokset on ajoitettu paleoliittiselle eli vanhalle kivikaudelle ja niistä vanhimmat on kirjallisuuden yleisen näkemyksen mukaan valmistettu 27 000 – 26 000 eaa. 2000-luvulla tehdyt kaivaukset antavat aiheen lisätä niiden ikää vähintään 10 000 vuodella.

Näitä figuureja tavataan nimittää Venuksiksi; tämä nimi annettiin aikoinaan Itävallan Willendorfista löytyneelle pikkupatsaalle. Hahmojen muodot ovat varsin täyteläisiä. Etenkin rinnat, reidet, pakarat ja vatsa ovat suuria, kun sen sijaan jalat, kädet ja pää ovat vähäpätöisen pienet. Päässä ei aina ollut edes kasvoja. Tutkijat ovat nykyään yksimielisiä siitä, että figuurit esittävät raskaana olevaa, naisen kaltaista olentoa. Raskauteen, synnytykseen ja ravitsemiseen liittyvät ruumiinosat antavat niille äidin merkityksen. Ne esittävät äitijumalatarta, hedelmällisyyden jumalatarta, jonka esikuvana on ilman muuta ollut nainen. Mahtoiko kivikaudella edes olla kovin lihavia ihmisiä? Patsaita on ehkä käytetty rituaaleissa, joilla pyrittiin varmistamaan ihmisten ja saaliseläinten, koko luomakunnan hedelmällisyys.

Mikä yhteys niillä mahtaa olla luolataiteeseen, jonka tunnetuimmat esimerkit ovat Lounais-Ranskassa ja Pyreneiden niemimaan pohjoisrannikon lähellä? "Jääkauden taiteeksi" nimetyn taiteen vanhimmat esimerkit lienevät vuoden 20 000 eaa. tienoilta, mutta vasta viitisen tuhatta vuotta myöhemmin alkoi tämän taiteen kukoistus. Kuvia tehtiin aikojen saatossa lisää ja aiempien päälle. On maalauksia, ääriviivapiirroksia, kivisiä reliefejä ja sormella kosteaan luolanseinään muotoiltuja viivoja ja kuvia. Luolataidetta ei Lounais-Euroopassa enää ole luotu jään alettua sulaa noin 11 000 eaa.

Taiteilijat kuvasivat enimmäkseen saaliseläimiä, vähemmän ihmisiä ja harvimmin naisia, joskin on myös hahmoja, jotka voivat olla joko miehiä tai naisia. Rehevää naistyyppiä edustaa sentään "Lausselin Venus" -reliefi, joka on irrotettu alkuperäisestä paikastaan ja siirretty museoon. Muutamien luolien seinillä naisen häpyä esittäviä piirroksia tai uurroksia – kuin V-kirjain jonka kärjestä nousee pystyviiva – mikä viittaa hedelmällisyyteen ja hedelmällisyyden jumalattaren palvontaan. Uskonto oli muutoin šamanistinen.

Luola- ja kalliotaide antaa viitteitä siitä, että varhaiskivikaudella väki eli metsästyksellä ja varmaan, että äitijumaluudella oli tehtävänsä hedelmällisyyden jatkuvuuden takaajana. Elämä syntyi jumalattaren kohdun kautta. Ulla-Leena Lundberg kertoo teoksessaan Metsästäjän hymy tuntemuksistaan Irlannissa astuessaan sisälle valtavien hautaröykkiöiden uumenissa oleviin hautakammioihin. Kulkiessaan pitkää ahdasta käytävää pitkin hänestä tuntui kuin hän olisi palannut kohtuun ja kun hän palasi ulos, hän tunsi kuin syntyvänsä. Hän ei ole yksin tämän ajatuksen kanssa.

Paleoliittinen kivikausi päättyi Euroopassa n. 8000 eaa. Sitä seurasi mesoliittinen kivikausi vuoden 5000 paikkeille eaa. Tämän jälkeen alkoi neoliittinen kivikausi, jota seurasivat metallikaudet. Ajoitukset ovat epämääräisiä, koska uudet tekniikat omaksuttiin eri aikaan eri seuduilla.

Nuorempi kivikausi

Paleoliittisen kivikauden jälkeen siirryttiin vähitellen eräkulttuurista maanviljelyyn ja myöhemmin myös karjanhoitoon. Arkeologisesti tärkeässä Anatoliassa, nykyisessä Turkissa, myöhempi kivikausi alkoi viimeistään vuoden 7500 tai 7000 eaa. paikkeilla. Miehet metsästivät yhä, naiset viljelivät maata sekä hoitivat lapset ja kodin. Oli opittu valmistamaan keramiikkaa.

Siellä Catal Hüyükissa tehtiin 2. maailmansodan jälkeisinä vuosikymmeninä laajoja arkeologisia kaivauksia. Löydettiin kokonaisia asuinalueita ja terrakottaveistoksia, jotka näyttivät osoittaneen hedelmällisyyden jumalattaren tärkeydestä yhteisölle. Patsaita tehtiin ilmeisesti jo 7000-luvulla eaa. Liettualais-yhdysvaltalaisen arkeologin Marija Gimbutasin mukaan pienoispatsaat esittävät Jumalatarta ja hänen papittariaan. Hahmoja käytettiin vuodenaikaisten tai muiden riittien yhteydessä. Naisenkuvat ovat erittäin lihavia. Raskauteen viittaavia ruumiinkohtia on erityisesti korostettu – jos hyvin täyteläisestä vartalosta raskauden voi havaita – mutta hänellä on nyt myös kunnollinen pää sekä kädet ja jalat.

Miestä esittäviä veistoksia ei ole juuri löytynyt. Miestä ja miehistä voimaa edusti härkä. Hedelmällisyyden jumalattaren tuli huolehtia maan ja karjan sekä metsän ja veden elävien hedelmällisyydestä, sillä elossapysyminen oli siitä riippuvainen. Oli syytä antaa hänelle kuuluva arvostus rituaaleissa. Kaiken kaikkiaan neoliittiajalta tunnetaan Wikipedian mukaan yli 20 000 jumalatarhahmoista veistosta. Maltalla ja sen naapurisaarella on hiekan alta kaivettu päivänvaloon hyvin suurista kivistä rakennettujen temppeleiden raunioita. Pyhäkköjen muurien sisäpuolella huoneiden muoto ja sijainti tilassa tekevät pohjakaavasta jättiläiskokoisen pyöreävatsaisen ihmisen muotoisen. Kaikki näyttää viittaavan jumalattaren palvontaan. Löydetyt pikkupatsaat, joista monet ovat todella pikkuruisia, esittävät hyllyvän lihavia naispuolisia olentoja. Ne ovat ehkä amuletteja tai uhrilahjoja. On säilynyt myös jokunen valtavan suuri hahmo tai sellaisen osa. Tämä tuntemattoman kansan megaliittiarkkitehtuuri on ajoitettu vuosien 4000 ja 2500 eaa. välille. Sen jälkeen rakentajista ei ole havaittu jälkeäkään.

Egyptin esihistorialliselta ajalta on *New Larousse Encyclopedia of Mythology*ssa Venus-tyyppisen Niilin savesta muovaillun hahmon kuva, joka poikkeaa siitä mitä olemme tottuneet pitämään egyptiläisenä. Tigrisjoen itärannalta Samarrasta löydetty istuvaa kasvotonta ja jalkaterätöntä jumalatarta esittävä veistos on ajoitettu 6000-luvulle.

Välimeren itäpuolella jumalattaret on esitetty solakoina, samoin kuin, myöhemmin antiikin taiteessa. Näin on myös Kyproksella. Larnakan Pierides-museon vitriineissä on lukuisia eri-ikäisiä (noin 3900–500 eaa.) ja erityylisiä pieniä naispatsaita, joista jotkut ovat kolmiulotteisia ja jotkut taas litteitä kuin piparkakku valkoisine koristuksineen. Ainakin jotkut niistä esittävät Astartea, foinikialais–kanaanilaista hedelmällisyyden jumalatarta jonka merenkulkijat toivat saarelle. Tähän viittaa se, että joillakin pikkupatsailla on käsivarrellaan lapsi tai jokin kotieläin. Ne ovat ehkä henkilökohtaiseen hartaudenharjoitukseen tarkoitettuja idoleja.

Tyyliltään erilainen on se pelkistetty jumalatarhahmo (n. 3900–2300 eaa.), joka on Kyproksen yhden ja kahden euron kolikoiden kuva-aiheena.

Parhaiten Kypros kuitenkin tunnetaan Afroditen palvonnasta, jonka foinikialaiset toivat Pafokseen. Kultti syntyi jo noin vuonna 4800 eaa. Hän ehkä oli Suuri Jumalatar, jota matkaopaskirjan mukaan palvottiin neoliittikauden lopulla. Palvonnan kohteena oli jumalatarta edustava kivipaasi. Kauniit marmoripatsaat ovat paljon myöhemmältä ajalta.

Kohti historiallista aikaa

Historiallisen ajan katsotaan alkaneen silloin, kun Kaksoisvirranmaassa keksittiin kirjoitustaito. Aluksi se oli kuvakirjoitusta, mutta muuttui verraten pian "oikeaksi", nuolenpääkirjoitukseksi. Sitä tarvittiin virallisten asioiden kirjaamiseen. Vähitellen merkittiin muistiin muutakin. Vanhimmat merkinnät ovat vuoden 3100 eaa. paikkeilta ja täysin kehittynyttä sumerilainen nuolenpääkirjoitus oli noin 2500 eaa. Melko pian seurasivat perässä naapurikansat, kuten akkadilaiset, foinikialaiset, persialaiset ja egyptiläiset. Hieroglyfikirjoituksen edeltäjä syntyi ennen vuotta 3000 eaa. ja aakkoset n. 1000 eaa. Kun myyttejä kirjoitettiin muistiin, saatiin tarkempaa tietoa jumaluuksista. Kreikassa, jonka tarusto on tavattoman rikas, muistiinpanoja tehtiin suunnilleen vuodesta 750 lähtien eaa.

Noin tuhat vuotta aiemmin idän ja etelän suunnalta Välimeren alueelle saapui sotaisia valloittajakansoja omine ajattelutapoineen. Esimerkiksi Aigeianmeren ympärillä 1800-luvulla eaa. tulokkaat syrjäyttivät, ehkä hävittivät alueella asuneen väestön ja siellä vaikuttaneen ns. aigeialaisen kulttuurin 1000-luvun loppuun mennessä. He loivat tilalle sen mikä nykyään tunnetaan kreikkalaisena.

Harrastelijakirjoittajan lähteisiin ei aina voi luottaa. Näyttää kuitenkin siltä, että valloittajien yhteiskuntajärjestys perustui miesten herruuteen. Naisten asema huononi niin, että he olivat lopulta miehen omaisuutta vailla sananvaltaa. Entisenlainen jumalataruskonto sai väistyä.

Asenteita kuvastaa mielestäni hyvin suhtautuminen Heraan, ylijumala Zeuksen puolisoon, joka oli alkuaan ollut suuresti kunnioitettu jumalatar. Häntä ruvettiin pitämään koomisena, koska hän suuttui miehelleen, joka patologisella innolla valloitti vieraita naisia, jumalattaria ja kuolevaisia, ja siitti näille lapsia. Toisaalta myötätuntoa Olympoksen jumalilta ei herunut myöskään Hefaistokselle tämän paljastaessa näille vaimonsa Afroditen uskottomuuden. Kenties oli voimassa malli: saa olla uskoton ja petetyn osapuolen oli tyydyttävä kohtaloonsa?

Uudet jumaluudet syrjäyttivät entisen Jumalattaren, hänen täyteläisen äitijuma-latarhahmonsa. He ovat persoonia, joilla on nimi ja omat tehtävät jumalpanthe-onin jäseninä.

Vaikka naissukupuolelle ei paljon arvostusta liiennyt, niin kreikkalaiset 400-luvulla eläneet yhä kuuluisat draamakirjailijat ottivat päähenkilökseen voimakkaita itse-näisiä ratkaisuja tekeviä naisia. Oli myös vaikutusvaltaisia jumalattaria, kuten Pal-las Athene, Artemis, Demeter ja Afrodite.

Jumalat ovat aika lailla ihmisen kaltaisia, vaikka jumalallisina ovatkin ylivertaisia. Hehän ovat ihmismielikuvituksen luomuksia, uskonnon olentoja, ja ihmisten pi-tää tehdä parhaansa, jotteivät saa päälleen näiden vihaa.

Ihmisen elämä oli kurjaa ja loppujen lopuksi kurjuus oli hänen omaa syytään, kuten osoittaa Pandoran tarina. Hefaistos oli muovannut hänet savesta; Zeus oli tilannut sen, koska ihmiskunta oli tuhottu. Pandoran piti viedä Prometheuksen veljelle lipas. Häntä kiellettiin avaamasta sitä, mutta uteliaisuuttaan hän avasi sen kannen. Silloin sieltä karkasivat maailmaan kaikki sairaudet ja onnettomuudet. Vain toivo jäi jäljelle.

Antiikin jumalattarien elämänvaiheita tutkiskellessa, kun menee riittävän syvälle ja sivuuttaa heidän arkisen jumalattaren tehtävänsä ja edesottamuksensa, huo-maa varsin pian, että he ovat äitejä. Se ei ole kummallista, sillä onhan heidän esikuvanaan nainen ja ehkä myös varhaisempien aikojen hedelmällisyyden juma-latar.

Äitiys ja äidin tunteet paljastuvat kuitenkin vasta kriisivaiheessa, kun lapsi on ai-kuinen ja hänen elämänsä uhkaa päättyä peruuttamattomaan kuolemaan. Sitä ennen he näyttävät eläneen vapaata sinkun tai aviopuolison elämää ilman huolta siitä, mitä lapselle kuuluu. Aina ei edes mainita lapsen olemassaolosta. Sellaisen, ehkä kuitenkin puutteellisen, vaikutelman saa että vain egyptiläinen Isis omistau-tuu lapsensa Horuksen hoitamiselle.

Jumalatar käy tuonpuoleiseen

Jumalattaret tuntuvat heräävän äitiyteen vasta kun he menettävät kuolemalle lapsensa (yleensä poikansa) tai puoliso–rakastajansa (joka voi olla myös hänen poikansa). Yksityiskohdissa on eroavuuksia, mutta suuret linjat ovat samat. Äiti tai leski – esimerkiksi kreikkalaiset Afrodite, Kybele ja Demeter, jonka palvonta tunnetaan Eleusiin mysteereistä – on suunniltaan surusta eikä hyväksy rakkaansa kuolemaa vaan vaatii tämän herättämistä henkiin. Jotkut laskeutuvat tuonpuoleiseen kuten Lähi-idän Ištar ja Inanna. Isis kokoaa Osiriksen ruumiinosat, jotka vallantavoittelija Seth on levittänyt sinne tänne. Kansanrunojemme Lemminkäisen äiti haravoi Tuonelan joesta yhteen Lemminkäisen kappaleet ja, toisin kuin Osiris, tämä herää eloon mehiläisen lahjoittaman hunajan avulla. Lemminkäisruno on vanhan myytin heijastumaa. Yhteys kristilliseen, mytologiaan on selvä. Neitsyt Maria arvattavasti suri, kun hänen poikansa kuolee uhrina ristillä ja iloitsee tämän herättyä elämään.

Vetoomukset auttavat, ja jumalattaren lapsi tai puoliso herää kuolleista. Mitä tämä tarkoittaa? Myytti kuvaa luonnon heräämistä kasvuun keväällä, viljan ja muun ruuan kasvun alkua. Jumalatar on hedelmällisyyden jumalatar ja joutuessaan eroon rakkaastaan hän ei jaksa hoitaa tehtäväänsä ja maa ehtyy. Tapahtumasarja toistetaan vuosittain vietettävissä riittijuhlissa. Niistä ovat kehittyneet joillakin seuduilla yhä vietettävät kylvöön ja sadonkorjuuseen liittyvät juhlat. Elämä jatkuu vuodenaikojen kierron tahdissa.

Pellon ja karjan, miksei myös ihmisen, ja varsinkin aikaisemmin metsän elävien hedelmällisyys on aina ollut tärkeää. Sen huomaa ikivanhoista uskomuksista ja myyteistä. Piti myös olla tietty tasapaino, että ruoka riittäisi kaikille. Myyteissä kerrotaan väestön määrän hillitsemisestä esimerkiksi vedenpaisumuksella, mutta koska se ei myytin mukaan täysin onnistunut muinaisessa Babyloniassa, Enki-jumala loi hedelmättömiä naisia ja keksi lasten kuolemisen nuorina. Tämä lienee äärimmäisen kova myytti, mutta se kuvastaa hyvin elintarviketilannetta Välimeren itäpuolen vähäsateisilla alueilla. Sateenjumalat eivät pyynnöistä huolimatta auttaneet hedelmällisyyden jumalattaria.

Tällaiset tarinat saattoivat olla vallanpitäjien tietoista politiikkaa: vastuu kansan elinolojen kurjistumisesta työnnettiin jumalille ja alamaisille, jotka ehkä eivät olleet hoitaneet uskonnollisia velvollisuuksiaan riittävällä hartaudella.

Ajanlaskun vaihde

Jumalolentojen epäonnistuminen saattoi johtua siitä, että heihin alettiin suhtautua epäuskoisesti kun ajanlaskujen vaihde lähestyi. Politiikalla ohjailtiin uskomuksia. Lääkärit hoitivat potilaita lääketieteen jumalan Aisklepioksen kulttiin kuuluvissa sairaaloissa ja tekivät ohessa bisnestä. Moraali oli höltymässä ja usko jumalattarien jumalallisuuteen oli häviämässä. Afroditesta, tyypillisestä hedelmällisyyden jumalattaresta, tuli eroottisen rakkauden jumalatar. Hänen palvontaansa joissakin paikoin kuulunut uskonnollinen temppeliprostituutio muuttui puhtaasti seksuaalisia haluja tyydyttäväksi bordellitoiminnaksi.

Roomalainen kirjailija Lucius Apuleius, joka eli 100-luvulla jaa., pilkkasi pippurisella tavalla jumalia. Hänen *Amor ja Psykhe* -sadussaan Venus on inhottava akka, joka ei voi sietää poikansa rakastettua, koska tämä on kauniimpi kuin hän. Se ei liene ainoa esimerkki jumalattarien rienauksesta. Mielikuvituksen luomia hahmoja, taruston henkilöitä, ei varmasti ollutkaan syytä ottaa haudanvakavasti. Monet roomalaiset olivat maallistuneita, joskin taikausko rehotti.

Välimeren itäpuolella kehitys noudatti osittain erilaista linjaa, vaikka silläkin oli nähtävissä jumaluuksien riisuminen perinteisestä arvostaan. Tähän vaikutti heprealaispaimentolaisten saapuminen etelästä päin Kanaanin "luvattuun maahan" 1200-luvun eaa. alusta lähtien. Heidän uskontonsa oli jyrkän yksijumalinen Jahven uskonto ja heidän karismaattiset profeettansa olivat eteviä sananjulistajia, jotka tekivät työtä vierottaakseen kansan "epäjumalien" palvonnasta. Tämä ei kuitenkaan ollut ihan helppoa, sillä israelilaisia miellyttivät alkuperäisväestön jumaluudet, kuten jumalien äiti Ashera sekä hänen tyttärensä, hedelmällisyyden ja rakkauden jumalatar Astarte ja hänen poikansa Baal, joka oli sekin hedelmällisyyden jumala. Erityisen paha oli se, että jumaluudet olivat pariskuntia ja rakastavaisia. Rakkauden jumalattaren Ištarin ja hänen papittariensa prostituutiolla oli palvottu hedelmällisyyttä. Hänet nimettiin paheellisen Babylonin suureksi portoksi. Lilithistä, joka myytin mukaan oli Aadamin ensimmäinen vaimo, tehtiin demoni. Lilith oli sopimaton puoliso, koska hän ei suostunut makaamaan miehensä alla.

Viimeisinä vuosisatoina ennen ajanlaskun vaihtumista Välimeren alueella alkoi kehittyä yhtenäiskulttuuri, joka oli melko maallinen. Valtapolitiikan ote voimistui. Aleksanteri Suuren valloitettua meren itäpuoliset alueet Egyptiä myöten niistä tuli osa Kreikkaa ja parin vuosisadan jälkeen valta siirtyi Roomalle. Roomalaiset eivät yleisesti ottaen olleet enää järin uskonnollisia eikä jumalolentojen suuri määrä ja niiden vaatima palvonta innostanut entiseen tapaan. Antiikin myytit ja uskonnot -kirjan mukaan mielikuvitustarinat jumalien ja jumalattarien edesottamuksista eivät vakuuttaneet skeptikkoja.

Tämä teki tilaa juutalaisuudelle ja kristinuskolle. Yksijumalaisuus oli "teknisesti" helpompaa. Ei voi silti olla hämmästelemättä, miten helposti uusi uskonto vakiintui. Jeesus oli lähtöisin kansan parista ja karismaattisuudellaan hän vaikutti voimakkaasti kuulijoihin. Ja muilla, jotka julistivat hänen opetuksiaan, oli sana hallussaan. Naisille hekään eivät ajan hengen mukaisesti antaneet arvoa, naiseus hävitettiin. Vanhaa ja Uutta Testamenttia leimaa vihamielisyys naisia kohtaan.

Mutta jopa Vanhan Testamentin Jahvella oli kuitenkin puoliso. Hän ei ollut mikään tuuheapartainen vanhapoika, jollaisena hänet yleensä kuvitellaan. Israelilaiset pitivät häntä Asheran, voimakkaan äitijumalattaren puolisona. Pyhiä tekstejä, myös Vanhaa Testamenttia, tarkasti lukiessa löytyy merkkejä jumalan puolisosta. Shakrukh Husainin *The Goddess* -kirjan mukaan pyhissä kirjoituksissa on "kuin hunnun taakse piilotettuna viittauksia siihen, että Jumalalla oli myös naisellinen puoli." Sananlaskujen 9. luvussa esiintyy yksikön kolmas persoona "hän" ja siihen liittyvä possessiivisuffiksi. Suomen kielessä tästä ei käy ilmi sukupuoli samalla tavalla kuin esimerkiksi ruotsissa. Niinpä viisauden feminiinisyys ei käy ilmi suomenkielisessä Raamatussa.

Muuallakin Raamatussa ja myös apokryfikirjoissa pilkahtaa esille Jumalan naiskumppani. Talmudin Viisaus oli Jumalan ilmentymä, jonka "läsnäolon ihminen tuntee, vaikkei häntä näe eikä kuule". Tämä naisellinen olemus, jonka vain aavistaa, on mitoiltaan ääretön ja sen kirkkaus on häikäisevä. Hän on kaiken yläpuolella oleva Viisaus, jonka nimiä Husainin mukaan ovat myös Shekhina, Hokhma ja Sofia. Hän oli myös parantaja ja lohduttaja ja hän asui Jerusalemin temppelissä. Häntä Kunnioitettiin Jahven ruumiittomana puolisona, ja ruumiiton, ainakin näkymätön lienee myös Jumala. Tämä naispuolinen jumalolento, jonka läsnäolon voi vain tuntea, ei ole kadonnut. Hänestä tuli Jumalan tai Marian ominaisuus, Viisaus.

Teoksessaan *Kuvien kieli* Pentti Lempiäinen toteaa, että Sofia ja Maria samastettiin: "Mariasta tuli taivaallisen viisauden ilmentymä" ja "Jeesus-lapsi sylissään hän pääsi viisauden valtaistuimelle." Myös tämä osoittaa mielestäni, ettei naisjumaluus ollut kadonnut. Se oli piilossa ihannoidun Marian, Jeesuksen äidin, takana.

Maria oli paitsi Jumalan pojan äiti myös kirkko ja taivaallinen ruusu. Keskiajan Euroopassa rakennettiin hänelle omistettuja katedraaleja, jotka koristettiin loisteliailla ruusuikkunoilla ja muilla lasimaalauksilla. Niissä kuvattiin pyhiä henkilöitä ja tapahtumia. Täältä löydämme myös Sofian filosofian henkilöitymänä pää pilvissä, yhdeksänaskelmaiset tikkaat edessään, toisessa kädessä kirja ja toisessa valtikka. Filosofina hänet on ikuistettu ainakin Chartresin ja Pariisin katedraaleissa. Kuvat ovat 1200-luvulta. Häntä ympäröivät seitsemän tiedettä, jotka myös on esitetty naisina. Bysantin ja ortodoksisen kirkon piirissä Sofia on kaikkina aikoina säilynyt Pyhän Sofian kirkkojen nimissä (Hagia Sofia) ja ikoneissa.

Keskiajalta tapaamme myös Shekhinan. Hän on kabbalan viisas matroona. Kabbala on juutalaisuuteen syntynyt mystinen oppi.

Koska jumalatar on nainen, on uskottavaa että naiset ovat tunteneet hänet läheiseksi. Hänen uskotaan ymmärtävän naisen ajattelutapaa ja tunteita (onhan jumalatar ihmisen aivojen luomus). Hän on tukena synnytyksen vaikeina tunteina suojelemassa äitiä ja lasta.

En tiedä, miksi tästä asiasta ei lähdekirjoissani juuri kerrota. Ehkä synnytyksen suojelu on niin itsestään selvää, ettei ansaitse tulla mainituksi. Mutta koska jumalattaren mallina on nainen, niin toki myös hänen ruumiinsa ja mielensä ovat yhtä sen kanssa, mitä naiselle tapahtuu.

Egyptiläisillä sentään oli virtahepojumalatar Taweret, synnytyksen, äitiyden ja imetyksen Suuri jumalatar. Hänet on kuvattu takajaloillaan seisomassa ja hän näyttää kuvissa turvallisen sympaattiselta. Kristillisessä maailmassa auttajan roolin on saanut Neitsyt Maria, josta esimerkkinä olkoot hänelle esitettyjen rukousten aloitukset: "Neitsyt Maaria emonen, pyhä piika taivahinen..." tai "rakas äiti armollinen...". Sen jälkeen kerrotaan asia, johon apua pyydetään.

Mitä kuuluu Jumalattarelle nykyaikana? 1970-luvulta lähtien vaikuttanut feministinen liike innostui hänestä kovasti. Siihen vaikuttivat kahden arkeologin esittämät näkemykset kivikauden yhteiskunnista. Liettualais- amerikkalainen Marija Gimbutas oli tehnyt kaivauksia paleoliittiseen kivikauteen ajoittuvista yhteiskunnista ja englantilainen James Mellaart oli tuonut päivänvaloon Çatal Hüyükin neoliittisen sivilisaation. Kaikki näytti viittaavan siihen, että ihmiset olivat eläneet rauhanomaisesti, yhteiskunta oli matriarkaalinen ja uskontona oli jumalattaren palvonta. Tämä entinen hyvä lakkasi, kun idästä saapui sotaisia valloittajakansoja.

Uuden naisliikkeen piirissä iloittiin siitä, että kerran kauan sitten oli Riane Eislerin mukaan vallinnut sukupuolten tasa-arvoon perustuva "kumppanuusyhteiskunta", ei "herruusyhteiskunta". Sykähdyttävää oli myös, että uskontona oli ollut Jumalattaren palvonta. Optimistisimmat ovat koettaneet elvyttää ikiaikaisen vanhan yhteiskuntamuodon Jumalattaren. Entiseen kulta-aikaan ei kuitenkaan ole paluuta, sillä miesten valta-asemaan perustuvat "herruusyhteiskunnat" ovat musertavan vakiintuneita.

Mitä muuta Jumalattarelle kuuluu? Arvattavasti hän on voimissaan niiden ihmisten parissa, jotka elävät omissa kulttuureissaan eristyksissä, nykyisen länsimaisen maailmanmenon ulkopuolella. Näitä "pakanoita" on vain kovin vähän. (Eristy-neistä yhteisöistä vain harvat kuuluvat jumalatarkulttiin)

Vielä kysyn, kuuluuko Jumalattarelle jotain: Onko hän elossa? Luulen että on, mutta piilossa ihmisen psyyken salaisimmissa sopukoissa. Sieltä hän saattaa tulla esille yhtä hiljaa ja lähestulkoon huomaamattomana kuin Jumalan näkymätön Viisaus-puoliso. Itsestäni tiedän, että näin on, enkä varmaan ole ainoa. Jumalat-taren – tai muunlaisen ylimaallisen – läsnäolo on tunnistamaton tunne, joka toi-vottavasti saa näkyvän muodon intuition avulla syntyneessä kuvassa tai näyssä. Ihminen ei ehkä ymmärrä, mitä tämä tarkoittaa, ennen kuin hän syventyy koke-mukseensa sen viestiä keskittyneesti pohtimaan.

Mitä minuun tulee, niin kaikki jumalattareni kertovat halusta olla suojeluksessa, hieman siihen tapaan kuin vieressä kulkisi suojelusenkeli. Enkeleistä minulla ei ole intuitiivista kokemusta.

Ainakin jos on henkisesti oikein virittäytynyt ja huomaamattaan liukunut päivä-tajunnasta mielen yöpuolelle, saattaa nähdä jumalattaren paperilla jolle käsi kuin itsestään piirtää hänen kasvonsa, tai kohdata hänet näyssä. Näin on minulle lu-kuisia kertoja tapahtunut. Näin on käynyt myös monille taiteilijoille, joilla on an-tennit ojossa ottamaan vastaan sisäistä tietoa.

Naiseus ja kuun jumalatar

Kuun jumalattaret ovat naisen sisaria. Samalla tavalla kuu on erittäin tärkeä. Sen on ajateltu olevan yhteydessä naiseen, erityisesti kuukautisiin. Kuukautiskierto on suunnilleen yhtä pitkä kuin kuunkierto alkavan kuun ohuesta sirpistä leveäm-mäksi ja täydeksi ja edelleen kapeammaksi ja lopulta näkymättömäksi. Kuun vai-heet – uusi kuu, täysikuu, vähenevä kuu ja lähes näkymätön kuu – kuvaavat myös naisen elämänkaarta nuoruudesta ja hedelmällisestä iästä vanhuuteen ja kuole-maan. Kuulla on yhteys hedelmällisyyteen. Kreikkalaisilla oli jumalatar kullekin vaiheelle, ja näiden otsalle tai päälaelle kuvattiin kuunsirppi tai täysi kuu. Neitoa vastasi Artemis alkavan kuun sirppi otsallaan, hedelmällistä ikää kuvasi Selena täysikuineen ja vanhaa naista Hekate ilman kuuta, sillä jumalatar katsoo kohti kuolemaa. (Metsästyksen jumalatar nuori Artemis on eri jumaluus kuin Efesok-sessa palvottu samanniminen synnytyksen suojelija ja äitijumalatar.)

Vaihdevuosia elävän naisen vähenevä kuu ei enää katso häntä esimerkiksi masai-kansan kulttuurissa. Nyt naista arvostetaan. Hän on fyysisesti nuoria vahvempi. Ei ole kuukautisvaivoja eikä raskauksien tai pikkulasten hoidon rasituksia.

Jumalatar, nainen, hedelmällisyys ja käärme

Lapset ja muut eläinten poikaset ilmestyivät maailmaan emonsa sisältä, kohdusta, joka muistutti käärmeiden outoa ja pimeää olinpaikkaa. Jumalattaren mallina oli ollut nainen. Niinpä käärmeitä ruvettiin pitämään vähintäänkin jumalattaren seuralaisena tai puolisona. Taiteessa jumalattaria on esitetty yhdessä käärmeen kanssa. Myöhemmin, melkein modernina aikana, jotkut nainen ja käärme -aiheiset maalaukset herättävät herkästi mielikuvan pelosta, jonka naisen seksuaalisuus herättää miehessä. Vastaavasti myös naisella käärme liittyy seksuaalisuuden, ruumiillisen rakkauden pelkoon.

Myös maa ja tuonpuoleinen yhdistävät Jumalattaren käärmeeseen, jonka muoto luo mielikuvan falloksesta. Käärme on fallinen luova miesvoima, "kaikkien naisten puoliso", lähes kaikkialla myyteissä yhteydessä raskauteen. Se on jumalatarten ja Suuren Jumalattaren seuralainen, joka kuvataan kiertyneenä näiden ympärille tai on näiden käsissä.

Myytit naisesta, Jumalattaresta ja käärmeestä ovat säilyneet hamasta menneisyydestä nykyaikaan saakka. Järvinen kirjoittaa, että "Vielä 500 eKr. tienoilla israelilaisten Suuri Jumalatar ja Jahven puoliso oli hedelmällisyyttä tuova käärme tai lohikäärme." – – "Seemiläisissä kielissä Eeva-nimi tarkoittaa paitsi 'kaiken elämän äitiä' myös käärmettä. Alkuperäisellä Eevalla oli kumppaninaan Aatamin sijasta käärme, elävä fallos. Eräiden antropologien mukaan käärme esiintyy Nooan arkissa korkeassa asemassa, jopa Jahven, Jumalan symbolina. Tämä ei ole ihmeellistä, kun tiedämme, että Eeva on heprealaisen Jahve-sanan alkumuoto." Käärme ei hedelmällisyyden Jumalattaren seuralaisena ole paha, mutta se ei tunnu sympaattiselta, koska se on Manalan eläin. Käärmeen ja naisen avioliitto esiintyy esimerkiksi kaakkoisaasialaisissa hedelmällisyyskulttiin liittyvissä taruissa. Käärmeen tilalla naisen puolisona saattaa oseanialaisessa tarussa olla ankeriasjumala.

Järvisen mukaan "Käärme oli kuin napanuora, joka yhdisti ihmiskunnan Äiti Maahan." Kivestä tai luusta veistetyt esineet liittyvät Äiti Maan palvontaan. Ihmishahmoinen käärmejumalatar vartioi mm. pyhää elämänlähdettä. "Elämän ytimen uskottiin piilevän munassa, käärmeessä, vedessä ja jumalattaren kohdussa; käärmeen ulkomuoto muistuttaa virtaavaa vettä. – – lähteet ja luolat olivat alkukohtuja." Yhteys veteen on tehnyt käärmeestä hedelmällisyyden vertauskuvan, veden kun on katsottu olevan yhteydessä raskauteen ja synnytykseen. Pohjois-Amerikan intiaaneilla sarvipäinen vesikäärme edustaa veden hedelmällisyyttä, joka saa viljan kasvamaan. Eteläaasialaisen käsityksen mukaan vesi on käärmeiden maailma. Nagat, hindujen käärmejumalat, elävät maan pinnan alaisessa kerroksessa, jossa ne kosteutena edesauttavat maan hedelmällisyyttä.

Naisen – joka on Suuri äiti, kuujumalatar – ympärillä käärme on aurinkosymboli. Yhdessä ne merkitsevät miehen ja naisen välistä suhdetta. Afrikassa käärme, jota koristavat vinoneliöt, on fallinen käärme ja naisen sukupuolielin, siis aurinko–kuu-symboli.

Hedelmällisyydestä, Jumalattaresta ja käärmeestä ei ole pitkä matka seksuaalisuuteen, uutta elämää luovaan viettiin. Antero Järvisen kirjasta käy ilmi, että käärmettä alettiin ajanlaskujen vaihteen tienoilla pitää Jumalattaren puolisona tai rakastajana. Mielikuva syntyi käärmeen pitkän kapean muodon perusteella. Sigmund Freud oli varmasti perillä käärmeen myyttisestä ja symbolisesta historiasta. Hänen naispotilaansa saivat hänet päättelemään, että näiden psyykkiset ongelmat johtuivat paljolti heidän tukahdutetusta seksuaalisuudestaan, mikä tuskin oli yllättävää 1800-luvun naisvihamielisessä yhteiskunnassa.

Freudin mukaan unet ovat oikotie mielen tiedostamattomiin osiin. Psykoanalyysin perustajalle käärme on ennen kaikkea fallinen symboli, joka edustaa penistä ja seksuaalista halua. Käärmeunien freudilainen tulkinta korostaa henkilön suhdetta seksuaalisuuteen ja mieheyteen; miehillä suhdetta omaan miehisyyteensä tai naisilla omaan miesenergiaansa.

Australiassa on paljon myrkyllisiä käärmeitä, joten ei ole kummallista, että niillä on paikkansa mantereen alkuasukkaiden, aboriginaalien, uskonnossa ja siitä aiheensa saaneessa taiteessa. Aboriginaalit tietävät, miten maailma ja ihminen saivat alkunsa "uniaikana". Yksi *Die Göttin* -kirjaan valituista kuvista "esittää synnyttävää naista. Tätä hahmoa nimitetään yleensä 'vanhaksi naiseksi' tai alkuäidiksi, joka saapui Australian pohjoisosaan käärmeen hahmossa ja synnytti kansan esivanhemmat."

Järvinen kertoo, että Amazonin sademetsien anakonda, "Vesien äiti", "Eläinten herra" on paikallisen heimon myyttinen auringosta syntynyt esi-isä. Kuu on sen sisko. Hyötykasvit ovat syntyneet ensimmäisen anakondan tuhkasta. Ihminen syntyi, kun anakonda oksensi ensimmäisen ihmisen kuivalle maalle.

Eläinpuoliso

Oli 17. lokakuuta 2010. Olin asettunut illansuutorkuille, koska nukutti. Siitä huolimatta olin meditaatioharjoituksena aloittanut hengityksen tarkkailun ja ajatellut onnistuisinko visualisoimaan kirkasta valoa ympärilleni. Olin hyvin uninen mutta silti hereillä:

> Siinä hämärissä maatessani huomasin, että jalkopäästäni lähestyi minua iso käärme, enkä ollut vähääkään peloissani. Se nousi säärieni päälle ja liu'utti itseään eteenpäin. Hiukan kyllä jännitti, aikooko se vulvani kautta sisälleni, mielessäni kummittelivat tarujen viettelijäkäärmeet. Toivottavasti ei. Ei se sellaista aikonut, vaan nousi häpykukkulan yli vartalolleni, vatsalleni ja siitä eteenpäin kohti päätäni. Olin kyllä vähän ihmeissäni, enemmän kuitenkin hämmästynyt.

> Se oli musta ja sen iho oli koristettu loistavan sinisin, säihkyvin kuvioin. Ensin ajattelin, että ne ovat jalokiviä. Ne osoittautuivat sinisiksi suomuiksi, joista muodostui eläimen mustalla pitkällä vartalolla ruudun muotoisia täpläkuvioita. Ne kimmelsivät, vaikka oli hämärää.

> Tarkkailin tunteitani: olin tyyni eikä minulla ollut syytä olla peloissani. Ihmettelin rauhallisuuttani, sillä liukuihan päälläni iso raskas käärme. Käsitin, että voin luottaa siihen ja ettei se aikonut tehdä minulle pahaa. Sammuuko käärmefobiani nyt lopullisesti, niin ettei kuvittelukykyni enää määrää mitä ajattelen käärmeestä?

> Käärme oli jo rintani päällä ja lähestyi kaulaani, mikä hetken aikaa huolestutti minua. Se työnsi päänsä vasemmalle hartialleni ja siitä niskani alle ja sieltä sitten oikealle olkapäälleni. Kun se oli päässyt perille, se asettui lepäämään. Päätään se piti siinä, missä ennen leikkausta minulla oli ollut rinta. Minusta ei tuntunut pahalta maata pitkä musta käärme vartaloni päällä ja kaulani ympärillä.

> Nukahdin.

Kuten lähes aina, myös nyt mielikuva ilmestyi sisäisten silmieni eteen odottamatta. Hämmästelin tyyntä suhtautumistani käärmeeseen. Ennen kuin nukahdin, näyn aikana, mietin, onko kyseessä jokin freudilainen seksuaalijuttu vai onko se jotain, mikä liittyy käärmejumalattariin, mikä kyllä sekin kirjojen mukaan liittyy sukupuolisuuteen. Edustaahan jumalatar yleensä hedelmällisyyttä. Käärmepuoliso tavataan kansansaduissa ja -tarinoissa ainakin antiikista lähtien, ja afrikkalaisissa vodou-uskonnoissa se on yhä elävää perinnettä.

Taustaa

Suomalaiset kansansadut tietävät, että käärmeen ja ihmisen kanssakäymisestä syntyy sisilisko, käärmeen äpärälapsi, huorinpenikka. *Die Göttin* -kirjassa esitetyn kreikkalaisen myytin mukaan "Suuri äiti" Eurynome syntyi muodottomasta syvyyden kaaoksesta. Hän tanssi pimeydessä ja hänen liikkeensä loivat tuule, jonka hän puristi Ophion-käärmeeksi. Ophion himoitsi Eurynomea, joka lopulta antautui ihailijalleen. Eurynome tuli raskaaksi, muutti itsensä kyyhkyseksi ja muni munan, jonka ympärille Ophion kiertyi hautomaan. Tästä alkumunasta syntyi kaikki. Ylijumala Zeus yhtyi rakastettuunsa esimerkiksi kultasateena, pilvenä, joutsenena, härkänä ja myös omassa hahmossaan.

Kun merkittävä ihminen, kuten uskonnon luoja, ilmaantuu maailmaan, hänet ja myös hänen äitinsä puetaan ihmeiden viittaan. Esimerkiksi Buddhan äiti oli nähnyt unta, että hänen kyljestään meni sisälle valkoinen norsu. Kun raskausaika päättyi, prinssi Siddhartha Gautama, tuleva Buddha eli 'valaistunut' syntyi äitinsä kyljestä ja kätilöinä oli kaksi jumalatarta. Siddhartha ja hänen äitinsä olivat historiallisia henkilöitä.

Monia käärmepuoliso-tyyppisiä satuja tunnetaan Euroopassakin. Amor rakastuu Psykheen ja on vain öisin tämän luona ihanalta vaikuttavana miehenä, jota ei saa katsoa. Psykhe tulee uteliaaksi ja kateelliset sisaret yllyttävät katsomaan: varmaan mies on kauhea käärme. Öljyä tipahtaa Amorin rinnalle ja hän häviää. Vain suurella vaivalla Psykhe saa puolisonsa takaisin.

Kaunotar ja hirviö -tyyppisessä sadussa tytön pitää oppia rakastamaan käärmettä. Hän ei saa paljastaa, mikä puoliso on. Viime hetkellä tyttö saapuu takaisin ja käärme muuttuu prinssiksi.

Kolmannessa muunnelmassa tyttö lupautuu puolisoksi vedestä nousseelle vesikäärmeelle saadakseen vaatteensa takaisin. Veneeseen astuttuaan käärme ottaa kuninkaan hahmon kultaisessa veneessä. He asuvat meren pohjassa. Kun tyttö tulee käymään kotona, äiti tappaa käärmeen.

Karhu on monen pohjoisen kansan toteemieläin ja myytti kertoo kantaäidin ja karhun aviosuhteesta. Pohjoisruotsalaisen 1700-luvun tarinan mukaan karhun ja naisen liitosta syntyi poika, Iivana Metvei; myös voguleilla, Pohjois-Amerikan intiaaneilla ja koltilla on samanlaisia uskomuksia. Vastaavia myyttejä on biisonista, kotkasta ja valaasta ihmisen puolisona. Myyttinen uskomus ihmisen ja peuran välisestä parisuhteesta on elänyt kolttasaamelaisten keskuudessa varsin myöhään.

Neitsyt Maria, synnitön sikiäminen ja Jumalatar

Raamatussa kerrotaan, että Neitsyt Maria tuli raskaaksi Pyhästä hengestä ja että hänen poikansa Jeesus sikisi synnittömästi, ilman sukupuoliyhteyttä siis. Se oli Jumalan tekemä ihme, joka on ollut ahkeran spekuloinnin kohteena. Evankeliumien mukaan Maria oli "neitsyt", mutta nykyisin nimityksen oletetaan olleen pikemmin symbolinen kunnianosoitus kuin fyysinen tosiasia.

Maria ja hänen poikansa olivat alusta pitäen suosittuja hahmoja, mihin vaikuttivat paljon antiikin maailman lukuisat äitijumalattaret, joita palvottiin ajanlaskun vaihteen molemmin puolin. Egyptiläisestä Isiksestä, joka kuvataan lastaan imettämässä, tuli yksi Rooman valtakunnan tärkeimmistä jumaluuksista, ja häneltä tämä äidillinen mielikuva lainautui Marialle. Se oli toki luonteva ajatus ilman Isiksen esikuvaakin.

Erityisen merkittävän aseman Maria sai katolisen kirkon piirissä. Maria-kulttiin liittyviä aiheita on kuvattu paljon taiteessa, jolloin ne olivat myös hartaudenharjoituksen osana. Kaikki ei ole peräisin Raamatusta, vaan ne on keksitty Marian ylistykseksi. Aiheiden kirjo alkaa Marian ilmestyksestä ja jatkuu eriaiheisissa kuvissa Mariasta ja Jeesus-lapsesta ja edelleen Mariasta suremassa kuollutta poikaansa, Marian taivaaseen ottamisesta ja kruunaamisesta Taivaan kuningattareksi. Katolinen kirkko empi pitkään, ennen kuin hyväksyi Maria-kultin viralliseksi dogmiksi. Synnitön sikiäminen hyväksyttiin 1854, Marian ottaminen taivaaseen ja kruunaaminen Taivaan kuningattareksi 1954.

Mariasta ei evankeliumeissa kerrota juuri muuta kuin että hän tuli synnittömästi raskaaksi, synnytti poikansa Jeesuksen ja menetti tämän kuolemalle. Nämä ovat varsin yleisiä tapahtumia äitijumalattarien elämässä, jollaisena jotkut Mariaa pitävät.

Mytologia on täynnä vastaavanlaisia esimerkkejä. Äitijumalatar Isis hedelmöitti itsensä lähes kuolleen veli-puolisonsa Osiriksen spermalla. Pallas-Athenen,

sodanjumalattaren, sääressä alkoi kehittyä lapsi, kun epämieluisen kosijan sie-
mennestettä oli roiskahtanut säärelle. Afroditen "äiti" oli vesi, johon hänen kast-
roidun isänsä Uranuksen sukupuolielimet olivat pudonneet. Jumalatar nousi mai-
hin meren kuohuista. Hänen lapsensa Eros ja Priapos saivat alkunsa normaalilla
tavalla. Olihan myös myyttien Jumalatar, hedelmällisyyden jumalatar, tullut kerta
kerran perään partenogeneettisesti raskaaksi. Myyttiset naiset tulevat yleensä
raskaaksi miehettä.

Kalevalassa on kaksikin esimerkkiä "synnittömästä" sikiämisestä. Maailman luo-
misesta kertovassa runossa Ilmatar vain uiskentelee alkuveden aalloilla ja tulee
raskaaksi tuulesta ja merestä. Hänen lapsensa on Väinämöinen, tietäjä iän ikui-
nen. Tässä ei tietenkään ole merkitystä sillä, että Ilmatar maailman luojana on
Juha Pentikäisen Kalevalaisen mytologian mukaan Lönnrotin luomus, jota ei suo-
malaisissa kansanrunoissa tunneta; mallia oli otettu Intian pyhien tekstien eu-
rooppalaisista käännöksistä. Kerrotaan myös Marjatasta, joka syö mättäältä mar-
jan ja synnyttää aikanaan poikalapsen, joka Lönnrotin tulkinnan mukaan on Jee-
sus. Lönnrot kokosi Kalevalaan runoja oman kristillisen maailmankäsityksensä
mukaisesti. Suomessa on kansanrunoja kerättäessä saatu talteen runoja Loviat-
taresta, joka tulee raskaaksi tuulesta.

Jumalatar-osuuden lähdekirjallisuudesta

Jumalattaresta on kohtalaisen helposti saatavana kirjallisuutta myös suomeksi,
usein kylläkin mytologiaa ja symboliikkaa käsittelevien yleisteosten sisällä. Lisä-
tietoja tarjoavia kirjoja voi löytää kirjastoista ja kirjakaupoista, koska mytologia ja
symboliikka kaikenlaisen "syvähenkisyyden" ohella ovat nykyään suosiossa. Ja
onhan myös internet monenlaisine tietolähteineen. Wikipedia on kätevä apu ja
pidän siitä enemmän kuin laajemmista Google-hauista. Tietokonetta käytettä-
essä Wikipedian jutut löytyvät kuitenkin yleensä helpoimmin Googlen kautta.

Koska olen entinen tietosanakirjatoimittaja, suosin hakuteoksia, joissa asiat on
esitetty aakkosjärjestyksessä. Lähdeluettelossa olevista teoksista haluan mainita
joitakin, jotka ovat olleet lähteinä minulle tärkeitä. Jotkin kirjat ovat antoisia,
mutta niistä lukemaani tietoa en luullakseni ole kirjaani laittanut. Ne ovat tausta-
tietona päässäni. Tällaisenaankin artikkeli on sangen laaja.

Biologi Antero Järvisen teoksella *Käärme. Jumalattaresta paholaiseksi* on selvä
yhteys aiheisiini, kuten jo nimestä näkyy. Minun ei liioin tarvitse kertoa omin sa-
noin sitä minkä voi lukea hänen kirjastaan.

Näitä teoksia ovat myös Sinikka Tarvaisen vodou-uskonnosta kertova *Ennen syntiinlankeemusta*. Se todella paneutuu aiheeseen ja on hyvin kirjoitettu. Esihistorialliset Venus-patsaat saivat minut vertauskohtia etsien lukemaan luola- ja kalliotaiteesta. Opin, että sitä on tehty kaikkialla missä ihmisiä on asunut. Ulla-Leena Lundberg kertoo *Metsästäjän hymy* -kirjassaan käynneistään luolissa ja silokallioilla ja kallioseinämien äärellä. Hän pohtii näkemänsä yhteyttä šamanismiin ja pronssikauden toisenlaisiin uskomuksiin. Timo Miettisen ja Heikki Willamon teos *Pyhät kuvat kalliossa* on kirjoitettu ja valokuvattu elämyksellisesti. Astuvansalmen kalliossa on naishahmo jousi kädessään, arvattavasti joku jumalatar. Jos kuvakallioiden ihmishahmoja katsoisi naisen silmin, saattaisi löytyä lisää naisolentoja.

Pakistanilais-englantilaisen Shakruk Husainin teos *The Goddess* (joka minulla on saksannoksena *Die Göttin*) on sisällöltään tiivis opus jumalattarista eri aikoina eri puolilla maailmaa. Se on ollut erittäin tärkeä lähdeteos melkein pökerryttävässä runsaudessaan. Joku miestutkija ei ehkä pitäisi kaikkia esittelyn arvoisina. Husain on kirjoittanut teoksensa feminismin aatteiden innoittamana, mutta hän ei kirjoita julistavalla tavalla kuten Riane Eisler, jonka *Malja ja miekka* teki minut epäileväksi. Wikipediassa on artikkeleita, jotka uuden tutkimuksen perusteella kumoavat Gimbutasin ja Mellaartin esittämiä ajatuksia kivikauden yhteisöistä.

Kirjallisuutta

Painettuja ja www-lähteitä

Adkinson Robert (toim.): *Sacred Symbols. Peoples, Religions, Mysteries* (2009)

Ahonen Heidi: *Löytöretki itseen*. Mielenterveys 1993

Airaksinen Pekka, Koski Roope: *Buddha Amitabha ja läntinen onnen maa* (1994)

Allen Judy: *Fantasiatieto: Keijuista lohikäärmeisiin, velhoista vampyyreihin* (2005)

Anttonen Veikko: *Laulettu runo ja mytologinen tieto*. Teoksessa Kalevala ja laulettu runo (2004)

Apo Satu: *Ihmesadun rakenne* (1986)

Apo Satu: *Naisen väki* (1995)

Armstrong Karen: *Myyttien lyhyt historia* (2005)

Autio Eero: *Karjalan kalliopiirrokset* (1981)

Bahn, Paul G.: *Cave Art: A Guide to the Decorated Ice Age Caves of Europe* (2012)

Bažov Pavel: *Ural-vuorten tarinoita* (1957)

Berliocchi Luigi: *The Orchid in Lore and Legend* (1996)

Biedermann Hans: *Symbollexikonet* (1990)

Boisselier Jean: *Buddhan och vägen till visdom* (1995)

Boyer Marie-France: *Tree-Talk. Memories, Myths and Timeless Customs* (1966)

Burch Vidyamala: *Mielekkäästi irti kivusta ja sairaudesta* (2008)

Cooper Jean C.: *Symboler. En uppslagsbok* (1984)

Cooper Jean C.: *Taoismen* (1992)

Cotterell Arthur (toim.): *Mytologia. Jumalia Sankareita Myyttejä* (2005)

Cotterell Arthur: *Maailman myytit ja tarut* (1991)

Cowen Painton: *Rose Windows* (1992)

Cross Stephen: *Hindulaisuus* (1996)

Dalailama, Cutler Howard C.: *Onnellisuuden taito* (2001)

Dalailama, Hopkins Jeffrey: *Kolme harjoitusta* (2002)

Dalailama: *Maailmankaikkeus atomissa* (2006)

Didrichsen Maria, Kettunen Harri: *Maya III. Life, Death, Time* (2012)

Edvardsen Annu: *Sotalapset* (1977)

Enckell Carolus: *Taiteen henkisyydestä*. filosofiklubi.blogspot.fi

Facta-tietosanakirja: eri artikkeleita

Fontana David: *Symbolernas hemliga språk* (1995)

Freud Sigmund: *Ahdistava kulttuurimme*, lainaukset Hustvedtin teoksessa *Vapiseva nainen.*

Furman Ben: *Perhosia vatsassa* (2014)

Gabrielsson Maarit: *Saven ja tekijän vuoropuhelu*. Keramiikkataiteilija Åsa Hellman haluaa herättää savesta eloon esineen. Vartti 11.12.2011

Ganander Christfried: *Nytt Finskt Lexicon*

Gerhardus Maly & Dietfried: *Symbolism and Art Nouveau* (1979)

Giovenardi Eugênio: *Kielletty mies* (2001)

Gothóni René ja Mahāpañña (Mikael Niinimäki): *Buddhalainen sanasto ja symboliikka* (1990)

Grimm Jacob & Wilhelm: *Lasten- ja kotisatuja* (1946)

Gruschke Andreas: *Mythen und Legenden der Tibeter* (1996)

Gunaratana Bhante Henepola: *Johdatus tietoiseen läsnäoloon* (2002)

Haavio Martti (toim.): *Laulupuu. Suomen kansan tunnelmarunoutta* (1952)

Haavio Martti: *Suomalainen mytologia* (1967)

Haavio Martti: *Väinämöinen* (1950)

Haglund Sanna: *Kun minä kuolen*. ET 19/2012

Hanson Rick, Mendius Richard: *Buddhan aivot* (2015)

Hartnoll Phyllis: *A Concise History of the Theatre* (1968)

Harva Uno: *Suomalaisten muinaisusko* (1948)

Henrikson Alf: *Antiikin tarinoita I & II* (1963)

Hiekkanen Markus: *Suomen keskiajan kivikirkot* (2007)

Hoffmann Ernst Theodor Amadeus: *Kultainen malja* (2001)

Holthoer Rostislav: Artikkelit teoksessa *Muinainen Egypti – hetki ikuisuudesta.* Tampereen taidemuseo, näyttely 30.8.1993–2.6.1994

Husain Sharukh: *The Goddess* (2003)

Hustvedt Siri: *Lumous* (1996)

Hustvedt Siri: *Vapiseva nainen* (2011)

Häkkinen Kaisa: *Nykysuomen etymologinen sanakirja* (2005)

Hämeen-Anttila Jaakko: *Islamin käsikirja* (2004)

Hämeen-Anttila Jaakko: *Jumalasta juopuneet* (2014)

Impelluso Lucia: *Nature and Its Symbols* (2003)

Jumeau-Lafond Jean-David: *Painters of the Soul* (2006)

Jung Carl Gustav: *Symbolit. Piilotajunnan kieli* (1964)

Järvinen Antero: *Käärme. Jumalattaresta paholaiseksi* (1977)

Kaaro Jani: *Luulet vain muistavasi*. Tiede 1/2012

Kalevala Koru O.y. *Koruluettelo* 1941

Kalliopää Katri: *Säveltäjä Jüri Reinvere kuuli Puhdistus-oopperan unessa.* HS 16.4.2012

Kannarinen Tuula: *Miten ihminen asutti maailman?* Tiede (extra) 5/2011

Kauhanen Erkki: *Selväunessa pääset filmin sankariksi.* Tiede 9/2011

Khalili Nasser: *Visions of Splendour in Islamic Art and Culture* (2008)

King Ronald: *Great Gardens of the World* (1985)

Kivikäs Pekka: *Kallio, maisema ja kalliomaalaus* (2005)

Kluckert Ehrenfried: *Gartenkunst in Europa* (2000)

Kokko Erkki: *Me, sotalapset* (2009)

Korte Irma: *Nainen ja myyttinen nainen* (1988)

Koski Kaarina: *Kuoleman voimat* (2011)

Lahelma Antti: *Kalliomaalarimme tekivät tikku-ukkoja tarkoituksella.* Tiede, joulukuu 2016

Lahelma Antti: *Kalliomaalaukset ja shamanismi.* Muinaistutkija 2/2001

Lampila Hannu-Ilari: *Maailma on synkkä bunkkeri.* HS 25.3.2012

Lampila Hannu-Ilari: *Oopperan tekijä-äijät etsivät naista itsestään.* HS 15.9.2006

Lawrence D. H.: *Lady Chatterleyn rakastaja* (2007)

Lehikoinen Heikki: *Ole siviä sikanen. Suomalaiset eläinuskomukset* (2009)

Lempiäinen Pentti: *Kuvien kieli* (2002)

Lindberg Aleksander (koonnut ja kuvittanut): *Venäläisiä kansansatuja* (2008)

Littleton C. Scott (toim.): *Idän uskonnot* (1997)

Lloyd Christina: *Holotropisk andning.* Alphaomega 1999, nro 2.

Lommel Andreas: *Esihistoriallinen ja primitiivinen taide. Maailmantaide-sarja, osa 1* (1967)

López Barrio Cristina: *Mahdottomien rakkauksien talo* (2012)

Lundberg Ulla-Lena. *Metsästäjän hymy* (2014)

Lönnrot Elias (toim.): *Kalevala*

Lönnrot Elias: *Om Finnarnes Magiska Medicin* (1832)

Matos Leo: Ultran nettikolumni 1/2005.

Mielonen Samu, Raami Asta: *Kouluissa tulisi opettaa intuition käyttöä.* HS 1.5.2011

Miettinen Timo, Willamo Heikki: *Pyhät kuvat kalliossa* (2007)

Murakami Haruki: *Kafka rannalla* (2009)

Mäenpää Petri: *Aivoissa on jumalalle monta paikkaa.* HS 11.4.2011

Neubert Sigfrid, von Reden Sibylle: *Die Tempel von Malta* (1994)

New Larousse Encyclopedia Of Mythology (1975)

Olaus Magnus Gothus: *Pohjoisten kansojen historia. Suomea koskevat kuvaukset.* (1977)

Olavinen Anja, Paloposki Hanna-Leena: *Hugo Simberg 1873–1917* (2000)

Ovidius: *Muodonmuutoksia* (1997)

Paasio Marja: *Syntyjä syviä* (1985)

Parpola Esko: *Kaksoisvirranmaan uskonto.* Teoksessa Uskonnot maailmassa 1 (1999)

Parpola Esko: Länsimaisen kulttuurin mesopotamialainen sielu. Esitelmä tieteen päivillä 11.1.1995

Pentikäinen Juha: *Kalevalan mytologia* (1987)

Pentikäinen Juha: *Samaanit. Pohjoisten kansojen elämäntaistelu* (2006)

Petäjä Jukka: *Uni kutoo mielen verhoa.* Siri Hustvedtin haastattelu. HS 27.10.2010

Piela Ulla: *Juhana Kainulainen, Elias Lönnrotin ensimmäinen laulaja.* Teoksessa Kalevala ja laulettu runo. (2004)

Puttonen Mikko: *Pelko menee harhaan.* Tiede 3.2011

Pyhä Raamattu. Suomen Pipliaseura 2003

Pyysiäinen Ilkka: *Ihminen etsii tekijää ja tarkoitusta.* Tiede 8.11.2011

Pöykkö Kaarina & Kalevi: *Neitsyt Maria ja Jeesuslapsi* (1998)

Quinlan Eija: *Löydä oma luovuutesi taideterapian avulla.* WSOY-talon tiedotus- lehti.

Quinlan Eija: *Luovalla matkalla itseen.* Uusimaa 17.10.2010

Rauhala Lauri: *Meditaatio.* Teoksessa Jooga Suomessa II (1985)

Rausmaa Pirkko-Liisa (toim.): *Suomalaiset kansansadut* (1972)

Rawls Eugene S.: *Joogaa nykyajan ihmiselle* (1974)

Repo Mitro: *Isä Mitron sanakirja* (2007)

Robottien tutkija kopioi itsensä. HS 14.8.2007

Rolosd Paul: *New Age -käsikirja* (2004)

Ruuska Helena: *Hugo Simberg: pirut ja enkelit* (2018)

Saksa Markku: *Lopun aika?* Apu 1/2012

Salonen Essi: *Käärmeen hetken kulisseissa.* Kotiliesi 17/2006

Samartin Cecilia: *La Peregrina* (2014)

Samartin Cecilia: *Señor Peregrino* (2010)

Sangharakshita: *Valkoinen lootussutra,* toimittajan esipuhe (2001)

Schumann Hans Wolfgang: *Buddistische Bilderwelt* (1997)

Siggstedt Mette: *Drakens år. Den kinesiska drakens symbolik* (1988)

Siikala Anna-Leena ym. (toim): *Kalevala ja laulettu runo* (2004)

Siikala Anna-Leena: *Itämerensuomalaisten mytologia* (2012)

Siikala Anna-Leena: *Kalevalaisen runon myyttisyys*. Teoksessa Kalevala ja laulettu runo

Siikala Anna-Leena: *Suomalainen šamanismi* (1992)

Simonsuuri Kirsti: *Ihmiset ja jumalat. Myytit ja mytologia* (1996)

Simonsuuri Lauri (toim.): *Myytillisiä tarinoita* (1975)

Sjöblom Tom: *Tuulten saarella* (2011)

Snelling John: *Buddhalaisuus* (1996)

Sogyel Rinpoche: *Tiibetiläinen kirja elämästä ja kuolemasta* (1997)

Spectrum-tietokeskus: *Psykologia*

Spektrum Førlag: *Sivilisaatiot: Taide ja valokuvaus* (2010)

Spineto, Natale: *Die Symbole der Menschkeit* (2003)

Sturm Päivi, Säppi Leena: *Flora ja fauna. Kasvi- ja eläinaiheita ortodoksisen kirkon esineistössä* (2008)

Suomen kielen perussanakirja

Sørensen Villy: *Ragnarök* (1984)

Tarab Tulku Rinpoche on death and rebirth: http://www.rinpoche.com/teachings/ground.htm

Tarvainen Sinikka: *Ennen syntiinlankeemusta. Vodoun tarina* (2007)

Thích Nhất Hạnh: *Opas kävelymeditaatioon* (2012)

Tikkanen Tiina: *Psykoterapiaopas* (2006)

Timonen Eija: *Vedenhaltijat* (1988)

Timonen Senni: *Lemminkäisen äiti*. Teoksessa Kalevala ja laulettu runo. (2004)

Tradigo Alfredo: *Icons and Saints of the Eastern Orthodox Church* (2006)

Valkonen Markku: *Haitin taide ja voodoo*. Retretti 1998

Valste Juha: *Ihmislajin synty* (2012)

Valste Juha: *Neiti Neanderthal oli kelpo kumppani*. Tiede 4/2012

Vanhan kirjasuomen sanakirja (www.kotus.fi/digiaineistot): *Käärme*

von Bonsdorff Anna-Maria: *Taiteen ja luonnon salainen, myyttinen maailma*. Teoksessa Satuja ja myyttejä (2007)

Vuorinen Pirkko-Liisa: *Muutoksen kohteena minuus*. Psykologi 1999.

Watterson Bill: *Lasse ja Leevi* -sarjakuva, HS

Whittaker Clio (toim.): *Idän uskonnot* (2003)

Wikipedia: *Ekspressiivinen taideterapia; Stanislav Grof*

Willis Roy (päätoim.): *World Mythology* (1993)

Wiseman, Richard: *Yliluonnollinen ilmiö* (2012)

Yongey Mingyur Rimpoche: *Elämänilon salaisuus ja onnellisuuden tiede* (2009)

Painamattomia lähteitä:

Airaksinen Pekka: muistiinpanoja opetuksesta
Allahwerdi Helena: harjoitusten ohjaus
Hallama Raini: haastattelu
Handberg Lene: mandalaharjoitus, kurssimuistiinpanot 1995
Koski Kaarina: sähköpostiviesti 17.12.2016
Lepistö Liisa: suullinen opetus ja moniste
Myllys Leena: suullinen opetus
Tarab Tulku: muistiinpanoja opetuksesta
Tiilikainen Helena: suullinen maininta
Vallinharju-Stenman Maarit: *Mona Leon nukketeatteri. Näkymättömän käden leikki*
Vallinharju-Stenman Maarit: päiväkirjat, muistiinpanot ja kuvat